NON-TRADITIONAL SECURITY

非传统安全概论

第三版 · 上卷

余潇枫 主编
魏志江 廖丹子 副主编

北京大学出版社

图书在版编目(CIP)数据

非传统安全概论. 上卷 / 余潇枫主编. —3版. —北京:北京大学出版社,2020.1
ISBN 978-7-301-30916-2

Ⅰ. ①非… Ⅱ. ①余… Ⅲ. ①国家安全—高等学校—教材 Ⅳ. ①D035.3

中国版本图书馆CIP数据核字(2019)第236885号

书　　　名	非传统安全概论(第三版·上卷)
	FEICHUANTONG ANQUAN GAILUN(DI-SAN BAN·SHANGJUAN)
著作责任者	余潇枫　主　编
责任编辑	朱梅全
标准书号	ISBN 978-7-301-30916-2
出版发行	北京大学出版社
地　　　址	北京市海淀区成府路205号　100871
网　　　址	http://www.pup.cn　　新浪微博:@北京大学出版社
电子邮箱	zpup@pup.cn
电　　　话	邮购部 010-62752015　发行部 010-62750672　编辑部 021-62071998
印 刷 者	北京圣夫亚美印刷有限公司
经 销 者	新华书店
	787毫米×1092毫米　16开本　18印张　333千字
	2006年11月第1版　2015年10月第2版
	2020年1月第3版　2025年1月第3次印刷
定　　　价	45.00元

未经许可,不得以任何方式复制或抄袭本书之部分或全部内容。
版权所有,侵权必究
举报电话:010-62752024　电子邮箱:fd@pup.cn
图书如有印装质量问题,请与出版部联系,电话:010-62756370

作者简介（以章序排列）

书序作者：王逸舟，男，1957年生于湖北武汉，现为北京大学"博雅特聘教授"、博士生导师，《国际政治研究》杂志主编、中国国际关系学会副会长。曾经担任中国社会科学院研究生院世界经济与政治系主任、教授，中国社会科学院世界经济与政治研究所副所长、研究员，《世界经济与政治》杂志主编，北京大学国际关系学院副院长。著（主编）有《当代国际政治析论》（1995）、《西方国际政治学》（1998）、《恐怖主义溯源》（2002）、《全球政治和中国外交》（2003）、《中国外交新高地》（2008）、《中国外交十难题》（2015）、《仁智大国》（2018）等作品。其系列著作"创造性介入"中国外交三部曲在国内产生广泛影响的同时，被译成英文、俄文、韩文、阿拉伯文、泰文等语种在海外出版。先后主持完成"中国与国际组织关系研究""中国与非传统安全""中国外交转型"等重大科研项目。迄今为止，到过50多个国家及地区讲学、访问。

主编，前言及上卷第一、二、三、五、七章作者：余潇枫，男，1957年生于浙江宁波，哲学博士，浙江大学公共管理学院教授、博士生导师。浙江大学非传统安全与和平发展研究中心主任，哈佛大学、牛津大学、哥本哈根大学、维尔茨堡大学高级访问学者，兼任中国人民外交学会理事。主要从事哲学、非传统安全理论研究。著有《国际关系伦理学》《非传统安全与公共危机治理》等，译有《国际安全研究的演化》等；主编《中国非传统安全研究报告》蓝皮书及"非传统安全能力建设丛书""非传统安全与当代世界译丛""非传统安全与平安中国丛书"，执行主编"非传统安全与现实中国丛书"；发表《"类哲学"与人的现代化》《安全哲学新理念："优态共存"》《共享安全：非传统安全研究的中国视域》《和合主义："广义安全论"的建构与可能》等论文百余篇。主持国家社会科学基金重大项目"中国非传统安全威胁识别、评估与应对研究"、一般项目"中国非传统安全应对能力建设研究"。

上卷第四章作者：周冉，男，1986年生于浙江温州，管理学博士，浙江大学—伦敦政治经济学院联合培养博士，浙江财经大学中国政府管制研究院助理研究员。主要从事非传统安全威胁评估、公共安全风险规制与政府监管研究。参与国家社会科学基金重大项目"中国非传统安全威胁识别、评估与应对研究"。

上卷第六章作者：李开盛，男，1976生于湖南望城，法学博士，上海社会科学院国际问题研究所副所长、研究员。主要从事东亚安全合作、非传统安全、中国外交战略研究。主要著作有《第三方与大国东亚冲突管控》《人、国家与安全治理——国际关系中的非传统安全理论》《理解中国外交（1949—2009）：民族复兴进程中的国家身份探求》《国际关系理论流派概论》（合著）、《当代中越关系史》（合著）等；在《世界经济与政治》《现代国际关系》《美国研究》等期刊发表论文百余篇。

副主编，上卷第八章作者：魏志江，男，1962年生于江苏淮阴，历史学博士，中山大学国际关系学院副院长，教授、博士生导师。主要从事东亚国际关系与非传统安全问题研究。主要著作有《中韩关系史研究》《"冷战"后中韩关系研究》等；发表《论中日韩三国非传统安全合作及其趋势》《论十至十四世纪中韩海上丝绸之路与东亚海域交涉网络的形成》《宗藩体制：东亚传统国际安全体制析论》以及《十至十四世纪的中韩关系形态与东亚世界》《非传统安全研究中"共享安全"的理论渊源》等数十篇论文。主持"辽金元：中国北族王朝与高丽关系研究"以及有关现代朝鲜半岛问题、非传统安全问题等国家社会科学基金项目多项。

上卷副主编，上卷第三、六、七、八章合作作者：廖丹子，1983年生于江西新余，管理学博士，浙江财经大学公共管理学院副教授，浙江大学非传统安全与和平发展研究中心兼职研究员，美利坚大学访问学者。主要从事非传统安全研究。著有《非传统安全视角下的民防研究》，参与编著《从"国门安全"到"场域安全"》；在 Journal of Homeland Security and Emergency Management、《国际安全研究》《中国行政管理》《城市规划》等期刊上发表 A Review of the Key Legal Dynamics of Chinese Military Involvement in Domestic Disaster Relief（MI/DDR）、《中国非传统安全研究40年（1978—2017）：脉络、意义与图景》《"多元性"非传统安全威胁：网络安全挑战与治理》《中国国门非传统安全威胁：生成、识别与治理》等论文；关于国门外来有害生物治理的专题报告得到国家社会科学基金《成果要报》《人民日报》《光明日报》等的采用。主持并完成国家社会科学基金青年项目"中国国门非传统安全威胁识别与跨域治理研究"、浙江省哲学社会科学一般项目"浙江省口岸生物安全威胁识别机制与管控体系研究"。

上卷第九章作者：张贵洪，男，1965 年生于浙江嵊州，法学博士，复旦大学国际问题研究院教授、博士生导师。复旦大学联合国与国际组织研究中心主任，兼任中国联合国协会常务理事、上海联合国研究会副会长兼秘书长。曾为史汀生中心、蒙特雷国际研究院、佐治亚大学、华盛顿大学、尼赫鲁大学、国防分析研究所、台湾政治大学访问学者。主要从事联合国问题研究。主编"复旦联合国研究丛书"，出版《超越均势：冷战后的美国南亚安全战略》《联合国强大 世界更美好》《中美印三边关系研究》（合著）等。主持国家社会科学基金重点项目"中国参与联合国维和行动的经验、问题与思考"、上海市哲学社会科学规划项目"中国、联合国与人类命运共同体"、上海市教委智库内涵建设项目"联合国与'一带一路'倡议研究"等科研项目。

上卷第十章作者：卢静，女，1971 年生于山东临邑，法学博士，外交学院国际关系研究所教授、博士生导师。主要从事国际安全、全球治理、中国外交研究。主要著作有《全球治理：困境与改革》（合著）、《对外开放：国际经验与中国道路》（独著）、《当前国际安全体系转型》（第一主编）、《国际安全概论》（第二主编）、《国际防扩散体系：中国与美国》（第三主编）、《全球治理：挑战与趋势》（第三主编）等；发表《国际定位与改革开放以来的中国外交》《当前全球治理的制度困境及其改革》《中国特色大国外交话语体系构建刍议》等论文。

上卷第十一章作者：郑先武，男，1969 年生于河南原阳，历史学博士，南京大学历史学院国际关系研究院教授、博士生导师。兼任南京大学中国南海研究协同创新中心研究员，中国东南亚研究会理事。韩国延世大学国际学研究院访问学者。主要从事国际关系理论、国际安全、区域合作以及东亚区域主义等领域的研究。主要著作有《安全、合作与共同体：东南亚安全区域主义理论与实践》和《区域间主义治理模式》等；在《中国社会科学》《世界经济与政治》《当代亚太》等核心期刊发表相关学术论文 50 余篇。

上卷第十二章作者：刘跃进，男，1959 年生于山西临猗，国际关系学院公共管理系教授，"国家安全学"创始人，国务院政府特殊津贴获得者，中国人民公安大学、西南政法大学、上海海关学院、江南社会学院等高校客座教授，陕西省法学会国家安全法研究会副会长。主要从事国家安全学理论与学科建设研究。主要著作有《为国家安全立学》《国家安全学》（主编）、《2006 年中国国家安全概览》（主编）、《2009 年中国国家安全概览》（主编）、《国家安全教育》（主编）等，其中2004年主编出版的《国家安全学》开创了"国家安全学"这门新兴学科，2007年被评为北京市高等教育精品教材，2008年获得北京市政府奖，在学科理论构建方面填补了我国社会科学领域的国家安全研究与学科空白，在学界、政界和社会上产生了广泛而深远的影响；2016年主编的《国家安全教育》大中小学系列丛书共六本，由人民出版社出版后在全国范围内被广泛使用。发表《十年改革中价值观的十个转变》《论保障我国国家安全的五项战略性需要》《国家安全法的名与实》《文化安全的三种思维方式与政策导向》《政治安全的内容及在国家安全体系中的地位》等论文。主持开设的"国家安全学"课程在国内高校处于领先地位，2008年和2009年先后被评为校级精品课程和北京市精品课程。主持的"精品通识课'国家安全学'体系建设"2008年获北京市教育教学成果（高等教育）二等奖；2012年主持完成2006年北京市高等学校教育教学改革立项项目"国家安全学专业地位及教学内容与方法探讨"；2016年主持完成国家社会科学基金特别委托项目"依法维护国家文化安全研究"。独立撰写的《要充分认识并严肃对待公平正义对国家安全的影响》，2010年被教育部评为高校哲学社会科学研究优秀咨询报告。2012年与他人共同策划并主持了"中国国家安全年度十大事件调研"项目，已连续7年公开发布年度中国国家安全十大事件。曾就国家安全问题为中央国家安全领导小组办公室、中央国家安全委员会办公室、中共中央办公厅法规局、国务院法制办、中宣部、文化部、公安部、科技部、水利部、国家语委等党政机关提供咨询意见，许多观点和建议被中央采纳，并在近年来我国国家安全总体布局及习近平总书记所提"总体国家安全观"中得以体现。

上卷第十三章作者：李佳，女，1981年生于浙江杭州，管理学博士，浙江大学外国语言文化与国际交流学院副教授、跨文化与区域研究所副所长，硕士生导师。主要从事非传统安全理论研究。翻译《人的安全：概念及应用》等，参编、参译多部非传统安全领域的著作。主持国家社会科学基金西部项目"基于人的安全的社会风险评估与安全治理模式研究"。

上卷第十四章作者：谢贵平，男，1972年生于安徽无为，管理学博士，四川大学国际关系学院中国西部边疆安全与发展协同创新中心教授、博士生导师。主要从事非传统安全与边疆安全研究。已出版学术专著2部，主编、副主编著作4部；在 Terrorism and Political Violence、《世界经济与政治》《国际展望》《南洋问题研究》等重要期刊以及《人民日报》《光明日报》、国家社科《成果要报》、教育部《大学智库专刊》、国务院发展研究中心《青年智库》、中央办公厅内部刊物等发表学术论文与决策咨询报告 80 余篇，并获多位国家领导人的重要批示。研究成果曾获四川省社会科学优秀成果一等奖 1 次、新疆维吾尔自治区哲学社会科学优秀成果一等奖 1 次。主持国家社会科学基金重点项目、一般项目与西部项目 3 项，省级项目 1 项，四川大学"双一流"学科（群）重点项目 1 项；参与国家社会科学重大项目、重点项目与一般项目 10 余项。

序

大背景　新趋势

20世纪给人类留下许多重要遗产。无论从什么角度观察，这些遗产也是今天的非传统安全研究者无法回避的大背景，其中一些遗产更可能预示未来的趋势：

1. 两次世界大战，当然是20世纪最具有悲剧性的事件。它们以全球范围的战争对抗形态，先后造成数千万人命的丧失。但是，从另一方面讲，正是这种史无前例的恶果，使得各国决策者和公众比以往任何时候都更加懂得现代战争的残酷性，更加珍惜来之不易的和平局面。二战结束至今，大规模战争逐渐减少，尤其是重要国家的全面军事对抗受到更多内外约束；用大战方式解决问题的传统思维，逐渐让位于用综合手段处理严重事态的新战略。我相信，在21世纪国际关系里，战争和军事的权重将逐渐下降，而外交、法律等非军事手段的重要性在各国决策日程里会不断上升。

2. 高强度战争发生的可能性下降，这直接与20世纪前叶核武器的发明有关。正如爱因斯坦指出的那样，科学技术既可造福人类，也可摧毁人类。核武器的出现展示了这种双重性。自二战期间美军在日本广岛、长崎使用这一可怕的大规模杀伤性武器之后，世人目睹了它的巨大威力，见证了"核禁忌"的逐渐形成。迄今为止，对于正常国家而言，拥有核武器主要是为了防卫或威慑，而很少考虑用于实战。非万不得已，没有哪个理性国家会把它投入使用，因为这不仅将彻底毁灭对手，也可能使自身陷入难以预料的可怕境地。何况，这种高科技武器通常只有强国、大国才掌握，它事实上决定了大国间冲突的有限性。

3. 20世纪后半期，全球态势里出现一种特殊的冷战局面。美国、苏联之间始终保持着"核恐怖平衡"，维系了大国间无热战的态势。但是，与此同时，它们四处制造"代理人之战"，把世界分割成分立对峙的两块，还在长期的国际关系和外交实践中催生了一种简单僵化的"冷战思维"，即凡事非此即彼、总有你死我活，任何问题都潜含对抗性的逻辑。国际冷战结构及其思维定式虽然在20世纪最后一段时间遭到破解性冲击，但它根深蒂固，并未彻底被根除，其遗毒至今残存在国际安全和大国关系的不少角落，危害着人类和平与进步的事业。

4. 二战结束时最重要的国际成果,当属联合国体系的诞生。与一战结束时的国联及其法律不同,《联合国宪章》及其制度框架在其产生后的岁月里,呈现由弱到强、由点到面、由单一到复式的积极演进。发展到今天,联合国虽然没有常备军,预算主要来自成员国的捐赠,但其处于上升之中的道义权威和全球影响力已使它成为当代国际关系和世界外交领域不可忽略的重要力量。联合国的成长,也加快了各种国际规范和国际法的全球铺展。今天,可以不夸张地讲,世界政治里面尽管没有单一的、强力的政府权威,却有这样那样、有形无形的规则在支配各国和世人的思想行为。

5. 20 世纪的另一重大遗产,是社会主义制度的实验。这个由马克思启迪的反资本主义旗帜和革命进程,从思潮、运动直至社会制度,一度延展到地球各主要大洲,所到之处摧枯拉朽。但是,到 20 世纪最后一二十年,随着苏联解体、东欧剧变,它又迅速衰败萎缩,直到中国、越南等国共产党推行改革开放路线后才重现生机。21 世纪初期,随着以资本流动为核心的全球化进入相对低迷的周期,世界各地的社会主义和社会民主主义力量再度活跃。不管怎么说,社会主义的大起大落和它今日呈现的多样发展分支,是值得历史学者分析总结的现象,是新的国际格局演化的主要动能和变量之一。

6. 自 20 世纪中期开始,尤其到后半叶变得明显的是,一个被称作"经济全球化"的进程不断加速,它对国际关系的影响和塑造达到前所未有的程度。全球化并非始于 20 世纪,它与资本主义在欧美的勃兴相伴而生,近几十年通过全球贸易、全球金融、全球投资和全球性的人口流动等方式,加强带动全球范围的就业、脱贫、经济增长、各区域经贸一体化等事业。在此过程中,经济的全球化进程逐渐外溢为全球性的政治议题与努力、全球性的安全挑战与机遇、全球性的机制与工具、全球性的伦理与价值等,它们共同构成了国际舞台上最主要的场景。

7. 与上一点相关联,在 20 世纪最后一段时期,以互联网为代表的新技术革命开始发力,对人类生活和各国关系产生了重大的冲击。传统的国家权力受到广泛侵蚀,越来越难于保持垄断地位;拥有新技术、新媒体、新知识、新手段的各种非国家行为体(包括个人经营者和新型恐怖势力)和跨国机构,充分利用了互联网带来的机遇;以国家间交往为主体的国际政治逐渐朝着多角色和多取向的、相互联系又彼此制约的世界政治演化。技术进步不仅比以往任何时候都更深刻地影响人们的日常生活,也潜移默化地改变着"高大上"的国际关系格局。

8. 20 世纪后期的另一伟大遗产,是区域一体化进程。它的最早模式是欧共体和欧盟,出现在世界上最早开始工业化和现代化的地区西欧。首先,区域内各国经济贸易的深度融合。其次，这种融合外溢到外交、防务、政治、法律各领域并形成主权国家间的某种共同体，之后成为世界的一极且产生广泛的示范效应。时至今日，可以说，整个世界已是"地区组成的世界"，哪怕各个区域一体化的理念、路径、深度和效果有很大差异。大体上讲，越是先进的地区，一体化的水平越高，治理区内各种重大问题的集体努力越是明显，区内各国民众对应对全球性挑战的必要性及难度越是感知强烈。

9. 社会世界的崛起，也可算作20世纪后半叶最了不起的结果之一。纵观世界史，在以往的绝大多数时期和绝大多数国家里，人民只是奴隶、臣民或"百姓"，而不是城市居民，不是拥有权利意识的公民，不是拥有财产处分权和政治投票权的"社会者"。但是，在最近几十年的世界政治实践及理念中，人民主权范畴越发广泛并得到应用，国家的专制权力受到更多约束，全球治理的参与者变得丰富多样并各施其能，这使得"经济世界"和"政治世界"之外站起了一个新的"社会世界"。能否看到和恰当面对"社会世界"，不管在什么地方、以什么表现形式，是区别新旧时代国家机器的显著标尺之一。

10. 20世纪产生了许多新的科学思维，它们有助于理解更加复杂且不断变动的世界。从国际政治和安全角度讲，例如，爱因斯坦的广义相对论冲破了牛顿力学的机械定理画面，启示研究者在可视的场域之外观察事物的变化和延展性；耗散结构理论强调，一个非线性的开放系统，通过不断与外界交换物质和能量，在系统内部某个参量的变化达到一定的阈值时，系统通过涨落可能发生突变，由原先的混沌无序状态转变为时间、空间或功能上的有序状态；量子力学和不确定性原理则教会我们，物质或能量的最小单位既是粒也是波，我们所观察到的东西不可能百分百精准，有的只是概率、倾向、或然率，因而不确定性是必然的。

梳理这些遗产，我想说明的是，今天的非传统安全研究看似在探讨各种新的威胁及应对的新思路，实际上这些"新"并非无源之水、无本之木。分析工作应当既保持开放性和进取心，又认真从历史汲取借鉴和智慧，特别是从20世纪学到不应遗忘的东西。特别让人欣慰的，是看到近年来以《非传统安全概论（第三版）》为代表的一批中国学者理论建构成果的涌现及其背后的深远意义。某种程度上，它对前面我所提到的一些大背景、新趋势作出了部分回应，从不同侧面折射出中国学者在21世纪前沿领域的积极探索。在此要向潇枫主编及其他作者致以祝贺与敬意！

王逸舟

2019年4月于北京

前言

人类的下一个危机是什么

（一）

全球化给人类带来了"共享"文明进步的便利，也给人类带来了"共担"危机灾难的可能，"安全共享"与"风险共担"是深度全球化时代的一个典型特征。随着当今世界不确定性的增大，逆全球化现象不断从经济领域扩展到社会、政治、环境、文化等领域，在给人类社会带来普遍危害的同时，也让有识之士对全球化进行更深入的理性反思与更深刻的价值选择，有的认为这是"全球化的逆转""全球化的挑战""全球化的挫折"；有的认为这恰恰是"再全球化"的开始，是一种"选择性全球化"的到来，是"替代型全球化"向"互补型全球化"的回归；还有的认为这是"中国式全球化"的大好机会，等等。事实是，全球化的浪潮与逆全球化的回波共同推动着全球化向"深度"发展。

德国社会学家乌尔里希·贝克（Ulrich Beck）说，我们迎来的是一个从"我饿"转向"我怕"的"风险社会"；英国社会学家安东尼·吉登斯（Anthony Giddens）说，这是一个人类自己制造的"高风险社会"。无论是全球生态危机还是全球认同危机，直接产生于周遭世界的"不对称威胁"越来越使人类深陷于"生存性焦虑"与"本体不安全"之中，"危机常态化"似乎成了世界的生存现实。20世纪我们经历过两次世界大战的悲剧与"确保相互摧毁"的冷战恐惧，曾任哈佛大学教授、福特汽车公司总裁、美国国防部部长及世界银行行长的罗伯特·S. 麦克纳马拉（Robert S. McNamara），在其书中写下这样一段话："亲身经历促使我反思：20世纪出了什么错，导致一些人对另一些人进行彻底的大屠杀，我们可以做些什么事情来避免这样的事再一次出现？"[①] 21世纪我们仍然面对一个绕不开的挑战性问题：人类的下一个危机是什么？

当今时代，我们所面临的非传统安全威胁已经超越了任何传统学科或单

[①] 〔美〕罗·麦克纳马拉、詹·布莱特：《历史的教训：美国国家安全战略建言书》，张立平译，世界知识出版社2005年版。

一学科的"界限",探讨"人类的下一个危机是什么",必须要有多学科、跨学科甚至全学科的视野对其进行审视并寻找治理良方。然而,德国学者海拉德·威尔则(Harald Welzer)却指出,社会科学与人文科学对气候和环境变化导致的社会后果的研究几乎是"一片空白,仿佛社会秩序崩溃、能源矛盾、大规模移民、安全威胁、恐惧、极端化反应、战争和暴力经济等问题都不属于它们的研究范畴。从学科历史的角度看,世界范围内的生存环境发生变化,这一明显具有学术研究价值的情况,会像现在这样遭到社会科学与人文科学的漠视,也真是前所未有。这说明,人们既不具备决断力,又丧失了责任感"[1]。

"人类的下一个危机是什么"可以说是"人类社会最宏大和最重要的问题,而政治家必须在结果难料的情况下做出应对挑战的决策"[2]。非传统安全问题带来的"共同威胁",激发了"人类只有一个地球""地球是人类的太空救生艇""各国共处一个世界"等与全球生存紧密关联的意识,改变着各国的安全理念与安全环境,使得越来越多的国家开始把非传统安全置于国家安全方略的重要位置,并把国家间应对非传统安全威胁的合作及全球各国共同行动视为拯救世界的重要方面。我们可以设问:如果各国不在"人类命运共同体"的共识下联合起来,人类如何能应对艾滋病、重症急性呼吸综合征(SARS)、禽流感、埃博拉出血热等快速跨境扩散的传染病?如何能应对海盗、走私、贩毒等跨国有组织犯罪?如何能走出气候变暖、生态危机等全球困境?如何能有效治理世界性的恐怖主义威胁、金融危机、难民危机、人口危机、粮食危机、水资源危机等普遍难题?这一切都需要我们反思与提升传统的安全理念,总结与学习不同国家在应对非传统安全危机中形成的知识、经验与行之有效的政策,超越学科边界,共同建构非传统安全理论。

目前,非传统安全议题在各国无论是政界还是学界均备受关注,非传统安全研究不仅方兴未艾,而且正在走向"制度化",在中国还发展为一门"显学"。在世界范围内,开设非传统安全研究课程的高等学府日益增多,如英国牛津大学圣安东尼学院在硕士生的国际关系理论研究课程中有"非传统安全"专题;美国哈佛大学肯尼迪政府学院在"国际关系与外交"课程中有"非传统安全与外交"专题等。另外,众多高校也相继开设了与非传统安全专题相关的课程,且各有名目。例如,在美国,哈佛大学开设有"国家与国际安全研究",耶鲁大学开设有"环境政治与法律",麻省理工学院开设有"信息安

---

[1] 〔德〕海拉德·威尔则:《不平等的世界:21世纪杀戮预告》,史行果译,中国友谊出版公司2013年版,第27页。

[2] 〔美〕亨利·基辛格:《世界秩序》,胡利平、林华译,中信出版社2015年版,第491页。

全""核反应堆安全",达特茅斯学院塔克商学院开设有"气候变化与商机"。在英国,伦敦大学首创了"能源与气候"硕士课程。在新加坡,南洋理工大学的非传统安全研究中心已经形成了亚洲智库联盟,出版了大量的研究成果,召开了多届非传统安全研究亚洲共同体年会。在中国,教育部专门发文要将"国家安全学"设为一级学科,并要求加强大中小学的国家安全教育,要在大学专门为国家安全设置学科与培养人才。如今,浙江大学、华中科技大学设有非传统安全管理的博士与硕士学位点,塔里木大学、上海社会科学院、四川大学、西南政法大学、浙江警察学院设立了关于非传统安全的"研究院""研究中心""研究所",北京大学、中山大学、中国人民公安大学、重庆大学、西安外国语大学、浙江财经大学等高校也开设了非传统安全的课程或专题。另外,《国际安全研究》《浙江大学学报(人文社会科学版)》设有"非传统安全研究"专栏。

教育是面向现实、服务现实的,更是面向未来、服务未来的。国内外在教育活动中对非传统安全给予的极大关注,既表明了人类对非传统安全现实问题的自觉反思,也表明了非传统安全问题对人类生存与发展已经带来的普遍挑战与治理压力。同时人们也更加清晰地认识到,人类的生存和发展与"安全"紧紧缠绕,新型的"生存安全"与"发展安全"问题将不断涌现,"可持续发展"与"可持续安全"正在成为各国政府与超国家组织之重大决策中的首要议题。与此相应,"非传统安全"作为一种普世的话语正在改变人们对安全的传统认知,形式多样的非传统安全合作正被各国政府重视与推进。同时,越来越多的学者正以跨越学科、领域、国界的方式介入非传统安全的研究与教学,并且随着研究与教学的深入,与非传统安全威胁紧密相关的"人类的下一个危机是什么"的问题正在被不断地思考与揭示。

(二)

《非传统安全概论》是目前国内外首本关于非传统安全理论研究的通用性教材。2004年,浙江大学在国际政治专业开设了"非传统安全概论"课程,经过近三年的教学实践,《非传统安全概论》(作为王逸舟主编的"国际关系学前沿教材丛书"之一)于2006年11月问世。又历经九年的教学实践与理论研究(特别是2006年年底浙江大学成立"非传统安全与和平发展研究中心"以及后续开展的一系列学术活动,如2008年浙江大学在"公共管理学"一级学科下设立"非传统安全管理"二级学科博士点与硕士点,2012年起逐年出版非传统安全蓝皮书《中国非传统安全研究报告》），2015年出版了《非传统安全概论（第二版）》。又经过4年的研究积累与教学实践探索，全新的"第三版"（上、下卷，下卷又名《人类的下一个危机是什么》）与读者见面了。之所以用"全新"来概括，是因为"第三版"的时代背景、社会发展、理论语境、理论基础、体系结构、内容重点等均与"第二版"有了很大的不同，且运用了"新形态教材"的形式，特别是撰写"第三版"的作者队伍从"第二版"的12位扩展到了25所不同著名高校与研究机构的34位，这意味着非传统安全教学将在更多的高校展开，今后还将会有更多研究者参与教材的更新与完善。一个基于非传统安全教学与研究的共同体正在成长。

与"第一版""第二版"相比，"第三版"有了全新的体系结构。

"第一版"的结构分为三个模块："理论基础""领域分析""应对方略"。"理论基础"主要是对安全、安全研究和非传统安全的阐述；"领域分析"主要是阐明"人的安全""生态安全""经济安全""文化安全""信息安全""国际安全"等领域的非传统安全问题；"应对方略"主要是介绍非传统安全维护的国际多边合作、地区与国家方略等。

"第二版"的结构分为四个模块："理论语境""理论基础""层次分析""专题研究"。"理论语境"包括"类生存"与"类安全"的时代性标志，传统安全和非传统安全的基本内容、历史转型、相互比较；"理论基础"包括"场域安全"与非传统安全威胁的分类、西方非传统安全研究的演进与流派、非传统安全研究"中国学派"建构的社会背景与中国学者们的理论努力；"层次分析"包括全球层次、区域层次、国家层次的非传统安全问题分析，同时探讨了"人的安全"与"边疆安全"的维护；"专题研究"包括作为"国际热点"的恐怖主义威胁、作为"地区难点"的跨国有组织犯罪威胁和作为"中国看点"的"一带一路"倡议与非传统安全治理。

"第三版"分为上卷（理论卷）和下卷（案例卷）两大板块。"第三版"上卷（理论卷）的结构可分为三个模块："问题语境""理论基础""层次分析"。"问题语境"以全球化与逆全球化相冲撞为背景，探讨了深度全球化的运演特征；与之相应，对非传统安全挑战的国际语境与中国语境作了更为深入的考察。在"理论基础"模块，增加了"非传统安全威胁评估"作为独立一章；深化了作为非传统安全新视角的"场域安全"的阐述；新增了西方传统安全研究的"扩展—深化"；整合了西方非传统安全研究的理论流派；针对中国非传统安全研究的历史演进、理论建构、范式探索、古今比较、外交途径等内容，分别在"和合主义"与"共享安全"之"中国范式"的框架下作了诸多新的阐述。"层次分析"模块的结构基本与"第二版"相同，但在观点阐述、材料选取、方略思考等方面进行了深化，并增加了"联合国与非传统安全治理"作为单独一章。同时，"第三版"还增加了下卷（案例卷），主要以人类命运共同体为视角，对人类现有的非传统安全威胁与危机作了重点的特征与趋势分析，涉及主题相当广泛，有人工智能危机、核危机、水危机、贫困危机、难民危机、种族冲突危机、恐怖主义危机、跨国有组织犯罪威胁、话语危机、人口危机以及非传统安全与女性安全等，其中对恐怖主义危机着重以两章的篇幅予以特别重视。尽管"第三版"在体系结构、知识模块、逻辑进路与案例研究等方面进行了全面的改写，但是为了与"第一版""第二版"相契合，"第一版""第二版"中的部分核心内容仍被保留在了"第三版"的相关章节之中。

（三）

"第三版"通过上卷（理论卷）和下卷（案例卷）的形式，力求体现非传统安全学术研究与教学实践的前沿性与创新性，特别是下卷又取名《人类的下一个危机是什么》，在注重理论性的前提下，凸显了其可读性与应用性。较之"第一版""第二版"，"第三版"的"学术性教材"特色没有变，而且对"教"与"学"提出了更高的理论要求，或者说"第三版"除了适合大学高年级学生和研究生学习，还适合非传统安全研究的爱好者以及广大干部与公务员进行专门化学习。

值得一提的是，面对"非传统安全与人类危机"的思考，"第三版"在中国视角、中国理论、中国话语、中国方案上着力之外，还以人类命运共同体为价值导向，对人类种种现有的和可能有的危机进行了全面的探讨。在中国新建构的国家安全体系中，安全领域众多，包括政治安全、国土安全、军事安全、经济安全、文化安全、社会安全、科技安全、信息安全、生态安全、资源安全、核安全以及国民安全等，其中大多属于非传统安全的范围。当然，还可以列出更多的没有进入国家安全体系的非传统安全领域，如食品安全、公共卫生安全、海洋安全、太空安全等。为此，"第三版"在引介西方非传统安全研究理论的基础上，努力总结、提炼中国学者的非传统安全理论，并尝试以一种体现中国思想渊源的"和合主义"范式、"共享安全"和"优态共存"的广义安全观，探究全球安全、国际安全、国家安全、社会安全、人的安全、边疆安全的"中国方案"。基于此，"第三版"还尝试提供一个较合理的体系性的解释框架,以期有助于学习者对非传统安全理论进行总体性的把握。

除了内容上的完善,"第三版"在形式上也进行了革新。"第三版"上、下卷的总字数并未比"第二版"的单卷本多很多,一方面是作者们进行了文字精练的工作,另一方面是引入了"二维码"的手机阅读模式,把大量的个案、引介性材料、展开性内容以及相关的链接均置于"二维码"阅读材料中。读者只要用手机扫一扫,就可以进一步阅读与本书相关的重要概念的诠释与重要主题的拓展。这也是北京大学出版社为新形态教材所努力作出的一种创新。

(四)

本教材的宗旨是:以全球与未来的视角,反思当下人类面临的种种非传统安全威胁;以问题的求解为导向,设计国泰民安与世界和谐之良方;以理论与实践的结合为要旨,培养具有领袖素质的非传统安全管理领域的高级人才。

然而,非传统安全课程的教与学要取得成功还面临一些困难。探讨全球性非传统安全问题,特别是探讨"人类的下一个危机是什么",远远超出了一般学习者或学生的视野与体验。我在浙江大学开设非传统安全课程有16个年头,除了非传统安全管理专业硕士生、博士生学位课"非传统安全管理 I""非传统安全管理 II",还在公共管理学院的研究生选修课、行政管理专业的高年级本科生选修课、全校性核心通识课中开设非传统安全课程,颇受学生欢迎,教学收获也不少。特别是近几年中山大学在本科生和研究生中开设非传统安全课程很成功,在学生的各类课程评教中一直名列前茅。但是,从知识响应与能力提升的角度看,该课程的开设总体上并不是很成功。巧的是,北京大学查道炯教授曾与我谈起他在北京大学开设非传统安全课程并非很成功的同感。他认为,主要原因有三:一是高校学生缺少社会经历,进入大学后,个人安身立命的理想尚未牢固确立,就被要求思考人类的命运,有些为时过早;二是高校学生没有跨专业基础,低年级学生尚未进入专业课学习阶段,高年级学生和研究生缺乏跨学科意识与基础,而非传统安全研究是跨学科、跨领域的,往往难以深入;三是高校学生多缺乏方略性思考的训练,而非传统安全挑战的应对与全球治理的思考需要有宏大的战略眼光与处理社会复杂危机的知识储备，这让在校学生似乎难以响应。

尽管如此，我仍充满信心。在"后喻文化"中，年轻的一代有更多值得我们学习的东西。随着深度全球化时代的到来与"人—机"一体化进程的加快，学生们的学习能力与信息处理能力是强于我们这一代的。在信息化的情境中，他们能以自己的方式，快速进入非传统安全研究的学术殿堂。我相信他们能通过多途径的"边学习、边模仿、边实践、边创造"的方式，完好地交上一份"人类的下一个危机是什么"与"如何应对人类的下一个危机"的优秀答卷。

余潇枫

2019年5月1日
于求是园石流斋

目 录
Contents

第一章 全球化语境中的"类安全" 001
　　第一节　深度全球化与"类安全" 002
　　第二节　非传统安全的国际语境 006
　　第三节　非传统安全的中国语境 013

第二章 安全：从"传统"到"非传统" 017
　　第一节　"安全"的内涵与谱系 017
　　第二节　非传统安全的理念与定义 025
　　第三节　非传统安全与传统安全比较 032

第三章 场域安全：非传统安全研究新视角 039
　　第一节　非传统安全的"场域"特征 039
　　第二节　非传统安全威胁的场域类型 043

第四章 非传统安全威胁评估 055
　　第一节　威胁评估的基本原理 055
　　第二节　威胁评估的主要方法 059
　　第三节　非传统安全威胁评估的维度 063

第五章 西方传统安全研究的"扩展—深化" 070
　　第一节　国际安全研究演化脉络 070
　　第二节　自由主义与现实主义的安全研究 076
　　第三节　和平研究与建构主义的安全研究 085

第六章　西方非传统安全研究的流派　090
第一节　非传统安全研究的兴起与谱系　090
第二节　西方非传统安全研究的流派　095
第三节　西方非传统安全研究评述　107

第七章　非传统安全研究的中国范式（上）　114
第一节　中国非传统安全研究的演进　114
第二节　中国非传统安全研究的理论建构　121
第三节　"和合主义"："广义安全论"的理论内核　132

第八章　非传统安全研究的中国范式（下）　139
第一节　"共享安全"："和合主义"的运用　139
第二节　"共享安全"理论的思想渊源　146
第三节　"共享安全"理论的实践路径　149

第九章　联合国与非传统安全治理　156
第一节　联合国引领非传统安全实践　156
第二节　建设和平与全球反恐合作　160
第三节　网络空间治理与"可持续发展议程"　166

第十章　非传统安全与全球安全治理　172
第一节　非传统安全与国际安全体系转型　172
第二节　全球安全治理理论的兴起　178
第三节　中国与全球安全治理　185

第十一章　非传统安全与区域安全治理　192
第一节　非传统安全的区域治理视角　192
第二节　非传统安全区域治理：秩序与层次　196
第三节　非传统安全区域治理的实践模式　202

第十二章　非传统安全与国家安全体系　210
第一节　中国国家安全观的历史演进　210
第二节　国家安全议题与非传统安全　215
第三节　总体国家安全观与当代国家安全体系　219

第十三章　非传统安全与人的安全维护　　　225
　　第一节　人的安全：概念与应用　　　225
　　第二节　人的安全、国家安全与国家能力　　　234
　　第三节　人的安全的体系建构　　　238

第十四章　非传统安全与边疆安全治理　　　247
　　第一节　边疆非传统安全问题的凸显　　　247
　　第二节　边疆安全治理的变量与动力　　　257
　　第三节　边疆安全治理的认同建构　　　260

后　记　　　265

第一章　全球化语境中的"类安全"

> **导　读**
>
> 　　时间绵延，翻卷着安全的难题；空间交错，变换着安全的场域。当今世界，全球化浪潮与逆全球化回波相互冲撞与搏击，推动着不同文明的冲突与融合，同时又出乎人们意料地置人类于全球性安全的挑战与威胁之中。人类正在走向以"类生存"为前提的"类安全"时代。当我们满怀憧憬地跨过一年又一年的时间门槛时，不妨反思与叩问自己："你安全吗？""你的家庭安全吗？""社会安全吗？""国家安全吗？""人类安全吗？"这一连串与世界紧密相关的问题有着十分重要的意义，这既是对我们生存的安全场域的反思与拷问，也是对我们所处的时代的发展趋势的预判与展望。21世纪的今天，"生存性焦虑"与"普遍性不安全"已成为我们生活中不得不时常面对的现实语境；同时，越来越多的非传统安全议题与政府决策息息相关，成为政府决策者不得不时常面对的热点、难点。非传统安全问题使得人类的发展与人类的安全紧紧缠绕，成为时代发展的新主题、外交提升的新议题、国防建设的新难题、社会治理的新问题、学术研究的新课题。非传统安全正在成为人类寻求共赢的一种"共同话语"，但要自觉与合理地应对"非传统安全危机",① 我们还要对非传统安全这一新领域作全景式的研究。

---

① 参见余潇枫：《非传统安全与公共危机治理》，浙江大学出版社2007年版，第150—192页；余潇枫、潘临灵：《智慧城市建设中"非传统安全危机"识别与应对》，载《中国行政管理》2018年第10期，第127—133页。

第一节 深度全球化与"类安全"

一、深度全球化的新语境

(一)全球化浪潮与回波

"深度全球化"(deep globalization)的图景由全球化浪潮与"逆全球化"(de-globalization)或"反全球化"(anti-globalization)回波相互冲撞与搏击构成。

深度全球化是一个人类社会的综合命题,既是一个政治命题,又是一个经济命题;既是一个文化命题,又是一个社会命题;既是一个发展命题,又是一个安全命题。全球化促进了各国在经济、文化、政治、科技与环境治理上的整合,其实质内涵是国家界限的超越与空间距离的"死亡",或者说世界变成了"地球村""绿色温室"或"太空救生艇",人类真正开始了具有普遍历史意义的"共生、共创与共享"的新时代。逆全球化则是要把全球化的过程反过来,具体体现为"政治保守主义、经济保护主义、外交孤立主义和社会民粹主义"的泛起,[①]其实质内涵是将全球化导致的国家之间的相互依赖、多边合作与世界性整合反转,退回到互不关联、国家中心主义甚至是单边谋利、相互对抗的旧路上去。

以经济全球化与经济逆全球化为例:经济全球化不仅为世界创造了无数新的就业机会,为千百万人带来新的生活机遇,而且促进了各国经济增长大大加快,生产要素高速流动,制度创新层出叠现,特别是各种类型的跨国公司与网络公司,跨越了传统国家边界的阻隔,打破了传统人力资源的闭锁,使得世界像一个大连锁工厂、大物流集市与大杂色家庭,国家之间相互依赖、相互获利。当然,经济全球化不可避免地蕴含着巨大的风险,不仅使世界面临大规模金融风暴、环境破坏、大量经济移民跨国流动、跨国经济犯罪、全球国际债务、对跨国公司缺乏有效监督等问题,而且有可能导致发展中国家经济发展失衡,有可能引起全球或区域性的经济和政治动荡。正是这些风险、问题与威胁,引发了许多国家对全球化趋势下出现的不平衡、不稳定与不确定的极度不满,特别是2008年金融危机爆发,全球经济进入了低速增长的困难时期,欧美许多国家更是把金融危机直接归因为全球化。

经济逆全球化则形成于经济全球化的"回波"势头。某些国家热衷于社

[①] 参见陈伟光、蔡伟宏:《逆全球化现象的政治经济学分析》,载《国际观察》2017年第3期,第1页。

会民粹主义与贸易保护主义，反对经济自由主义与市场开放。首先是2016年6月英国开始推动公投"脱欧"的进程，与作为全球化重要标志的"欧盟一体化"分道扬镳；其次是特朗普就任美国总统后向世界打响"贸易战"，试图通过征收高关税等单边行动来提升就业率等以挽救美国经济的走弱趋势，甚至还想通过大规模"退群"、无视国际规则或试图重新塑造全球体系等来获得美国所谓的"重新强大"和"美国第一"。随着世界形势的不确定性增大，逆全球化现象还不断从经济领域扩展到社会、政治、环境、文化领域，对人类社会带来普遍危害。显然，"全球化面临重要选择：是坚持大方向和改善全球治理？还是抛弃全球化，退回各自为政的隔绝状态？……现在可以看到的是碎片化，是更多的无序和混乱"①。

（二）对深度全球化的反思与选择

尽管逆全球化现象给全球化带来了新的危害，但却使得原来的全球化更加深入与深刻，即让各国对全球化进行更深入的理性反思与更深刻的价值选择，从而推动全球化向"深度"发展。不同学者对这种深度全球化作出了不同的理解与反思，有的认为这是"再全球化"的开始，有的认为这是一种"选择性全球化"的到来，有的认为这是"替代型全球化"向"互补型全球化"的回归，还有的认为这是"中国式全球化"的大好机会，等等。

从安全的视角分析，深度全球化彻底改变了人们的安全理念与各国的安全环境。审视一下我们的周遭世界：21世纪以来，人们目睹"9·11"恐怖袭击、重症急性呼吸综合征（SARS）危机、全球金融危机、日本福岛核泄漏灾难、西亚和北非特别是埃及的持续骚乱、美国波士顿恐怖爆炸案、斯诺登事件、"伊斯兰国"（ISIS）的兴起，加之单边主义支配下的"贸易战"以及让欧洲陷入困境的"难民潮"、暴力恐怖事件等，种种非传统安全危机不断造成世界新恐慌，人们不得不对非传统安全威胁予以密切关注与深入思考。

非传统安全问题的凸显与深度全球化、大范围内的逆全球化紧密相关，表明人类面临的安全问题更加趋于多元化、复杂化，安全研究亟须重新定义安全、探寻新安全维护之道等新的理论拓展。如果说"安全困境"（security dilemma）是传统安全问题导致的国家行为体之间的"安全两难"，那么非传统安全问题的凸显则导致了国家安全的"新困境"，即非传统安全问题的凸显导致了国家安全与全球安全、国内安全与国际安全、国家安全与国民安全的多重两难境况。这意味着，非传统安全的维护需要在深度全球化的语境中赋

资料1 逆全球化的严重危害

---

① 《傅莹：迈入2019，世界处于选择关口》，https://news.sina.cn/global/szzx/2019-01-02/detail-ihqfskcn3305691.d.html?vt=4&cid=206601，2019年1月5日访问。

予安全新的内涵与价值定位,需要超越传统的"威胁不存在"的安全认知与"国家中心主义"的安全立场,建立起国际关系与国内政治、国际安全与国内安全、国家与社会、整体与个人相联系、相平衡的新视角。

二、"类生存"与"类安全"

(一)"类生存"

全球化不断地向深度发展,模塑着人类的"现代性"与"现代化","现代"标示着人类文明演进的新阶段。"现代"是一个与"传统"相对的概念,"现代性"与"现代化"是表示人不断地摆脱传统,适应新环境,建立"新传统",再扬弃"新传统",奔向未来的生生不息的动态发展过程。全球化导致的现代化说到底就是人的历史形态的变迁,是人的生存方式与发展状态的历史转型,也是与人的生存和发展紧密相关的安全方式的历史转型。

21世纪,人类已经进入了相互紧密共生、共创、共享的"类生存"时代。"类"是一个与"种"相对立并具有不同性质的概念。"种"是在生物进化的基础上形成的对动物属性的存在性规定。"种"的存在性规定对动物来说,揭示了动物之为动物的根本性质和特征,即动物本质的先定性、自然性、相对固定性、无个体性、与生命活动的直接同一性等。哲学人类学(philosophical anthropology)等学科证明,人类脱离原有的进化技能,走出动物家族,正好是以其"类"的本质否定了"种"的本性。因此,与"种"不同,"类"作为人的存在特性揭示的是人之为人的根本性质与特征,即人的器官的未特化性,人的本质的后天生成性、自主自为性、动态性、个体性、生命活动的自我否定性等。[①] 可见,人是能意识到自己存在的"类存在物"[②]。因此,只有人的生活才称得上是"类生活",才可被认为具有"类本质"和"类意识",也只有人的安全才称得上是"类安全",才具有"类治理"的可能。从全球视野来看,作为"类安全"基础的"类生存"是一种以"类体"为本位的生存方式,是突破某一地区、某一国家或某一民族原有的任何价值尺度,强调把人作为类的存在物去考察人,并以类的意识反映和推进全球视野、全球意识、全球利益、全球合作、全球命运等具有全球价值取向的生存方式。

人作为群居性动物,体现群居特点的"共同体"生活方式,建构起了人与人、国家与国家之间的交往方式,"类生存"则是人类共同体生存方式的高

---

① See Qinghai Gao and Xiaofeng Yu, "Species Philosophy" and the Modernization of Man, *Social Sciences in China*, Vol. XXII, No. 1, 2001, pp. 99-100.
② 《马克思恩格斯全集》第42卷,人民出版社1979年版,第96页。

级形态。从人类发展特有的历史维度来看,人类发展史就是安全共同体的扩大史。据人类学家考证,人类有记载的历史只有一万多年,而人类的起源却可以追溯到四百多万年前,早期的人类大多是以4—5人为一个小群体、几个小群体为一组群落的"微型共同体"方式生活着。① 但是,那时"群—群"之间的交往方式是不理想的,无论是通过"战争"还是"贸易"的方式,这在今天看来都是不甚道德的"你死我活"。安全共同体的扩大同时意味着安全威胁的普遍性的扩大。"一千年前,我们这个星球上约有2.68亿人,每一个人生活在平均一天1.20美元左右的水平上。2000年,人们的平均生活水准上升到15.50美元的水平,但仍有约占世界人口1/6的、是1000年4倍的10亿多人,生活水准明显低于他们的50代前的祖先。地区间的收入不平等正在日趋增长。20世纪最典型的事例便是源起于非洲的艾滋病正在向其他国家乃至富裕国家迅速蔓延,成为生命的希望的,不是别的,而是艾滋病药剂……"②"类生存"方式为人类的"类安全"认知提供了重要条件。所谓"类安全","是指关心和维护作为'类存在体'的人的安全,即把人的安全的维护建立在人之所以为人的本质统一为整体的'类'的安全"③。应该说,"走向类的存在是人类发展的未来。能否实现这个理想,取决于我们是否能走出自身封闭的单子式自我的存在状态。每个人获得类本性,每个民族国家获得世界性,人类才能走出困境,走向未来"④。

(二)"类安全"

与"类生存"和"类安全"相联系的是"类安全"观的确立。所谓"类安全"观,是"把人的安全作为一种'类'的存在体的安全来加以考察,在关照作为个体的人的安全的基础之上,又超越个体安全的关乎到整个人类的生存与发展所形成的安全理论与观点。因此,'类安全'观是建立在差异性为基础之上的普遍性与多样性相统一的安全观。没有'类安全'观的形成与普遍认可,人们所面临的'安全困境'就不可能得以彻底解决"⑤。面对全球性的安全挑战与威胁,"人类必须走向以类体为本位的生存方式才能走出现有的生存困境。因此,以类存在为尺度的价值坐标必将成为现代化大潮中一切民

---

① See Gerard Elfstrom, *International Ethics: A Reference Handbook*, Santa Barbara, CA: ABC-Clio Inc., 1998, p. IX.
② Alex MacGillivray, *A Brief History of Globalization*, London: Constable and Robinson, 2006, p. 286.
③ 林国治:《"类安全"观与"安全困境"的超越》,载《非传统安全研究》2014年第1期,第32页。
④ 高清海、胡海波、贺来:《人的"类生命"与"类哲学"》,吉林人民出版社1998年版,第265页。
⑤ 林国治:《"类安全"观与"安全困境"的超越》,载《非传统安全研究》2014年第1期,第33页。

族和国家所必须遵循的基准坐标,任何民族不可能在推进人的现代化过程中置身于现代化大潮之外而踽踽独行,任何不利于人类'类存在'方式的生存行动也必将让位于以全球利益为核心的具有类价值性质的世界性行动"①。

有了对深度全球化与"类安全"的考量,我们就建构起了对非传统安全问题的"大背景、新趋势"进行考察的独特价值坐标。以此为基础,我们对非传统安全的国际语境与中国语境进行考察,就会领悟到"非传统安全"概念的提出及其相应理论的产生,并不是理论家们出于理论研究兴趣的"虚构",也不是政治家们出于政治需要的"图谋",而是深度全球化背景下人类对新的普遍性威胁与生存性焦虑进行研究的一种"理论化"努力,也是人类面对非传统安全危机迫切需要寻求新解决方案的一种"前景化"② 探索。

第二节 非传统安全的国际语境

一、非传统安全问题的全球关注

(一) 全球化导致非传统安全问题凸显

安全是人类生存与发展的最基本需要,也是人类永恒的主题。人类社会的生存方式与人类安全共同体的发生发展方式紧密相连。为了确保作为生存发展最基本条件的安全,人们以各种各样的方式把"自者"与"他者"结合起来,形成特定的共同体,以应对更大范围内的"威胁"。鉴于一战与二战的惨痛教训,"和平"成了人类社会最高的价值取向。然而,在取代冷热兵器的核武器时代,大国间开始用"威慑"取代"入侵威胁",在增加"确保相互摧毁"战争危险的同时,也筑高了防止战争爆发的"堤坝"。随着工业化和全球化的推进,"发展"成了人类社会的主导价值取向,于是与发展相关联的贫困问题、人口问题、环境问题、能源问题不断凸显,成为人类的普遍性威胁。面对冷战以降全球性非传统安全危机的接踵而至,人们发现没有战争的"和平"已经不能与"安全"直接画上等号,特别是随着苏联的解体和冷战的结束,世界并没有因此而获得"安全";经济的高速"发展"也不能与"安全"

---

① Qinghai Gao and Xiaofeng Yu, "Species Philosophy" and the Modernization of Man, *Social Sciences in China*, Vol. XXII, No. 1, 2001, p. 104.
② "前景化"的英文是"foregrounding",巴里·布赞(Barry Buzan,有学者译为"巴瑞·布赞",本书除个别引述外皆使用"巴里·布赞"这一译名)专门讨论过"前景化安全"(foregrounding security),指安全以"指涉对象"或"领域"为轴不断扩展与深化的过程。参见〔英〕巴里·布赞、〔丹麦〕琳娜·汉森:《国际安全研究的演化》,余潇枫译,浙江大学出版社2011年版,第146—149页。

直接画上等号,"增长的极限""寂静的春天"① 正不断提醒人类要放慢脚步。传统安全威胁的阴影尚未消除,种种非传统安全威胁已不断凸显,传统安全威胁与非传统安全威胁的相互交织正在构筑新的"不安全的时代"。②

人类对非传统安全威胁的重视源于对"非军事问题"的关注。自20世纪中叶起,生态环境恶化、人口发展失当、经济发展失衡、贫困严重、资源匮乏等进入安全研究的视界。进入21世纪后,更大范围内的恐怖主义问题、气候问题、能源危机、粮食危机、金融危机、信息安全问题等成为安全研究的重要议题。尤其是当"非国家行为体"的安全参与以及"非对称"的安全挑战开始被置于次国家、国家、跨国家以及全球的多重安全时空交叠之中,人类面对的安全威胁就突破了传统的主权边界,安全维护方式突破了传统的军事武力方式,导致军事安全与政治安全以外的经济安全、社会安全、环境安全、文化安全成为安全研究的重要领域,于是世界各国对非传统安全议题给予了越来越多的关注、考虑和研究。

(二) 联合国是应对非传统安全挑战的领航者

在这一过程中,联合国起到了主要的导引作用。20世纪60年代,联合国开始关注影响整个人类的环境、粮食、人口、贫困等非传统安全问题。70年代,联合国开始关注安全的相互依赖性与发展中不断出现的安全问题。例如,1972年6月,联合国在瑞典首都斯德哥尔摩召开了人类环境会议,这次会议提出了《只有一个地球——对一个小小行星的关怀和维护》的报告,指出:人类的生存和地球的生存息息相关,生态环境的破坏、食物的缺少、人口的增长等问题,已经成为人类生存面临的十分迫切的事情了,特别是"当前的环境趋势不能继续太久,因为人类正在走向一条自我毁灭的道路"③。80年代,联合国开始把环境、发展、粮食、人权问题等直接提升到安全高度加以认识,并提出了相应的"环境安全""经济安全"等安全话语。1993年,联合国开发计划署署长特别顾问马赫布卜·乌·哈克(Mahbub ul Haq)博士对"全球人类安全新概念"作了阐释,强调新安全观"不仅是国土的安全,而且是人民的安全;不仅是通过武力来实现的安全,而且是通过发展来实现的安全;不仅是国家的安全,而且是个人在家中和工作岗位上的安全;不仅是防

---

① 参见〔美〕德内拉·梅多斯、乔根·兰德斯、丹尼斯·梅多斯:《增长的极限》,李涛、王智勇译,机械工业出版社2006年版;〔美〕蕾切尔·卡森:《寂静的春天》,吕瑞兰、李长生译,上海译文出版社2008年版。
② 参见〔英〕拉里·埃里奥特、丹·阿特金森:《不安全的时代》,曹大鹏译,商务印书馆2001年版,第1页。
③ 〔美〕芭芭拉·沃德、勒内·杜博斯:《只有一个地球——对一个小小行星的关怀和维护》,《国外公害丛书》编委会译校,吉林人民出版社1997年版,第14页。

御国家之间冲突的安全，而且是防御人与人之间冲突的安全"①。

1994年，联合国的《人类发展报告》（Human Development Report）全面阐述了"人的安全"（human security）概念，涵盖了七大安全问题：经济安全、粮食安全、健康安全、环境安全、人身安全、共同体安全和政治安全。②同年，时任联合国秘书长加利在《和平纲领》中也强调了人口无限增长、债务、毒品、贫富差距、贫困、疾病、饥荒、难民等问题对人类的威胁，并提醒这些威胁给人类造成的危害不亚于传统的战争威胁。

21世纪初，联合国以打击恐怖主义为首要议题并积极关注气候问题、能源问题、全球金融危机的应对等。2000年9月，世界各国领导人在联合国千年首脑会议上就消除贫穷、饥饿、疾病、文盲、环境恶化和对妇女的歧视，商定了一套有时限的目标和指标，即消灭极端贫穷和饥饿，普及小学教育，促进男女平等并赋予妇女权利，降低儿童死亡率，改善产妇保健，与艾滋病毒/艾滋病、疟疾和其他疾病作斗争，确保环境的可持续能力，以及全球合作促进发展。这些目标和指标被置于全球议程的核心，统称为"联合国千年发展目标"（MDGs），并规定所有目标完成时间是2015年。2015年1月8日，时任联合国秘书长潘基文向全体会员国提交了《关于2015年后发展议程的综合报告》，其主题是："2030年享有尊严之路：消除贫穷，改变所有人的生活，保护地球"。

维护全球非传统安全是联合国未来工作的主要内容之一。"非传统安全不是由某个国家制造，不是被某一个国家认知，也不能由一个国家应对。非传统安全不是国家之间的相互安全威胁，而是国家群体乃至整个人类共同面对的威胁。这已经不是一个国家思考如何应对另外一个国家的安全威胁问题了，而是国家群体思考如何合力应对共同的安全威胁问题，是大家如何共同维护和改善全球公地的问题。"③《人类发展报告》与《和平纲领》标志着联合国所形成的一种对非军事性安全问题给予更多关注的"新型安全观"，并对全球安全观与国家安全观的变化起了积极的导向与规范作用。④ 在应对人类的"共同威胁"中，"联合国在国际关系的规范性演变中起到了核心的作用，它是各

---

① 〔巴基斯坦〕马赫布卜·乌·哈克：《发展合作的新构架》，载《联合国纪事》（UN Chronicle）（中文版）1993年第4期，第42页。

② 关于1994年联合国《人类发展报告》中"人的安全"之"community security"一词的翻译，学界有"共同体安全""社区安全""社群安全"等译法，并分别指代不同含义。本书在具体阐述中根据上下文语境，对"community security"有上述几种不同的表达。——编者注

③ 秦亚青：《全球治理失灵与秩序理念的重建》，载《世界经济与政治》2013年第4期，第6—7页。

④ 参见李东燕：《联合国的安全观与非传统安全》，载《世界经济与政治》2004年第8期，第49页。

国建立共识的平台、是变革和倡导者,以及作为规范性参考的法律渊源"①。联合国一直试图将安全、人权与发展三者结合起来,把三者看成相互联系、相互促进的统一体,倡导这"三位一体"的综合安全观。② 联合国是关注非传统安全问题、深化人们对非传统安全的研究与应对的领航者(详见本书第九章)。

二、非传统安全挑战的国家回应

人类对传统的灾难并不陌生,但在深度全球化的语境下对防不胜防的"非传统"的安全事件却表现出一定程度的束手无策。面对非传统安全威胁的挑战,不同国家各有其认知、判断、理念与立场。但是,非传统安全威胁的现实正改变着各国的安全理念与安全环境,有关安全的探讨和努力已经在相当大程度上超越了传统的国际关系研究范畴,也超越了传统安全的研究定位,从而使得越来越多的国家开始把非传统安全置于国家安全方略的重要位置,把国家间合作应对非传统安全威胁的行动视为国家安全方略的重要方面。

(一)主要国家及地区对非传统安全挑战的回应

美国以往一直宣称追求"安全、繁荣、普遍价值观和国际秩序",这都与安全相关。"上述四项目标中,第一项是狭义的安全,包括传统国防安全或称军事安全和美国公民人身安全亦即非传统安全的最主要内容。……第二、三、四项与安全密切相关,可以归结为广义的安全内容,即经济安全、政治安全和秩序安全。"③然而,特朗普上台后,将安全重心放在注重经济安全等非传统安全目标的同时,又更多地转回了国家间战略竞争与对抗。例如,美国《2017年国家安全战略报告》一改美国以往的国家安全观与外交政策,以从未有过的篇幅强调经济的"安全性",把经济安全设定为四大国家安全支柱之一并作为"最高国家安全",既强调要重振美国的基础设施建设、推行与自由贸易相逆的"公平贸易",又强调要捍卫国家安全创新基础(National Security Innovation Base,NSIB)免受竞争者的挑战、保障能源安全与出口。同时,该战略报告还将以往的"战略接触"改为"战略竞争",直接把中国与俄罗斯置于美国的对立面,并提出"以实力促和平",改"无核化"为"重新强化其战略核力量"。美国《2018年国防战略概要》更是明确指出:中国、俄罗斯等发起的"国家间战略竞争,而非恐怖主义,现已成为美国国家安全的首要忧

---

① 〔英〕奈尔·麦克法兰、云丰空:《人的安全与联合国:一部批判史》,张彦译,浙江大学出版社2011年版,第3页。
② 李东燕:《全球安全治理与中国的选择》,载《世界经济与政治》2013年第8期,第42页。
③ 刘建飞:《中美全球与亚太地区安全目标矛盾及其应对》,载《东北亚论坛》2013年第3期,第4页。

患",并指责中国和俄罗斯"想要重塑世界,将世界纳入其威权主义模式的轨道,同时攫取干涉其他国家经济、外交和安全决策的权力",将中国和俄罗斯作为"首要竞争对手",还提出美国要建立强大的有致命杀伤力的军队、建立联盟和伙伴体系、强化国防运转能力等举措。总之,保证美国本土安全、民众安全、经济繁荣、价值理念等核心国家利益,始终是美国国家安全战略中的连续性与稳定性的目标。①

欧盟面对非传统安全威胁的挑战,十分强调"共同安全"的理念与"安全一体化"建设。"欧盟对非传统安全的认知主要有以下三层含义:一是安全的内涵已经融入经济、社会、生态、文化等因素;二是安全治理范围也从组织内部扩展到周边以及其他相关地区;三是欧盟安全治理的职能和结构与国家或其他组织相比显示出非传统性。"② 欧盟作为"非传统的安全行为体",已"超越传统军事、防务范畴的安全认知,确立了冲突预防、危机管理、反恐合作等核心安全职能,并逐步建构了多层次、跨支柱的安全治理结构"③。但自2016年英国启动"脱欧"进程及其在整个欧盟成员内引发的一定程度的多米诺效应,使得欧洲面临多重的深层次危机,目前欧洲主要的非传统安全议题有:移民难民问题、恐怖主义、欧债危机、能源安全、气候变化、边境问题、政治不稳定以及欧盟因自身分裂而导致的一体化困境等。

法国近年来对非传统安全威胁的认识有所提升。2008年《法国国防与国家安全白皮书》开始重视自然灾害、健康和技术风险等非传统安全威胁。随后,2009年和2010年甲型H1N1流感大暴发、2010年海地大地震、2010年冰岛埃亚菲亚德拉冰盖火山喷发都对法国造成了直接的危害。2013年发布的《法国国防与国家安全白皮书》认为法国面临自然灾害、健康、科技、工业等方面的客观风险。2015年10月,法国政府发布新版《法国国家数字安全战略》,重点关注"网络安全危机""数字网络暴力""网络威胁应对""维持网络空间的稳定安全""网络安全培训与教育"等。2015年以来,法国巴黎、尼斯等多个城市遭受较为恶性的暴恐事件,再加上2018年以来巴黎、里昂、马赛、波尔多等大城市多次出现"黄背心"示威甚至骚乱,社会安全令人担忧。法国为提升反恐与国家安全的保障能力,着力在反恐的情报法律体系、领导体系、执行机构体系及其系统运作等方面进行了强化。

---

① 参见刘国柱:《美国国家安全战略的连续性与多变性——21世纪〈美国国家安全战略报告〉比较研究》,载《当代世界》2018年第2期,第26—30页。
② 宋黎磊:《欧洲的非传统安全问题与趋势》,载余潇枫主编:《中国非传统安全研究报告(2011~2012)》,社会科学文献出版社2012年版,第73页。
③ 李格琴:《欧盟非传统安全治理:概念、职能与结构》,载《国外社会科学》2008年第2期,第83页。

英国在《战略防务与安全评估报告（2010）》中列出的主要的非传统安全威胁有：恐怖主义、海外不稳定和冲突、网络安全、民事紧急情况、能源安全、有组织犯罪、边境安全、反扩散与军备控制。英国在《战略防务与安全评估报告（2015）》中列出的非传统安全威胁有：公共健康、严重的自然灾害、金融危机、资源安全、公共秩序失控、环境污染等，并以反恐战略与国家网络安全战略为重点，其总体战略目标是：成为一个安全、繁荣和具有全球影响力的联合王国。目前，"脱欧"对英国自身的经济贸易安全与社会政治安全冲击巨大，潜在威胁颇多。总体看，保护英国基础设施、领土安全和国民安全与生活方式、减少海外风险、促进经济繁荣，是英国自2010年以来所发布的国家安全战略报告中提出的主要安全目标。[①]

德国既是欧盟的一员，又是北大西洋公约组织（NATO）的一员，虽被认为是世界上最安全的国家之一，但仍存在许多安全威胁和风险，如恐怖主义、移民难民、有组织犯罪、原材料和能源依赖、大规模杀伤性武器扩散和军备集结、地区冲突、"政府失灵"、疾病等，气候变化也影响着国家安全。近年来，德国受乌克兰危机和希腊债务危机的影响较大。同时，难民问题的持续发酵，给德国社会安全蒙上阴影，德国以反移民、反欧盟为诉求的民粹主义政党也随之崛起搞事。默克尔在迎接2019的新年献词中，提及两次世界大战与存在新的战争的可能性，表明德国对国际安全形势的担忧与对德国前景的疑虑。

冷战以后，俄罗斯在政治、社会和经济等领域面临诸多的非传统安全威胁与挑战。《2020年前俄罗斯联邦国家安全战略》在保障国家安全方面，除了国防外，还特别强调了社会安全、生活质量安全、经济安全、科技和教育安全、公共卫生与健康安全、文化安全、生态与资源安全等的重要性。俄罗斯与其他中亚国家一样，面临较为典型的四大非传统安全问题，即"三股势力"、毒品走私、非法移民、能源安全。俄罗斯是一个能源大国，不仅拥有庞大的油气资源储量，而且具有很强的能源生产、出口能力。俄罗斯提出的2020年能源安全战略是："争夺里海，稳定欧洲，开拓东方，突破北美，挑战欧佩克"[②]。

澳大利亚的国家安全战略是："倚美联中"，维护亚太地区的和平发展。澳大利亚面临的非传统安全威胁主要有：恐怖主义、暴力极端主义、跨国有组织犯罪等。近年来，澳大利亚多次发生较大规模反歧视、反移民、要求增

---

① 参见姚全：《英国安全战略的特点、挑战与对策》，载《学术探索》2018年第9期。
② 转引自袁胜育等：《纵横捭阖——俄罗斯外交新战略》，重庆出版社2007年版，第297页。

加工资等的游行,政府因此强调国家、集体、人的全面安全的重要性。澳大利亚前总理陆克文认为:非传统安全的全球合作需要一种"建设性现实主义"立场,特别是"亚太地区需要有一个泛地区性的机制架构,来管控、改善或减少与日俱增的地区内政治、安全和经济的分歧"。[①] 澳大利亚于2018年通过了以反对外国干预为内容的国家安全法规,正式增加了38项新罪行,包括替外国政府窃取商业机密等,使国家安全更多地与他国的政治、军事和经济因素相关联。

(二) 发展中国家对非传统安全挑战的回应

与西方各国应对非传统安全挑战同步的是西方非传统安全研究的推进,而发展中国家与发达国家对非传统安全挑战的回应有着不同的理论研究路径与政策路向。同时,"非传统安全研究并没有将'安全'概念化限定在国家安全的层面,而是寻求一种更综合的安全理解方式,进而将安全扩展到包括个人安全和社会安全的层面上"[②]。

值得一提的是,当许多发展中国家开始关注非传统安全问题时,出现了以"后殖民主义"理论路径为代表的非传统安全"第三世界学派",其主要观点有:(1) 以美国和欧洲为主导的安全研究呈现出较强的西方中心论,因而在解释发展中国家的安全困境时,现有的理论框架不够充分;(2) 第三世界的国家边界通常是殖民者划定的,而非根据种族与历史的区隔,因而安全研究中的"国家"概念本身是有问题的;(3) 第三世界的安全关切本质上不同于欧美国家,而诸多的经济问题与生态问题常常是引发第三世界冲突的原因;(4) 对第三世界来说,安全更多的是来自内部的威胁,而非来自外部的威胁。[③] 为此,《非传统安全研究导论》的作者梅里·卡巴莱诺-安东尼(Mely Caballero-Anthony)认为:应对非传统安全的挑战,传统安全范式的国家中心模式并不适用于第三世界,因为这些国家的边界已经被西方殖民者武断地重新划分,既不能精确地反映种族的和历史的区隔,也不能使社会与国家边界相契合,从而使得去殖民化国家的国家建构与内部安全面临极大的挑战。[④]

总之,非传统安全威胁不断挑战人类的生存与发展是越来越明显的事实,我们似乎可以作出这样的判断:未来国家之间的竞争将首先不是政治制度的

---

① 参见陆克文:《习近平治下的中美关系:以建设性的现实主义,来实现中美共同使命》(报告摘要),哈佛大学肯尼迪政府学院贝尔福中心,2015年4月,第20—25页。
② Mely Caballero-Anthony (ed.), *An Introduction to Non-Traditional Security Studies: A Transnational Approach*, London: Sage Publications Ltd., 2016, p. 53.
③ Ibid., p. 33.
④ Ibid., pp. 31-32.

竞争，也不是经济制度的竞争，而将会首先是安全制度的竞争。哪一个国家在世界上最安全，它就是世界上最善好的国家；哪一个国家为应对人类的非传统安全威胁贡献最大，它就是世界上对人类贡献最大的国家。

第三节 非传统安全的中国语境

人类对"非军事威胁"及其危害给予特别关注，是非传统安全认知的逻辑起点。非传统安全问题的主要特征是内容或手段的"非军事性"与安全问题的"复合性"。冷战结束以后，世界安全格局出现了重大变化。中国提出了与"战争与和平"的时代观相异的"和平与发展"的时代观，并以经济建设为中心，开启了改革开放的伟大历史进程。但在发展与改革进程中的非传统安全问题也日益显现在广泛的领域与层面，与此相应的是，"非传统安全"受到了中国政府的愈加重视。

20世纪90年代初，中国政府开始关注非传统安全问题并提出相应的新安全理念。90年代中后期，中国领导人明确提出以"互信、互利、平等、协作"为核心的新安全观。2001年起，中国政府开始在一些重要的政策文件与讲话中使用"非传统安全"一词。2001年，中国与上海合作组织成员国签署《打击恐怖主义、分裂主义和极端主义上海公约》（简称《上海公约》），给出了"恐怖主义""分裂主义"和"极端主义"的明确界定。

资料2 中国非传统安全威胁的发展态势

2002年11月4日，中国与东盟成员国联合发布的《中国与东盟关于非传统安全领域合作联合宣言》指出："严重关注贩毒、偷运非法移民包括贩卖妇女儿童、海盗、恐怖主义、武器走私、洗钱、国际经济犯罪和网络犯罪等非传统安全问题日益突出，成为影响国际和地区安全的重要不确定因素，对国际和地区和平与稳定构成新的挑战"，"非传统安全问题十分复杂，有着深刻的背景，需要综合运用政治、经济、外交、法律、科技等手段加以应对"，"非传统安全问题需要加强地区和国际合作，中国与东盟各国互为近邻，在应对非传统安全问题方面存在广泛的共同利益"，因此要"制定非传统安全领域的合作措施和方法，提高各方应对非传统安全问题的能力，促进各方的稳定与发展，维护地区和平与安全"。①

资料3 恐怖主义、分裂主义、极端主义的界定

此后，"非传统安全"不断上升为国家战略，成为党的代表大会上的重要语词。2003年，党的十六大报告指出："传统安全威胁和非传统安全威胁的因

---

① 参见《中国与东盟关于非传统安全领域合作联合宣言》，http：//www.scio.gov.cn/ztk/xwfb/2014/31239/xgzc31249/Document/1375883/1375883.htm，2019年2月25日访问。

素相互交织，恐怖主义危害上升。……民族、宗教矛盾和边界、领土争端导致的局部冲突时起时伏。……世界还很不安宁，人类面临着许多严峻挑战。"①2007年，党的十七大报告再次强调："世界仍然很不安宁。霸权主义和强权政治依然存在，局部冲突和热点问题此起彼伏，全球经济失衡加剧，南北差距拉大，传统安全威胁和非传统安全威胁相互交织，世界和平与发展面临诸多难题和挑战。"②2012年，党的十八大报告更是对非传统安全的局势进行了全面阐述，针对国家政治安全、经济安全、信息安全、社会安全、公共卫生安全、公共安全、生态安全、海洋安全、能源安全、国防安全以及两岸统一与国际安全等众多安全问题提出了重要对策。

2014年4月15日，国家安全委员会召开首次会议，提出："必须坚持总体国家安全观，以人民安全为宗旨，以政治安全为根本，以经济安全为基础，以军事、文化、社会安全为保障，以促进国际安全为依托，走出一条中国特色国家安全道路。贯彻落实总体国家安全观，必须既重视外部安全，又重视内部安全，对内求发展、求变革、求稳定、建设平安中国，对外求和平、求合作、求共赢、建设和谐世界；既重视国土安全，又重视国民安全，坚持以民为本、以人为本，坚持国家安全一切为了人民、一切依靠人民，真正夯实国家安全的群众基础；既重视传统安全，又重视非传统安全，构建集政治安全、国土安全、军事安全、经济安全、文化安全、社会安全、科技安全、信息安全、生态安全、资源安全、核安全等于一体的国家安全体系；既重视发展问题，又重视安全问题，发展是安全的基础，安全是发展的条件，富国才能强兵，强兵才能卫国；既重视自身安全，又重视共同安全，打造命运共同体，推动各方朝着互利互惠、共同安全的目标相向而行。"③

2017年，党的十九大报告指出："世界面临的不稳定性不确定性突出，世界经济增长动能不足，贫富分化日益严重，地区热点问题此起彼伏，恐怖主义、网络安全、重大传染性疾病、气候变化等非传统安全威胁持续蔓延，人类面临许多共同挑战"，"必须坚持国家利益至上，以人民安全为宗旨，以政

---

① 江泽民：《全面建设小康社会，开创中国特色社会主义事业新局面——在中国共产党第十六次全国代表大会上的报告》，http://www.most.gov.cn/jgdj/xxyd/zlzx/200905/t20090518_69741.htm，2019年3月28日访问。
② 胡锦涛：《高举中国特色社会主义伟大旗帜　为夺取全面建设小康社会新胜利而奋斗——在中国共产党第十七次全国代表大会上的报告》，http://politics.people.com.cn/GB/1024/6429094.html，2019年3月28日访问。
③ 《习近平：坚持总体国家安全观　走中国特色国家安全道路》，http://news.xinhuanet.com/politics/2014-04/15/c_1110253910.htm，2019年3月28日访问。

治安全为根本,统筹外部安全和内部安全、国土安全和国民安全、传统安全和非传统安全、自身安全和共同安全,完善国家安全制度体系,加强国家安全能力建设,坚决维护国家主权、安全、发展利益",要"树立共同、综合、合作、可持续的新安全观",要"构建人类命运共同体,建设持久和平、普遍安全、共同繁荣、开放包容、清洁美丽的世界"。①

资料4 党的十九大报告有关非传统安全的内容

2019年,习近平主席在省部级主要领导干部坚持底线思维着力防范化解重大风险专题研讨班上提出,"面对波谲云诡的国际形势、复杂敏感的周边环境、艰巨繁重的改革发展稳定任务","必须始终保持高度警惕,既要高度警惕'黑天鹅'事件,也要防范'灰犀牛'事件;既要有防范风险的先手,也要有应对和化解风险挑战的高招;既要打好防范和抵御风险的有准备之战,也要打好化险为夷、转危为机的战略主动战","全面做好就业、教育、社会保障、医药卫生、食品安全、安全生产、社会治安、住房市场调控等各方面工作","要统筹国内国际两个大局、发展安全两件大事",防范化解重大风险。

总之,中国政府对非传统安全议题在定位与政策上的演进,反映了中国政府对国内外安全形势认识的深化。学者张蕴岭指出:"非传统安全问题并不是新现象,它们早就存在,如今之所以被纳入综合安全的范畴,自然有它的内在缘由。在我看来,主要是,一则它们成为具有'集合性特征'的安全种类,也就是说形成了它们的'共同特征';二则它们的表现形式和影响很大,成为必须给予极大重视的问题。"② 中国政府先后提出了"物质文明""精神文明""政治文明""社会文明"和"生态文明"建设的方针,并且强调五个文明的协调发展与共同进步是建设中国特色社会主义的必然要求。

事实上,人类文明的演化透射着人类对"人之为人"从"自在自发"到"自主自为",再到"自由自觉"的追求;对"物质文明""精神文明""政治文明""经济文明""生态文明"的反思,都离不开对作为一种基础文明的"安全文明"的关切与建构。众所周知,夜不闭户、路不拾遗的社会是最安全的社会,繁荣昌盛、和谐稳定的国家是最安全的国家,和平共处、和合共享的世界是最安全的世界,"安全文明"正是这样一种诸多要素与层面在当下"整合"的文明,是最安全的社会、最安全的国家与最安全的世界在当下"统和"的文明。

---

① 参见《权威发布:十九大报告全文》,http://sh.people.com.cn/n2/2018/0313/c134768-31338145.html,2019年3月28日访问。
② 转引自余潇枫主编:《中国非传统安全研究报告(2011~2012)》,社会科学文献出版社2012年版,"序一"第1页。张蕴岭教授曾两次与本章作者谈起,早在20世纪80年代末至90年代初,他就在国内的某些重要会议上使用了"非传统安全"这一概念。

> **思考题**
>
> 1. 深度全球化的基本特征是什么?
> 2. "类生存"与"类安全"的基本含义是什么?
> 3. 什么是非传统安全的国际语境?
> 4. 什么是非传统安全的中国语境?

> **讨论题**
>
> 1. 如何理解"逆全球化"及其消极影响?
> 2. 如何理解"总体国家安全观"及其积极意义?
> 3. 如何理解"安全文明"?

> **推荐阅读文献**
>
> 1. 余潇枫、罗中枢、魏志江等主编:《中国非传统安全研究报告》,社会科学文献出版社 2012、2013、2014、2015、2016、2017、2018 年版。
>
> 2. 张曦主编"非传统安全与现实中国丛书",浙江大学出版社 2007、2008、2009 年版。
>
> 3. Barry Buzan and Lene Hansen, *The Evolution of International Security Studies*, Cambridge: Cambridge University Press, 2009.
>
> 4. Alan Collins, *Contemporary Security Studies (Third Edition)*, Oxford: Oxford University Press, 2013.
>
> 5. Mely Caballero-Anthony, *Negotiating Governance on Non-Traditional Security in Southeast Asia and Beyond*, New York, NY: Columbia University Press, 2018.

第二章 安全：从"传统"到"非传统"

> **导 读**
>
> 在日常生活中遭遇各类灾害或灾难原本是人类历史中的常态，但是当前这些灾害或灾难叠加了全球化背景下的人为因素与跨国因素，就凸显为"非常态"的非传统安全事件。在深度全球化时代，被称为"非传统"类型的安全威胁与传统安全威胁相比，更多地综合了地缘因素、利益因素和社会心理因素，其语境也更为复杂与模糊，往往更具有威胁主体的模糊性、威胁成因的隐蔽性、威胁发生的不确定性和威胁形态的复合性等特点。同时，当下的安全已经不再是仅仅以军事安全、政治安全为主体的国家安全了，它还包括诸如经济、社会、环境、文化、信息等更为宽泛的内容和领域，即安全问题正经历着一个从传统安全到非传统安全的发展过程。传统安全与非传统安全的最大区别是，前者以"国家安全"为中心，后者以"人的安全"为中心。传统安全威胁与非传统安全威胁相互交织是最为严峻的治理难题。

第一节 "安全"的内涵与谱系

一、"安全"的内涵

中国有不少与安全相关的成语，如"安然无事""安枕而卧""安居乐业""安邦定国""安不忘危""居安思危""有备无患""危而不持""危机四伏""危在旦夕""天灾人祸""天下鼎沸""天下大乱""天下太平"等，其中有些成语产生的特定语境指涉王朝兴亡、国家安危、天下安定等。《尚书》中有很多执政者关于安全治理的政训，如有"思安全""虑安危""求安康""享安乐"的执政追求与目标，也有"安定天下""安定国家""安定民心""安抚四海""安居乐业""安保百姓"等执政古训与做法。安全如此重要而备受重视，那么我们应如何理解、界定"安全"这一概念？

（一）安全的基本内涵

在词源上，《现代汉语词典》对安全的解释是"没有危险；平安"①。英文中的安全词汇有形容词"safe"，其含义是安全、安定、安稳等；名词"safety"的基本含义是安全的条件以及免于危险与伤害的状况；另一个名词"security"的基本含义是免于危险的条件和感觉，以及确保此条件和感觉的力量与努力。②

作为一个重要的基本概念，"安全"并没有得到像"权力"概念那样透彻的研究，甚至在国际关系学界还远远没有形成一个得到普遍认可的安全定义。在国际安全研究中，"安全"甚至被认为是一个"模糊而又充满价值"③"不发达"和"有待深化"④的概念，因而也是一个"最为棘手的研究对象"⑤，关于"安全"的内涵的理解也是丰富多样。

资料1 关于安全的三类界说与三组概念

安全关涉人类生存与发展的方方面面，对安全的认识根植于生活的体验之中。人们对安全最朴素的理解是：安全是人的一种包括身体上没有受伤害、心理上没有受损害、财产上没有受侵害、社会关系上没有受迫害、生存环境没有发生灾害等"无危险"的存在状态，或者是国家没有外来入侵的威胁、没有战争的可能、没有军事动力的动用、没有核武器的使用等。

（二）安全问题的互动结构

人们认识安全一般通过客观性与主观性两条途径：前者源于自然灾害与人类战争的种种体验，总结出安全是一种客观存在着的外在处境与物质条件，把安全理解为一种"客观性"的、可视的存在；后者从对安全的主体感受中总结出一种与主体心理相关联的内在现实与主观感受，把安全理解为一种"主观性"的东西。统一起来说，"所谓安全，就是客观上不存在威胁，主观

---

① 中国社科院语言研究所词典编辑室编：《现代汉语词典（第6版）》，商务印书馆2012年版，第7页。
② See Judy Pearsall and Bill Trumble（eds.）, *The Oxford English Reference Dictionary*, Oxford: Oxford University Press, 1995, pp. 1271, 1309.
③ David A. Baldwin and Helen V. Milner, Economics and National Security, in Henry Bienen（ed.）, *Power, Economics, and Security*, Boulder, CO: Westview Press, 1992, p. 29.
④ Barry Buzan, *People, States and Fear: An Agenda for International Security Studies in the Post-Cold War Era（Second Edition）*, London: Harvester Wheatsheaf, 1991, pp. 3-12.
⑤ Barry Buzan and Lene Hansen, *The Evolution of International Security Studies*, Cambridge: Cambridge University Press, 2009, p. 17.

上不存在恐惧"①。这一概括表明,安全不单单涉及客观现状如何,而且还涉及心理状态——"安全感"(a sense of security)如何。

以前人们谈到安全,一般只讲存在危险和感到危险,即安全与安全感之间的互动。其实,一个公共问题上升为安全问题,还存在着在客观和主观基础上形成的第三个层面:"主体间"的社会认同,即体现"主体间性"(inter-subjectivity)的对安全的"社会建构",因为主体之间对安全内容的认知、判断、界定、接受及回应本身建构着安全的互动与共享。② 安全的"主体间性"表明,"安全只能在社会交往中建构,安全的指数反映出国家与社会之关系的程度,安全的程度与社会的进步之间呈现正相关性。安全问题本身被社会化了"③。加入了对安全的"社会认同"维度,安全问题的互动结构就呈现为"安全性""安全感"以及"安全化"④ 三者之间互动的新状态。

这样,我们可以把安全描述为:客观上不存在威胁,主观上不存在恐惧,主体间不存在冲突(见图2-1)。事实上,无论是基于"安全性"的客观的威胁,还是基于"安全感"的主观的恐惧,都离不开基于"安全化"的安全行为体之间的互动,只有当行为体之间相互确保安全时,安全才真正得以成立。

---

① Wolfers: "Security, in any objective sense, measures the absence of threats to acquired values, in a subjective sense, the absence of fear that such values will be attacked." See Alan Collins, *Contemporary Security Studies* (*Third Edition*), Oxford: Oxford University Press, 2013, p. 3.

② 哈贝马斯(Jürgen Habermas)最早用"主体间性"一词表明主体间的"商谈"对社会交往合法性和社会制度公正性的体现与建构。巴里·布赞则把"主体间性"引入安全分析,强调"安全最终保持着既不是主体又不是客体,而是存在于主体中间这样一种特质"。参见〔英〕巴瑞·布赞、〔丹麦〕奥利·维夫、〔丹麦〕迪·怀尔德主编:《新安全论》,朱宁译,浙江人民出版社2003年版,第43页。

③ 王逸舟:《论"非传统安全"——基于国家与社会关系的一种分析思路》,载《学习与探索》2005年第3期,第4页。

④ "安全化"术语由丹麦学者奥利·维夫(Ole Waever)提出,后来英国国际关系理论学者巴里·布赞对之进行了拓展。安全化理论强调,某个公共问题只要尚未成为公共争论与公共决定的问题以及国家并未涉及它,它就还被置于"非政治化"的范围,所以还不是安全问题;当这个问题成为国家政策对象的一部分,需要政府考虑资源的重新配置,或者还需要一种不同于以往的公共治理体制的介入时,它就被置于"政治化"的范围,成为"准安全"问题;而当这个问题被政府部门作为"生存性威胁"提出,并需要多方面采取紧急措施,甚至这些措施超出了政治程序的正常限度,仍然被证明不失为正当时,则这个问题就成为安全问题了,即安全化是公共问题从非政治化到政治化,再从政治化到超政治化的过程。

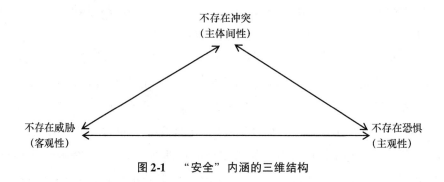

图 2-1 "安全"内涵的三维结构

二、安全研究的三维"谱系"

(一)安全的三维"谱系"

泰瑞·特里夫(Terry Terriff)认为,关于安全,首先要回答两个问题:第一,我们关注的安全将聚焦于谁或者什么?它应当是国家、建基于民族或性别上的团体还是个体?我们必须以哪个层次为安全考虑的优先层次?第二,谁或什么在威胁着安全?是国家还是被决策者制定的政策?或者是从环境问题上产生的非国家因素,如贩毒、跨国犯罪等问题上产生的功能性威胁?与此相应的两个新问题是:第一,谁提供安全?第二,以什么方法保障安全?后两个问题的回答又有赖于对前两个问题的回答。① 这样,对安全的追寻可以概述为安全的四个基本问题:谁的安全?谁或什么威胁安全?谁保障安全?谁怎样保障安全?

据此,当考察各种各样的安全问题或现象时,最简单有效的方法便是为其勾画出一个由安全对象层次、安全问题领域和安全反思主体构成的安全的三维"谱系"(见图2-2)。

(二)国家安全与国际安全

在安全研究的"谱系"中,诸多的安全问题都直接与国家相关,因而在传统的安全研究中,国家安全一直占据着中心的位置,且安全直接被理解成国家安全。"国家安全"概念的现代用法最早出现在美国报纸专栏作家李普曼(Walter Lippmann)于1943年出版的《美国外交政策》一书中。二战结束后,"国家安全"成为国际关系领域中一个使用频率很高、概念内涵极广的重要词汇。这一概念涉及"国家""国家利益"等相关概念。将人们普遍接受的安全

---

① See Terry Terriff, Stuart Croft, Lucy James and Patrick M. Morgan, *Security Studies Today*, Cambridge: Polity Press, 1999, p. 3.

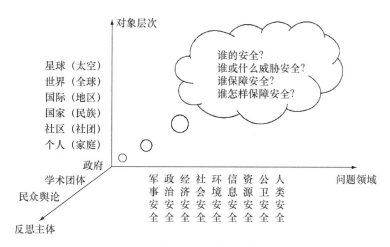

图 2-2　安全研究三维"谱系"

的基本含义（危险或威胁的不存在）加以引申，国家安全可以定义为：国家生存免于危险与威胁，或者说国家没有受到外部的侵害与威胁，没有产生内部的混乱与动荡。

国际安全是国家安全的延伸与放大，指国际社会危险与威胁不存在，即在国家普遍安全的前提下，国际社会处于和平、相对有序和较有道德的状态。然而，国际安全通常很容易陷入一种"安全困境"之中。"安全困境"最早由美籍犹太裔国际政治学家约翰·赫兹（John Herz）提出，他认为"安全两难"的根源是主权国家间无政府状态的存在。① 国际政治理论"英国学派"的创始人之一赫伯特·巴特菲尔德（Herbert Butterfield）指出，历史上的许多重大战争往往不是由个人蓄意谋划造成的，而是由那种国际政治中的"绝对棘手且无法化解的困境"引起的，其关键原因是个体间"彼此意图的不确定性"。在无政府状态下，国家必须靠自己的资源与力量保护自己，阻止和对抗威胁，进而导致国家间发生冲突，造成"战争有别于犯罪，士兵不是警察，暴力成为合法，国家本身意味着战争（warfare）"② 的国际体系的无政府"悲剧"。肯尼思·沃尔兹（Kenneth Waltz，又被译为"肯尼思·华尔兹"，本书除个别引述外皆使用"肯尼思·沃尔兹"这一译名）认为："在'安全困境'中，一国为保障安全而采取的措施，意味着降低了其他国家的安全感。在无政府状态下，一方聊以自慰的源泉就成了另一方为之忧虑的根源。因此，一个国家即使是为了防御的目的而积聚战争工具，也会被其他国家视为需要作出反应

---

① 参见吴征宇：《肯尼思·华尔兹国际政治理论研究》，当代世界出版社 2003 年版，第 76 页。
② Peter Shearman and Matthew Sussex (eds.), *European Security After 9/11*, Aldershot: Ashgate Publishing Company, 2004, pp. 12-13.

的威胁所在。而这种反应又使前者确信,它是有理由为自己的安全担忧,与此类似,一个出于防御的目的而建立起来的联盟要加强内部成员间的团结一致,扩大自立的力量,必然会无意中危及到敌对的同盟,招致对方采取反措施。"①

在深度全球化的背景下,"国际安全"的外延被进一步扩大,"全球安全""星际安全"的概念开始受到人们重视。可以说,国际安全更多的是从主权国家之间的相互关系去理解,多指国家间、地区间、国际组织间的安全。全球安全则是从"蓝色星球""地球村"的全球体系去理解,多指人类整体的安全与地球整体的安全。与此相应,越来越多的学者用"全球史"来替代"世界史",用"全球政治""全球社会"来替代"国际政治""国际社会",用"全球国际关系"来替代"国际关系"等。

三、"传统安全"的内涵与内容

在对非传统安全进行深入分析之前,有必要对传统安全有一个基本的了解和认识。传统安全通常被认为包括两个主要内容:军事安全和政治安全。

（一）军事安全

军事安全是传统安全最主要的领域。军事安全是指一个国家以军事力量和军事手段维护自己的生存不被武力侵害,如主权不受侵犯、领土不受侵入、政权不受颠覆等。在现实中,军事安全的表现形式较多,主要包括军事布控、军事防御、军事对抗、军事威慑、军备控制、军事打击、大规模战争等军务与国防性的内容。

军事安全起源于对战争的防止与反抗。克劳塞维茨（Carl von Clausewitz）认为,战争无非是一种扩大了的、将无数个搏斗组合成一个统一体予以考虑的暴力行为。或者说,战争是一条奇怪的"三位一体"的"变色龙":盲目的自然冲动——仇恨感和敌忾心、自由的精神活动——概然性和偶然性、纯粹的理智行为——政治的工具。② 因此,克劳塞维茨认为"战争具有政治工具的从属性"③。或者说,战争不过是政治另一种形式的延续,这种形式便是以利益争夺为目的的有组织的复仇。有组织的暴力行为是关于战争的较经典的诠释,军事安全则是对这种有组织的暴力行为的防止与抑制。

军事安全是确保主权国家独立性的标志,也是确保国家生存与发展平安

---

① 〔美〕肯尼思·沃尔兹:《国际政治理论》,胡少华、王红缨译,中国人民公安大学出版社1992年版,第3页。
② 参见〔德〕克劳塞维茨:《战争论（第一卷）》,中国人民解放军军事科学院译,商务印书馆1995年版,第23、46页。
③ 同上书,第46页。

性的标志。一个国家的军事力量建设、国防力量（国防科技与国防工业）建设、战备力量（作战物资储备、战略后勤基地以及战备交通、通信与侦察预警系统）建设，是实现其军事安全的基本内容。在现实主义学者看来，"大国主要由其相对军事实力来衡量。……在核时代，大国必须具有能承受他国核打击的核威慑力和令人生畏的常规力量"[①]。

军事安全的核心是维护国家主权，但值得研究的是，网络社会的存在方式对传统的"国家主权"与"国家边界"提出了新的挑战。如果说人类社会的第一次浪潮是农业革命，"锄头"是其代表性象征，第二次浪潮是工业革命，"流水线"与"烟囱"是其代表性象征，那么第三次浪潮就是信息革命，"计算机""数据""信息"及相应技术是其代表性象征。同时，信息网络技术对传统国家的疆界观念进行了颠覆，产生了能跨越任何国界的"虚拟国家"与"数字地球"的重要概念。功能意义上的"虚拟国家"以"信息疆界"作为自己的"国界"。如果说领土和领海是一个主权国家的"第一领土"和"第二领土"，那么随着飞机的发明、无线电技术的发展，各国则把领空视为"第三领土"，而网络时代正在推生"第四领土"的重要性。"信息疆界"是与"第四领土"相对应的一个国家的信息传播力和影响力所能达到的无形空间。相应地，国家主权行使的空间将不再局限于领土、领海、领空，而是必须包括网络空间。在网络社会的进一步发展下，"信息主权"（或称"数据主权"）将成为国家主权的重要内容，控制跨国信息传播的内容与方式将影响到一个国家的政治安全与经济安全等重要方面。随着以高科技为代表的"后工业社会"的到来，军事领域出现了深刻的变革。按军事武器的技术水平和性能划分，战争已经经历了冷兵器、热兵器、热核兵器、高技术兵器四个阶段。近些年来，"非正规战""电子战""信息战""空地海天一体战""星球大战"等一列新的战争方式不断成为军事理论研究的热点。与此相应，军事组织体制也将产生新的变革趋势，如作战队伍一体化、多能化与小型化，作战指挥精简化、扁平化、网络化，作战装备集中化、高效化等。同时，局部战争中的空袭作战出现了高精确性、立体性、高危害性、远程性等特点，大大增加了空袭对目标的杀伤力。各国认识到，作为传统安全的军事领域，也在发生重大的变革。在传统安全威胁与非传统安全威胁相互交织的境况中，军队除了应对传统战争的威胁外，还需要应对不用枪炮的非传统战争与非战争威胁，以便在多个领域帮助维护非传统安全。在新形势下，军事安全的形式、手段、

---

① 〔美〕约翰·米尔斯海默：《大国政治的悲剧》，王义桅、唐小松译，上海人民出版社2003年版，第5页。

目标等将具有新的内容。

(二) 政治安全

如果说军事安全主要是国土与国民的维护，那么政治安全主要是政治主权与政权的维护。因此，政治安全在传统安全中同样占有重要的位置。

政治安全是指国家在维护政治主权与政权中的政治体系稳定与政治发展有序。国家政治体系稳定是指国家的国体、政体、国家结构形式、政治意识形态、政党制度等诸种因素的统一，以及这些因素在社会内部矛盾发生、发展和解决的过程中，保持原有的基本结构和基本性质不变。政治发展有序是指在实现政治现代化与政治民主化的过程中，能有效地进行政治动员，并能有效地消除不安定因素、防止政治动乱，保证政治运作的规范性、连续性。

政权的维护是政治安全的核心内容，而这必然要涉及政治安全的重要主体——政党。"政党政治"是当代世界政治的一大特点。执政党是对政治稳定与政治发展产生决定性作用的政治力量，执政党确保执政地位是政权安全的直接体现。不同的政党所建立的不同的政治制度，对政治稳定具有不同的影响。在政党政治的历史条件下，由执政党与其政府所构成的国家政权是一个国家的核心。特别是在非民主制国家，政党与政府的更迭直接关系到国家的政治安全。

政治安全的核心是国家政权的维护。值得研究的是，在网络时代，国家政权的传统维护方式正在受到多方面的挑战。一方面，政府推出"电子政务"的同时也面临多样化的信息安全问题。政府上网的最终目的正是要实现电子政府及政务电子化，从而促进政府职能转变，更好地为社会公众服务，这样政府就面临加密技术的合理保护、信息资源的文化整合、国家机密的泄露、信息主导权的"侵消"、信息海量递增与增生、信息传递的极度多元化、统一舆论被解构、政府信息权威性丧失、信息传导的封堵等诸多问题。另一方面，公众热捧的互联网生存方式将逐渐改变以往的"权力决定信息分配"的模式，出现"信息决定权力分配"的模式。同时，个人与非国家实体的信息权利的获得，还促成了"公民电子化政治运动"，"电子公民"常常会发动网络上的直接政治行动，如"公民电子抗议运动"，还会实施"虚拟阻塞""网络静坐""电子不合作""电子干扰"等政治行为。与以往的政治行为不同的是，互联网带来的国际问题网络化、共时性、公开性等特点，形成对国家政治参与、国际社会参与以及处理国际事务形式的重大挑战。尤其是当非国家行为体（包括个人）跨越地理—政治边界，以数据的形式开展某项大规模的网络运动时，它的影响力在短时间内就会快速波及全球，各个国家和政府以及整个国际社会都难以做到视而不见、不为所动。

政治安全是传统安全的重要领域，但从政治认同的角度考察政治安全，政治安全则进入了非传统安全的领域。何谓"认同"（identity）？认同是行为者在现实境遇中对生存价值归属的自我确定，或者说，"认同是行为者所具有和投射的一种个体性与独特性的想象，它通过与有意义的'他者'发生关系而形成，并持续地被改进"①。政治认同——政治价值归属的自我确定，是政治共同体的价值基础。认同危机具体地表现在"五信"危机上：国家没有信仰，人生没有信念，对政府没有信任，对他人没有信用，对前途没有信心。苏联的解体，说到底是由政治认同危机导致的典型事例。为此，认同危机与政治安全的关系受到学者和决策者的重视，包括民族认同与国家认同的冲突、国际认同与国家认同的冲突、不同国家认同之间的冲突。亨廷顿（Samuel P. Huntington）所著的《我们是谁?》一书正是从认同政治学的视角，通过考察美国"国家认同危机"的现实，对21世纪国家安全与政治安全面临的新挑战进行了研究，较深刻地揭示出认同危机与国家安全的密切相关性。亨廷顿甚至提出了"美国的最大威胁来自内部的认同危机"的重要论断，建构了与"文明冲突论"相左的"移民冲突论"。②

第二节 非传统安全的理念与定义

一、安全"转型"与非传统安全理念的形成

（一）非军事安全

随着深度全球化时代的到来，非传统安全问题不断凸显并形成传统安全领域外的新安全挑战。如果说传统安全的主要内容是军事安全与政治安全，那么非传统安全所涉及的内容主要是非军事、非政治领域的，如生态恶化、移民难民、毒品走私、恐怖主义等，且这些问题都有全球性、跨国性的特征，往往需要通过国际社会的多边合作来共同应对。因此，一般来说，"非传统安全"与"非军事安全""人的安全""新安全"在一定程度上可以通用。

从非军事安全的角度看，以非军事手段为特征的非传统安全问题由来已久，只是这类问题在开始时并没有带来普遍的威胁，或并未对传统的军事与

---

① Peter J. Kataenstein (ed.), *The Culture of National Security: Norms and Identity in the World Politics*, New York, NY: Columbia University Press, 1996, p.59.
② See Samuel P. Huntington, *Who Are We? The Challenges to America's National Identity*, New York, NY: Simon & Schuster, 2004.

政治安全构成威胁，且往往与传统安全问题相缠绕并附属于传统安全问题。例如，在春秋战国时期，就有越国把蒸熟的谷子给吴国，使吴国误以为谷子品种良好而种植，结果大闹饥荒，从而实现自己的军事目的的例子。又如，在美国南北战争中，谢尔曼（William Sherman）将军向萨凡纳（Savannah）进军时，不是寻求作战，而是一路烧掠，以破坏南方军队的后方经济为手段，使南方民众和军队丧失抵抗力，从而实现赢取战争的目标。用非军事的手段去实现某种军事的目标是非传统安全问题的最初形式。

（二）非传统安全

"非传统安全"一词最初通常见于冷战后西方国际安全与国际关系研究界。美国普林斯顿大学著名国际关系学者理查德·H. 乌尔曼（Richard H. Ullman）于1983年发表在《国际安全》上的《重新定义安全》[①]一文把人类的贫困、疾病、自然灾害、环境退化等均纳入安全的范畴中，因而他被西方学术界认为是最早提出"非传统安全"定义的人。[②] 1983年，英国伦敦政治经济学院著名国际关系与国际安全学者巴里·布赞出版的《人·国家·恐惧》一书也对非传统安全进行了初步研究，除了强调要重视与国家安全相对应的"个人安全"外，还强调要重视与军事、政治安全领域相对应的"经济、社会、环境"领域中的安全问题。[③] 此后，一些新兴的国际关系理论流派，特别是国际政治经济学和环境政治学的学者对扩展非传统安全研究的领域、建构非传统安全的理论框架做出了许多贡献，这些探索成为西方非传统安全研究的重要学术渊源。十分重要的是，1989年，迈克尔·J. 迪茨克（Michael J. Dziedzic）首先在其《跨国毒品贸易与地区安全》[④]一文中使用了"非传统安全"一词，这是迄今为止检索到的最早使用该概念的学者。需要指出的是，在西方学者的非传统安全研究中，更多的是对具体的安全议题展开研究，如环境安全、经济安全、能源安全、粮食安全等，对非传统安全这一范畴的基本原理研究甚少。此外，由于各国、各地区所面临的非传统安全威胁各不相同，它们所关注的非传统安全研究领域也各有侧重。

中国的非传统安全理念萌芽于1978年中共十一届三中全会至20世纪80

[①] See Richard H. Ullman, Redefining Security, *International Security*, Vol. 8, No. 1, 1983, pp. 129-153.

[②] 戴维·A. 鲍德温（David A. Baldwin）在《安全的概念》、沙鲁巴·乔杜里（Saurabh Chaudhuri）在《非传统安全威胁的定义》中均指出，理查德·H. 乌尔曼是提出"非传统安全"定义的第一人。

[③] See Barry Buzan, *People, States and Fear: The National Security Problem in International Relations*, Chapel Hill, NC: The University of North Carolina Press, 1983.

[④] See Michael J. Dziedzic, The Transnational Drug Trade and Regional Security, *Survival*, Vol. 31, No. 6, 1989, pp. 533-548.

年代末,中国政府改变了"战争与革命"的时代观与随时准备"早打、大打、打核战争"的安全战略,确立了"和平与发展"的时代观与在和平环境中以经济建设为中心的安全战略;① 形成于20世纪90年代,张伟玉等学者的研究表明,中国的非传统安全理念主要源于联合国新安全观与中国新安全观(见图2-3)。"联合国新安全观涉及的诸多议题和内容,丰富了中国非传统安全的内容;新安全观的互信、平等、互利、协作的观念,促进了中国非传统安全概念在性质和手段方面的拓展。二者对非传统安全理念的形成起到较大推动作用,影响了其演变及发展。"② 总体上,中国多数学者认为,非传统安全的提出,是一次对以军事安全、政治安全为核心的传统安全观的深化,是从国家安全跨越到共同安全、全球安全、人类安全的一场拓展,也是一次从军事、政治、外交的"高政治安全"向人的安全与社会安全的"低政治安全"的深刻转型。

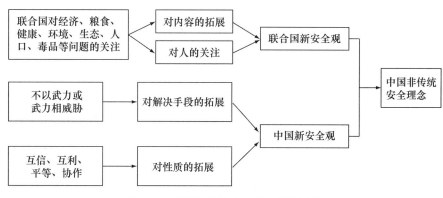

图2-3 中国非传统安全理念的源流③

二、"非传统安全"的内涵与内容

(一)狭义的非传统安全定义

虽然非传统安全威胁受到国内外普遍重视,但是非传统安全的定义却难以给出,这是因为非传统安全威胁的类别似乎难以穷尽,甚至非传统安全在某些语境下可以与"非军事安全""全球安全""人的安全"通用,致使难以给非传统安全下一个十分确切的定义。

资料2 中国学者关于非传统安全定义的四种观点

---

① 参见余潇枫、李佳:《非传统安全:中国的认知与应对(1978~2008年)》,载《世界经济与政治》2008年第11期,第89页。
② 张伟玉、陈哲、表娜俐:《中国非传统安全研究——兼与其他国家和地区比较》,载《国际政治科学》2013年第2期,第99页。
③ 同上。

"非传统安全"是一个动态性的概念，它呈现了安全现实和安全理论的变化和拓展，是对应于在军事、政治领域之外的经济、社会、文化、环境、生态、信息等更广泛的领域存在的生存性威胁。非传统安全是相对于传统安全而言的，而传统安全以军事安全、政治安全为主要内容，权力、军事、武力、战争是传统安全的核心体现和保障，因此我们可以从非军事武力特征的角度界定非传统安全为：

一切免于由非军事武力所造成的生存性威胁的自由。①

冷战结束后国际安全的发展趋势表明，非传统安全作为非军事武力的安全，一方面安全的领域拓展了，经济安全、文化安全、环境安全、社会安全等被纳入"安全"的范围；另一方面安全的层次多元化了，全球安全、地区安全、团体安全、国民安全等成为安全的重要方面而被考虑。同时，国际与国内、发展与安全、军事与非军事、安全部门与非安全部门之间的区隔不断被打破，国际安全问题国内化、国内安全问题国际化的趋势也日益增强。

当然，这一非传统安全定义的关键句式是"免于……威胁"，其实质是"威胁的不存在"。这种理解就会带来一种比较消极的后果，即在现实中寻找威胁并努力消除之，于是所设想的敌人或对手就会成为去不掉的影子，进而使对抗与复仇不断升级。这时，人们所寻求的"威胁的不存在"就变成了无法达成的虚位状态，甚至使"危态对抗"代代相传。可见，传统安全中用"摆脱战争"来定义安全虽十分明确，但过于狭窄；而在非传统安全中用"免于……威胁"或"威胁的不存在"作为安全的最基本概括，虽揭示出了安全的部分实质即在于"消解威胁"，但仍过于消极。为拓展对安全问题的理解，应当分析安全与人的生存状态的相关性，揭示安全的本质意义，以建构广义的非传统安全定义。

（二）广义的非传统安全定义

众所周知，安全与生存、发展紧密相关，生存状态与发展状态直接标示出安全状态。在全球体系中，任一层次行为体的现实境况均可展示为一个生存与发展的状态序列。如果以生存与发展的优化状态为行为体努力追求的最高价值目标，那么生存与发展状态可以标示为四个层次：优化状态（优态）、弱化状态（弱态）、劣化状态（劣态）和恶化状态（危态）。这样，以生存与发展状态来观照安全和体现安全所追求的价值目标，就大大拓展了对安全的理解，并且生存与发展状态的四个层次本身构成了一个有序的安全梯度。在

---

① 参见余潇枫、潘一禾、王江丽：《非传统安全概论》，浙江人民出版社2006年版，第52页。

深度全球化背景下的生存境况中，安全战略不仅要在安全梯度的底端（危态）进行考虑，更要在安全梯度的顶端（优态）进行设计与共建。根据建构主义理论，从对人的生存条件与发展保障的积极理解与努力来说，观念与规范的建构才是事物变化发展的决定性因素。所以，与其着眼于对可能有的"危态"进行设防与对抗，不如着眼于对可能有的"优态"进行设计与共建、共赢、共享，这样更有利于和平与发展。据此，广义的非传统安全可界定为：

行为体间的优态共存。

"优态共存"（superior co-existence）①是一个相对于"危态对抗"（dangerous confrontation）的概念。"优态"是安全指向的对象，是安全达成的价值性条件，表征的是具有独立身份的行为体的生存能力与可持续发展的生存境况，它是相对于所有行为体层次来说的。把以优态作为对象的安全置于发展国际关系的最基本前提下，就使安全研究的主题从"战争—和平—安全"拓展到"和平—发展—安全"，不仅表明了国际关系理论从源起于"战争与和平"的思考转向了"和平与发展"的思考，而且随着非传统安全问题的凸显，还将转向"发展与安全"的思考，进而标示出了安全所要达到的更广泛、深远的价值目标。以"优态共存"界定安全，安全的可能性边界就拓展到了安全建设的双方甚至是多方，安全就有了某种绝对的意义。正如巴里·布赞所描述的"理想的世界并不是每一个人都成功地确保安全的世界，而是不再需要去谈论安全的世界"②。

"共存"是安全获得的互惠性条件，表征的是行为体追求安全的平等性与交互性。在全球体系中，无论哪一个层次的行为体，若要获得安全，其基本立场与途径都只能是通过互惠共建达到合作共赢和共优共享。尤其是诸多的非传统安全问题都是跨国的，甚至是全球性的，这就需要国际关系任何一个层次中的"自者"与"他者"间的共同努力。所以，优态共存是非传统安全的实质，打造利益共同体、命运共同体和责任共同体才是非传统安全的价值目标。

"行为体间"是安全实现的关系性条件，表征的是安全实现的"关系本位"与"过程建构"性。以"关系—过程"为价值基点的安全建构，是秦亚青对西方国际关系理论特别是国际安全理论的"补缺"。③他认为安全建构只

---

① "优态共存"一词的英译是本章作者（余潇枫）于2003年在哈佛大学访问期间与哈佛大学政治学教授江忆恩（Alastair Iain Johnston）一起探讨确定的。参见余潇枫：《从危态对抗到优态共存——广义安全观与非传统安全战略的价值定位》，载《世界经济与政治》2004年第2期，第8—13页。
② Barry Buzan, Response to Kolodziej, *Arms Control*, Vol. 13, No. 3, 1992, p. 485.
③ 参见秦亚青：《关系本位与过程建构：把中国理念植入国际关系理论》，载《中国社会科学》2009年第3期，第69—86页。

有置于"行为体间"的关系本位与过程建构之中，才能达成安全维护的"多元治理""全球治理""有效治理"，以代替传统安全维护中的"垄断治理""霸权治理""低效治理"等。①

非传统安全在安全行为体、安全内容、安全状态、安全价值中心上表现出与传统安全的诸多不同，表明传统的安全理论有待于转变其价值立场与范式，而"优态共存"的安全理念正是一种值得肯定的新安全范式，它将为非传统安全确定合理的伦理价值取向。

值得一提的是，"行为体间的优态共存"不仅揭示了非传统安全的本质与价值诉求，使"非传统安全是行为体间的优态共存"这一定义成立，而且"行为体间的优态共存"也可以作为广义"安全"的本质与价值诉求，使"安全是行为体间的优态共存"这一定义成立。两个定义在广义意义上的相同表达，既凸显了它们在本质上的内在一致性，又凸显了传统安全思想在当下的扩展、深化乃至"革命"。

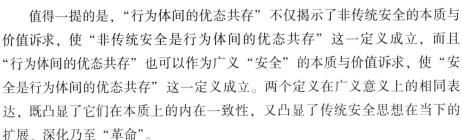

资料3　安全与伦理的关系

三、非传统安全的特征

目前，学术界对非传统安全的"集合特征"有一个基本的认识，如非军事武力、跨国、普遍性威胁、非国家行为体参与、从来没有发生过、需要多国行为体共同治理等。概括起来，非传统安全问题有以下特征：

第一，问题的始发性。非传统安全问题之所以成为"非传统"，是因为它们大多是"始发"的安全问题。西方学者也用"非常规安全"（unconventional security）、"非传统威胁"（non-traditional threats）、"非传统问题"（non-traditional issues）和"新威胁"（new threats）来指称非传统安全。因为这类新型安全问题是过去很少见到，或者是过去根本没有见到过的，现在却变得日益"现实化"与"普遍化"，并使得各国政府既有的安全机制与危机处理机制产生严重的不适应。如"9·11"恐怖袭击事件，是对超级大国美国的一次史无前例的"非军事性"袭击，也是对世界上具有无可匹敌的军事力量的美国一直把"战场"推至国门之外的传统安全防御模式的一次否定性攻击，它标志着"国际安全"与"本土安全"界线模糊的新时期的到来。为此，美国不得不重新考虑国家安全战略，重新认识"本土安全"的重要性。

第二，成因的潜在性。多数非传统安全问题是从传统安全问题演化而成"新"问题的。诸如恐怖主义、非法移民、生态恶化、流行疾病、水资源匮乏

---

① 参见秦亚青：《全球治理失灵与秩序理念的重建》，载《世界经济与政治》2013年第4期，第13页。

等问题早已有之，由于长期以来没有得到应有的重视和有效的治理而愈演愈烈，从而演化成为人类的"生存性威胁"与"跨国性威胁"，此后才备受关注。另外，非传统安全由于威胁来源隐蔽、多样、复杂，爆发时间和地点存在着极大的不确定性，所以常以突发性灾难的形式造成巨大伤害，令世界震惊不已，如恐怖主义袭击、生态灾难等。

第三，问题的复合性。和平只是一种没有战争的状态，"安全"是一个比"和平"更为宽泛的概念。非传统安全是关涉"生存性焦虑"与"主体性不安全"的宽广领域的复合性问题：涵盖经济、社会、文化、环境、网络、太空等领域；与风险、危机、紧急状态、日常生存性威胁等"社会安全"与"人的安全"相关联；所挑战的可能是某一个国家，也可能是某一区域、某个群体或个人，显得复杂多样而难以应对；① 其价值基点已不仅仅是"国家"，而是"国家、社会、人（类）"三者的复合。

第四，传递的扩散性。跨国性、全球性是非传统安全的突出特点。非传统安全问题大多是一些有关地区安全、全球安全和人类安全的问题，或者是由一国内部非军事和非政治因素引起并影响各国安全的跨国性问题，在地域上有明显的蔓延和扩散的特点，而不是单独哪一个国家和地区的难题。如非洲中部大湖地区的暴力与武装冲突，就是由布隆迪和卢旺达两国国内图西族和胡图族之间的矛盾冲突引起并波及其周边邻国的。又如，信息网络中的黑客攻击造成的破坏和影响会在极短的时间内迅速传递和扩散开来，甚至波及全球各地。

第五，治理的综合性。非传统安全问题的跨国性质，使其具有极大的破坏力与很强的蔓延性，"各国即使是出于自利考虑，也会因为自助上的无能为力，不得不采取互助的姿态和行为，与他国合作以共同应对危机和挑战"②。另外，非传统安全各问题相互之间有着紧密的相关性，它们会相互影响、相互激发、相互缠绕，进而形成对人类"共同命运"的挑战，这就更需要对其进行跨领域、跨国家的综合治理与维护。

可见，非传统安全作为一个独立研究对象，是一种新型的"场域安全"。重要的是，鉴于"人的安全与非传统安全的概念对以国家为中心的安全研究

---

① 有学者将非传统安全问题的来源从范围上划分为三类：第一类是次国家性的，包括政治、种族、宗教、文化和民族冲突，这些冲突从内部对民族国家的规定性和权威性提出挑战；第二类是无国家性的，这类威胁与其所属国家无关，如地区性的有组织犯罪、海盗和恐怖主义活动；第三类是超国家性的，其威胁超越了民族和国家的边界，包括宗教运动以及国际犯罪组织、非正式经济组织协助武器扩散等。

② 刘兴华：《非传统安全与安全共同体的建构》，载《世界经济与政治》2004年第6期，第40页。

路径提出的挑战"①，非传统安全呈现出安全的内涵指涉更加丰富多样、安全的领域边界更加复合多重、安全的维度指向更加复杂多向、安全的维护应对更加广泛多元的趋势。

第三节　非传统安全与传统安全比较

一、非传统安全与传统安全的比较

（一）非传统安全威胁是"不定时炸弹"

众所周知，炸弹和定时炸弹是传统军事武器，用于战争或者特定的敌对性破坏活动。如今，一切内含质量问题、对人有着伤害风险甚至已经危及众人的产品被称为"不定时炸弹"，这不仅简单易解，而且透露出一种人们对"安全"的"非传统"解读，即"安全问题"从国家的领土是否被入侵、国家的政权是否被颠覆转向了人们日常生活中的危险与威胁。对商品质量问题是"不定时炸弹"的解读表现出了"非传统安全的问题意识"在人们脑海中的强化，也体现了日常生活性的人的安全与社会安全问题越来越受到政府和民众的重视。随着中国打开国门走向世界，并成为世界第二大经济体和第一大货物贸易国，各种与人的安全和社会安全直接相关的"不定时炸弹"种类和品名也不在少数。这些"不定时炸弹"除了与各类出入境的工业产品、医用药品、生活用品及食品相关，还与动植物、人体携带的病菌的传入传出以及各类生物产品的引入、进入或侵入等相关。如改革开放以来，中国玩具产业发展迅速，是世界上最大的玩具出口国，其中儿童玩具比重高达99%，中国玩具出口额在2017年就达239.62亿美元，种类达3万多种。但因质量问题常有儿童玩具被召回的报道，这些儿童玩具可能出现小零件脱落、边缘锐利、机械强度不足、重金属超标、电池爆炸等问题，或者用于包装玩具的塑料包装袋、刚性材料上的圆孔厚度、动态耐久性测试、危险夹缝等方面存在安全隐患，因而被称为"不定时炸弹"。

事实上，非传统安全威胁难以用一时、一地、一人、一事的方式说清，而是一种与地缘场域、利益场域和社会心理场域相交织的"场效应"，它凸显了多重时空关系与多种活动性质在安全问题上的叠加、复合和交织，是一种整体复合性的、具有"场域安全"特征的威胁。与传统安全问题相比较，非

资料4　儿童玩具召回案例

---

① Mely Caballero-Anthony, *Negotiating Governance on Non-Traditional Security in Southeast Asia and Beyond*, New York, NY: Columbia University Press, 2018, p. 25.

传统安全威胁有四个重要特点：一是不对称，即威胁主体多是分散化、小群体化的"非国家行为体"，经常利用全球化、信息化手段实施威胁，隐蔽性强、布控精密、爆发迅速、变化随机。二是不确定，即威胁发生的缘由、行为体、爆发点、演化过程、发展态势等难以把握。三是不单一，即威胁呈现"交织状"，或以传统安全为手段，或以传统安全为目的，或与传统安全威胁相重叠，或与全球性问题相交织，或与改革发展相缠绕等。四是不易控，即威胁相互转化、交替出现或同时爆发，由此带来的历史渐进性与时间地点随机性，导致局部性的预防与应急响应难以奏效。

（二）非传统安全与传统安全的区别

正是由于非传统安全问题的"不定时炸弹"特征，非传统安全与传统安全有了明显的区别（见表2-1）。

表 2-1 非传统安全与传统安全的主要区别

	非传统安全	传统安全
安全理念	优态共存	危态对抗
安全主体	国家行为体与非国家行为体	国家行为体
安全重心	人的安全、社会安全、国家安全	国家安全
安全领域	一切非军事的安全领域	军事安全、政治安全
安全侵害	没有确定的敌人	有确定的敌人
安全性质	免于非军事武力威胁	免于军事武力威胁
安全价值中心	国民生存状态与人权	领土与主权
安全来源	基本不确定	基本确定
安全态势	短期不可预测	短期可预测
安全维护力量	全民性	非全民性
安全维护方式	跨国联合行动为主	一国行动为主
安全维护前提	认同的复合性	认同的一致性
安全维护内容	全面综合性	片面单一性
现有安全制度	基本不适应	基本适应

从安全理念看，传统安全是狭义的安全观，重点是防御危险与威胁，军事武力是主要手段，因而其安全理念必然是"危态对抗"。非传统安全则是一种广义的安全观，重点是共同治理以获得良好的生存与发展环境，非军事武力是主要手段，因而其安全理念必然是"优态共存"，追求"你安全我才安全"的和合共建安全模式。非传统安全从以往的狭义安全观转向广义安全观，内含安全主体的扩大与转换，非国家行为体在非传统安全中占有更多的角色，并将发挥更大的作用。

安全重心的转移是非传统安全所具有的划时代的标志，以人的安全为基，以社会安全为本，突破了传统安全的国家安全本位，其实是在更广的范围内与更多的层面上维护国家安全和超国家的全球安全。

在安全领域上，传统安全是军事安全与政治安全，即所谓的"高阶政治"所关涉的内容；而非传统安全是军事安全与政治安全外的所有安全领域，以往所谓的"低阶政治"中的许多内容都被纳入考虑范围。此外，非传统安全与传统安全在安全维护力量、维护方式、维护前提、维护内容以及现有安全制度的适应性等方面，都表现出了明显不同。

值得强调的是，"非传统"是一个与"传统"相对而又动态变化着的概念，非传统安全与传统安全有着难以确定的领域边界。作为一个独立的概念，"非传统安全"与"传统安全"相区别。但是，作为一个动态的概念，"非传统安全"又与"传统安全"相联系、相交织、相转化、相替代。"非传统"不断地从"传统"中分化出来，却又可能在未来被归入"传统"之中，而未来社会又会创化出新的"非传统"让人们去认识与把握。

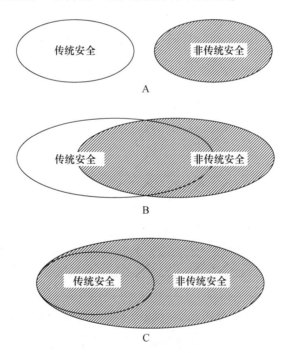

图 2-4　非传统安全问题的三种边界划定

从与传统安全相互比较的角度看，非传统安全问题边界的划定就有三种理解：一是狭义的理解，指直接与传统安全问题相区别的非传统安全问题（图2-4，模型 A）；二是较广义的理解，指与传统安全问题相区别和与传统安全问题相交织的两部分之和的非传统安全问题（图2-4，模型 B）；三是最广义的理解，指包含传统安全在内的一切安全的非传统安全问题，即在非传统的视野下，传统安全也是一种"非传统的'传统安全'"[1]（图2-4，模型C）。当然，也有学者把非传统安全问题与传统安全问题相互重合的安全问题理解为"交织型安全威胁"。[2]

模型A强调的是传统安全的"军事"特征与非传统安全的"非军事"特征，前者需要通过国防力量来解决，后者需要通过内政与外交的方式来解决。模型B强调的是除了有着各自的特征外，传统安全与非传统安全在很多方面是相互交织的。如能源安全中的石油资源，在常态下属于非传统安全研究领域，但当对该资源的争夺引发相关行为体间的军事性冲突时，就成了传统安全问题，四次"石油战争"便是实例。模型C强调的是即使是传统安全，其本身也在"非传统化"。如军队是用于战争事务的，但当军队要应对"非战争威胁"时，"非战争军事行动"就具有"非传统安全"的意义。再如，有些国家在国防部下成立了网军，网军并不使用常规的军事武器，也不杀人伤人，但网军却能对一个国家的政权实施战略性的甚至是毁灭性的破坏，这就促使各种类型的"非传统战争"的形成。当然还可以有模型D等，如把传统安全与非传统安全之间的关系用三维立体图形来表示，通过空间连通的方式来表征传统安全与非传统安全之间的区别、相关与交织关系。但不管从哪个角度理解，非传统安全问题在起因、手段、过程、特征、影响等方面均与传统安全有着直接与间接的交织，从而表现为不同的"样式"。

二、非传统安全与传统安全的关联

非传统安全与传统安全之间固然存在多方面的区别，但在现实安全问题的发生与演变过程中，两者还表现出了相互交织与转化。

（一）以传统安全为来源、目的和手段的威胁类型

第一，由传统安全转化而来的非传统安全威胁。非传统安全范畴的出现，强调了这样一个事实：一方面，越来越多的对国家和人类的生存威胁来自战争和军事领域之外，用传统安全很难涵盖这些新的变化；另一方面，非传统安全与传统安全之间又并不是完全泾渭分明的，它们往往交织在一起，传统安全问题会直接带来非传统安全问题。例如，美国在越南战争中使用橙剂（落叶剂）等化学武器后，大面积的植物在生长期便落叶死亡，众多野生动物

---

[1] 刘跃进：《为国家安全立学——国家安全学科的探索历程及若干问题研究》，吉林大学出版社2014年版，第179—190页。
[2] 参见姜维清：《交织：国家安全的第三种威胁》，世界知识出版社2011年版，第14页；巴忠倓主编：《和平发展进程中的国防战略》，学习出版社、海南出版社2014年版，第35—57页。

栖息地被破坏，土地和水中含有大量有毒成分，进而导致了严重的生态灾害与人体灾难，并且其严重后果一直延续到现在。

第二，以传统安全为目的的非传统安全威胁。这一样式又可分为三种：一是以经济、金融、贸易等方式实现传统安全目的，即以经济战、金融战等为手段来达到政治目的。例如，美国借助转基因技术、专利巨头推行粮食霸权，企图控制其他国家乃至全人类的国际政治战略图谋。① 二是以非国家行为体、非正式组织等为载体实现传统安全目的。例如，美国充分利用各种国际大众传媒、网络、非政府组织，实现其明显的军事与政治战略意图。三是以技术援助、文化交流、发展合作等非传统安全手段为外在形式，以达到传统安全目的。基辛格（Henry Alfred Kissinger）曾强调：谁控制了石油，谁就控制了所有国家；谁控制了粮食，谁就控制了人类；谁控制了货币发行权，谁就控制了世界。由此，用非传统安全威胁的手段来实现传统安全目的成了现代国家间"非传统战争"的一种首选的策略。

第三，以传统安全为手段的非传统安全威胁。非传统安全威胁可以通过传统安全手段来实现，一个重要原因是技术被人类使用时所呈现的双重特征：核技术既可以用于民事的功效巨大的能源开发，又可以成为具有无比摧毁力的杀人武器；生物技术既可以用于免于匮乏的脱贫事业，又可以成为辅助战争的凶恶帮手；信息网络既可以用于人类生活的方方面面，又可以成为恐怖主义的天然战场。例如，美国为实现对中东、北非地区等国家政权或"恐怖组织"的打击或颠覆，常有组织地武装训练非政府组织或个人，以技术指导、实地参观、模拟学习等形式，派其策划、实施各种政治性活动。目前，不少国家为了应对网络安全威胁，纷纷在国防或军事部门成立网军，通过军事力量的介入来实行网络安全的维护或攻击。

（二）与传统安全交织或间接关联的威胁类型

第一，与传统安全相互交织的非传统安全威胁。相互交织意味着非传统安全与传统安全分别在各自的领域交叉、伴随、附着对方的特征与属性，以至于出现了兼具两种安全特质的安全形态，如信息安全、国际恐怖主义、海上战略通道安全、地缘政治、核安全等。非传统安全与传统安全相互交织体现在相互组合与相互转化两个方面。就相互组合来说，或者是两种因素的"复合"，如石油安全问题中以石油为燃料的远洋海军和外太空战略、与石油紧密关联的核战略、盗取石油的海盗活动、产油区安全局势、国际原油价格、石油消费带来气候变暖等；或者是两种因素的"连接"，如海上战略通道安全

资料5 美军在越南实施"农场雇员行动"

---

① 参见顾秀林：《转基因战争——21世纪中国粮食安全保卫战》，知识产权出版社2011年版。

与远洋海军力量之间既互动又制约的逻辑连接，太空与外太空军事安全同航天技术问题之间所呈现的因果连接等。就相互转化来说，如近年来利比亚、埃及、叙利亚等国内的武装冲突以及以美国为首的北约盟军的武力干涉，使得这一地区的安全态势复杂、多变、紧张，也激发、引发了诸如人道主义危机、环境破坏、经济受损、社会失衡等非传统安全问题；而当前的能源短缺、金融优势、经济利益、网络信息等非传统安全因素同样引发了局部冲突、地区暴力事件等，并继续成为国际形势局部动荡的重要诱因。①

第二，因全球化而导致的非传统安全威胁。全球化的"介质"使安全问题具有"跨国性""普遍威胁"与"多国治理"的非传统安全特征。例如，信息安全威胁、流行性疾病、金融危机、食品不卫生等问题一旦以全球化的工具（如现代传媒、航海、航空、通信、互联网等）为"介质"，便会迅速跨越其源起的安全场域，威胁和破坏其他国家和地区的生存状态，乃至成为全球性的安全事件或危机。事实上，很多传统安全问题是在全球化的"国家整体性权力结构"②的转移中、在非国家行为体的形成与行为中凸显而成为非传统安全问题的，不断"越界""外溢"的经济危机、金融危机、流行性疾病、恐怖主义、核安全威胁等问题突破传统的安全场域，反过来又对全球化进程产生全方位的影响。如在全球化的背景下，公共卫生问题越来越对人的安全、国家安全乃至国际安全构成重大挑战，如2003年的SARS疫情及近年来爆发的中东呼吸综合征（MERS）疫情、埃博拉疫情等。

第三，因不发展而导致的非传统安全威胁。不发展包括三个方面，即"未发展"（undeveloped）、"有待发展"（underdeveloped）和"发展不当"（improper-developed）。例如，在一些国家与地区因核心发展技术缺失、民主基本制度缺失而引发的贫困、疾病、性别严重不平等是因"未发展"而导致的常态非传统安全问题，并成为导致暴力冲突与武装政变的重要潜在诱因。又如，"有待发展"和"发展不当"因素常引发认同冲突、权力失控、公信力缺失、经济失衡、法治受挫、产权缺失、信息失真等问题，继而引发群体间暴力冲突、环境破坏、流行性疾病、食品不卫生、能源恶性竞争、恐怖袭击等安全问题。2011年"阿拉伯世界风暴"中长达数月的冲突，其重要原因就是在全球化进程中，阿拉伯世界严重落伍且被边缘化，在政治、经济、社会等方面存在严重"不发展"的问题；③同时，在以发展求安全的过程中，发展本身的因素又带来了新的不安全问题或威胁。

---

① 参见姜维清：《交织：国家安全的第三种威胁》，世界知识出版社2011年版，第14页。
② 胡惠林：《中国国家文化安全论（第二版）》，上海人民出版社2011年版，第134页。
③ 参见李绍先：《阿拉伯世界风暴将更猛烈》，载《国际先驱导报》2012年1月5日第22版。

思考题

1. 试阐释安全研究的"三维"系统。
2. 非传统安全与传统安全的主要区别是什么?
3. 非传统安全与传统安全的主要关联是什么?

讨论题

1. 如何给非传统安全下定义?
2. 对于非传统安全挑战各国的回应是什么?

推荐阅读文献

1. 余潇枫、罗中枢、魏志江等主编:《中国非传统安全研究报告》,社会科学文献出版社2012、2012、2013、2014、2015、2016、2017、2018年版。
2. 赵远良、主父笑飞主编:《非传统安全与中国外交新战略》,中国社会科学出版社2011年版。
3. 熊光楷:《国际关系与国家安全》,清华大学出版社2016年版。
4. 杨毅主编:《中国国家安全战略构想》,时事出版社2009年版。
5. 〔菲律宾〕梅里·卡巴莱诺-安东尼编著:《非传统安全研究导论》,余潇枫、高英等译,浙江大学出版社2019年版。
6. Alan Collins, *Contemporary Security Studies* (*Third Edition*), Oxford: Oxford University Press, 2013.

第三章 场域安全：非传统安全研究新视角[*]

> **导 读**
>
> "场域"可被理解为不同主体因共享特定支配性价值而形成的关系网络，"场域安全"则指与安全相关联的、具有特定活动性质的、没有危险或威胁的关系状态。以"场域安全"看"非传统安全"，非传统安全问题则呈现了整体、交织、复合、时变的综合特征，非传统安全挑战构成的不是单一的安全问题或安全威胁，也不是单一的危机事件或事故灾害，而是一个具有特定性质与多维特征的场域安全。根据对"场域"的理解，非传统安全威胁可划分为四种类型：内源性非传统安全威胁、外源性非传统安全威胁、双源性非传统安全威胁、多源/元性非传统安全威胁。由于威胁源发地、演变过程、应对方式等的不同，不同场域类型下的非传统安全威胁会呈现出不一样的特征，且在一定的条件下相互交织或相互转化。

第一节 非传统安全的"场域"特征

一、"场域安全"的基本界定

（一）场域与安全场域

"场"是一个在日常生活中出现频度较高的专用词，其含义有三：一是指空间点，如场地、场所、体育场等；二是指时间点，如开场、出场、闭场等；三是指价值点，即人们出于价值追求的需要而投入资源的关系网络，如商场、官场等。"场"又是一个在物理学中表达事物在特定空间与时间中具有某种关系特征与状态的指称，如"电场""磁场"等。其特征有四：一是场的分布状

---

[*] 本章内容是国家社科基金一般项目"中国与'一带一路'沿线国家差异化国门安全互保路径研究"（批准号：19BZZ107）的阶段性成果。

态"延伸至整个空间",有"全空间"特征;二是场作为一种动力系统,"具有无穷维自由度",有"多变量"特征;三是场是"一种其量值因时空而变"的强度存在,有"量值性"特征;四是场是"与时间变动相关联"的函数关系,具有"时变性"特征。场的这些物理性质构成了"物理场"运动的基本规律与效应。

"场域"(field)是社会学、人类学的重要范畴。法国著名社会学家皮埃尔·布迪厄(Pierre Bourdieu)这样界定与解释"场域":"在各种位置之间存在的客观关系网络,或一个构型(configuration)。……其根据是这些位置在不同类型的权力(或资本)的分配结构中实际的和潜在的处境,以及它们与其他位置之间的客观关系(支配关系、屈从关系、结构上的对应关系)。"[①] 在布迪厄看来,场域是一种特定的社会关系网络,在这一网络中,不同位置之间的关系变量有着其对支配性资源的博弈与争夺,进而体现出社会行为背后潜在而不可见的关系性逻辑。有学者认为,"场域"代替"环境""语境"和"社会背景"等话语,为探究经验事实(人口、机构、群体和组织)背后之利益与斗争的潜在模式和关系性逻辑提供了新的分析工具。[②] 据此,"场域"可被界定为不同主体因共享特定支配性价值而形成的关系网络。

社会领域中各类关系相互交织与复合,用"场域"概念来替代"场"的概念,表明除了物理时空中的关系特征与状态外,还叠加了人的活动所表现出来的某种时空集聚状态与社会某种专有活动性质,因此更能具象地反映出社会安全关系的多重性与复杂性。[③] 根据"场有哲学"关于生命是一种"场有"的理论,安全也是一种"场有"的状态。也就是说,关联着多行为体的安全不仅是一事一物的没有危险或威胁的持存状态,而且是与事物相关联的没有危险或威胁"关系"的持存状态。[④] 例如,"安全场域"就可被理解为"能够影响乃至决定安全态势的特定情境",包括地缘场域、利益场域与社会心理场域。国家安全战略的设定与安全场域有紧密的联结关系。[⑤] 以"安全场域"为分析工具可以重新审视"边疆"的常规划分,广义的边疆则由"硬边

---

① 〔法〕皮埃尔·布迪厄、〔美〕华康德:《实践与反思——反思社会学导引》,李猛、李康译,中央编译出版社1998年版,第134页。
② 参见〔美〕戴维·斯沃茨:《文化与权力:布尔迪厄的社会学》,陶东风译,上海译文出版社2006年版,第138页。
③ 参见余潇枫:《非传统安全治理能力建设的一种新思路——"检验检疫"的复合型安全职能分析》,载《人民论坛·学术前沿》2014年第9期,第86页。
④ 参见唐力权:《周易与怀德海之间——场有哲学序论》,辽宁大学出版社1997年版。
⑤ 参见余潇枫、李佳:《非传统安全:中国的认知与应对(1978~2008年)》,载《世界经济与政治》2008年第11期,第90页。

疆"和"软边疆"（利益边疆、信息边疆等）共同构成。①

（二）场域安全

如果说"安全场域"是对某种安全的特定情景或关系网络进行揭示，那么"场域安全"则是对安全的"特定情景"或"关系网络"本身进行再抽象。根据安全能力说，"场域安全"可以被界定为"特定关系网络维持其基本属性的能力"，这一特定关系网络的"节点"（nodes）包括主体、区域、层面、领域、阶段、代际等要素，关系网络的属性则由主体、结构、要素、样式、功能、价值等不同方面构成的整体来体现。② 因此，"场域安全"可以被理解为与安全相关联的、具有特定活动性质的、没有危险或威胁的关系状态，它强调的安全不是一种单一的、线性的、局部的、纯技术的安全，而是复合的、非线性的、整体的、技术与价值混合的安全。"场域安全"强调反映在安全问题上的社会活动的复杂关系，凸显多重"时空关系"与多种"活动性质"在安全问题上的叠加、复合与交织。提出"场域安全"的目的是，强调运用"场有思维"的方式来考察安全，把安全看作一种具有整体性、交织性、强弱性、动态性的"效应"，继而对安全的维护也会具有更为合理与有效的筹划与实施。③

当用"场域安全"对安全现实进行深入观察时可以发现，安全事件只是一种现象或表象，其背后关联着安全语境的复杂关系。可见，安全不仅仅是一种"事件"，还是"场域"中的一种"条件"、一种"结构"、一种"价值"。例如，"棱镜门事件"的本质透露出了尚不为人所知的"网络安全"的条件、结构与价值；"埃博拉病毒事件"反映着公共卫生安全的条件、结构与价值；"马航失联事件"显示出航行安全的条件、结构与价值；"《查理周刊》袭击事件"昭示着反恐安全的条件、结构与价值。这一切均反映着"场域安全"的"整体性、交织性、强弱性、动态性"的现实。

资料1 以"场域安全"看"总体国家安全观"

二、"场域安全"与非传统安全

在"场域安全"这一视角下，非传统安全挑战所构成的"不是单一的安全问题或安全威胁，也不是单一的危机事件或事故灾害，而是一个具有特定性质的'场域'，进而形成具有整体、交织、复合、时变性质的'场域安全'"④。

资料2 以"场域安全"看海关国门安全

---

① 参见余潇枫、徐黎丽：《"边安学"刍议》，载《浙江大学学报（人文社会科学版）》2009年第5期，第11—12页。此外，关于"软边疆"还可以参见本教材第十四章。

② 参见廖丹子、王梦婷：《从"国门安全"到"场域安全"——出入境检验检疫在国家安全治理中的新定位》，载余潇枫、魏志江主编：《中国非传统安全研究报告（2013～2014）》，社会科学文献出版社2014年版，第293页。

③ 参见余潇枫：《非传统安全治理能力建设的一种新思路——"检验检疫"的复合型安全职能分析》，载《人民论坛·学术前沿》2014年第9期，第85—86页。

④ 余潇枫、魏志江主编：《中国非传统安全研究报告（2013～2014）》，社会科学文献出版社2014年版，第7页。

对非传统安全问题进行不同维度的类型划分，是更加深入了解非传统安全问题的基本方法。国内外学者对非传统安全（威胁）的类型进行了不同维度的划分，主要有四类：一是按特征分，如赵远良等按照由非军事武力引发、没有明确威胁者、需多国行为体共同应对、涉及人与社会、与传统安全相互交织等特征，将非传统安全划分为恐怖主义、跨国犯罪、海盗威胁、环境恶化、经济危机、能源短缺、饥饿与贫穷威胁等主要类型。① 二是按领域分，如国际安全研究领军学者巴里·布赞将安全问题整体划分为军事、政治、社会、经济、生态五大类；② 朱锋按照"问题领域"将安全问题划分为五大类，即由人类可持续发展而产生的安全问题、因国家或社会失序而对国际秩序与区域安全造成威胁、跨国界有组织犯罪、非国家行为体对现有国际秩序的挑战、因科技发展及全球化所产生的脆弱性问题；③ 刘跃进认为中共十八大报告反映出我国至少有十九类非传统安全问题。④ 三是按层次分，如任娜提出关涉国家主权等关键利益、关涉社会等国家重要利益、关涉人的安全等基本利益三个问题层次。⑤ 四是按主题分，如陆忠伟将非传统安全划分为经济安全、金融安全、能源安全、环境安全等十七个类型。⑥ 查道炯将之归纳为生态安全、航行安全、跨境犯罪等七个类型。⑦ 傅勇、李滨则依据不同主题分别进行了九类和两个大类及其具体主题的划分。⑧ 这些从不同维度对非传统安全进行的类型划分及其特征分析，为更深层次地认识非传统安全问题提供了多样的思维角度，丰富了非传统安全研究的内容。

"场域安全"的理论视角为非传统安全建立了一种新的类型划分依据。安全只有在主体间关系中才有产生的可能、存在的意义与发展的条件。在这一"主体间"中，主体包括自然与社会中的各类行为体（actors），如人、国家、非政府组织、自然与社会等。这些主体之间进行的纵横交错的复杂互动，会形成不同的安全问题，如人类社会与自然的互动产生了自然灾害、河水污染、土壤侵蚀等生态环境问题，不同族群与社群之间的利益与认同差异催生了恐怖活动、群体冲突、能源抢夺等复合型安全问题。复杂多样的安全问题也因

---

① 参见赵远良、主父笑飞主编：《非传统安全与中国外交新战略》，中国社会科学出版社2011年版，第8页。
② 参见〔英〕巴里·布赞：《人、国家与恐惧——后冷战时代的国际安全研究议程》，闫健、李剑译，中央编译出版社2009年版，第34页。
③ 参见朱锋：《"非传统安全"解析》，载《中国社会科学》2004年第4期，第140页。
④ 参见刘跃进：《为国家安全立学——国家安全学科的探索历程及若干问题研究》，吉林大学出版社2014年版，第1—8页。
⑤ 参见任娜：《中国非传统安全问题的层次性与应对》，载《当代亚太》2010年第5期，第90—103页。
⑥ 参见陆忠伟主编：《非传统安全论》，时事出版社2003年版，第1—8页。
⑦ 参见查道炯主编：《中国学者看世界·非传统安全卷》，新世界出版社2007年版，第1—4页。
⑧ 参见傅勇：《非传统安全与中国》，上海人民出版社2007年版，第1—5页；李滨：《中国目前面临的主要非传统安全问题及其排序》，载《世界经济与政治》2004年第3期，第44—48页。

此外显着不同的安全要素,如表现出不同的安全观、安全状态、安全结构、安全制度、安全目标、安全心理、安全文化等。从这一关系网络看,非传统安全问题还可从威胁的源发地以及非传统与传统安全威胁的交织特性角度进行类型划分,包括四类:内源性非传统安全威胁、外源性非传统安全威胁、双源性非传统安全威胁和多源/元性非传统安全威胁。这四类非传统安全威胁具有各自的内涵、特征、典型议题及其治理手段,同时并非截然分开、相互独立或非此即彼,而是在发生原理、演化特征、治理手段等方面存在相似甚至重合之处。

第二节 非传统安全威胁的场域类型

一、内源性非传统安全威胁

内源性非传统安全威胁（endogenous non-traditional security threats）是指威胁源起于国内,直接对国内相关治理领域甚至整个国家安全与发展产生影响,或经过扩散与"溢出"国界而影响他国或与他国安全场域相关联的地区,继而再影响本国的非传统安全威胁类型,需要本国以内政为主、外交为辅进行综合回应,以消除其危害或负面影响。这类非传统安全威胁的诱发因素往往是国内各种矛盾长期积聚而没有得到及时发现、疏导或妥善解决,或者应对不当、处置过度。对内源性非传统安全问题的治理需要通过全面深化改革提升整合应对能力,特别是需要政府与社会力量的共同参与和复合联动。

内源性非传统安全威胁的发生与应对机制如图3-1所示:

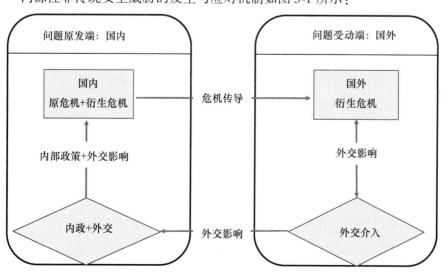

图3-1 内源性非传统安全威胁的发生与应对机制

内源性非传统安全威胁既包括"政治安全"领域的腐败问题，也包括"社会安全"与"人的安全"领域广泛涉及的各种公共安全问题。这意味着日常生活中的食物、居所、求职、健康、公共安全和人的权利等"低政治"领域的问题，会经过"安全化"而上升为政府十分关注的"高政治"议题。总体国家安全体系的十一大类安全议题中，有七大类（经济安全、文化安全、社会安全、科技安全、信息安全、生态安全、资源安全）可以直接归入内源性非传统安全领域，第十一大类的核安全则是传统安全与非传统安全相互交织的安全领域。

如能源安全就是资源安全的重要内容之一，也是一个直接关涉到国家安全、经济安全、环境安全、社会安全等领域的内源性非传统安全问题，它不仅仅是国际上的地缘政治外交制衡与利益博弈问题，更是实现国内经济转型与可持续发展、维护公众健康以及提升生活品质所必须解决的问题。中国是世界上最大的能源生产国和消费国，日益增长的能源需求与能源生产和消费方式之间存在深层次的结构性矛盾，这决定了中国只有通过能源生产和消费结构的全面调整才能有效缓解能源总量与结构的问题。同时，全球地缘政治变化及逆全球化进程中的国家间政治的难以预期（如中美贸易摩擦及其引发的较大范围的国家间恶性竞争与全球格局动荡），对全球能源供给和消费结构产生重大影响，中国能源安全具有的对外依存性及脆弱性进一步显现。

食品安全是中国内源性非传统安全问题的又一重要方面。中国于2009年颁布了《食品安全法》，后经2015年修订，食品安全与监管有了法的基本保障与依据。然而，食品安全问题仍然是政府治理力度最大、公众最为担忧的事项之一。"民以食为天，食以安为先"，食品安全维护最直接考验着政府的非传统安全治理能力与公众的道德良心底线。

资料3　内源性非传统安全问题举例：食品安全

此外，内源性非传统安全领域还包括很多其他方面的议题，如水安全、文化安全、社会安全等。

资料4　内源性非传统安全问题举例：水安全

统观之，内源性非传统安全问题大都属于发展性的非传统安全问题，是国内改革与发展过程中政治、经济、社会等领域结构调整与改革综合作用的结果，是因新技术、新环境、新局面、新要求而衍生出来相关的新问题，并会随着国内改革形势的变化和国际因素的作用而不断变化。议题之间会相互影响，有些议题的某些方面甚至会呈现多源/元性非传统安全问题的特征。因此，对内源性非传统安全问题的有效治理需要对国内经济、社会、环境、科技等各方面制订综合全局、协调各方的长远规划，并要综合考虑国际因素的影响。

二、外源性非传统安全威胁

外源性非传统安全威胁（exogenous non-traditional security threats）是指威胁源起于国外，经过扩散而导入本国或与本国安全场域相关联的地区，需要本国以外交为主、内政为辅进行全链条应对，以消除其危害或负面影响的非传统安全威胁。

这类源起于国外的非传统安全威胁涉及自然性的复合灾害与人为性的复合性事故、不安全事件、非军事性暴力冲突等。按安全场域的层次（如全球、区域（间）、国家间）进行分类，外源性非传统安全威胁呈现出不同的形态，全球性层面主要有：生物圈危机、气候变化危害（如全球平均温度显著上升、海洋酸化、北冰洋海冰迅速消失、世界各地极端天气事件频发等）、环境恶化（如大气和江海污染加剧、大面积土地退化、森林面积急剧减少、大气臭氧层空洞扩大、生物多样化受到威胁等）、资源匮乏（淡水资源日益短缺、耕地面积缩小、能源供应不足等）；区域（间）层面主要有：区域性经济危机（如金融危机、贸易危机）、跨国犯罪（如海盗、非法移民、跨境贩毒）、海洋安全问题（如岛屿主权争端、海洋资源争夺、海洋战略博弈）、网络安全问题、太空安全问题、核安全问题等；国家间层面主要有：双边或多边性的边境河流、山脉等的主权争端，跨境水域污染恶化，重大海空灾难，边境（非法）移民问题，国际恐怖主义或跨国恐怖主义威胁等，以及因历史、领土、宗教、文化、发展等因素而引发的国家间冲突等。特别需要指出的是，全球气候变化已经被中国、美国等众多国家共同确认为"人类面临的最大威胁"。

外源性非传统安全威胁的主要特征是：（1）安全问题的发生源在国外，因此对问题原发端的可检测性、可控性及可追溯性都比较低；（2）原发端对受动端的影响通过全球化的实际过程和客观影响而实现；（3）受动端采取的应对举措一般难以从根本上清除问题本身；（4）问题的有效应对需要多国、多类行为体开展联动；（5）应对不当会产生涟漪危机，军事介入时较易转为多源/元性非传统安全威胁；（6）受动端的负面影响反过来会加剧安全问题本身的整体危害。

外源性非传统安全威胁的发生与应对机制如图3-2所示。

气候变化是较为典型的外源性非传统安全威胁，也考验着各国的非传统安全外交策略的制定与内政策略的调整。全球科学界明确提出，人类活动正在改变世界气候系统。日益加速的气候变化已经造成严重影响。更高的温度和极端天气事件正在损害粮食生产，日益升高的海平面和更具破坏性的风暴使沿海城市面临的危险加剧。气候变化问题与人类的生产生活直接相关，其

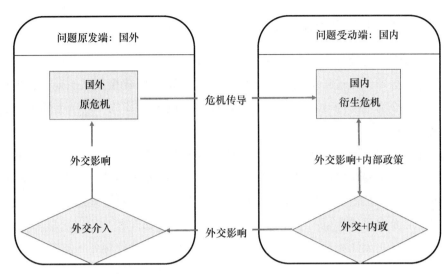

图 3-2　外源性非传统安全威胁的发生与应对机制

影响也广泛触及人类生活与健康、农林牧渔、国家与社会可持续发展等重大问题，已成为全球范围内各国和非政府组织联合共治的重要议题。

一国环境问题的"外溢"也会成为他国的外源性非传统安全威胁。对环境造成严重破坏的是"环境犯罪"，它是直接损害环境的行为。[①] 例如，在美国被称为"生态9·11"的墨西哥湾漏油事件和阿拉斯加港漏油事件等对美国甚至整个周边区域的生态环境和民众的身体健康造成的危害不可估量。再如，疫病疫情的跨国传播，对于受影响国家而言，也是外源性非传统安全威胁。世界卫生组织在2007年首次发布的《构建安全未来：21世纪全球公共卫生安全》指出，公共卫生安全就是"为尽可能减少对危及不同地理区域以及跨国范围公众群体健康的紧急公共卫生事件脆弱性而采取的预见性和反应性行动"[②]。报告还指出，全世界正面临日益加大的疾病暴发、流行病、工业事故、自然灾害、核生化污染以及其他突发卫生事件的风险，这些风险正在转变成全球公共卫生安全的威胁。进入21世纪以来，大规模流行疾病在全球化的推动下也逐渐将国界"架空"，人类因公共卫生挑战而真正进入"同患难""共患难"的"因病相连"时代。过去三十多年，全球新发传染病四十多种，其中就包括埃博拉出血热、基孔肯雅热、中东呼吸综合征等，并以每年新发1—

---

① See Mely Caballero-Anthony and Alistair D. B. Cook（eds.），*Non-Traditional Security in Asia*: *Issues*, *Challenges and Framework for Action*, Singapore: ISEAS Publishing, 2013, pp. 236-249.

② 《构建安全未来：21世纪全球公共卫生安全》，http：//www.who.int/whr/2007/07_overview_ch.pdf? ua=1，2019年3月1日访问。

2种的速度增长。① 2014年发生于西非几国并几乎影响到全球的埃博拉疫情，"是1976年以来规模最大、持续时间最长、情况最为复杂的"一次公共卫生危机。近年来，随着中国国门越开越大，境外传染病（如非洲猪瘟、中东呼吸综合征等）传入中国的实例也在增加。

外源性非传统安全威胁的最基本特点是危机的原发端不在国内，受动端则为原发端的衍生危机所在地。由于全球化过程中的人流、物流、资金流和信息流的频频交互与密切关联，原发端的危机通过全球化影响必然会扩散而导入受动端的国家。危机发生的整个过程中，受动端一直处于较被动状态。在危机发生前，受动端由于对原发端所在地不享有主权，因此对原发端危机的发生、发展难以控制。如果原发端危机的施动者故意为之，则受动端的危害会成倍加大。即使受动端对原发端危机具有预见性，而原发端危机往往涉及第三方乃至多方国家，因而也难以完全摆脱其负面影响。受动端主要通过外交手段进行应对和处置。但是，由于问题的源头在国外，受动端往往只能在外部施压，或联合多国行为体共同治理，或克服己方存有的脆弱性以加强己方的承载能力。

资料5 近年来中国国境公共卫生安全形势分析

三、双源性非传统安全威胁

双源性非传统安全威胁（dual-genous non-traditional security threats）是指同时源起于国内和国外，特别是源起于与一国边疆接壤的地区，需要该国同时从外交与内政两个方面予以应对的安全威胁。双源性非传统安全威胁的主要特征有：第一，威胁产生主体和诱发因素具有内外联动的"双重性"，或是国外的因素影响到国内而导致威胁的产生，或者是国内本身的问题没有得到及时解决而在国际因素的介入下导致威胁的产生与扩大。第二，威胁扩散与影响具有内外共振的"双向性"，威胁会同时对国内和国外产生影响。第三，威胁应对与治理的"复合性"，国家需要从内政和外交两个方面进行复合应对。第四，威胁形态往往与军事武力相交织而与多源/元性非传统安全威胁相互转化。当前的双源性非传统安全威胁主要表现为陆疆和海疆中的非传统安全问题，如非法移民、跨国犯罪、海洋资源开发问题以及共同流域内水资源和生态环境问题等。许多双源性非传统安全问题是传统安全问题所直接引发的，如区域间的军事冲突导致非法入境的难民人数的增长。当然，一些双源性非传统安全问题也可能诱发传统安全领域的矛盾和冲突，如跨国有组织犯

---

① 参见廖丹子：《中国国门非传统安全威胁：生成、识别与治理》，载《中国行政管理》2018年第5期，第110—115页。

罪有可能引起国家间的军事紧张。

双源性非传统安全威胁的发生与应对机制如图 3-3 所示。

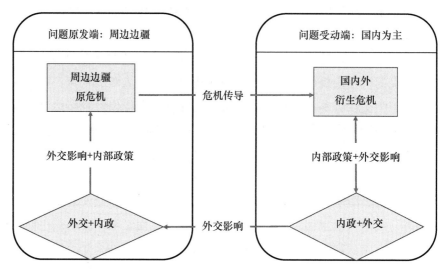

图 3-3　双源性非传统安全威胁的发生与应对机制

随着人口增长、城市化和经济发展引发水资源的紧张，跨国水资源安全问题日益凸显，并成为双源性非传统安全威胁的典型。据估计，到 2050 年，世界人口将达到 91 亿，[①] 其中有 70% 人口将住在城市里，因而粮食需求将要增加 70%，这给水资源安全带来新的挑战。水是人类社会越来越短缺却无法替代的生存性资源。在世界某些地区，水资源不仅是居民生活保障的必需品，更是国家安全保障的重要支柱，被国家作为战略资源而受到特别重视，跨境的界河、界湖的水资源冲突常被执政者看作"一场战争"。在亚洲，跨界河流湖泊较多。根据联合国统计，全球 263 条国际跨界河流中，亚洲就占有 57 条，而且可利用的水资源少之又少。可以说，亚洲也是世界水危机的中心，世界上经济发展最快速的一些国家如中国、印度、韩国和越南都处在或接近水资源紧张的状态中。《水：亚洲的新战场》一书是这样概括水资源冲突的："昨天人们为土地而发动战争，今天人们正在为能源而战，然而在明天人们将为水而战。"该书作者布拉马·切拉尼（Brahma Chellaney）特别指出："水将是亚洲国家之间新的战争分界线，需要通过预防性外交来避免即将来临的亚洲水战争，而亚洲今天所遭遇的水战争危机，恰恰是其他国家明天所要面对的。"[②]

[①] See Carto di Milano, How to Feed the World in 2050, Executive Summary, Contributo No. 88, p.1, http://carta.milano.it/wp-content/uploads/2015/04/88.pdf, visited on 2019-04-12.

[②] Brahma Chellaney, *Water*: *Asia's New Battleground*, Washington, DC: Georgetown University Press, 2011, p.7.

在非战争状态下，边疆安全问题多属于双源性非传统安全威胁问题。以陆疆中的双源性非传统安全为例，陆疆非传统安全威胁是指在国家与国家之间发生的，源头具有"双源性"、过程具有"突发性"、区域具有"跨国性"、内容具有传统安全与非传统安全"交织性"、后果具有"强危害性"、影响具有"长期性"的重大自然或人文威胁。在周边国家的影响下，特别是由于有诸多的跨境民族存在，中国陆疆双源性非传统安全问题表现出诸多特点：民族成分与民族文化的多样性，多种宗教信仰并存形成的异质性，跨境民族因国—族关系互相重叠而产生的复杂性，边疆地区非传统安全与传统安全的相互交织性，传统与现代思维方式相冲突而产生的代际转换性，分裂主义、极端主义与恐怖主义的恶性交互性等。

随着中国走向海洋和建设"海洋强国"，海疆安全这一双源性非传统安全领域的问题也开始凸显。与领海疆界相关联的海疆安全（也可以称为"海上安全"或"海洋安全"），一般是指国家海洋权益不受侵害或不遭遇风险的状态。海上非传统安全问题主要包括海上恐怖主义、海上非法活动（海盗行为）、海洋自然灾害、海洋污染和海洋生态恶化等。

资料6 双源性非传统安全问题举例：海上非传统安全问题

四、多源/元性非传统安全威胁

多源/元性非传统安全的内涵有两种：一种是"多源性"（heterogeneous），意思是"不同种类"；另一种是"多元性"（multi-meta），强调不同领域与性质事件的相互交织。在社会科学中，"多元性"常被用来描述不同质的事物的共存，揭示不对称的异质性"冲突"的混合。有些非传统安全威胁的多样性与复杂性则体现在"多源/元性"上：既是不同种类的多源，也是不同性质的多元，特别是指非军事性的非传统安全威胁与军事性的传统安全威胁相互交织。因此，多源/元性非传统安全威胁（heterogeneous/multi-meta non-traditional security threats）特指与军事武力相关的非传统安全威胁。

多源/元性非传统安全威胁源于不确定的时空场域，它对国内乃至世界产生严重的危害足以引起国家政治安全上的考量，甚至需要军事武力的介入。这样，非传统安全问题有可能转化为传统安全问题，或者传统安全问题转化为非传统安全问题，或者以传统安全为手段以求达到非传统安全目的，或者以非传统安全为手段以求达到传统安全需要达到的目的。因此，传统安全与非传统安全相互交织是这类安全的根本特征。可以说，多源/元性非传统安全威胁是一种"混合性复杂威胁"，具有主体多重性与领域交叠性、手段复合性与目标综合性、地缘多源性与威胁流动性、过程逐变性与属性变异性①以及问题持久性与危害严重性等特征。

多源/元性非传统安全威胁的发生与应对机制如图 3-4 所示。

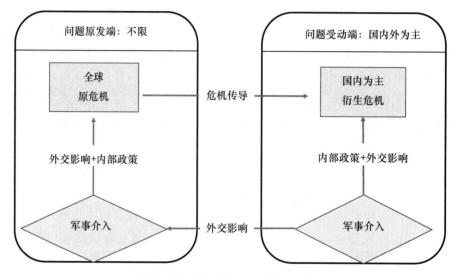

图 3-4　多源/元性非传统安全威胁的发生与应对机制

多源/元性非传统安全危机有复杂的发生源与影响面，源于国内或国外，传统安全威胁源与非传统安全威胁源相互交织，问题的原发端与问题的受动端相互缠绕与转化，除了政治与外交的介入，还需要军事力量的介入，应对上需要通过内政和外交手段联合解决。典型的多源/元性非传统安全威胁包括恐怖主义、信息与网络安全威胁、重大跨国犯罪、核安全威胁、重大资源冲突、生物安全威胁等。

多源/元性非传统安全还被有些研究者称为"交织安全"，多源/元性非传统安全威胁被认为是国家的"第三种威胁"。②廖丹子认为，多源/元性非传统安全威胁不仅具有非传统安全威胁的一般特征（如突然爆发性、广泛破坏性、普遍威胁性等），还"突出表现为非传统与传统安全威胁的多源/元因素相互诱发、相互交叉、相互交混、相互交叠与相互转化，这些因素包括诱因、意图、主体、手段、领域、目标、地缘、过程、属性等；在表现形式上，或以传统安全手段达到非传统安全目的（如反恐战争、网军、非战争军事行动），

---

① 参见廖丹子：《"多源性非传统安全"与中国"现代民防"体制建构》，载余潇枫主编：《中国非传统安全研究报告（2012～2013）》，中国社会科学文献出版社 2013 年版，第 327 页。
② 参见姜维清：《交织：国家安全的第三种威胁》，世界知识出版社 2011 年版。

或以非传统安全手段解决传统安全问题（如生物战、网络战）"①。多源/元性非传统安全与传统安全、非传统安全的关系可用图3-5表示。

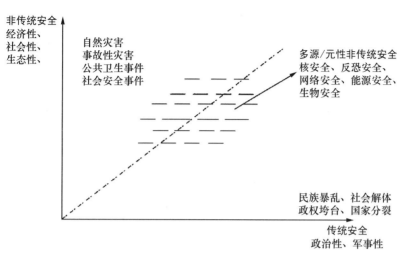

图3-5 传统安全、非传统安全、多源/元性非传统安全的大致分类图②

恐怖主义作为需要用军事武力参与应对的跨国性的多源/元性非传统安全威胁，其非传统安全威胁与传统安全威胁的交织与转化特征在全球范围内的反恐实践中得到了明显体现。美国在2001年"9·11"事件发生后就坚定不移地致力于反恐，认为恐怖主义是全球化时代众多的重要威胁之一。近年来，"伊斯兰国"（ISIS）的兴起使国际反恐形势更加严峻。

一旦国家把网络纳入自己的军事与国防的战略内容，以特别的网络军事力量展开对抗性活动，网络威胁就升级为多源/元性非传统安全威胁。美国率先成立了网络空间司令部，随后俄罗斯、日本、德国、印度等国也都公开成立了各自的网军。同时，网络安全推动了对"数据主权"的关注，并由此引发了对"后斯诺登时代的全球网络空间治理"广泛且持久的探讨。"'数据主权'概念的兴起是以云计算为代表的互联网最新应用刺激的结果，也是自互联网诞生之日起就内嵌其中的技术特征与客观特点使然，其最主要的表现形式就是数据所有者、使用者、存储者在地理位置上的分离以及由此带来的权利/权力识别和有效行使的问题。"③ 因此，相比于领土、司法等其他主权内容，数据主权在内容框定、追溯路径、保障方法、法律依据等方面，都面临

资料7 多源/元性非传统安全威胁举例：恐怖主义

---

① 廖丹子：《"多元性"非传统安全威胁：网络安全挑战与治理》，载《国际安全研究》2014年第3期，第30页。
② 同上。
③ 沈逸：《后斯诺登时代的全球网络空间治理》，载《世界经济与政治》2014年第5期，第145页。

更多难题。因此，网络安全威胁作为多源/元性非传统安全威胁中的典型议题，"其呈现了主权难以界定、合法性难以判定、身份难以限定、过程难以追踪、应对难以依靠单一主体的非常规特征"①。从"多源/元"的角度看，网络安全威胁的特征表现为：一是主体多样性与领域多向性，其行为主体包括了国家与非国家、组织与个人、官方与非官方、主动与被动等多样性行为体；二是动因多源性与目标多重性，其军事报复、政治对抗、宗教差异、贸易壁垒、认同冲突、历史记忆等都可以成为动因；三是地缘多源性与空间多维性，由于网络的技术门槛低，导致其在任何一个空间点都能实现对位于其他空间点的目标的攻击；四是手段多样性与过程多变性，即网络安全威胁的实施手段包括军事、政治、经济、文化、舆论等综合化的方式，其整个过程呈现单一与复合、简单与复杂、常态与非常态危机的交替转化与相互诱发。②

相比于内源性、外源性与双源性非传统安全问题，军事性、政治性因素在多源/元性非传统安全问题的产生、演变与发生中具有支配性、主导性影响。这些军事性因素既可以是动因如军事打击、军事威慑、政治警告等，也可以是手段如武器攻击、外交博弈甚至是直接性的战争等，还可以是目标如战略控制、外交制衡等。正是由于这些军事性、政治性因素的持续作用，多源/元性非传统安全问题的产生通常是结构性、长期性的因素累积而成，其发生和应对的各个过程通常表现为信息不对称和力量不对称，其发展变化的过程通常表现为速度快、强度高、非线性而难以防控，其带来的后果通常表现为对问题本身及其更广泛的政治、经济、社会和国际格局产生根本影响。因此，多源/元性非传统安全问题的治理构成了对当前世界各国和国家组织的重大考验。

综上所述，不同的场域类型涵盖不同的非传统安全威胁，而同一个安全领域出现的非传统安全问题由于威胁发源地、应对方式等的不同，也会呈现出不一样的场域特征，并在一定的条件下会相互交织或相互转化。表3-1是根据非传统安全威胁的场域类型，对非传统安全问题进行的一个大致分类，可为非传统安全威胁的类型判定提供参考。

---

① 廖丹子：《"多元性"非传统安全威胁：网络安全挑战与治理》，载《国际安全研究》2014年第3期，第25页。
② 同上书，第31—33页。

表 3-1 非传统安全威胁的场域类型

威胁类型	安全问题
内源性非传统安全威胁	• 生态环境问题 • 食品安全问题 • 公共卫生安全问题 • 土地安全问题 • 能源安全问题 • 资源安全问题 • 信息安全问题 • 科技安全问题 • 文化安全问题 • 社会公共安全问题
外源性非传统安全威胁	• 气候危机 • 生态危机 • 金融危机 • 能源危机 • 人口危机 • 资源危机 • 流行性疾病等公共卫生安全危机
双源性非传统安全威胁	• 跨国有组织犯罪威胁 • 国际恐怖主义威胁 • 民族分裂主义威胁 • 宗教极端主义威胁 • 跨国水资源安全威胁 • 移民安全威胁 • 边疆（陆疆、海疆、空疆）安全威胁
多源/元性非传统安全威胁	• 恐怖主义威胁 • 核安全威胁 • 网络安全威胁 • 生物安全威胁 • 海盗威胁 • 太空安全威胁 • 极地安全威胁

思考题

1. 如何理解"场域安全"的内涵？
2. 在"场域安全"下非传统安全问题表现出哪些特征？
3. 非传统安全威胁的不同场域类型有哪些？各有什么特征？

讨论题

1. 非传统安全威胁的四种场域类型是如何相互转化的？
2. "场域安全"对非传统安全研究的意义是什么？

推荐阅读文献

1. 〔英〕巴里·布赞：《人、国家与恐惧——后冷战时代的国际安全研究议程》，闫健、李剑译，中央编译出版社 2009 年版。
2. 余潇枫、赵振拴、廖丹子编著：《从"国门安全"到"场域安全"——出入境检验检疫的非传统安全分析》，中国社会科学出版社 2015 年版。
3. 姜维清：《交织：国家安全的第三种威胁》，世界知识出版社 2011 年版。
4. 廖丹子：《"多元性"非传统安全威胁：网络安全挑战与治理》，载《国际安全研究》2014 年第 3 期。
5. David L. Rousseau, *Identifying Threats and Threatening Identities: The Social Construction of Realism and Liberalism*, Stanford, CA: Stanford University Press, 2006.

第四章 非传统安全威胁评估

> **导 读**
>
> 非传统安全威胁评估是当前非传统安全研究中具有前沿性、探索性，同时又具有挑战性的重要内容。作为非传统安全威胁应对的基础性工作，合理有效的威胁评估将为安全资源的优化配置提供有据可依的理论参考。本章在解读"威胁"概念的基础上，比较威胁评估与安全评估、风险评估之间的异同，明确威胁评估的理论内涵，提出从能力特征维度和认知特征维度对非传统安全威胁展开评估。对非传统安全威胁评估框架的探索，为非传统安全问题的深度剖析提供了一种结构化视角，由此形成的分析路径，将帮助研究者在把握不同类型非传统安全威胁特质的同时更好地理解非传统安全问题的交织关联性和复杂多变性。

第一节 威胁评估的基本原理

一、影响威胁形成的主要因素

"威胁"是安全研究领域最重要的概念之一，它能帮助人们更加直观地了解"安全"。正如"人们只要一用到'安全'这个术语，脑海中往往就会出现形形色色的威胁"[①]，威胁通过制造一种类似于惩罚效应的负面感知，使受威胁者本能地产生相应的安全需求。如果用哥本哈根学派的"安全化"理论来认识这一现象，就会发现"威胁"的"存在"支撑起了"安全"的话语逻辑，并赋予安全政治充分的现实合理性。关于如何解读"威胁"，尤其是在"威胁的形成主要受到什么因素影响"这一问题上，不同理论流派总体上提供

---

① David A. Baldwin, The Concept of Security, *Review of International Studies*, Vol. 23, No. 1, 1997, p. 16.

了两种截然不同的理解：

第一，现实主义强调物质因素在"威胁"形成中起决定性影响。这种物质因素是广义的，除了自然的或利益的可以计量的要素，它还包括可以相对计量的权力和军事能力。"古典现实主义者和当代均势理论家们认为威胁是权力不平衡效应带来的结果。这种主张源自于将一切外来力量视为潜在威胁的假设。"① 在霍布斯（Thomas Hobbes）等古典现实主义者看来，国家都是拥有相似行为偏好的理性行为体，对于权力的诉求是个体理性的必然结果，在此基础上产生的个体观念差异不足以成为形塑威胁的一大变量。当然，并非所有的古典现实主义者都选择无视认知因素的作用，甚至可以说从汉斯·摩根索（Hans Morgenthau）到斯蒂芬·沃尔特（Stephen Walt），认知因素或多或少都是他们各自理论不可缺失的一环。在斯蒂芬·沃尔特的研究中，侵略意图更是衡量威胁的四大要素之一。② 相比之下，肯尼思·沃尔兹的新现实主义对于物质因素的执着表现得更加直白和激进。他认为判断国际体系是否稳定的关键变量只在于权力的分配，明确反对斯蒂芬·沃尔特将侵略意图引入威胁研究的做法。在他看来，侵略意图等扩展要素的加入意味着人们必须将视线转移到国家、行政制度或是决策者个人方面，而这实际上是一种还原主义的表现，它所解释的是一个国家的对外政策而非国际政治。③ 因此，弗朗西斯·福山（Francis Fukuyama）将现实主义的现世处方概括为几大规则，其中之一便是提醒政治家们注重通过军事能力而非意图来判断威胁，因为意图可以反复无常且处于不断的变化和调整中，而军事能力却是相对稳定的。④

第二，主张认知因素在"威胁"形成中起主导作用的叙述多见于建构主义及一些国际安全扩展学派的理论中。建构主义将威胁视为一种社会性互动而非权力不平衡的结果，其代表人物亚历山大·温特（Alexander Wendt）认为肯尼思·沃尔兹所谓的"权力分配"在很大程度上恰恰是由观念建构的。虽然建构主义与结构现实主义同属体系性理论，但温特毫不客气地批评了沃尔兹的体系理论在结构与施动者之间进行了非此即彼的选择，并强调真正的体系理论应当关注体系对施动者的影响。在温特看来，"国际结构是一种社会

---

① David L. Rousseau, *Identifying Threats and Threatening Identities: The Social Construction of Realism and Liberalism*, Standford, CA: Stanford University Press, 2006, p. 19.
② 参见〔美〕斯蒂芬·沃尔特：《联盟的起源》，周丕启译，北京大学出版社2007年版，第168页。
③ See David L. Rousseau, *Identifying Threats and Threatening Identities: The Social Construction of Realism and Liberalism*, Standford, CA: Stanford University Press, 2006, pp. 19, 23.
④ 参见〔美〕弗朗西斯·福山：《历史的终结及最后之人》，黄胜强、许铭原译，中国社会科学出版社2003年版，第283页。

现象而非物质现象"①，作为社会性基础的共有知识建构了施动者的利益内容，由此也出现了关于敌友身份的不同认知，因此，观念产生的认知是构建威胁的先决变量。除了建构主义之外，哥本哈根学派对于威胁的解读也颇具代表性，这一学派提出的"安全化"理论，按照巴里·布赞的话来说就是针对传统安全研究中物质主义威胁分析的一种建构主义式回应。② 简而言之，安全化的关键就在于"存在性威胁"（existential threat）的社会建构，这种建构是主体间"话语—行为"的结果。在安全化过程中，客观上是否存在现实威胁并不重要，重要的是如何让"指涉对象"（referent object）确信话语背后的"威胁"逻辑。这实际上是"施动者"与"受众"之间在安全决策上的博弈，"站在分析者的角度来理解这个行动，它（安全化）的任务不是为了评定一些客观的、'真正地'危及若干被防卫目标的那种威胁；确切地说，它只是为了理解建构一个共享的、对某种威胁的集体反应和认识过程"③。因此，安全化中的威胁是一种由话语建构而成的主观认知，因而安全也只是"一个自我指涉的实践"（a self-referential practice）。④

资料1 "存在性威胁"

不过，尽管在威胁理解上存在较大分歧，但大多数研究都没有因为过于强调物质/认知的作用而否认另一方因素对威胁的影响。即使是最强调物质作用的新现实主义也无法摆脱认同变量对其带来的影响，⑤ 而温特也在阐述观念分配的同时一再强调自己没有否认权力与利益的基础性作用。这也使得现有研究更多地采用综合视角来理解威胁，以便更加全面地了解两方面因素对威胁产生的影响。

二、威胁评估的内涵与目标

在对威胁进行评估之前，有必要先就威胁评估与安全评估、风险评估在概念上进行比较区分，尤其是要对威胁评估和风险评估进行重点比对，以此来帮助理解威胁评估的内涵与目标。

---

① Alexander Wendt, *Social Theory of International Politics*, Cambridge: Cambridge University Press, 1999, p. 20.

② 参见〔英〕巴里·布赞、〔丹麦〕琳娜·汉森：《国际安全研究的演化》，余潇枫译，浙江大学出版社2011年版，第39页。

③ 〔英〕巴瑞·布赞、〔丹麦〕奥利·维夫、〔丹麦〕迪·怀尔德主编：《新安全论》，朱宁译，浙江人民出版社2003年版，第36—37页。

④ See Barry Buzan, Ole Waever and Jaap de Wilde, *Security: A New Framework for Analysis*, Boulder, CO: Lynne Rienner Publishers, 1998, p. 24.

⑤ 戴维·L. 卢梭（David L. Rousseau）认为尽管作为术语的"认同"并没有出现在新现实主义理论中，但却以两种特有的方式影响着新现实主义。See David L. Rousseau, *Identifying Threats and Threatening Identities: The Social Construction of Realism and Liberalism*, Stanford, CA: Stanford University Press, 1999, p. 24.

（一）威胁评估与安全评估

安全评估分为广义的安全评估与狭义的安全评估，不过，无论是广义或狭义，威胁评估都属于安全评估的一部分内容。从安全分析单元来看，广义的安全评估意味着对于安全指涉对象所处整体安全关系的评估，包括它所面临的"存在性威胁"、享有的安全环境以及相应的危机事态等。所以，威胁评估和风险评估、危机评估等一样，都属于广义安全评估的一部分。而狭义的安全评估则是针对安全结构中的指涉对象（即受威胁者）展开的，这与威胁评估所针对的威胁（主体）本身恰恰相反。对于威胁本身的考察可以是相对独立的，但若要评估指涉对象的安全状态，那就必然涉及其自身的脆弱性与外部的威胁，因为不安全状态是"威胁与脆弱性的'综合反映'"①。从这一层关系上看，威胁评估仍然是狭义安全评估不可缺少的组成部分。

（二）威胁评估与风险评估

仅从安全分析单元来看，威胁评估与风险评估具有一定的相似性，两者所要考察的对象都是能给指涉对象带来负面影响的具体事物/问题，而这种相似性往往容易使人们混淆这两种评估。实际上，威胁评估与风险评估无论是在评估内容还是在评估目的方面都存在较大的差异。

（1）关于评估内容。威胁评估侧重事物/问题本身，而风险评估则侧重事物/问题引发的后果。在《国际安全词典》中，"威胁"被定义为"可能对国家利益造成损害的某人或某物"②，"风险"一词则指向了由特定威胁导致的危害性后果，它更多地意味着"（预测）危害后果出现的概率以及对于现实危害程度的评估"③。通过定义的比较，就能发现将特定事物/问题分别置于"威胁"和"风险"语境中进行讨论的侧重点所在：在"威胁"语境中，受到关注的是可能带来危害性后果的事物/问题本身，包括其自身属性、构成、特征等，而不需要去强调究竟会产生怎样的后果；而在"风险"语境中，需要突出的恰恰是事物/问题引发的危害性后果，包括这种后果的内容、程度等，而不需要去深究事物/问题本身。这种侧重点的不同也就决定了威胁评估与风险评估内容上的分殊。

（2）关于评估目的。威胁评估意在应对"存在性威胁"，即为如何确定威胁应对的优先性提供决策参考；而风险评估意在降低风险，即为如何选择一

---

① 〔英〕巴里·布赞：《人、国家与恐惧——后冷战时代的国际安全研究议程》，闫健、李剑译，中央编译出版社2009年版，第114页。
② Paul Robinson, *Dictionary of International Security*, Cambridge and Malden: Polity Press, 2008, p. 212.
③ Ibid., p. 182.

个风险较小的最优方案提供决策依据。

从上述比较中我们不难发现，"威胁"的存在导致了"风险"的产生。也就是说，将威胁作为研究对象时，实际上是在探讨一些具体的存在，而关于风险的研究则是针对"存在的继发现象"进行的探索。不同于威胁评估主要围绕威胁（主体）的能力或特征展开，风险评估的重点在于探讨危害发生的可能性与后果。学者张海波就将现有的风险评估思路概括为以下两种：基于"风险（risk）＝概率（probability）×损失（loss）"的评估和基于"风险（risk）＝危险（hazard）×脆弱性（vulnerability）"的评估。①

资料2 安东尼·吉登斯关于风险强度的描述

因此，威胁评估与安全评估、风险评估无论是在评估对象的理解还是在评估内容上都有较大差异。混淆威胁评估与安全评估的适用范围，或将威胁评估等同于风险评估都是不甚严谨的。美国国土安全部就曾开发过一套"国家恐怖主义警报系统"（National Terrorism Advisory System，NTAS），并根据"可能性"与"后果"将威胁等级按照颜色预警划分为从"严重威胁"到"低度威胁"五级。②但这套系统就因为混淆了"风险"与"威胁"的侧重要素而受到诟病，因此美国国土安全部于2011年起决定启用新系统以增强评估的实用性。③

第二节 威胁评估的主要方法

在早期的国际关系研究和冷战时期盛极一时的传统安全研究中，"安全"一词更多地采用了一种"国家安全"话语，这就意味着"国家"成了以往安全研究中唯一的分析单元。与此相对应，国家面临的安全威胁也就来自另一个国家或国家联盟，"当一国（或一群国家）既有制约他国安全的意图又有此实力时，就会造成安全威胁"④。可见，无论是从意图还是从实力来看，威胁都是一种明确的存在，而非一种模糊的可能。因此，对于威胁的评估是在一种可操作性较强的语境中展开的，并将提供类似意图、实力等反映威胁源自身情况的参数或内容，用于指导威胁的预防和应对。然而，相对于安全评估和风险评估而言，当前的威胁评估不管是在文献数量还是应用范围方面都相

---

① 参见张海波：《公共安全管理：整合与重构》，生活·读书·新知三联书店2012年版，第59页。
② 该套系统现已停用，具体内容可参见维基百科词条"National Terrorism Advisory System"，http://en.wikipedia.org/wiki/National_Terrorism_Advisory_System，2019年3月28日访问。
③ NTAS新系统详见美国国土安全部网站：http://www.dhs.gov/topic/ntas。
④ 〔德〕赫尔戈·哈夫腾多恩、〔美〕罗伯特·基欧汉、〔美〕西莱斯特·沃兰德主编：《不完美的联盟：时空维度的安全制度》，尉洪池、范秀云、韩志立译，世界知识出版社2015年版，第2页。

当有限，在威胁评估方面较为常见的方法主要有威胁要素评估法和威胁特征评估法。

一、威胁要素评估法

威胁要素评估法较多地被运用于传统国家安全威胁的评估研究中。斯蒂芬·沃尔特在《联盟的起源》一书中指出，对于一个国家而言，来自其他国家的威胁可以通过威胁发起国的综合实力、地缘毗邻性、进攻实力和侵略意图四个因素加以综合判断。① 类似研究还有乔安娜·M.菲什（Joanne M. Fish）等学者提出的行为者、意图、实力和反应时间四大威胁要素，他们认为对于一个国家而言，威胁行为者的侵略意图越明显（意图）、实力越强大（能力）、发动侵略的时间越短（临近性），这种威胁就越大。② 这种将国家视为威胁主体，以此为基础设定威胁组成要素的评估法此后在美、英等国对于国家恐怖主义威胁的评定中得到了应用和扩展，如美国国防部在评估恐怖主义威胁时选取了存在（existence）、能力（capability）、意图（intentions）、历史（history）、目标（targeting）、安全环境（security environment）六大要素，并根据要素信息的不同组合，得出威胁的不同等级（见表4-1）。③

表 4-1 美国国防部关于恐怖主义威胁的等级评定

资料3 英国MI5对恐怖主义威胁的评估

威胁等级		
	紧急威胁（critical）	第1、2、5要素存在；第3或4要素有可能存在
	高度威胁（high）	第1、2、3、4要素存在
	中等威胁（medium）	第1、2、4要素存在；第3要素有可能存在
	低度威胁（low）	第1、2要素存在；第4要素有可能存在
	微不足道（negligible）	第1、2要素有可能存在

资料来源：Department of Defense, Joint Tactics, Techniques, and Procedures for Antiterrorism: Joint Publication 3-07.2, Washington, DC: Department of Defense, 1998: V8。本表根据 Joint Publication 3-07.2 中的 Threat Level 原图改编而成。

学者戴维·斯特罗恩-莫里斯（David Strachan-Morris）在对不同的恐怖主义威胁评估研究进行比较后指出，威胁在很大程度上是"（威胁者的）能力"与"意图"这两个核心要素的综合体现。他将两大核心要素各自划分为四个

---

① 参见〔美〕斯蒂芬·沃尔特：《联盟的起源》，周丕启译，北京大学出版社2007年版，第168页。
② See Joanne M. Fish, Samuel J. McCraw and Christopher J. Reddish, *Fighting in the Gray Zone: A Strategy to Close the Preemption Gap*, Carlisle, PA: Strategic Studies Institute, U.S. Army War College, 2004, p. 4.
③ See Department of Defense, Joint Tactics, Techniques, and Procedures for Antiterrorism: Joint Publication 3-07.2, Washington, DC: Department of Defense, 1998: V7-V8.

等级，并通过不同等级的两两组合，得到一张由"能力"与"意图"变量构成的威胁等级判别矩阵表（见表4-2）。[1]

表 4-2　威胁等级判别矩阵

熟练的	中等威胁	高度威胁	高度威胁	极端威胁
强	中等威胁	中等威胁	高度威胁	高度威胁
中	低度威胁	中等威胁	中等威胁	高度威胁
弱	低度威胁	低度威胁	中等威胁	中等威胁
	弱	中	强	极端的
能力	意图			

资料来源：原表由英国宙斯盾防务服务公司（Aegis Defence Services）的理查德·西伯特（Richard Siebert）编制而成。

由上述评估研究及其实际应用可见，威胁要素评估法很大程度上受到"发现威胁者"这一前提的限制，尤其是"能力"和"意图"这两大核心要素更具有相当的威胁者依赖。因此，传统的威胁要素评估法显然更适用于评估传统安全威胁或像恐怖主义这类明显具有威胁者的非传统安全威胁。然而，问题在于，当今人们所面对的绝大多数非传统安全威胁却是兰德公司报告中指出的"没有威胁者的威胁"（threats without threateners）。[2] 安全研究话语中的非传统安全威胁实际上可以被表述成威胁者相对缺失的不安全问题或现象，这就使得传统的威胁要素评估法强调的"能力"和"意图"以及其他一些与威胁者相关的要素几乎成了无处着陆的变量。因此，对于在问题域上不断扩大的非传统安全威胁而言，需要一种能够直击威胁现象或问题本身的评估法。

二、威胁特征评估法

不同于威胁要素评估法对威胁构成的关注，威胁特征评估法提供了一种从事物特质看待威胁的视角。巴里·布赞在《人、国家与恐惧——后冷战时代的国际安全研究议程》一书中将国际安全研究领域从传统的军事安全扩大到军事、政治、社会、经济和生态五大安全时，着重提到了关于安全议程扩大之后的威胁评估问题。他认为："影响威胁强度的主要因素是它自身的特征，它在时空上的远近，发生的概率，它的重要性程度，以及对此威胁的认

资料4　关于威胁评估的扩展阅读

---

[1] See David Strachan-Morris, Threat and Risk: What Is the Difference and Why Does It Matter? *Intelligence and National Security*, Vol. 27, No. 2, 2012, p. 174.
[2] 兰德公司曾在其《迈向未来的警务》（Moving Toward the Future Policing）报告中提出这一概念，具体内容可参见兰德公司官网：http://www.rand.org/content/dam/rand/pubs/monographs/2011/RAND_MG1102.pdf.

知被历史境遇所强化的程度。"① 布赞通过对这些特征进行描述性的二元区分，来区别低强度和高强度的威胁（见表 4-3）。

表 4-3 威胁强度评估特征

	低强度	高强度
发生情况	扩散	特定
空间布局	远距离	近距离
时间范围	长期	短期
发生可能	低可能性	高可能性
预计后果	轻微	严重
历史维度	中性历史特征	放大性历史特征

资料来源：此表根据巴里·布赞的威胁强度评估表改编而成。

类似研究还有夏尔-菲利普·戴维（Charles-Philippe David）在《安全与战略》一书中提出的威胁评估标准，他认为这些标准可以通过一些具体问题来获得，包括"威胁的来源是否明确""威胁具有强烈还是弥散性的效果""威胁的时空临近程度"以及"威胁的文化和历史根源是什么"等。② 在这些问题中，戴维特别强调"威胁的文化和历史根源"是建构主义学派尤其热衷于探讨的问题，他本人将这一问题纳入到威胁评估的内容中，正是因为它将影响威胁的认知程序，并在一定程度上决定特定威胁会否因为其历史敏感性而被夸大。

通过比较上述两种威胁评估方法，可以发现威胁要素评估法更适用于传统安全威胁或像恐怖主义这类有明显威胁者的非传统安全威胁，将威胁评估浓缩成针对威胁者"能力"与"意图"两大因素的综合评估，显然更加直观和更具操作性；而威胁特征评估法的出现则是为了衡量作为事件或现象存在的威胁，或者说是一种问题化了的"威胁者"。相较于威胁要素评估法，威胁特征评估法在非传统安全威胁评估中的应用优势不仅在于没有威胁者依赖，还在于能够依托非传统安全威胁的"集合性特征"为形态迥异、内容多样的威胁提供相互比较的可能。另外，所有这些特征必定是和威胁的存在状态或发生效果相关的，不管是从时间维度还是从空间维度来看都是如此，而所有这些特征想要表达的内容，都在影响威胁构成的物质和认知因素框架中。以

---

① 〔英〕巴里·布赞：《人、国家与恐惧——后冷战时代的国际安全研究议程》，闫健、李剑译，中央编译出版社 2009 年版，第 136—137 页。
② 参见〔法〕夏尔-菲利普·戴维：《安全与战略：战争与和平的现时代解决方案（增订第二版）》，王忠菊译，社会科学文献出版社 2011 年版，第 65 页。

布赞的研究为例，六大评估特征中的前五项都属于物质因素的范畴（当然，前文在探讨威胁评估和风险评估的侧重点时就指出，将"发生可能"与"预计后果"纳入威胁评估是欠妥当的），而第六个特征则从历史发生角度重点强调了当前威胁存在的认知状况。戴维的威胁评估思路及主要内容则与布赞的研究有着异曲同工之妙。因此，要素和特征之间的联系非但没有被割裂，反而是互通的："能力"与物质因素特征都意在表现"威胁者"或"威胁现象"自身具有的能力型特质；"意图"与认知因素特征则重在反映"威胁者"或"威胁现象"给人们带来的认知影响。由此，可以抛开形式上的不一致，将威胁评估视为物质因素和认知因素相叠加的综合评估。

第三节 非传统安全威胁评估的维度

通过梳理现有的非传统安全相关研究，可以将非传统安全威胁的集合特征划分为两类：第一类是"解释性特征"，包括非军事暴力性、跨国性、不对称性、治理的综合性等。这类特征常被用作回答"何为非传统安全威胁"这一理论问题的标准和规范。第二类是"程度性特征"，包括突发性、扩散性、转化性、联动性、不易控性等。这类特征对于非传统安全威胁的界定来说并不是必不可少的，更不为非传统安全威胁所独有，所以无法像"解释性特征"一样对具体威胁的识别起到帮助作用。尽管如此，这类特征却能够很好地反映出非传统安全威胁在其动态发展过程中表现出的独特性，包括威胁的作用方式与变化趋势等，这些方面的程度差异能为非传统安全威胁强度大小的衡量提供有力参考，所以需要对"程度性特征"按照"能力"和"认知"维度进行再分类，借此构建非传统安全威胁的评估框架。

一、能力特征评估

在传统安全研究中，威胁通常被表述为国家、组织、群体等安全行为体及其物质性危害（如 A 国对 B 国实施的军事性行动），而当谈及大多数非传统安全威胁时，其威胁往往是一种由特定原因引发，继而可能对其他行为体的安全状态产生负面影响的问题或现象。因此，传统安全威胁要素评估中用以表现物质因素作用的"威胁者能力"，在非传统安全威胁评估中应该被理解为威胁现象的作用能力或致灾能力。反映非传统安全威胁不同阶段的致灾能力的三大"程度性特征"分别是：

（一）突发性

突发性是非传统安全威胁发生阶段的典型特征。从威胁预防的角度来看，威胁发生的时间、地点、形式等信息的可明确度至关重要。对于威胁的应对方而言，其首要挑战来自威胁突然爆发带来的措手不及。相比传统安全威胁，非传统安全威胁的突发性更加显著和更为复杂。一个重要的原因便是威胁者的相对缺失使得威胁者所处环境、拥有的技术条件以及可支配的社会财富等客观条件失去了作为判断依据的价值。复杂的突发性会模糊这些信息的传递，信息传递越模糊，有针对性的防范自然也就越难开展。非传统安全威胁的突发性强弱主要可以通过威胁发生信息是否易于捕捉加以判断，这里的"捕捉"实际上是指对于信息的预测或检测，之所以用"捕捉"而非"获取"，主要是为了强调非传统安全威胁的发生信息具有隐蔽性。因为隐蔽，所以很可能需要借助监测、检验、追踪等技术手段对信息加以识别和采集。比如流行性疾病，这一威胁的发生就具有较高的不确定性，威胁现象的发生最终会以个体自身以及个体到个体的人身伤害的形式呈现出来，而人的社会属性决定了威胁现象发生的弥散性和流动性，因此会使发生信息处于交互流变的状态。另外，流行性疾病威胁的一个重要特点是受威胁对象可能对自己何时遭受威胁（病毒）侵袭毫不知情，所以在症状凸显之前，威胁的发生信息几乎是无法捕捉到的，当人们注意到问题发生时往往已经造成了灾难性的后果。包括 2014 年西非埃博拉疫情和 2015 年韩国 MERS 疫情在内的多数大规模疫情都是在这样一种情况下爆发的。

（二）扩散性

该特征反映出的变化可以被看作非传统安全威胁在发展过程中的"量变"，这意味着威胁的非传统安全性质与威胁要素的内容并没有发生改变，但威胁强度却已经通过威胁现象和威胁影响在时空维度中的扩散发生了改变。这种时空维度上的"量"保证了威胁的普遍性，同时也是非传统安全威胁这一命题成立的基础。事实上，许多威胁现象古已有之，如水资源匮乏、生态环境恶化以及疫病大爆发等，但这些内容直到 20 世纪 70 年代之后因全球化的深化引发各类要素的跨国融合，才逐渐作为安全议题引起国际社会的关注和学术界的讨论；除此之外，与非传统安全威胁相似的公共问题无时无刻不在这个世界的某个地方发生着，如地方环境污染和城市水资源短缺等，但这些问题并不能被纳入到非传统安全威胁的分析框架中。由此可知，作为一种安全威胁而存在的问题在实际影响的投放方面必然具有相当的能力，这种能力使得具体威胁带来的局地影响能够轻而易举地向外扩散，对国家、地区乃至全球社会形成冲击。"非传统安全威胁及类似的各种麻烦，实际上是全球化时代的产物，解决这些问题同样必须从全球化造就的全球性社会变动入手"①，变动背后是各种社会要素的密集交叉与流动，所以也带来了类似牵一发而动全身的扩散效应。因此，扩散性对于非传统安全威胁的评估而言必不可少。非传统安全威胁的扩散性强弱主要可以通过威胁在发展过程中产生的影响是否容易蔓延或传递来加以判断。非传统安全威胁不是某时某地的一种特有现象，而是全球化时代的一种普遍存在，其影响往往可以通过地域上的蔓延或时间上的继起发生扩散，从而跨越国界成为地区性或全球性问题。比如，流行性疾病的爆发和生态环境的恶化等威胁在这一点上就表现出非常明显的扩散性，从一国到另一国、从一个地区到另一个地区，这些威胁的影响外溢非常明显并且也使疾病防治和环境保护这样的地方治理命题成为全球化时代的非传统安全课题。

（三）转化性

转化性集中体现了非传统安全威胁在发展过程中的"质变"，这里所谓的"质"即威胁所具有的非传统安全性质，"质变"也就意味着非传统安全威胁转向或引发了传统安全威胁。虽然全球化进程模糊了"高政治"与"低政治"之间的界限，转化性也因此不必然意味着威胁的升级，但却使威胁变得更难把握和不易应对。非军事武力性是非传统安全威胁区别于传统安全威胁的主要特征之一，非传统安全威胁一旦发生"质变"，国家层面的军事、政治、外交介入将不可避免，而军事力量的不当使用将引发一系列战争灾难。从威胁发展的视角来看，所有非传统安全威胁都存在因为某些偶发因素而转化或引发传统安全威胁的可能，但是不同类型威胁转化能力之间的差异还是能够通过其自身的构成条件与表现形式区分开来：第一类威胁就其内容与领域来看属于相对独立的非传统安全威胁，可以不与军事、政治等传统安全的内容发生过多交织，但因为存在转化的可能性，所以理论上只要达到一定程度就会诱发传统安全威胁，这类威胁常见于多数普通的非传统安全议题，比如2011年东非大干旱之类的严重自然灾害以及大规模传染病疫情等；第二类威胁的内容与传统安全的当代现状有较大的关联性，将不可避免地对相关国家的军事、政治安全产生一定影响，因此这类威胁具备相当的转化能力，比如海上石油运输通道面临的威胁、与现代战争形式密切相关的网络黑客攻击等；第三类威胁较为特殊，无论是从内容还是从领域来看，都很难将其与传统安全威胁彻底区分开来，这类威胁在本质上完全与国家政治相关，但在表现方式

---

① 王逸舟：《论"非传统安全"——基于国家与社会关系的一种分析思路》，载《学习与探索》2005年第3期，第4页。

上却可以是非传统的,比如极端分裂势力为实现其政治诉求进行的恐怖袭击活动以及与领土完整相关的岛屿争端问题等。由此可见,第三类威胁的转化能力是与生俱来和最为直接的。①

资料5 水与战争

二、认知特征评估

传统安全威胁要素评估对于威胁者"意图"要素的强调旨在突出这样一个事实,即人们会对威胁释放出来的指向型认知信号产生反应,这种反应将影响人们对于威胁强弱的主观判断。在传统安全关系中,设定"威胁者"角色的作用之一就是帮助明确"敌意"信号的发出方和接受方。然而,对于大多数非传统安全威胁来说,"敌意"并不存在,但"认知影响"却可以摆脱威胁者依附这一局限性而保持常有。"认知影响"反映出非传统安全威胁给人们带来的心理紧迫感,就像显露出强烈意图的威胁者会使人保持高度警惕一样,高度紧迫的结果就是使人们将威胁伤害的发生视为既定事实或至少短期内可预见的,这对于威胁优先性的排序有直接影响。不同于"意图","认知影响"的发生实际上是一个绵延的连续时间过程,由此可以从历史、现时和未来三个维度来理解这种影响。

(一)历史的严重性

从历史维度来看,威胁的发生情况与威胁认知有着密切关系。如前文所述,布赞在威胁强度的特征评估中指出威胁具有的历史维度将在很大程度上影响着人们对于威胁的感知,特别是"一个和国家的历史经验有共鸣的威胁很可能被由此而来的高度敏感性夸大"②。李开盛把这种现象称为"威胁时滞",对于曾经遭受过某一特定威胁侵害的国家而言,"这种威胁是'历史性'的,也就是说威胁的形式并没有一直持续下来"③。时滞的本质是受害者效应,它将在相当一段时期内提供一种相对固化的威胁认知。同样,非传统安全威胁的历史发生情况也会影响不同国家、不同地区人们对于具体威胁的认知。某些威胁在本国历史上曾造成过非常严重的影响,以至于这种后果是灾难性和不可挽回的,那么即便这些威胁在历史上并不常见甚至仅出现过一两次,这种历史后果也会极大地强化人们对于类似威胁的认知。比如,国家解体这一严重后果一直提醒着俄罗斯将冷战结束之后北约一再东扩的行为视为严重

---

① 关于传统安全与非传统安全的交织与转化,详见本书第二章第三节。
② 〔英〕巴里·布赞:《人、国家与恐惧——后冷战时代的国际安全研究议程》,闫健、李剑译,中央编译出版社2009年版,第139页。
③ 李开盛:《认知、威胁时滞与国家安全决策》,载《世界经济与政治》2004年第10期,第35页。

挑衅，并对周边地区可能发生的"颜色革命"保持高度警惕；而"9·11"恐怖袭击使作为全球唯一超级大国的美国在冷战结束之后经历了一场不亚于小规模战争的灾难，这场袭击使得美国民众充分意识到了打击恐怖主义之于美国安全的重要性，并使当时的布什政府将恐怖主义视为美国的头号威胁。

（二）现时的复杂性

从现时维度来看，威胁应对的复杂程度是影响威胁认知的重要变量，这种复杂程度是相对于本国现时国情而言的，因此在一定程度上反映出了当前国家在面对不同性质威胁时的脆弱性。从应对的角度来看，威胁的复杂性一方面与威胁自身的客观实际有很大关系，不同威胁在内容、层次等方面交织复合程度的不同必定会给实际威胁的应对带来难易程度上的差异；另一方面，威胁的复杂性还与威胁相对于本国而言的新发和罕见程度有关。安德鲁·韦曼（Andrew Weyman）等人的研究从心理测量学的角度出发，指出人们总是更加倾向于高估和重视不熟悉的风险，而对熟悉的风险往往容易低估和轻视。[1]这种对于现象的认知反应在威胁认知中同样适用，威胁现象在本国是否较为常见而不易引发恐慌是衡量应对复杂性的重要认知特征。对于社会公众而言，常见的威胁意味着人们在应对这些威胁的过程中更容易获得经验性的帮助并借助现有的威胁应对机制尽力规避可能遭受的负面影响。然而，在面对新发或罕见威胁时，应对经验和应对机制方面的相对缺乏则给威胁的成功应对带来了巨大的不确定性，在无法确信依靠特定力量可以克服威胁影响的时候，人们往往会选择非理性地盲从整体社会的悲观避险情绪，由此将直接导致威胁应对的复杂化以及随之而来的认知放大甚至夸大。比如，2011年东日本大地震导致的核泄漏事故是并不常见的一种威胁现象，在不了解这一威胁实际作用机制的情况下，威胁可能导致的最坏结果被不断放大，这种社会集体反应影响了公众的威胁认知，一度导致了周边国家/地区乃至国际社会的极大恐慌，从而引发了类似囤盐、抢水等社会乱象。

（三）未来的可控性

从未来维度来看，威胁强度的认知与威胁产生的预期影响有很大的相关性，而这种预期影响实际上反映出了对于威胁紧迫程度的一种感知。传统安全威胁评估通常会使用"临近性""迫近性"等类似概念来反映威胁的紧迫

资料6 印度"苏拉特事件"

---

[1] See A. K. Weyman and C. J. Kelly, Risk Perception and Risk Communication: A Review of the Literature, Health and Safety Laboratory, CRR 248/1999.

程度，比如威胁的"地缘毗邻性"（geographical proximity）① 和"反应时间"（reaction time）②。孙德刚根据临近时间上的不同将威胁划分为迫在眉睫的威胁、中期威胁和长远威胁。③ 但是，不同于传统安全威胁的"待发生"，作为一种现象存在的非传统安全威胁一直处于发生和不发生的临界状态或正在持续性地发生。因此，非传统安全威胁的紧迫性更多时候需要通过威胁产生的影响加以认识。对威胁影响的控制反映出了威胁的可治理性，威胁的可治理性在很大程度上影响了人们对于威胁强度的判断，这种可治理性可以通过威胁影响的时效性体现出来——威胁产生的影响是阶段性的、可消除的还是持久性的、不可逆的。不同性质、不同内容的非传统安全威胁在威胁影响时效方面也具有较大的差异，有些威胁的影响表现出较大的阶段性，尽管在一段时期内可能造成重大危害，但其影响是可控、可防和可消除的，因此会随着常态化和规范化的威胁应对而逐渐减弱，这类威胁中以流行性疾病较为典型。另外一些威胁的影响具有持久性，实际危害一旦形成，不仅难以消除甚至还可能具有代际不可逆性，威胁影响也会随着时间的推移而逐渐增大，这类威胁中以生态环境安全威胁较为典型。所以，就威胁的长期治理而言，影响持续存在且难以消除的威胁显然更加紧迫，对威胁强度认知方面的影响也会更加强烈，必须给予足够重视以防止不可逆影响的加深而导致灾难性后果。

综上所述，非传统安全威胁评估框架需要整合能力特征评估与认知特征评估的双重维度，这一评估框架将为非传统安全威胁研究提供一个结构性分析与判定的依据，借此可以深入探讨非传统安全威胁引发的"非传统安全危机"及其"结构不良性"特征，如历史成因较悠久、利害关系较广泛、矛盾聚合较复杂、危害程度不确定、影响具有全局性等，进而在此基础上明确非传统安全危机的"触发点""临界点"和"转折点"。④ 此外，威胁评估框架的理论探索，也是非传统安全研究系统化和精细化的探索，也意味着非传统安全威胁评估从原本单纯的定性描述向着相对定性的转变，这种发展不管对于非传统安全理论本身还是现实问题的治理来说都是有益的。

资料7 全球气候变化引发的灾难

---

① 参见〔美〕斯蒂芬·沃尔特：《联盟的起源》，周丕启译，北京大学出版社2007年版，第168页。
② See Joanne M. Fish, Samuel J. McCraw and Christopher J. Reddish, *Fighting in the Gray Zone: A Strategy to Close the Preemption Gap*, Carlisle, PA: Strategic Studies Institute, U. S. Army War College, 2004, p.4.
③ 参见孙德刚：《危机管理中的国家安全战略》，上海人民出版社2010年版，第83—84页。
④ 参见余潇枫：《非传统安全与公共危机治理》，浙江大学出版社2007年版，第58—61页。

思考题

1. 威胁评估相较于风险评估具有怎样的优劣势？
2. 非传统安全威胁具有哪些"集合特征"？
3. 建立非传统安全威胁评估框架的意义是什么？

讨论题

1. 威胁评估和风险评估的应用情境有何区别？
2. 非传统安全威胁评估最大的局限性是什么？

推荐阅读文献

1. 〔英〕巴里·布赞：《人、国家与恐惧——后冷战时代的国际安全研究议程》，闫健、李剑译，中央编译出版社2009年版。

2. 左希迎：《威胁评估与美国大战略的转变》，载《当代亚太》2018年第4期。

3. 余潇枫等：《非传统安全能力建设：理论、范式与思路》，中国社会科学出版社2013年版。

4. David L. Rousseau, *Identifying Treats and Threatening Identities: The Social Construction of Realism and Liberalism*, Stanford, CA: Stanford University Press, 2006.

5. David Strachan-Morris, Threat and Risk: What Is the Difference and Why Does It Matter? *Intelligence and National Security*, Vol. 27, No. 2, 2012.

第五章 西方传统安全研究的"扩展—深化"

> **导读**
>
> 国际安全研究的"扩展—深化"形态较为复杂,既有非传统安全研究的兴起(见第六章),又有传统安全研究以"非传统化"来推进自身的拓展,还有传统安全理论向古典现实主义的回归等,这些均是非传统安全研究所不能忽视的理论语境。全球化时代,非传统安全问题深刻影响了传统安全理论的发展,而这些理论的发展反过来又催生了非传统安全理论的形成。国际关系中的理想主义、现实主义、自由主义和建构主义都不同程度地开始拓展和深化自身的研究,传统安全研究和非传统安全研究的相关理论相互交织、相互影响。西方非传统安全研究兴起的同时,传统安全相关理论也实现着其自身研究的"扩展—深化"。如取代理想主义的"全球主义",深化自由主义的欧洲"后联邦主义",推进现实主义的"综合安全论",拓展和平研究的"民主和平论",重视民众参与安全治理的"新共和主义"等,越来越多的非传统安全议题也被传统安全研究的不同理论所接纳,传统的军事武力也开始被运用于打击海盗、国际救灾、人道主义救援等非传统安全维护的国际行动中。

第一节 国际安全研究演化脉络

一、国际安全研究面临新语境

斯蒂芬·沃尔特在研究了安全研究的历史后指出,变化中的国际环境极大地塑造了安全研究。① 冷战期间尽管传统安全观占据着安全研究的主导地位，但国际安全领域内的争论不断，特别是冷战结束以后安全争论的理论重点出现了重大转向，主要有四个方面②：

一是关于安全指涉对象的争论。在安全研究中，除了国家这一特定的安全指涉对象之外，是否还应考虑如民族、个体、族群、环境或地球自身等其他指涉对象？或者是国家在众多的安全指涉对象中是否具有绝对的优先性？冷战期间多数学者认为："无论是'国家安全'还是后来传统主义者的'国际安全'，民族或国家总是分析和规范的指涉对象。'国际安全'不是用人类安全去取代国家安全，也不是用国家内部或跨越国家边界的个体或少数人的安全去取代国家安全。保障国家安全被视作保护其他指涉对象的最佳方法。"③但冷战以后，情况发生了变化，全球性非传统安全威胁频发，与国家安全等价的安全问题或者说非军事武力对国家主权的影响问题日益凸显，安全从军事、政治领域延伸到了经济、文化、社会领域，国家安全的绝对优先性受到了质疑，至少与国家安全的优先性相并列的新的安全指涉对象被不断确立。

二是关于安全场域如何划定的争论。在安全研究中，国内安全场域与国际安全场域是否要统合起来考虑？这涉及内部威胁与外部威胁的权重考虑。巴里·布赞与琳娜·汉森（Lene Hansen）认为，国际关系将国际政治与国内政治进行了区分，作为国际关系次领域的国际安全研究，也应随着国际关系学科地位的提升而提升，特别是以往国家安全特别关注的对立意识形态的外在威胁以及假想的敌对国家随着冷战的结束而弱化，"国际关系和国际安全研究都面临着日益增长的全球化挑战，致使内/外区分模糊，甚至完全没有区分"④。

三是关于安全部门是单个还是多个的争论。在安全研究中，安全专属军事领域还是涉及多个领域？或者说是否该将安全扩大至军事领域及武力使用之外？冷战期间，由于各个国家对世界军事格局和关联国家军事能力（常规武器和核武器）的强烈关注，"国家安全"几乎变为军事安全的同义词。然而，如本书第一章所述，20世纪60年代起，影响整个人类的环境、粮食、人口、贫困等非传统安全问题开始受到联合国的关注；80年代，环境、发展、

---

① See Stephen M. Walt, The Renaissance of Security Studies, in Barry Buzan and Lene Hansen (eds.), *International Security* (Volume Ⅱ), Los Angeles, London, New Delhi and Singapore: SAGE Publications, 2007, p.232.
② 参见〔英〕巴里·布赞、〔丹麦〕琳娜·汉森：《国际安全研究的演化》，余潇枫译，浙江大学出版社2011年版，第11—14页。
③ 同上书，第12页。
④ 同上书，第13页。

粮食、人权问题等又被联合国直接提升到安全的高度；90年代，"人的安全"被联合国列入人类发展的首要议程，"全球人类安全新概念"开始被强调。21世纪初，联合国更是以打击恐怖主义为首要议题并积极关注气候问题、能源问题、全球金融危机的应对问题等。于是与安全相关的部门开始普遍地扩展了社会的、经济的、环境的、健康的、发展的和性别的内容。

四是关于安全与政治的关系的争论。在安全研究中，政治统领安全，还是安全主导政治？冷战期间，安全归属"高政治"，甚至是"政治中的政治"，如两个超级大国争霸，都以"确保相互摧毁"作为最高的政治与军事目标。提出"安全困境"著名构想的约翰·赫兹（John Herz）揭示，在极端情况下，安全不得不与攻击、征服、占领乃至歼灭相联系，这不仅促使国家去获得更多的能力以使对手不安全，而且这一过程将竞逐双方逼入了"安全与权力积聚的恶性循环"。冷战结束以后，安全问题与发展问题逐渐相融合，国家间的相互依赖变得明显而必要，与传统安全困境相左，出现了以资源为核心的非传统安全困境。安全仍然与政治紧密相连，但出现了环境政治、公共卫生政治、能源政治等与"低政治"领域相关切的安全政治，以军事武力为特征的"硬权力"远远不能胜任了，需要有"软权力"和"巧权力"相补充。

上述四个方面争论的理论路径与方向各不相同，但对安全概念的重视与深入研究则是它们的共同特征。巴里·布赞与琳娜·汉森认为，只有对安全概念进行探究，安全理论才有深化的可能，而要探究安全概念，则需要通过三组相关概念的引入或支撑，才能对安全进行结构性的概念分析。首先，若要揭示安全问题的具体含义，则需要引入一组补充性（complementary）概念，如战略、威慑、遏制、人道主义等，这些概念与安全紧密关联；其次，若要揭示广义的、政治层面上的安全含义，则要引入一组平行性（parallel）概念，如权力、主权、认同等，这些概念可诠释安全的深层含义；最后，若要应对现行的安全问题，则要引入一组安全研究的对立性（oppositional）概念，如和平、风险、意外等，这些概念与安全有"竞争性"甚至可以用来替代安全概念。只有"引入补充性、平行性和竞争性的概念，就可以探究国际安全研究视角所形成的'三角洲'（the river delta），进而可以对'安全'涉及的要素进行'元对话'（meta-conversation）"[①]。三组关联概念以及它们与安全概念的关系如图5-1所示。

事实上，安全概念探究始于20世纪80年代，兴于90年代，随后众多自

---

① 〔英〕巴里·布赞、〔丹麦〕琳娜·汉森：《国际安全研究的演化》，余潇枫译，浙江大学出版社2011年版，第16页。

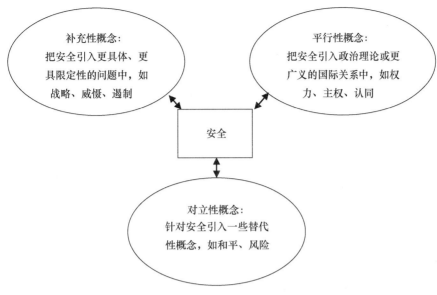

图 5-1 安全及其关联概念

然科学的"硬专家"与人文社会科学的"软专家"纷纷加入国际安全研究的争论,从而带来了传统安全研究的"扩展—深化"、非传统安全研究的兴起以及向古典现实主义的"回归"。上述这些安全争论的理论重点的变化,以及整个国际安全研究界对安全概念本身研究的重视,给传统安全研究提供了广泛的前景。冷战以后,国际安全研究的演化出现了"跨时代"的全新景象。

二、国际安全研究的分化图景

国际安全理论总体上可以分为理想主义、现实主义、自由主义和早期建构主义几个重要路径。按照巴里·布赞与琳娜·汉森的观点,国际安全研究的系谱基本由三个方面组成,即"战略研究"在一端,"和平研究"在另一端,而中间可以勉强地叫作"军备控制研究"(见图 5-2),其中的军备控制研究并不独立于战略研究与和平研究,而是与两者交叉重合。它们之间的总体状况是:"和平研究与战略研究(也包括现实主义的国际关系研究)在冷战期间是作为对立面和政治对手而出现的,而军控一派则尴尬地悬在它们的政治鸿沟之间。它们之间大多数的对立都表现为国际关系研究中理想主义范式与现实主义范式的对立,因此它们也比其他研究派别更为深入地关注人性和国家的本体论假定。它们都在自己的道德优势上获得安全感，并把另一方视为威胁。"① 国际安全研究的这个系谱在时间和空间上的分布是不均匀的。"冷战早期，战略研究尤其是在美国无可置疑地支配着知识议程和政治议程。随着冷战的持续，威慑理论变得更加复杂化，说服力也在降低，一片广阔的中间地带为军备控制而打开。和平研究在欧洲和日本比在美国一直有更强的政治地位，而在斯堪的纳维亚和德国则占据了部分优势。"②

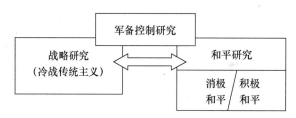

图 5-2　国际安全研究领域的三大模块

冷战以后，国际安全研究在此基础上的演化出现了三个新的路向：一是经建构主义等理论中介，生发出了诸多的非传统安全研究路径；二是传统安全研究不断接纳非传统安全议题以促进自身的"扩展—深化"；三是坚守传统安全的本体论立场，掀起逆全球化回波，向古典现实主义回归（见图5-3）。

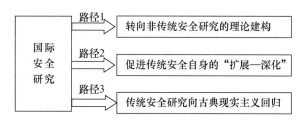

图 5-3　国际安全研究演化的三个路向

西方非传统安全研究的兴起与理论建构将在下一章专门阐述，传统安全研究自身的"扩展—深化"将在本章第二、三节阐述，传统安全研究向古典现实主义的回归，在此特别概述一下。

传统安全研究向古典现实主义回归的主要特征是重新"寻找敌人"。21世纪初美国本土遭受了从未有过的恐怖主义袭击，美国人开始反思：我们是谁？他们是谁？他们为什么憎恨我们？《我们是谁？》的作者亨廷顿对此进行专门研究后指出：在18世纪，"我们"是殖民地上的"美利坚人"；在19世纪，"我们"是具有盎格鲁—新教文化及自由民主政治信念的"美国人"；在20世

---

① 〔英〕巴里·布赞、〔丹麦〕琳娜·汉森：《国际安全研究的演化》，余潇枫译，浙江大学出版社2011年版，第114—115页。
② 同上书，第115页。

纪，"我们"已是说着不同语言、信奉不同信念、体现不同文化的"两权人"；①在21世纪以及更远的将来，"我们"将是上述特点与另一些可能的特性的"混合物"。为此，亨廷顿担忧，缺乏共同的"国家认同"，不足以让一个国家长存。由是，亨廷顿开出了在国际上一定要"寻找敌人"的"处方"。②亨廷顿认为"文明冲突普遍性"的原因是人的憎恨，而"憎恨是人之常情。为了确定自我和找到动力，人们需要敌人：商业上的竞争者、取得成功的对手、政治上的反对派"③。在《我们是谁?》一书中亨廷顿更是发挥了这一观点，强调美国与世界会合中要"寻找敌人"，甚至言之凿凿地强调"战争"使美国成为美国。④苏联解体后，至于美国可能的敌人是谁，亨廷顿这样推论道：苏联人使美国失去了敌人，伊斯兰好斗分子成了美国21世纪的第一个敌人，"无赖国家"不足以成为挑战美国的敌人，而中国则是未来美国的"潜在敌人"。⑤"在政治领域，亨廷顿一向以政治主张的保守而出名，自命为当代的马基雅维利。"⑥这种试图通过寻找可能的和理想的"敌人"以解决国家"认同危机"的观点，表明亨廷顿深陷传统国家中心主义的思维"误区"而不能自拔。亨廷顿的观点受到了其他学者的批评："亨廷顿大致脱离了政治现实主义中声名狼藉的国家中心主义，不料竟会在他后来转向预先给定的文化行为体的、具体的世界的时候，又恢复了先前脱离的理论，即预先给定的文化行为体具有天生的冲突利益。"⑦

---

① 亨廷顿用"两权化"来形容美国逐渐显现的基于两类文化或两类语言之间分歧的"文化分歧"及其对黑白种族之间的"种族分歧"的取代，而这使得美国"面目全非"。这里使用"两权人"来表示"我们"所呈现的双重性特性。参见〔美〕亨廷顿：《我们是谁?》，程克雄译，新华出版社2005年版，第268页。

② 为了强调这一点，亨廷顿在《我们是谁?》第十章中还直接以"寻找敌人"（The Search for Enemy）为小节的标题。See Samuel P. Huntington, *Who Are We? The Challenges to America's National Identity*, New York, NY: Simon & Schuster, 2004, p. 258.

③ Samuel P. Huntington, *The Clash of Civilizations and the Remaking of World Order*, New York, NY: Simon and Schuster, 1996, p. 130.

④ 亨廷顿认为："独立战争使美利坚定居者成为美国人，内战则巩固了国家，第二次世界大战更显现了美国人对自己国家的认同。在应付重大威胁的重大战争中，国家的权威和资源都得到加强。当国民面对共同的敌人时，全国的团结增强，而可能引起内部分裂的彼此敌对情绪则被压抑下去了。社会矛盾和经济分歧会减少。未遭摧毁的经济生产效率会提高。" See Samuel P. Huntington, *Who Are We? The Challenges to America's National Identity*, New York, NY: Simon & Schuster, 2004, p. 260.

⑤ 亨廷顿的推论符合美国人对国家安全的思考方式。"研究一下美国年度安全战略报告，不难发现，美国人眼中的国与国的限界远不如东方人感觉得那么明显；对国家安全的考虑，美国人是从世界的范围来看问题的；……美国国内问题的解决，更多地也是从国际问题的解决入手的"。参见张文木：《中国国家安全哲学》，载《战略与管理》2000年第1期，第30页。

⑥ 吕芳、殷存毅：《认同政治与国家的衰落——兼评亨廷顿的新作〈我们是谁?〉》，载《世界经济与政治》2005年第5期，第45页。

⑦〔美〕约瑟夫·拉彼德：《文化之舟：国际关系理论中的回归和启程》，载〔美〕约瑟夫·拉彼德、〔德〕弗里德里希·克拉托赫维尔主编：《文化和认同：国际关系回归理论》，金烨译，浙江人民出版社2003年版，第10页。

近年来，通过"寻找敌人"向古典现实主义回归的主要践行者是美国的特朗普政府。如本书第一章所述，特朗普就任美国总统后奉行"美国优先"的现实主义原则，向世界打响"贸易战"，试图通过征收高关税等单边行动来提升就业率等来挽救美国经济的走弱趋势，甚至还无视国际规则，想通过大规模"退群"或试图重新塑造全球体系等来获得美国所谓的"重新强大"和"美国第一"。例如，美国《2017年国家安全战略报告》一改以往的"战略接触"为"战略竞争"，《2018年美国国防战略概要》更是明确指出：中国、俄罗斯等"修正主义强权"发起的"国家间战略竞争，而非恐怖主义，现已成为美国国家安全的首要忧患"，因此，美国要建立强大的有致命杀伤力的军队、建立联盟和伙伴体系、强化国防运转能力等。总之，在现实主义向古典回归的过程中，"美国退群""英国脱欧"等世界范围内的一系列逆全球化回波、贸易保护主义泛起以及社会民粹主义躁动等，均是对这一倒退式回归的某种呼应。

第二节　自由主义与现实主义的安全研究

一、理想主义、自由主义、全球主义

（一）理想主义

理想主义是自由主义在国际关系研究中的早期理论形态。人是理想的动物，理想是引导人改造现实、超越现实的动力所在，对理想的追求贯穿于人类发展的始终。理想主义有着丰富的思想渊源，如柏拉图著《理想国》以寻求体现正义的理想社会，康德著《永久和平论》以探寻人类通过自身的理性实现永久的和平，罗尔斯的《万民法》则描绘了一幅超国家的公正社会的蓝图。理想主义是诞生于20世纪初的国际关系理论的第一个学说流派。一战前，主权国家的形成与对权力均势的寻求，曾使欧洲大国处于均势下的百年和平。但是，一战打破了这种和平。全世界30多个国家、10多亿人口卷入一战，死伤人数达3000余万，物质损失达3000多亿美元。

战争使国家的道德沦丧，也使人们的理想觉醒。为了保障和平，理想主义兴起。理想主义安全观的主要特点是：主张建立国际组织，健全和倚重国际法和国际规范，形成集体安全机制。集体安全是理想主义安全观的核心所在，即用集体安全模式来取代以往的均势模式，以寻求国际社会的安全与稳定。美国前总统伍德罗·威尔逊（Woodrow Wilson）是理想主义的代表人物。

1918年1月8日，他在国会发表演说，提出"十四点计划"（Fourteen Points），作为"建立世界和平的纲领"。其主要内容有：外交协议公开、海洋通行自由、消除关税壁垒、实行自由贸易、调整殖民区域、遣还侵占领土、民族自决独立、各国实行裁军、保障集体安全、组建国际联盟等。1919年成立的国际联盟（简称"国联"）就是这种集体安全思想的具体体现。

然而，大国的缺席、权力政治的影响以及国联自身组织机构的问题，使国联难以发挥预想的维护世界秩序的作用并最终走向失败，特别是后来二战的爆发使理想主义折戟翻船。道德的诉求让位于权力的争夺，理想的蓝图葬送于无情的战火。二战更使人类深化了对自身灾难的全面反思，于是关于国际社会是否有伦理道德以及它在多大程度上起着历史作用的问题成为争论的焦点，并且在人的本性、战争根源、国家利益、国家权力、国际法、国际机构等问题上产生了重大分歧。

理想主义集中反映了人类在重大的战争灾难面前对国际社会的道德法则与防止战争、维持和平的一种深重反思和急切构建的普遍心理，对后来全球（安全）治理中出现的规范主义、世界主义、全球主义、全球人道主义、新自由主义、和平研究、英国学派等理论流派都产生了不同程度的影响。

（二）自由主义

"作为一种对理想主义的退缩和对现实主义的反击，自由主义以一种解决理想主义的乌托邦陷阱和现实主义所无法摆脱的战争与和平的宿命循环的思路和方案而崛起。"① 20世纪80年代以后，出现了挑战新现实主义的新自由制度主义，从那时起直到今天一直是新自由主义的代表性理论，也因此人们习惯性将新自由制度主义等同于新自由主义。大卫·A. 鲍德温（David A. Baldwin）认为新自由主义在20世纪80年代以前有三种理论形式：40年代和50年代的功能主义一体化理论、50年代和60年代的新功能主义地区一体化理论、70年代的相互依赖理论。

新自由主义安全观的理论倾向是：认为人有非理性的一面，合理的环境能使人更有理性，国际道德在国际社会中不仅是存在和有作用的，而且是从属于理性并规范国家行为的；强调世界尽管是以无政府状态为其前提的，但其主要的特征仍是相互依存，因而随着跨国公司、国际组织等国际行为体登上世界舞台，国家不再是中心的角色；国际机制是解决国际无政府状态的有效手段，国家在世界的无政府状态中能够通过国际机制及制度实现相互的合

---

① 陈玉刚：《国家与超国家——欧洲一体化理论比较研究》，上海人民出版社2001年版，第3页。

作,人类甚至能够克服国际无政府状态;强调国家在安全合作中的绝对获益(absolute gains),而不是相对获益(relative gains)。

自由主义的兴起,既是对理想主义的某种回归,又是对现实主义的重大挑战。20世纪70年代越南战争和美国经济地位的下降使人们对经济议题产生了更大的兴趣,学者们开始质疑军事力量的效用,而强调经济因素的作用。与经济相互依存的其他议题,如第三世界的贫困和环境问题,也开始吸引公众的注意力。① 与此相应的是,国际关系中的相互依存越来越为人们所注意,安全研究领域也不再一味强调那种零和式、针对他国、关注军事冲突的国家安全了。当然,上述研究未能在当时对现实主义安全范式造成重大挑战,主要是因为冷战的遮盖作用,两极对抗放大了现实主义所关注的安全因素,从而将其他安全研究领域和安全研究范式都置于边缘地位。

以约瑟夫·奈(Joseph S. Nye, Jr.)、罗伯特·基欧汉(Robert Keohane)为代表的新自由主义者把研究的重点置于跨国关系上,以"多边主义"范式超越传统的"单边主义"范式,针对世界的发展提出了"复合相互依存"的概念,强调国际制度对国际合作的促进作用,相信国际道德的约束力量,其精神实质是全球主义理念在相互依赖的国际社会中的全面体现。例如,基欧汉和奈在《权力与相互依赖》一书中提出"复合相互依赖"的安全理论,认为全球化时代是相互依存的时代,国际联系是多渠道的,包括国家间联系、跨政府联系和跨国联系。这种联系的紧密化和多层次化使军事安全并非始终是国家间关系的首要问题,政府关注的问题变得更为广泛、多元。当复合相互依赖普遍存在时,军事力量将会起次要的作用,一国政府不会对他国行使武力。② 基欧汉在《霸权之后:世界政治经济中的合作与纷争》一书中提出了"后霸权合作理论",他批评"霸权稳定论",认为由于国际制度的存在和作用发挥,后霸权时代的合作也是可能的,即国际制度是维持国际和平与安全的关键所在。③

(三) 全球主义

全球主义是自由主义进一步发展的逻辑延伸。从"人类命运共同体"的视角考察,可以概括出国际关系理论的发展说到底是以世界为中心的全球主

---

① See K. M. Fierke, *Critical Approaches to International Security*, Cambridge and Malden: Polity Press, 2007, p. 20.
② 参见〔美〕罗伯特·基欧汉、约瑟夫·奈:《权力与相互依赖(第3版)》,门洪华译,北京大学出版社2002年版,"中文版序言"第25—38页。
③ 参见〔美〕罗伯特·基欧汉:《霸权之后:世界政治经济中的合作与纷争》,苏长和、信强、何曜译,上海人民出版社2001年版,第61页。

义对以国家为中心的各种理论学派的挑战,全球主义则是理想主义、自由主义理论发展的必然走向。人类进入 21 世纪,全球视野已经成为学者研究世界的当然前提,于是"全球史""全球政治""全球国际关系"纷纷成为学者们热议的话题,以国家为中心的理论范式转向以超国家为中心的理论范式时,全球主义视角的分析就变得更为重要了。当然,面对国际关系系统庞大性、复杂性、易变性和不透明性等因素的存在,全球主义的普遍伦理取向会受到种种方面的限制,呈现出研究的目标、中心、方法、价值、视域等的不对称性,但我们不能忽视卡尔·多伊奇(Karl Deutsch)曾给予的警示:在我们这个时代,研究国际关系就等于探求人类的生存之道,如果文明在未来 30 年内被扼杀,原因不是饥荒或灾祸,而是外交政策和国际关系;我们能够对付得了饥荒和瘟疫,但我们还对付不了我们自己制造的武器的力量和民族国家的行为。[①] 全球主义对理想主义、自由主义的"扩展—深化"主要有全球人道主义、后联邦主义等。

(1)全球人道主义。面对人权赤字、民主衰败、冲突和不发达四个全球性危机,全球人道主义的立场很明确:以"和平""公正""生态平衡"为其价值观的基础,对国家领导集体的安全政策采取批判态度,并力图改造现行的"民族—国家"的世界政治结构。在人权方面,强调关注对所有制度都带根本性的、普遍适用的、包括物质和非物质的、考虑到个人级和国家级及全球级不同层次的、能转变为具体的政治行为的人权,如制止种族主义、制止对妇女儿童的暴力、结束饥饿、制止种族清洗等;在民主方面,不仅要关注政治上的竞争、新闻自由、宪法上的权利和义务、代表的方式和深度,而且要关注社区的民主、公共福利的享受、人民参与地方的决策机构、对公司的所有权及经营管理和政治活动的限制、人民群众和领导人之间的非官方的但有影响的沟通渠道;在冲突方面,指出武装冲突和结构性暴力是全球动荡局势的征兆,其后果远远超出了通常死一些人、领土的得失、战争的爆发和恐怖活动的出现、对力量均势和各国武装的影响,人们为冲突和准备冲突所付出的代价包括心理的、社会的、生态的和人类其他方面的;在不发达方面,反对只以总产量和平均分配量的角度来衡量发达或不发达,而要考虑经济增长对生态环境包括公众健康造成的后果,考虑总量的增长对营养不良、身体不健康、没有受过良好教育的人民群众来说意味着什么。全球人道主义还关心社会阶层的差异:最富的人和最穷的人之间、男人和女人之间、城市人口和农

---

① 参见〔美〕卡尔·多伊奇:《国际关系分析》,周启朋等译,世界知识出版社 1992 年版,"前言"第 1 页。

村人口之间、多数民族和少数民族之间在收入、蛋白质的消费量、健康和受教育程度等方面的差别。总的来说，全球人道主义者试图把平等、社会正义和环境保护注入他们对发展的考虑之中，保留了理想主义的道德内容，对和平表现出极大的关切。①

（2）后联邦主义。如果说美国式的联邦主义是一种国家内的"联盟"的话，那么欧洲式的"后联邦主义"则是"跨国家的联盟"，这种"后联邦主义"恰恰是全球主义与新制度主义在现实中的绝好投射，也是主权国家通过主权让渡结成联盟从而对传统安全问题寻找新的求解之路的伟大创举。牛津大学欧洲研究中心主任卡莉波索·尼古拉迪斯（Kalypso Nicolaïdis）提出要确立"超越联邦政府的联邦愿景"，她认为，理想的联邦政体是大多数社会组织形式所固有的，它试图在以下两点达到平衡：一方面，尊重个体单位的自治、自由选择、多元化和行动的多样性；另一方面，社会又要求各单位合作、融合、和谐共处，并在必要时候团结起来。在联邦制里，每一部分自成整体，而不是大整体的一个部分；而整体本身也大于各部分的简单相加。在这一政体下，整体不是众多部分的简单体现，所以有协作；部分也不仅仅是组成整体的一个成分，所以有等级，由此，欧洲真正的联邦制构想是"跨政府主义"的良好实践，其重要特征是：从多级治理的垂直范式向多中心治理的一个水平范式的转变。②

后联邦主义的重要理论支撑是新制度主义，新制度主义不仅是对以往自由主义（新自由制度主义、商业自由主义、共和自由主义和社会学自由主义）的一种发展，而且其影响几乎横贯政治学、经济学、社会学与国际法学等众多学科。罗伯特·基欧汉等学者认为国际制度是世界经济体系甚至是国际体系的核心，因为"现代世界的安全问题是高度制度化的。……如果认为安全是非制度化的无政府领域，与政治、经济不同，那就错了。相反，如果不考虑国际安全制度，就无法条理清楚地描述当代安全政治"③。新制度主义的发展与建构主义的兴起有直接的关联，甚至需要依赖于建构主义方法的运用。《不完美的联盟：时空维度的安全制度》一书的作者强调："未来大多数有趣的对话不是发生在现实主义和理性制度主义之间，而是在更广义的理性主义——制度主义研究项目——向下延伸至国内政治，侧面延伸至跨国和跨政府关系——与新兴的建构主义方法之间。"④

---

① 参见〔美〕梅尔·格托夫：《人类关注的全球政治》，贾宗谊译，新华出版社2000年版，第97—120页。
② See Kalypso Nicolaidis and Robert Howse (eds.), *The Federal Vision*, Oxford: Oxford University Press, 2001.
③ 〔德〕赫尔戈·哈夫滕多恩、〔美〕罗伯特·基欧汉、〔美〕西莱斯特·沃兰德主编：《不完美的联盟：时空维度的安全制度》，尉洪池、范秀云、韩志立译，世界知识出版社2015年版，第326页。
④ 同上书，第338页。

二、古典现实主义、新现实主义、道义现实主义

（一）古典现实主义与新现实主义

一般认为，现实主义是最主要的传统安全理论。作为国际关系中影响最大的一种理论传统，现实主义奉修昔底德（Thucydides）、马基雅维利（Niccolò Machiavelli）、霍布斯等思想家为先祖。国际安全研究学界公认的是，现实主义强调的是权力与安全，卡尔（Edward Hallett Carr）、摩根索（Hans J. Morgenthau）、肯尼斯·沃尔兹以及罗伯特·吉尔平（Robert Gilpin）等人是现实主义的代表人物。现实主义不断从当代社会科学甚至自然科学中吸收营养，从而发展出不同的流派，主要是以摩根索为代表的古典现实主义和以沃尔兹为代表的新现实主义。

两种现实主义的根本观点是基本一致的：第一，国家始终被认为是国际政治中最重要的角色。第二，现实主义者将无政府状态，即不存在任何共同的最高权力，视为国际生活中最突出的特征，国家必须依靠自己来保护其利益。第三，国家将最大限度地寻求扩大其权力或安全。第四，国家在对权力和安全的追求过程中，或多或少地总是要奉行理性政策。第五，国家将倾向于依靠威胁或使用军事力量来保证其国际政治目标的实现。第六，大多数现实主义者相信，国际体系的各个方面，尤其是国家间的权力分配，是基本国际政治格局和对外政策最重要的形成原因。①

在研究方法上，无论是古典现实主义还是新现实主义，奉行的都是实证主义。只不过在古典现实主义那里，这种实证主要是通过对历史、案例的归纳，或是对基本概念、原理的演绎进行的。但是，新现实主义开始更多地借重行为主义的方法，具有更多的定量特征，如通过具体的数据、公式、模型展开研究。它们都信奉理性主义，认为这个世界主要由物质力量构成，而且能够通过规律为人们所认识甚至掌握。现实主义的观点与主张构成了多数人看待安全的视角，而作为现实主义方法基础的实证主义又被多数人所认同，所以现实主义成为安全研究中的所谓"正统"，统治着冷战结束之前的国际关系安全研究。

关于两者在安全思想方面有何区别，理查德·福尔克（Richard A. Falk）有简洁的概括。福尔克认为，古典现实主义的理论特征是：（1）占有一定领土、拥有主权的国家是国际生活中占支配地位的政治角色。（2）相应地，强

---

① 参见〔澳〕克雷格·A. 斯奈德等：《当代安全与战略》，徐纬地等译，吉林人民出版社2001年版，第68—69页。

调国家间关系的竞争和冲突，战争仍然是解决冲突的选择，以及在战争中获胜被当作衡量政策和领导是否恰当的首要标准。（3）相信国家是追求自我利益的理性行为体；承认理性常常被政府内的官僚政治所扭曲，不会真正顾及他国或作为一个整体的世界体系的福利。（4）有这样一个强烈的倾向，即忽视国内社会和政治环境对国际关系冲突和安全的本质的影响；与意识形态、信仰和领导地位相比，传统现实主义把军事和经济权力的客观环境视为更为重要的国际历史驱动力量。（5）对任何企图从根本上改变暴力在国际关系中的角色的计划持悲观态度，但在面对核武器扩散和地区强国间冲突更加密集的前景时，也对维持全球稳定的可能性感到乐观。[1]

新现实主义的理论特征则包括：（1）古典现实主义，至少是被结构主义者修改后的古典现实主义，是分析国际安全关系适宜的"焦距"。（2）国际经济政策引入了额外的因素，特别是当它强调国家的合作、可控制的行为模式时，这一行为模式源自这样一种假设：对互利框架（机制）的参与，从长期来说对调节国际关系的关键方面是有利的。（3）核困境和增长中的世界经济活动的结合，使得国际关系专家把这些有利于合作的因素植入到他们对国际安全领域的概念化努力之中。[2]

从福尔克的概括来看，新现实主义于对古典现实主义与其说是"升级"，不如说是"补充"。古典现实主义成形于二战刚刚结束时，不可避免地带有大战后的恐惧、谨慎等因素；新现实主义则兴起于两个核大国进行冷战对抗的高潮时期，同时又见证了世界经济力量的魔力。

（二）综合安全观与道义现实主义

面对全球性非传统安全威胁的挑战，传统安全理论开始寻求自身的突破。"现实主义理论家相信，在1945—1990年，现实主义在它的主要目标上是成功的。特别是和1919—1939年西方在外交政策上的失败相比较，这一时期的经历构成了现实主义作为国际关系理论有效性的事实证据，没有大战爆发，没有核武器被使用。"[3] 针对非传统安全理论强调的新的研究议程，斯蒂芬·沃尔特承认，非军事问题值得关注，军事实力并不会保障福利。但是，他反对把诸如贫穷、艾滋病、环境灾害等问题拓宽到"安全"概念中来，因为以这种方式界定安全领域将摧毁知识的一致性，并使制订解决这些重要问题的计

---

[1] See Richard A. Falk, Theory, Realism, and World Security, in Michael T. Klare and Daniel C. Thomas (eds.), *World Security: Trends & Challenges at Century's End*, New York, NY: St. Martin's Press, 1991, p.11.
[2] Ibid., p.13.
[3] Ibid., p.16.

划变得更为困难。① 从理论领域看，尽管非传统安全理论的兴起丰富了安全研究，但现实主义仍然是安全研究中的主导范式。反映现实主义不断地与时俱进的代表性理论有综合安全观与道义现实主义。

综合安全观是传统安全研究标志性地接纳非传统安全议题的"扩展—深化"。20世纪70年代，世界石油危机爆发，日本深感能源安全及其经济安全与国家安全紧密相关，于是提出了军事安全与非军事安全并重，并尽可能运用非军事手段解决安全问题的综合安全观。冷战以后，"综合安全"概念被许多国家不同程度地接受，首先是东盟提出了不限于军事安全的综合安全观，"把环境、生态、人口等可能加剧紧张关系甚至导致运用武力的非传统安全挑战也包括在内，而不管威胁是源于境外还是境内"②。随后，"亚太安全合作理事会"发表了关于"综合安全"的备忘录，详细说明了"综合安全"的七项原则：综合原则、相互依存原则、合作和平安全与共享安全原则、自力更生原则、包容性原则、和平接触原则以及好公民原则。欧洲安全与合作组织也倡导综合安全观。1996年，欧洲安全与合作组织首脑会议通过了《建立一个21世纪的共同和综合安全模式的里斯本宣言》。"'综合安全'所涉及的内容是非传统安全的重要领域，但与非传统安全研究不同：首先，'综合安全'认为安全问题应包括对一个总体利益构成的军事和非军事威胁两方面，其中军事防御仍然是'综合安全'的核心要素；而非传统安全强调安全的非军事性，特别是经济、社会、环境等领域的安全威胁。其次，'综合安全'是所有影响国家安全的综合因素，是国家安全在领域和范围方面的扩展，其研究对象主要是国家，是国家的'综合安全'；非传统安全则不仅包括国家的安全，还包括对个人安全、地区安全乃至全球安全和人类安全的关注。"③

道义现实主义是新现实主义之后的新发展。按照摩根索的看法，现实主义从来不远离道德，而把"道义"置于现实主义之前，这说明了冷战以后，"道义"与"现实主义"之间的关系更为紧密。我们知道，国际关系的种种理论按伦理取向分为三大类型：第一种类型是"强道德主义类型"，这一类型的理论以道德追求为第一目标，利益、权力让位于道德目标的实现，或者利益和权力的追求只有在道德约束许可的前提下才有其意义。第二种类型是"弱道德主义类型"，这一类型的理论以利益、权力的追求为第一目标，道德让位

---

① See Stephen M. Walt, The Renaissance of Security Studies, in Barry Buzan and Lene Hansen (eds.), *International Security* (Volume Ⅱ), Los Angeles, London, New Delhi and Singapore: SAGE Publications, 2007, p. 215.
② 傅勇：《非传统安全及其相关概念辨析》，载《国际关系研究》2008年第4辑，第89页。
③ 同上书，第91页。

于利益、权力的实现，或者道德只有在其服务于利益、权力的实现时才被强调。第三种类型是"新道德主义类型"，这一类型的理论超越传统道德主义对人性假定的局限，正视人类超越民族主义、国家主义与地区主义过程中道德诉求的历史发展过程，对道德、利益、权力等进行了全新的反思与建构。①

道义现实主义理论首创者阎学通②认为，"道义优先"原则具有普适性。当然，如摩根索所指出的，"道义优先"中的"道义"是具体的而非抽象的，是世界的而非民族的。因此，道义是容于现实主义的。阎学通对误解该理论的米尔斯海默（John Mearsheimer）提出批评："米尔斯海默认为笔者（指阎学通——引者注）强调中国对外政策应讲道义是危险的，其理由看上去似乎与摩根索相似，而实际上是他误用摩根索的原理。米尔斯海默误以为，笔者所强调的道义是中国自己的道义而非普适的道义。可事实上，道义现实主义所提倡的道义原则都是普适性的，而非民族性的，例如公平、正义、文明、诚信。"③ 同时，"道义现实主义并不认为讲道义就排除了使用武力，反而认为绝不使用武力是不讲道义的。在无序的国际体系中，中小国家无力自己保障，于是采取将安全委托给大国的战略。当一个强国采取绝不使用武力的政策，意味着它不用武力保护受侵略的中小国家。对于中小国家来讲，这样的大国也是没有道义的，而且也是没有国际战略信誉的"④。

"道义现实主义"的提出在学界有较大反响，贾东锐认为，"道义现实主义是在西方现实主义国际关系理论中融入中国传统政治思想中极为重要的道义观创立而成的一种新型理论范式"，该理论为中国和平崛起和中国梦的实现提供了一种不同于西方的国际关系理论思想。⑤ 事实上，道义现实主义也是西方传统安全研究"扩展—深化"的一个重要趋向，哈佛大学约瑟夫·奈教授于2020年出版的著作《道义问题？从罗斯福到特朗普总统的美国外交政策》⑥，对什么是道义的外交政策以及美国历届总统如何依据道义作外交决策进行了阐述，这可说是对道义现实主义理论的一种积极的国际回应。

---

① 参见余潇枫：《国际关系伦理学》，长征出版社2002年版，第76—108页。
② 阎学通教授强调，"道义现实主义"是澳大利亚国立大学副教授张锋提出的一个概念。张锋将西方现实主义国际关系理论与中国古代道义观相结合的理论思想称为"道义现实主义"。See Feng Zhang, The Tsinghua Approach and the Inception of Chinese Theories of International Relations, *The Chinese Journal of International Politics*, Vol. 5, No. 1, 2012, pp. 95-96.
③ 阎学通：《道义现实主义的国际关系理论》，载《国际问题研究》2014年第5期，第103页。
④ 同上书，第118页。
⑤ 参见贾东锐：《国际道义、战略信誉与政治领导力——道义现实主义视角》，http://www.sohu.com/a/246879562_618422，2018年8月13日访问。
⑥ See Joseph S. Nye, Jr., *Do Morals Matter? Presidents and Foreign Policy from FDR to Trump*, Oxford: Oxford University Press, 2020.

第三节　和平研究与建构主义的安全研究

一、和平研究的"扩展—深化"

如本章第一节所述,和平研究是传统安全研究的一个重要方面。冷战时期,现实主义并未能一统天下,首先与之相对的是出现于 20 世纪 50 年代的和平研究。和平研究力求减少或消除武力在国际关系中的使用,强调和批评存在于军事战略特别是核战略中的危险。它虽然也关注如军控与裁军、军备竞赛等军事领域,但批评把个体安全置于一边、无视个体安全、过度强调国家安全的做法。[①]

二战结束之后,如何保持来之不易的和平局面是各国政治家首先要考虑的议题。1959 年,挪威社会研究院的和平与冲突研究部改建为奥斯陆国际和平研究所,1964 年该所出版发行《和平研究杂志》(*Journal of Peace Research*),加尔通(Johan Galtung)在创刊词上提出了具有划时代意义的"积极和平"与"消极和平"概念。1969 年,加尔通在《暴力、和平与和平研究》一文中又首次提出了著名的"结构暴力"概念,强调了必须给予人的基本需要与"结构性暴力"以同等的优先性观点。"加尔通关于'消极和平与积极和平'的两大范式突破了'到战场上找和平'的传统观念和狭隘见解,将和平研究的空间从狭窄的战场转移到包括'自然、人、社会、世界、文化、时间'等形成的宇宙空间。……突破了'国家利益'和'权势均衡'等固有信念的束缚,解除了在当代和平研究上的'自我封闭'状态,为和平研究提供了导向。"[②] 但值得指出的是,"现代意义的系统性的和平研究是冷战的产物,在长达半个世纪的年代里继承了国际关系理论所赋予的体系和单元知识,并且从国内和国际两个层面事实上维护了消极和平现状和欧美大国的利益。传统和平研究议程共享了国际关系中的现实主义假定,例如国际体系中实力的分配,国家通过自助实现生存,国家是唯一的自利行为体等"[③]。

冷战以后,和平研究与国际安全研究的新趋势相结合,不断地"扩展—深化"。例如,作为奥地利和平与斗争研究中心的创始人兼主席的杰拉德·梅

[①] 参见〔英〕巴里·布赞:《论非传统安全研究的理论架构》,余潇枫译,载《世界经济与政治》2010 年第 1 期,第 117 页。See also Barry Buzan and Lene Hansen, *The Evolution of International Security Studies*, Cambridge: Cambridge University Press, 2009, p. 36.

[②] 叶晓红:《消极和平与积极和平:加尔通的和平思想评析》,载《社会主义研究》2014 年第 5 期,第 146—152 页。

[③] 同上。

德（Gerald Mader）博士于1991年建立了"和平研究"课程，内容涉及和平与冲突转化、人权、统治、参与、全球经济、和平与发展、跨文化交流、反对暴力、安全、废除军备、联合国改革、和平文化、调解、和平教育、和平与媒体、战后和解等，1995年他获得了联合国教科文组织和平教育奖。

目前，和平研究正在不断地从对传统安全议题的关注扩展到对非传统安全议题的关注。例如，大卫·巴拉什（David Barash）、查尔斯·韦伯（Charles Webel）合著的《积极和平：和平与冲突研究》着重关注冷战后的新安全议题，如民族主义滥觞、"种族清洗"、国内冲突与战争、核武器扩散、恐怖主义、世界贫穷与极化、人类生存环境等问题。他们强调，所谓积极和平就是要率真地反战、反暴力、反核、反独裁主义、反正流派，赞成环境保护、赞成人权、赞成社会正义、赞成和平和政治进步。再如，斯德哥尔摩国际和平研究所（SIPRI）涉及的非传统安全研究的议题包括：全球气候变化与风险应对；北极地区的环境与气候治理；非洲地区的气候、资源、人权、性别与和平发展；阿富汗的和平建设与冲突应对；"一带一路"倡议推进中的中欧系列安全合作；欧洲的能源安全等。

二、建构主义安全研究的演进

建构主义很大程度上是在20世纪90年代理性主义和反思主义论争的基础上发展起来的，并分为常规建构主义和批判建构主义两个分支。

常规建构主义的安全范式出现于20世纪90年代中期，主要流行于美国，它之所以被称为"常规"，是因为它在一定程度上还没有摆脱传统主义的深度影响，它的研究重心与战略研究相似，即重视对国家行为的研究。常规建构主义提供了一个与传统物质主义相悖的分析方法，特别强调观念因素如文化、信仰、规范、理念和认同的重要性，并用观念因素来解释国家安全和军事安全。批评者认为常规建构主义只是对现实主义的补充，其观念解释并不意味着和平的到来。琳娜·汉森指出："常规建构主义在扩展安全概念上最不激进。它将自己定位为一种较为传统、范围较为狭小的安全研究，它选择通过观念因素而不是物质因素来解释国家安全和军事安全。"[1]

批判建构主义于20世纪90年代后期从常规建构主义流派中分离出来，更多地关注国家以外的集体行为体，甚至较多地关注军事安全。批判建构主义这一安全范式主要源自于美国，但它在90年代以后却在欧洲十分流行。"建

---

[1] 〔丹麦〕琳娜·汉森：《非传统安全研究的概念和方法：话语分析的启示》，李佳译，载《世界经济与政治》2010年第3期，第94页。

构主义"前加上"批判"的前置词是表明这一安全范式更多地立足于后实证主义的认识论立场。批判建构主义通过分析话语身份和安全政策与常规建构主义相区别。批判建构主义者借鉴语言学理论和后结构主义视角,强调现实主义的关键概念(如国家利益)并非来自客观现实,而是来自语言要素(名词、形容词、比喻和类比)和指涉对象(国家、人民等)的话语建构。批判建构主义挑战了常规建构主义的实证主义信条,其"批判"向度不仅表现在安全研究中对物质主义倾向的扬弃上,还表现在关注认同建构及其表述和政策制定间的联系上。批评者认为,无论是批判建构主义还是常规建构主义,它们的共同问题是,在安全指涉对象上没有超越国家自身,因而没有使安全研究超越军事和政治领域的理论而得以更多的扩展与深化。

根据亚历山大·温特的理论,建构主义的两大重要原则是:第一,国际政治的社会性结构不仅仅影响行为体行为,更重要的是建构行为体的身份和利益。第二,国际政治的基本结构不仅仅是物质性建构,更重要的是社会性建构。建构主义还认为,人类关系的结构主要是由共有观念而不是由物质力量决定的,有目的行为体的身份和利益是由这些共有观念建构而成的,而不是天然固有的。

建构主义是从认识论变革出发,用"社会结构范式"颠覆物质结构范式,强调"社会关系"规定国家的角色,"社会规范"创造行为的模式,"社会认同"建构国家的利益与安全,"社会文化"影响国家的安全战略。建构主义把社会的"结构""关系""规范""认同""文化"置于国际关系理论的核心地位,充分相信规范、法律、习俗、技术发展、学习和机构等可以从根本上改变国家的行为和利益,文化的"共存"与伦理道德的"认同"可以成为国家安全保障中举足轻重的因素。

建构主义安全观的理论突破在于,认为世界的无政府状态本身就是"建构"的。温特认为,国家作为有意图的团体行为体,其身份和利益在很大程度上是由国内政治决定的。但是,这并不意味着国家与国际社会的体系结构无关。事实上,国家同样在很大程度上是由国际体系建构的。特别有理论价值的是,温特认为无政府状态也是国家互动的结果,现存国际体系所呈现的无政府状态只是诸多结果中的一种。也就是说,"离开了创造和支撑某一种(而不是另一种)身份和利益结构的实践活动,就不会存在无政府状态的'逻辑';离开发展进程,就不会存在结构和结构的因果作用。自助和权力政治都是制度，它们不是无政府状态的必然特征"①。

在建构主义者看来，现实主义的理论前提必须调整，因为在国际社会的发展变化中，"很难否认国家偏好是可以改变的，有时甚至是发生巨变。比如，英国和法国在二战后社会态度的变化改变了这些国家对殖民主义的偏好；美国在 20 世纪 50 年代到 60 年代终止以种族为基础的法律歧视改变了美国对国际人权惯例的偏好。德国对领土兼并和使用武力的偏好在纳粹战败后急剧改变，莫斯科政府最根本的目标——保持苏联的完整——在 1991 年几乎一夜之间消失了"②。不仅国家的偏好可以改变，而且在建构主义者看来，世界无政府状态本身就是被国家造就的，虽然国际体系的无政府状态在继续，但也正是国家这一行为体不断地使无政府状态具有新的内容。③

约翰·拉格（John Ruggie）等建构主义者认为，国际体系正是在"交换考虑"和"规范建构"之上运转的，而且它们还通过反复实践不断地再建构。④ 彼得·卡赞斯坦（Peter Katzenstein）则认定，安全就是规范、文化与认同的结合，其中规范为有着特定认同的行为者进行适当行为描绘了共同的期望，文化为社会主体的相互联系提出认知与评价标准，认同则作为一个特定的标签揭示着行为者、民族和国家的建构过程。⑤ 建构主义也为"主体间"文化认同的安全理论拓展了视野，如后来的哥本哈根学派运用建构主义方法，提出了"古典复合安全"和"安全化"理论，把安全研究的边界拓展到了军事、政治以外的经济、社会和环境等非传统安全领域。

> **思考题**
> 1. 国际安全研究的演化脉络是什么？
> 2. 全球主义是如何扩展自由主义的安全研究的？
> 3. 道义现实主义的基本立场与观点是什么？
> 4. 如何理解和平研究的"扩展—深化"？

---

① Alexander Wendt, Anarchy Is What States Make of It: The Social Construction of Power Politics, *International Organization*, Vol. 46, No. 2, 1992, pp. 391-395.
② 〔德〕赫尔戈·哈夫滕多恩、〔美〕罗伯特·基欧汉、〔美〕西莱斯特·沃兰德主编：《不完美的联盟：时空维度的安全制度》，尉洪池、范秀云、韩志立译，世界知识出版社 2015 年版，第 328 页。
③ See Alexander Wendt, Anarchy Is What States Make of It: The Social Construction of Power Politics, *International Organization*, Vol. 46, No. 2, 1992, pp. 391-395.
④ 参见〔挪威〕托布约尔·克努成：《国际关系理论史导论》，余万里、何宗强译，天津人民出版社 2005 年版，第 286 页。
⑤ See Peter J. Katzenstein (ed.), *The Culture of National Security: Norms and Identity in World Politics*, New York, NY: Columbia University Press, 1996, pp. 2-5.

讨论题

1. 如何理解各个传统安全理论流派之间的异同？
2. 如何评价西方传统安全研究自身的"扩展—深化"？

建议阅读文献

1. 余潇枫：《国际关系伦理学》，长征出版社2002年版。
2. 〔英〕巴里·布赞、〔丹麦〕琳娜·汉森：《国际安全研究的演化》，余潇枫译，浙江大学出版社2011年版。
3. 〔德〕赫尔戈·哈夫滕多恩、〔美〕罗伯特·基欧汉、〔美〕西莱斯特·沃兰德主编：《不完美的联盟：时空维度的安全制度》，尉洪池、范秀云、韩志立译，世界知识出版社2015年版。
4. Hans J. Morgenthau, *Politics Among Nations: The Struggle for Power and Peace*, New York, NY: McGraw-Hill Companies, Inc., 1993.
5. Joseph S. Nye, Jr., *Do Morals Matter? Presidents and Foreign Policy from FDR to Trump*, Oxford: Oxford University Press, 2020.

第六章 西方非传统安全研究的流派

> **导 读**
>
> 在西方的安全研究中,现实主义一直是最主要的范式,然而,它虽然在一定程度上解释了冲突、战争、均势、制衡等国家间政治和军事现象,但却在解释综合复杂的安全现实方面留下一大堆的空白。国际关系中的理想主义、现实主义、自由主义和建构主义都不同程度地孕育着非传统安全理论的思想,其中,建构主义是传统安全研究过渡到非传统安全研究的一个重要思想流派。加上冷战结束后哥本哈根学派、女性主义、批判安全研究等非传统安全研究的迅速崛起,西方逐步形成了三种类型的非传统安全研究流派,即改良型非传统安全研究、中间型非传统安全研究和激进型非传统安全研究。不同非传统安全理论的大规模出现意味着对传统安全范式的集中突破与更新,并对整体的安全研究的发展都具有重要意义。当然,在人与国家、安全与发展、传统安全与非传统安全等诸多对立统一的问题上,非传统安全理论还需进一步深化。

第一节 非传统安全研究的兴起与谱系

一、西方非传统安全研究的兴起

冷战的结束似乎一夜之间改变了国际关系的面貌,传统安全研究也因此备受冲击。传统安全研究,特别是美国的安全或者说战略研究,在很大程度上是以苏联为对象的。但是,苏联的突然解体,也使美国的安全研究陷入了没有研究对象的困惑。有人怀疑,随着苏联的消失,安全研究领域本身就是注定要消亡的冷战遗产。对于《国际安全》杂志,甚至还有人问起是否会关门大吉。①

由于统一的安全范式与安全图景不再存在，人们开始重新审视以前传统安全研究所忽略的安全问题。泰瑞·特里夫（Terry Terriff）等人认为，冷战后安全领域出现了如下四个方面的变化：（1）在谁是敌人这方面已不存在任何共识，这不仅是冷战结构崩塌的结果，也意味着国际关系中现实主义主流地位霸权的结束。（2）国家官员以及北约和联合国等国际组织中的政策制定者、非政府组织成员以及学者都在从不同的视角致力于重新界定安全。（3）种族冲突、经济移民等国内因素在安全问题中的重要性上升。（4）越来越明显的是，国内因素有超出国界之外的影响。② 彼得·卡赞斯坦也指出："冷战的结束为国家安全领域增添了不少新问题。除了长期以来对于两个超级大国之间爆发核战争以及它们的大规模常规战争准备的恐惧之外，民族冲突导致国内战争，把平民暴露在大规模的国家暴力面前；经济竞争的重要性上升，而相应地，民用高科技被用于军事用途的副效应也在增大；移民和难民的数量也在增加，对国家的政治能力构成了考验；环境恶化的威胁影响到各国人民的福利；而在国际政治中，文化认同问题包括人权和宗教的重要性也在显而易见地增多。"③

面对安全领域这些复杂的新变化，一向以简洁著称的现实主义安全理论无法对此提供充分的解释，新的现实要求一个更加广泛、丰富而不是简洁但过于狭隘的研究议程。④ 作为对这一要求的回应，从20世纪七八十年代开始，一大批新的安全研究视角与理论在冷战结束前后相继出现。除了主流的传统主义研究、以军事为中心的战略研究与和平研究之外，也存在着批判安全研究、女性主义、哥本哈根学派、后结构主义、建构主义、巴黎学派、人的安全和后殖民主义等。⑤ 巴里·布赞认为这些不同的理论研究可以称为"扩展—深化"派，并成为非传统安全研究的主要理论来源。由于一些理论多出自欧洲，并强调社会学传统与安全研究的结合，有学者甚至提出"欧洲学派"的提法。⑥

---

① See Steven E. Miller, International Security at Twenty-Five: From One World to Another, *International Security*, Vol. 26, No. 1, 2001, p. 26.
② See Terry Terriff, Stuart Croft, Lucy James and Patrick M. Morgan, *Security Studies Today*, Cambridge: Polity Press, 1999, pp. 3-4.
③ 〔美〕彼得·卡赞斯坦：《导论：国家安全研究的不同视角》，载〔美〕彼得·卡赞斯坦主编：《国家安全的文化》，宋伟、刘铁娃译，北京大学出版社2009年版，第8页。
④ See Ken Booth, Security and Emancipation, *Review of International Studies*, Vol. 17, No. 4, 1991, p. 318.
⑤ 参见〔英〕巴里·布赞、〔丹麦〕琳娜·汉森：《国际安全研究的演化》，余潇枫译，浙江大学出版社2011年版，第2—3页。
⑥ 参见李明月、刘胜湘：《安全研究中的巴黎学派》，载《国际观察》2016年第2期，第30—31页。

在这些流派中，取得了比较重要影响的是建构主义和哥本哈根学派。建构主义甚至发展到与现实主义、自由主义比肩，跻身于主流理论之列。建构主义兴起的根本原因在于，它在一定程度上解释了冷战的结束以及冷战之后的种种安全现象。现实主义未能解释冷战结束给学界留下了空白，而建构主义则通过强调观念、身份、文化等因素的作用，指出国际体系能够在物质没有发生大的变化的情况下发生变化。至于哥本哈根学派的兴起，可能得益于这样几种因素：

第一，它有扎实的欧洲国际关系研究作为支撑，当人们厌倦了美国式的理论时，来自欧洲的传统理论显示出特殊的魅力。

第二，它在方法论上采用了类似于建构主义的立场，并提出"安全化"这一重要的概念，对冷战后的安全现象具有相当的解释力。

第三，它在研究对象上强调地区，契合了冷战结束后大国冲突缺位、地区冲突频发的现实。

第四，它在研究内容上强调综合，而不是一味地排斥传统安全观。这些都使得它更容易被主流理论接受。

非传统安全研究兴起后，以建构主义、哥本哈根学派等为代表的非传统安全思想及研究开始在更多领域展开，逐渐汇集成了一股完全不同于传统安全研究的风范。但必须指出的是，非传统安全理论的出现并不意味着传统安全理论的烟消云散。从理论领域来看，现实主义仍然是国际安全研究中的主导范式。

二、非传统安全研究流派的谱系

随着国际安全研究被扩展为相互具有内在关联的不同流派，西方非传统安全研究开始形成其自身的理论特征：

第一，人特别是个体的人成为主要安全指涉对象。非传统安全理论反对国家安全观，强调其他层次安全指涉对象的重要性。许多学者在概括非传统安全时倾向于使用这样一种提法，即指涉对象的"拓展"，因为在各种非传统安全研究议程中，国家、个人、国际组织等都被纳入这一行列之中。特别是人在国际安全研究中的地位上升，已成为一个重要的趋势。

第二，安全诉求的规范性受到重视。在国家安全仍然占据主导地位的情况下，人的安全本身就是一个规范性目标。可以说，正是基于对人的安全的普遍重视，安全诉求披上了更多的道德色彩，规范性成为非传统安全诸理论的一个重要特征。在传统安全那里，往往是以一种冷冰冰的语气谈论武器与联盟，而在非传统安全这里，则充满了对各类人群各种不安全状态的怜悯，以及对造成这种行为根源的愤激与批判。在现实世界中,这种规范性诉求使得诸非传统安全理论或多或少地都具有批判性色彩,尤其是在批判安全研究那里特别突出。这一规范性似乎使得非传统安全研究看起来少了一些科学性,但为国际安全提出了许多被认为是值得追求的价值目标,也为整个国际社会的变革与进步提供了值得参考的方向。

第三,采用宽泛的研究议程,关注不同安全领域之间的联动性。由于可能的安全价值拓展了,对于威胁来源的分析也必须拓展,这就使得非传统安全研究者倾向于采用比较宽泛而非狭窄的研究议程。另外,不同安全价值或安全威胁之间的联动性,也使非传统安全理论无法仅仅关注某一个领域的安全问题。前联合国秘书长安南曾指出,世界上的各种威胁已经深深地联结在一起,例如,内战或极端贫困影响可能会增加恐怖主义的吸收力,而冲突中对妇女的强奸则可能促进艾滋病的传播。

第四,往往超越国内、国际领域界限,关注国内安全与国际安全之间的联动性。把国内领域与国际领域区分开来是传统安全研究的一个重要特征,冷战时期的多数国际安全研究明确地关注外部威胁。但在非传统安全研究看来,这种区分割裂了两者之间的联系,忽视了它们之间的共性以及紧密与互动的一面。安全问题本来就是没有国界的,把国内安全与国际安全联结起来的做法,可能更加符合安全问题的现实。传统安全并非没有注意这种联动性,但由于视国家为首要安全指涉对象,其对国家边界的重视使得传统安全研究人为地区分国内安全世界与国际安全世界。但在非传统安全研究这里,国家安全甚至成为一个被批判的对象,冲破国家边界的束缚,把国内、国际安全结合起来考虑,也就成了顺理成章的事情。

第五,在维护安全的方式上普遍主张合作安全与共同安全。非传统安全理论不像传统安全理论那样强调不同安全主体之间的利益零和性与安全的相对性。两者之所以会得出不同的结论,原因也在于不同的安全价值与威胁种类在安全关系上的性质是不一样的,如军事安全与政治安全往往是零和性的,两个敌对国家不可能在同一场战争中取胜,你之所得必是我之所失。但如果把视野转移到经济、贸易、环境保护、疾病预防等方面,便会发现这些安全关系往往是非零和式。虽然各方获益不一定均等,但至少为共赢式的合作提供了空间。

第六,在研究方法上倾向于远离传统的理性主义。例如,巴里·布赞曾指出："大多数非传统安全研究采用后实证主义的认识论与方法论。"[1] 理性主义是传统安全研究最常采取的研究方法，在理性主义视野中，安全是一种客观事务，威胁总是可以确定的。但诸非传统安全理论不约而同地试图解构这种理性主义观点，体现出建构主义甚至是后结构主义的特征。当然，不同的非传统安全研究流派其反理性主义程度是不一样的，主流的建构主义总体还是一种科学实在论与可知论，而后结构主义则与传统安全的理性研究方法完全大异其趣。正是这种研究方法上的"离经叛道"，使得非传统安全研究不那么容易为人所接受，但"离经叛道"所饱含的锐利的批判性，使得非传统安全研究能够触及传统安全研究所接触不到的事实及事实背后的意义。

为了更好地了解非传统安全研究的兴起与各种流派的形成，对安全理论的框架加以界定是必要的。一种完整而清晰的安全理论必须解答关于安全的五个方面问题：

（1）安全的指涉对象，即谁的安全问题：是国家、个人，还是人类共同体？

（2）主导的安全价值：是保障领土完整、主权独立这样的军事安全和政治安全，还是维护经济福利、社会团结与认同之类的经济安全与社会安全？又或者是其他？多数学者所希冀的"缓和对珍爱价值（cherished values）的威胁"[2] 中的价值到底是什么？

（3）威胁的来源：是战争、冲突、疾病，还是饥饿等？

（4）安全的责任主体，即谁来保障安全：是国家、个人、非政府组织，还是全球性国际组织或某种超国家的安全机构？

（5）实现安全的方式：是军事机器、外交谈判，还是经济发展？

可以这样理解，安全的指涉对象与主导的安全价值是安全研究领域的两大基本问题，其他三个问题都是从这两个问题衍生出来的。根据这两大基本问题可以把现有的西方非传统安全研究流派划分为如图 6-1 所示的谱系。

通过这一谱系可以发现，有些非传统安全研究比较接近现实主义。例如，建构主义仍然主要关注国家、军事安全，只是在研究方法上与现实主义不同。哥本哈根学派则提出了一个包括政治、军事安全在内的综合研究范式，在很多方面能够与现实主义对接。事实上，对于地区传统冲突的研究，哥本哈根学派并不比现实主义少。这些研究可以称为"改良型非传统安全研究"，也就是说，它们对传统安全研究进行了改良而不是革命，主要致力于调整部分假

---

[1] 〔英〕巴里·布赞：《论非传统安全研究的理论架构》，余潇枫译，载《世界经济与政治》2010年第1期，第122页。

[2] Paul D. Williams (ed.), *Security Studies: An Introduction*, London and New York: Routledge, 2008, p. 1.

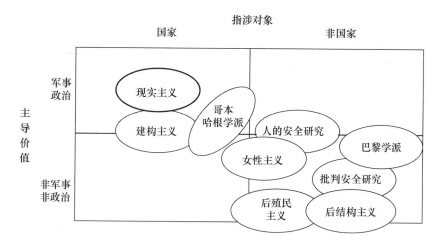

图 6-1 西方非传统安全研究的流派谱系

设或方法以适用新的安全研究需要。而同时，有的则处于对现实主义的激烈批判的位置，如批判安全研究、巴黎学派、后殖民主义以及后结构主义等，它们不但从研究方法而且从安全价值等方面对现实主义展开全面批判，可以称为"激进型非传统安全研究"。女性主义和人的安全研究则介于两者之间，可以称为"中间型非传统安全研究"。

第二节 西方非传统安全研究的流派

一、改良型非传统安全研究

这一类型的非传统安全研究包括建构主义和哥本哈根学派。

（一）建构主义

1. 在方法论上坚持社会本体论

建构主义坚持社会本体论（或称"观念本体论"），这与传统理论的物质本体论（或称"实在本体论"）形成了鲜明的对比。现实主义等主流理论认为，世界是独立于人之外的物质事实，是一种客观实在。社会本体论则把世界视为实践活动的产物，是一种社会事实或社会类别，是一种观念的建构。在建构主义者眼里，社会世界是一种主体间（intersubjective）集体意义的世界。主体间集体意义并不是个体观念的集合或简单相加，而是作为集体知识或共同知识存在的，而且这种集体知识或共同知识为所有具备从事社会实践资格的个体共同拥有。这种社会本体论反映在结构观中，则体现为社会结构或观念结构论。传统主流理论中的物质结构指的是国际行为体之间的实力分配状况，而社会结构则是一种观念分配，是施动者之间的共有知识（包括信仰、规范和认识等）。建构主义承认，国际社会存在物质结构，但物质资源必须通过社会结构才能形成意义。亚历山大·温特经常提及的一个例子是：500件英国核武器对美国的威胁还不如5件朝鲜核武器的威胁大。① 其根本原因就在于身份的区别：美国把英国当朋友，而把朝鲜当敌人。

需要指出的是，这种社会本体论并不妨碍建构主义继续坚持国家中心主义。例如，温特确定体系理论研究的施动者是国家，而非跨国公司、个人或国际组织等非国家行为体。这是由国家在国际政治中的地位决定的。在温特看来，社会生活秩序的一个根本问题就是如何控制暴力，这种暴力是国际政治中最根本的权力之一，而国家对暴力拥有合法使用的垄断权。即使是那些非国家行为体对国家控制暴力的方式产生巨大的甚至是决定性的影响，这种对暴力控制的影响仍然要通过国家这个中介输入到世界体系中。因此，他认为，以"国家中心论"为由批评国际政治理论就像以"树木中心论"为由批评关于森林的理论一样，是没有任何意义的。② 另外，就如前文所举的核武器例子一样，建构主义安全分析也仍然集中在军事安全领域。

2. 在认识论上坚持科学实在论

值得注意的是，即使对现实主义提出了批判，建构主义仍致力于成为一种科学的理论，因而不赞成后现代主义过于激进甚至虚无主义的认识论。建构主义学者弗里德里希·克拉托赫维尔（Friedrich Kratochwil）曾在评价后现代主义者理查德·阿什利（Richard Ashley）时说，问题不在于如何诅咒黑暗，而在于怎样点燃蜡烛。③ 基于此，尽管建构主义强调观念的作用，但承认客观存在的重要性，不认同主观唯心论。它坚持科学实在论原则，不采取反思主义的"诠释性方法"，强调建立严格的科学研究议程，提出能够证伪的科学假设。建构主义认为，国家、国际体系、国际进程等都属于社会类别的范畴。如果说社会类别不具有客观性，那就从根本上否定了可以使用科学的方法观察社会现象和研究社会问题。

建构主义对现实主义发起的方法论挑战对于整个非传统安全研究具有十分重要的意义。其一，在方法论层面，由于建构主义强调观念、身份、规则等主体间互动的塑造作用，对传统的理性主义的物质决定论发起了挑战，从

---

① 参见〔美〕亚历山大·温特：《国际政治的社会理论》，秦亚青译，上海人民出版社2000年版，第323页。
② 同上书，第11页。
③ See Friedrich Kratochwil, Errors Have Their Advantage, *International Organization*, Vol. 38, No. 2, 1984, p. 305.

而抽掉了现实主义赖以立足的基石,为其他非传统安全研究的兴起提供了空间与方法。其二,在安全观层面,尽管那些被认为处于建构主义阵营的学者,如温特,仍然强调国家安全观与军事安全观,但其他非传统安全研究借助于建构主义路径,从而对国家安全构成的绝对性、客观性甚至必要性发起了挑战。这或许是建构主义本身所没有想到的,但确实是它自身对整个非传统安全研究的重要贡献。

(二) 哥本哈根学派

1. 安全化与去安全化

奥利·维夫(Ole Wæver)是"安全化"这一重要概念的创始人。他不同意传统安全研究的理性主义认识前提,即认为安全是一种先于语言存在的现实,是一种客观外在的东西。他带着一种后现代主义者的色彩提出了一个重要的命题:究竟是什么使一件事物成了安全问题?[1] 如果是传统的现实主义者,一定会回答是客观威胁。但是,维夫借鉴了语言学理论的成果,把安全看成一种"言语行为"(speech act),当安全被表达出来时就成了一种事实。换言之,当某人说某件事物是个安全问题的时候,那个问题就成了安全问题。修辞研究认为掌权者能通过建立权威、真实、存在与情感等言语修辞来推进安全化。[2] "安全"不过是那些掌握国家权力的人通过给某事物贴上的一个"标签",以用一种特殊的权力去动用各种资源来抵挡那种对安全的"威胁"。[3] 维夫将这一过程称为"安全化"。根据安全化理论,安全不再有任何预先给定的意义,而是一种社会和主体间的建构,可以是被"宣称"为"安全"的任何东西。[4] 安全化这一特质意味着,本来不是"安全"范畴的问题可以通过安全化而上升成安全问题。当然,在实践中,不是所有的安全化努力都会被别人接受,多数取决于作出这种努力的人的权力以及其主张本身的可信度。[5] 或许更加重要的是,安全化是一个双向的过程。成功的安全化不但由安全化施动者(包括政治领袖、官僚机构、政府内阁、政治说客和压力集团,他们构成了一个"言语—行为"集团)所决定,而且由"安全言语—行为"

---

[1] See Ole Wæver, Securitization and Desecuritization, in Ronnie D. Lipschutz (ed.), *On Security*, New York, NY: Columbia University Press, 1995, p. 54.

[2] See Martin Senn, The Art of Constructing (in) Security: Probing Rhetorical Strategies of Securitisation, *Journal of International Relations and Development*, Vol. 20, No. 3, 2016, p. 18.

[3] See Ole Wæver, Securitization and Desecuritization, in Ronnie D. Lipschutz (ed.), *On Security*, New York, NY: Columbia University Press, 1995, p. 55.

[4] See Rita Taureck, Securitization Theory and Securitization Studies, *Journal of International Relations and Development*, Vol. 9, No. 1, 2006, pp. 54-55.

[5] See Paul Robinson, *Dictionary of International Security*, Cambridge and Malden: Polity Press, 2008, p. 187.

的受众所决定。

基于安全化这一"事实",维夫认为,设法定义什么是真正的安全在政治分析中几乎毫无助益,而领会安全化的动力和过程有更大意义。如果人们知道谁能够、在涉及什么问题和什么条件下"制造"安全,他们就可以调整行为主体之间的互动,并因此抑制安全困境。因此,在哥本哈根学派的研究议程中,安全化的研究议程主要包括:谁实施安全化?什么问题(威胁)?指涉谁(指涉对象)?为什么?带来什么后果?在什么条件下实施?他们的研究目标实际上是有潜在规范性的,即希望朝向一个去安全化的目标。这一目标也被引入国家本体安全的研究中,有研究者认为"去安全化"有利于国家的"本体安全"意识从排他性转向开放性与包容性。[①] 维夫强调,"安全"基本上是一个贬义的概念。他特别注意到:"国家的安全化运作造成了这样一个后果:为了压制反对派和运用权力控制更多的机会,以便以国内意志为由利用'威胁'来要求支配某些事务的权力,使国家仅仅被很小一部分国内力量统治和主宰。"[②] 他因此得出结论:"安全应当被视为消极的,是作为常规政治处理问题的一种失败而不得已采取的措施。理想地说,政治应当能够根据日常事务的程序,并不特别将具体'威胁'拔高到一种刻不容缓的超政治状况来阐述。……'去安全化'是长时间范围的最优选项。"[③]

2. 宽领域的研究议程

基于一种"兼容"主张,哥本哈根学派的分析领域既包括非传统的经济、社会和生态领域,也包括传统的军事和政治领域。在巴里·布赞等人看来,军事领域是关于武力胁迫的关系,政治领域是关于权威、管理地位和承认的关系,经济领域是有关贸易、生产和金融的关系,社会领域是有关集体认同的关系,环境领域是有关人类活动和周围生物圈的关系。巴里·布赞将军事、政治、经济、社会、环境这五个领域一视同仁,而不再突显军事、政治领域的地位。另外,哥本哈根学派并未均视这些领域为"国家安全"的领域,而是认为它们各有其指涉对象。例如,在军事领域确实以国家为主,但环境领域的指涉对象却是人类和文明,而经济领域则指向个体、公司、阶级、国家和全球市场体系等诸层次。同时,这些指涉对象在研究中是独立于国家的。指涉对象的多元性与安全领域的多样性,是哥本哈根学派不同于传统安全研

---

① See Christopher S. Browning and Pertti Joenniemi, Ontological Security, Self-Articulation and the Securitization of Identity, *Cooperation and Conflict*, Vol. 52, No. 1, 2017, p. 46.
② 〔英〕巴瑞·布赞、〔丹〕奥利·维夫、〔丹〕迪·怀尔德主编:《新安全论》,朱宁译,浙江人民出版社2003年版,"中文版序"第40页。
③ 同上书,"中文版序"第40—41页。

究的地方。但该学派又不像其他的非传统安全理论那样对军事和政治安全常持一种否定的态度,而是与传统安全研究维持着有力的联系,使得新方法能够顺利地被整合到以前的思考与洞察之中。

把这些领域划分开来,还表明了哥本哈根学派对安全多样性的注意。各个领域被视为一种多样的、不同价值(主权、财富、认同、可持续能力等)的安全话语领域,每一个领域都有自己的行为主体、指涉对象、动力和矛盾,需要以自己的术语加以理解。① 正是基于上述五个领域均涉及安全的共性以及"需要以它们自己的术语加以理解"的特性,巴里·布赞在《新安全论》一书中以安全化为分析工具,从安全议程、指涉对象、行为主体、威胁和脆弱性逻辑以及地区化动力五个方面对军事领域、政治领域、经济领域、社会领域、环境领域分别进行了分析。这里需要区别安全行为主体和指涉对象,安全行为主体是一个"言语—行为"集团,它通过宣布指涉对象受到"存在性威胁"而实现了安全化,这一角色中常见的参与者包括政治领袖、官僚机构、政府内阁、政治说客和压力集团。② 至于威胁和脆弱性的逻辑,主要是指怎样的威胁和脆弱性才能达到安全化,尤其是"存在性威胁"的标准。正是在这一分析过程中,我们会再次发现哥本哈根学派缺乏一套超越各领域的威胁界定标准,更多的是具体情况具体分析。

3. 区域安全研究③

巴里·布赞曾在《地区安全复合体与国际安全结构》一书中这样抱怨:"通常,两个过于极端的层次主导着安全分析:国家层次和全球层次。"④ 哥本哈根学派指出:"地区层次是国家安全和全球安全两个极端之间彼此交汇的地方,也是大多数行动发生的地方。……各个独立单位的安全和全球大国干涉的进程只有通过理解地区安全态势才能加以把握。"⑤ 特别是冷战结束后,国际体系进入一个被巴里·布赞认为是更加碎片化和地区化的时代。"冷战后国际体系中的大多数大国现在成了'淡出国家'(lite powers),意思是说,这些国家的国内态势使它们退出了在世界麻烦地区的军事参与和战略竞争,从而使本地区国家和社会得以在大国干涉相对较少的情况下安排它们的军事—政

---

① 参见〔英〕巴瑞·布赞、〔丹麦〕奥利·维夫、〔丹麦〕迪·怀尔德主编:《新安全论》,朱宁译,浙江人民出版社2003年版,"中文版序"第260页。
② 同上书,第50、56页。
③ 对于"区域安全"(regional security),有些学者称为"地区安全"。
④ 〔英〕巴里·布赞、〔丹麦〕奥利·维夫:《地区安全复合体与国际安全结构》,潘忠岐、孙霞、胡勇、郑力译,上海人民出版社2010年版,第42页。
⑤ 同上。

治关系。"①

为了更好地研究区域安全,巴里·布赞等人提出了"区域安全复合体"(regional security complex)这一概念。在《新安全论》中,哥本哈根学派是这样定义安全复合体的:一组单元,它们的主要安全化、非安全化进程或者这两者被相互联结在一起,它们的安全难题除非彼此远离,否则是不能被理性地分析或解决的。② 区域安全复合体的"内核结构包含四个变量:(1)边界,它将地区安全复合体同近邻区分开来;(2)无政府结构,它意味着地区安全复合体必须包括两个以上的自治单位;(3)极性,它涉及单位之间的权力分配;(4)社会性建构,它涉及单位之间的友好和敌对模式"③。值得注意的是,"区域安全复合体"并不是一个纯粹的地理概念,其形成可以是地理、政治、战略、历史、经济和文化等多种原因所致。安全复合体强调不同国家之间的相互依存,但并非我们一般所理解的具有共同安全利益的安全共同体。"安全复合体"是个工具性概念,其主要使命在于引导我们对于地区安全作更深入的了解,而非描绘出一种具体的安全形势。事实上,这种相互依存既有积极的含义,如安全上的相互借重,也有消极的含义,如彼此间的敌视。

总的来看,哥本哈根学派更多的是在补充、修正而不是否定传统安全研究,特别是在对现实的安全政治进行细致解读方面有自己独特的描述与见解。因此,应该承认,"尽管布赞和他的哥本哈根安全研究学派没有与新现实主义实现必要的破裂,也没有开启通向尊重人类安全目标和综合性范围的安全研究道路,但他们的系统分析仍为我们理解安全研究的相关特征和狭隘界定的不充分性做出了重要贡献"④。

二、中间型非传统安全研究

中间型非传统安全研究介于改良型与激进型非传统安全研究两个类型之间,这一非传统安全研究的一个重要特征是,它在国家安全观方面对现实主义发起了比较激烈的批判,但在安全价值、内涵方面对传统安全研究并不持完全否定态度。这样的流派包括女性主义与人的安全研究。

---

① 〔英〕巴里·布赞、〔丹麦〕奥利·维夫:《地区安全复合体与国际安全结构》,潘忠岐、孙霞、胡勇、郑力译,上海人民出版社2010年版,第10页。
② 参见〔英〕巴瑞·布赞、〔丹麦〕奥利·维夫、〔丹麦〕迪·怀尔德主编:《新安全论》,朱宁译,浙江人民出版社2003年版,第266页。
③ 〔英〕巴里·布赞、〔丹麦〕奥利·维夫:《地区安全复合体与国际安全结构》,潘忠岐、孙霞、胡勇、郑力译,上海人民出版社2010年版,第52页。
④ Bill McSweeney, *Security, Identity and Interests: A Sociology of International Relations*, Cambridge: Cambridge University Press, 1999, p. 78.

（一）女性主义

在女性主义中颇具代表性的学者蒂克纳（J. Ann Tickner）有一部著作，名为《国际关系中的性别：实现全球安全的女性主义视角》。女性主义者希望通过安全研究表明，即使是安全事务也不能忽视女性的存在，一种真正的安全研究必须把女性的经验与视角包括在内。他们对女性与安全之间的相关性主要强调如下方面：

资料　女性主义

第一，女性是安全事务中的特殊受害者。在安全事务中，女性常常作为特殊受害者的角色而出现。特别是在现代战争中，由于前方与后方很难区分开来，妇女与儿童较之男性而言更容易受到攻击和伤害。强奸在战时比平时更普遍，甚至作为消遣和武器被制度化了。① 除了战争之外，女性的其他安全关切亦被置之度外，现实主义所主张的国家维护和增进本国安全的种种做法往往会对女性产生十分消极的影响，"如增加军费开支导致社会公共开支缩减、挤占原本用于扶持女性发展的资金，加重女性的生活负担；开发和研制新型武器造成环境污染，危害妇女儿童的健康；军人家庭中的女性更多地受到暴力侵害等，但这些被仅仅当作国内问题甚至个人问题而不予理会。女性主义学者一针见血地指出，现实主义对安全的谋求以剥夺女性和社会中的其他弱势群体的安全为代价，少数大国的均势造成了大多数人权力的失落"②。

第二，性别因素对安全的影响。在蒂克纳等女性主义者看来，国际关系领域中存在着一种性别等级制（gender hierarchy）。在这种性别等级中，男性处于统治地位，女性处于附属地位。女性主义者指出，正是包括性别等级制在内的社会等级制导致了冲突、不平等和压迫。有证据表明，战争更可能发生在有着更大性别不平等的社会之中。③ 另外，性别与国际安全之间也存在联系。有学者通过对原始社会的研究指出，性别等级制还会导致对外部族群（out-groups）的侵略，因为男性统治者能够通过女性与异族通婚以扩充自己的势力，这样，对其他族群的征服就会变得更容易，成本小而收益大。④ 一些女性主义者也认为，那些比较尊重妇女权利的国家在国际争端中更倾向不使用

---

① See Laura Sjoberg, Introduction to Security Studies: Feminist Contributions, *Security Studies*, Vol. 18, No. 2, 2009, p. 198.
② 胡传荣：《权力·安全·女性主义》，载《国际观察》2005年第2期，第34—35页。
③ See J. Ann Tickner, Why Women Can't Run the World: International Politics According to Francis Fukuyama, *International Studies Review*, Vol. 1, No. 3, 1999, p. 11.
④ See Valerie M. Hudson, Mary Caprioli, Bonnie Ballif-Spanvill, Rose McDermott and Chad F. Emmett, The Heart of the Matter: The Security of Women and the Security of States, *International Security*, Vol. 33, No. 3, 2009, pp. 15-16.

武力解决争端，只有实现妇女的安全，才能实现国家的安全。

第三，强调女性在国际安全事务中的实际作用。女性主义者承认，战争传统上是由男性进行的，但到了20世纪末，在几个国家中女性士兵被提升到更高的位置，在军队中发挥了越来越重要的作用。[①] 例如，在美国，女性已占武装力量构成的约11%。[②] 法国也在1998年完全取消了对于妇女进入军队的数量上的限制。除此之外，女性主义者还强调国际妇女争取和平与自由联盟的呼吁对1928年西方国家签署《非战公约》的促进作用、冷战中推着婴儿车越过柏林墙的母亲所体现的国际现实、女佣的收入对一个以出口为导向的国家经济战略的影响，等等。辛西娅·安罗（Cynthia Enloe）所著的《香蕉、海滩与基地：建立对国际政治的女性主义理解》《好奇的女性主义者：在新帝国时代寻找妇女》等，就展现了妇女在出口、军事基地、民族主义、外交、农业等为传统学者忽视了的国际关系领域中的作用。特别是在结束冲突与重建和平的事业中，女性主义者的和平关怀发挥了其独特的作用。[③] 在面对巴以冲突这样的世界难题时，女性主义者也在发挥自己的作用，如为巴勒斯坦的受压迫妇女提供话语空间。[④]

在女性主义者看来，传统安全论著看起来在性别上是中立的，事实上却加入了性别化的假设与论述。[⑤] 在蒂克纳看来，"权力""主权"和"安全"这些概念都是根据男性特征来制定的，且现实主义及其他流派多从个人、国家和国际体系三个角度来解释战争爆发的原因。因此，通过对女性与安全关系的分析，女性主义者意识到，要打破公共领域和私人领域、国际领域和国内领域之间的界限，把女性的经验与视角引入到国际安全研究中来。

（二）人的安全研究

"人的安全"概念及其具体内涵来自1994年联合国的《人类发展报告》，之后引起了西方学界与政界的广泛讨论。作为联合国所倡导的一个政策概念，"人的安全"自然首先通过联合国系统进入国际社会的政策议程。一些发达国家，特别是加拿大、日本等，也是人的安全的重要倡导者。尤其是加拿大在

---

① See Rebecca Grant, The Quagmire of Gender and International Security, in Barry Buzan and Lene Hansen (eds.), *International Security* (Volume Ⅱ), Los Angeles, London, New Delhi and Singapore: SAGE Publications, 2007, p. 248.
② Ibid., p. 255.
③ 参见李英桃：《女性主义和平学》，上海人民出版社2012年版，第161页。
④ See Simona Sharoni, Rabab Abdulhadi, Nadje Al-Ali, Felicia Eaves, Ronit Lentin and Dina Siddiqi, Transnational Feminist Solidarity in Times of Crisis, *International Feminist Journal of Politics*, Vol. 17, No. 4, 2015, p. 663.
⑤ See Sandra Whitworth, Feminist Perspectives, in Paul D. Williams (ed.), *Security Studies: An Introduction*, London and New York: Routledge, 2008, p. 104.

推动人的安全进入政策议程方面取得诸多成功。① 值得注意的是，在国际社会的各种政策文件中，"人的安全"已成为一个突出的概念。但对于其内涵，却并未达成广泛的一致。这种共识与分歧之间的交融，成为人的安全研究中一个突出的现象。比较有共识的是，人的安全研究者们均赞成以人而不是国家作为最主要的指涉对象。关于国家安全与人的安全的关系，人的安全研究者们认为：国家安全最终是为了个人的安全，国家是其公民的安全的首要提供者，它是安全的工具，而非安全的目的。② 有鉴于此，人的安全研究者们认为，国际社会需采取的政策应从传统的"国家中心"框架转向更加全球化、道德化的"人的安全"框架；国际社会应变得更加正义、民主和以受害者为中心，而非只关注政治稳定和秩序；应通过国际法、人道主义干涉及全球政治原则来推进正义并赢得和平。③ 总体观之，人的安全研究致力于修正传统的国家安全观，并不对国家安全持激进的反对态度，它批判、补充但并不准备取代国家安全。

在安全价值内涵方面，存在两种不同的意见：一种主张把人的安全仅仅定义为"免于匮乏的自由"（freedom from want），另一种较宽泛的意见则主张将人的安全拓展到"免于恐惧的自由"（freedom from fear）。就目前情况来看，人的安全的较宽泛研究议程的主张似乎得到了更多的支持。罗兰·帕里斯（Roland Paris）批评了那种仅仅是缩窄研究议程的做法，因为即使是那些试图将"人的安全"概念进行限制的努力也仍然存在一个问题，即学者们认为某些价值比其他的更为重要，但没有为此提供清晰的理由。她认为，对这些学者的挑战是，不能仅仅只是把"人的安全"概念进行狭窄处理以使其成为一个容易分析的概念，还必须提供把某种价值置于优先地位的充分理由。④ 但同时，宽泛研究议程也面临着挑战。帕里斯在对那些一网打尽式的"人的安全"列举进行分析后指出：如果这些都是人的安全，还有什么不是呢？⑤ 确实应看到的是，较宽泛的政策议程可能有利于提升"人的安全"概念的适应性，但同时却又损害了它在理论上的生命力。

---

① See David Chandler, Review Essay: Human Security: The Dog That Didn't Bark, *Security Dialogue*, Vol. 39, No. 4, 2008, p. 433.
② See Kanti Bajpai, Human Security: Concept and Measurement, Kroc Institute Occasional Paper#19, August 2000, p. 37, http://www.conflictrecovery.org/bin/Kanti_ Bajpai-Human_ Security_ Concept_ and _ Measurement.pdf, visited on 2019-03-28.
③ See Tara McCormack, Critique, Security and Power: The Political Limits to Emancipatory Approaches, London and New York: Routledge, 2009, pp. 79-80.
④ See Roland Paris, Human Security: Paradigm Shift or Hot Air? *International Security*, Vol. 26, No. 2, 2001, pp. 94-95.
⑤ Ibid., pp. 91-92.

三、激进型非传统安全研究

这一类型的非传统安全研究包括批判安全研究、后结构主义安全研究、后殖民主义安全研究和巴黎学派。

（一）批判安全研究

批判安全研究是激进型非传统安全研究的代表，它是指以法兰克福学派和葛兰西（Antonio Gramsci）批判理论为思想渊源的一种安全理论，主要学者包括肯·布斯（Ken Booth）、理查德·温·琼斯（Richard Wyn Jones）、安德鲁·林克莱特（Andrew Linklater）等人。

批判安全研究者赞成后现代主义者的一些观点，反对那种认为人们能够拥有对世界的客观知识的实证主义观念，宣称对事实的认知不可避免地被人的价值所塑造。① 安全知识也不可能是完全客观的，它是人们所创造出来并受到某种特定价值观的影响。按肯·布斯的说法："安全是我们造就的，它是一种在主体间被创造出来的附带现象。在政治方面的世界观与话语不同，在安全上的观点与话语自然也不相同。"② 基于这一点，批判安全研究认为传统的现实主义国际关系理论远非对政治现实的客观反映，而是"生产"出了强权政治，并使之"复制"和"合法化"。③ 由此来看，批判安全研究的观点十分接近于建构主义甚至是后现代主义，后现代主义也反对知识的客观性，持权力塑造知识的观点。但是，批判安全研究又在许多方面不同于后现代主义。例如，后现代主义从反对客观真理的基点出发，走到反对元叙事、反对建立一般理论的地步。但批判安全研究并不打算走那么远，而是要在揭穿传统知识"客观性"面具的同时，以自己的关切去建立新知识、新世界。

传统安全理论勾勒出了一幅被认为是"真实世界的事实"，其中的要点是国家安全和军事安全，战争、主权、威慑成为这一安全图景中最主要的要素。但批判安全研究要问：这真的是所谓的"客观安全"吗？真的是人类需要的安全吗？正是因为有此疑问，批判安全研究与后现代主义拉开了距离。在后现代主义那里，既然不存在客观的知识，再加以寻求显然毫无意义，因而要

---

① See Paul Robinson, *Dictionary of International Security*, Cambridge and Malden: Polity Press, 2008, p. 56.
② Ken Booth, Security and Self: Reflections of a Fallen Realist, in Keith Krause and Michael C. Williams (eds.), *Critical Security Studies: Concepts and Cases*, Minneapolis, MN: University of Minnesota Press, 1997, p. 106.
③ See Richard Wyn Jones, "Message in a Bottle"? Theory and Praxis in Critical Security Studies, in Barry Buzan and Lene Hansen (eds.), *International Security* (Volume II), Los Angeles, London, New Delhi and Singapore: Sage Publications, 2007, p. 470.

做的就是提供更加多元化的视角,特别是被传统知识所忽视的边缘视角与声音。但批判安全研究则要更进一步,它不但致力于把边缘的声音从权力的重压下释放出来,还要为这些声音背后的"穷人、弱者、无人代言者、无人代表者和无权无势者"代言,建立为他们服务的新知识与新世界。这种追求必然导致批判安全研究的规范性和解放性。正是出自伦理关切和对平等的追求,批判安全研究才会超越于对权力与知识关系的认识,主动承担起为"被压迫者"代言的责任,并最终建构一个没有镇压、促进自由的世界政治,即所谓的解放。而这一解放"被压迫者"的过程,显然被批判安全研究者们视为世界政治的进步所在。

对解放的追求,反映了批判安全研究较其他国际关系理论更为激进的一面。批判安全研究者们非常推崇马克思的一句话:"哲学家们过去只是用不同的方式解释世界,而问题在于改变世界。"① 他们相信:"如果不能提出一个可能的或者是可相信的更好世界,也就无法对现状进行批判。"② 肯·布斯认为,批判的全球理论进程要求人们在思考国际政治结构与进程的同时,思考生活的目的;批判安全研究必须超越对国家生存技能的关切,使全球政治安排适于有关生存目的的理念。③ 所以,不同于后现代主义止步于解构传统理论,批判安全研究者们一方面大胆地指斥传统的安全理论并非客观真理,而只是在维护既得利益者的利益,另一方面又敢于提出自己的新的理论。对其理论,他们不会宣称这是一种"客观真理",但由于认定这理论将为"被压迫者"代言,他们将为此感到坦然甚至欣慰。在建构一个新世界的过程中,对传统知识的解构和新知识的建构,在批判安全研究者们看来就是进行批判的一个绝佳武器。批判安全研究虽然认同后现代主义解构知识是客观真理的观念,但又通过解放为知识找到了一个更加崇高的目标。与对知识的重视相对应,葛兰西批判理论还提醒批判安全研究者们关注知识分子及其观念在社会中的作用。批判安全研究者们相信:"通过他们的教育活动,批判安全研究支持者应该为相关的社会活动提供支持,促使解放性的社会变化。"④ 正是从这一信念出发,批判安全研究者们从对传统安全理论的解构入手,希望通过建构一种新的理论,来促成安全领域的"解放性"变化。

---

① 《马克思恩格斯选集》第1卷,人民出版社2012年版,第4页。
② Richard Wyn Jones, *Security, Strategy, and Critical Theory*, Boulder and London: Lynne Rienner Publishers, 1999, p. 56.
③ See Ken Booth, *Theory of World Security*, New York, NY: Cambridge University Press, 2007, p. 39.
④ Richard Wyn Jones, *Security, Strategy, and Critical Theory*, Boulder and London: Lynne Rienner Publishers, 1999, p. 161.

(二) 后结构主义安全研究、后殖民主义安全研究和巴黎学派

后结构主义安全研究于 20 世纪 80 年代中期开始在北美出现，到了 90 年代初，开始在欧洲发展壮大起来。后结构主义被称为"理论化的后现代主义""后现代主义的方法论"，正是后结构主义思潮为后现代社会理论提供了方法论原则。① 作为一种方法论，后结构主义的特征主要表现为：第一，反形而上学或反"基础主义"（foundationalism），即拒斥传统哲学或传统文化中的关于世界的本原或本质、知识的起源或基础、道德上的善与恶及人性和社会之超验存在的种种抽象概念；第二，主张去中心化和反二元对立，倡导开放性、流动性、可变性和多元性，主张没有中心、没有边缘、没有对立的状态；第三，通过语言理解现实，甚至把语言等同于现实本身；第四，强调人与人之间的关系或"主体间性"。② 在安全研究领域，后结构主义采用"话语"（discourse）而不是"观念"作为概念，认为国家主权和安全是政治实践的结果；批评国家中心主义限制了其他安全指涉对象，但又拒绝传统的和平研究转向个体安全。③ 虽然后结构主义对现实主义的批判是激烈的，但其批判多于建构，是一种不折不扣的激进型非传统安全研究。

后殖民主义安全研究出现于 20 世纪 90 年代中期，批判矛头直指国际安全研究的西方中心主义。④ 后殖民主义安全研究者们注意到，尽管去殖民化进程正在进行并趋于完善，但殖民主义仍然以其他方式残留下来，其具体体现形式就是西方中心主义。西方是世界的统治者和诠释者，而非西方则是被统治者和被诠释者。但西方对世界的诠释绝非客观的，如西方所主张的新自由主义范式仅仅是西方视角、经验与利益的反映，把诸如平等、贫穷和弱势群体这样的问题都掩饰掉了。⑤ 在塔拉克·巴卡维（Tarak Barkawi）和马克·拉菲（Mark Laffey）看来，这种西方中心主义是西方权力在知识领域的产物，只有充分分析西方中心主义在解释力和政治上所产生的问题，才能为西方的安全研究发展打下基础。⑥ 考虑到不同国家之间的安全状况、需要很不一样，后殖

---

① 参见夏光：《后结构主义思潮与后现代社会理论》，社会科学文献出版社 2003 年版，第 32 页。
② 同上书，第 95—99 页。
③ See Barry Buzan and Lene Hansen, *The Evolution of International Security Studies*, Cambridge: Cambridge University Press, 2009, p. 37.
④ 参见〔英〕巴里·布赞：《论非传统安全研究的理论架构》，余潇枫译，载《世界经济与政治》2010 年第 1 期，第 119 页。
⑤ See Geeta Chowdhry and Sheila Nair (eds.), *Power, Postcolonialism and International Relations*, London and New York: Routledge, 2002, Introduction, p. 1.
⑥ See Tarak Barkawi and Mark Laffey, The Post Colonial Moment in Security Studies, *Review of International Studies*, Vol. 32, No. 2, 2006, pp. 329-335.

民主义安全研究的成果具有特别的意义。在西方国家看来，核武器、恐怖主义和社会认同可能是突出的安全问题，但对那些贫穷的非洲国家来讲，食品安全、艾滋病等带来的威胁要远为现实和迫切。后殖民主义安全研究的视角有利于摆脱西方视角，把更多的关注投入到非西方世界的需要上来。

巴黎学派既不满足于以战略研究与和平研究为主的传统安全研究，也不认同安全是由言语—行为建构的观点，而是提出安全是"不安"管理专家日常实践的结果。巴黎学派学者认为，"不安"管理专家从自身"惯习"和"位置"出发，在场域"信念"的影响下，进行安全"实践"，从而形成安全"场域"，并通过建立意义体系建构安全的内涵。[1] 对此过程，巴黎学派学者是持批评态度的，他们认为安全领域的"不安"管理专家通过公共和私人的跨国运作导致了狭隘专制的实践结果，安全在某种程度上是一种控制和主导的压迫装置。尽管批判安全的观点认为，解放产生真正的安全，或者从理论上说，解放就是安全，但是巴黎学派学者认为，在打着"安全"旗号的广泛控制之下，这种解放也是不可能实现的；而如若要保障社会的安全，便必须舍弃一些自由，接受一种广义的异常状态和独裁统治。在巴黎学派学者看来，安全实践日益以牺牲自由为代价，同时国家和社会的不安感却有增无减，"不安"管理专家通过实践建立安全场域及其意义体系，由此建构了安全的内涵，并对整个社会进行统治，这不仅损害了公民的自由，而且也没带来真正的安全。[2] 因此，他们主张应该在日常实践中打破安全实践形成的"真理政权"，并恢复安全与自由之间的平衡。

第三节　西方非传统安全研究评述

丹麦学者琳娜·汉森曾指出，非传统安全研究视野挑战了传统的军事和国家中心主义，但是它们彼此在指涉对象的深化、领域的扩展以及在对安全的理解等方面又各不相同。然而，这些理论流派之所以都能被归入非传统安全的框架之内，也显示出它们之间共性的一面，如关注层次从国家向人转移、安全涵盖内容更加多样、研究方法更加偏向建构主义等。通过这些共同特征，非传统安全诸理论形成了一个既有共性又有内部分异的多样化"理论集群"。

---

[1] 参见袁莎：《"巴黎学派"与批判安全研究的"实践转向"》，载《外交评论》2015年第5期，第144页。

[2] 同上书，第151—152页。

一、对西方非传统安全研究的评价

从纯学术的角度来看，不同非传统安全理论的大规模出现意味着对传统安全范式的集中突破与更新。在冷战之前，虽然已有和平研究、自由主义等流派对现实主义的安全范式提出挑战，但并未从根本上动摇传统安全研究的地位。而建构主义、哥本哈根学派、批判安全研究等非传统安全理论的群体崛起，开始在实体理论、方法论等方面对传统安全"另起炉灶"，从而实现了安全研究范式上的总体突破。从学术史的角度来看，其重要意义也是难以估量的。

从更深处看，这种突破不只是树立了一种或一群新的安全范式，或许更重要的意义在于打开了一扇通向更多范式的大门。这是因为，非传统安全理论首先是一种解构的理论，它不再视国家为传统的安全指涉对象，也不再囿于传统的军事安全议题。事实上，它在指涉对象与价值上的开放式选择促使人们不得不严肃思考一些带有规范性质的问题：到底是为了谁的安全，国家还是个人？全球还是地区？男性还是女性？要实现一种什么样的安全，是个体福利、国家主权，还是性别平等？这些思考触及了国际关系的哲学层次，即国际关系的本体到底是什么、人与国家的关系如何、如何认识国际关系、应该有一种什么样的国际关系等。正是通过这种反思精神，不同的非传统安全理论提出了自己不同的答案。我们也可以相信，只要继续秉持这种精神，后来的学者还可以提出更多不同的答案。这对于安全研究乃至整个国际关系研究都有重大意义。

另外，非传统安全理论的出现对于非传统安全的经验研究亦有着重要的意义。目前，非传统安全研究在一些国家与地区发展得如火如荼，却仍然处于一种"欠理论"状态。多数文献都是对于相关政策或问题的经验分析，没有纯粹的理论专著，涉及的也主要是经验而非理论问题。这些研究并非没有学理研究的成分，其常见模式是，对非传统安全作出概念界定，并对其特征或维护手段进行一般性的归纳，然后列举一些在此范围内的经验问题进行具体分析。至于这些概念涉及的理论渊源与争议，以及它们与国际关系理论或是安全理论之间的联系，则很少涉及，作者的理论倾向与归属也往往是不清晰的，其分析多半具有就事论事的性质。余潇枫等人在《非传统安全概论》的系列版本中试图从深度全球化、"类安全"以及国际关系理论演进的大背景下去理解从传统安全研究到非传统安全研究的转变，并把非传统安全问题归入一个内涵广泛但又与传统安全问题有所区别的框架，可被视为对非传统安全研究进行"理论化"的一种初步努力。① 在此导引下，我国一些学者开始在许多具体的非传统安全领域进行探索，并试图融入一种以"和合主义"为理论支撑的"共享安全"范式，并积极建构以中国"和""合""安"等思想为内核的非传统安全研究的"中国学派"或"中国范式"。从这个意义上说，我国学者对非传统安全研究的理论努力，是具有开创性的。

反过来看，哥本哈根学派、女性主义、批判安全研究以及人的安全研究等西方理论，在研究中很少与非传统安全的经验研究发生联系。少数的例外可能是哥本哈根学派中的安全化理论。一些从事非传统安全研究的学者运用这一理论去理解、分析非传统安全问题，探讨它们"为何"及"如何"被安全化和去安全化。② 另外，肯·布斯及其同事也曾用其来分析南部非洲的安全问题。但整体而言，这些新出现的安全理论仍然被阻隔在现实的经验研究之外，传统的现实主义安全理论仍然是经验研究中最常用的安全范式。之所以如此，很大程度上还是因为非传统安全研究领域不够成熟，对什么是"非传统安全研究""非传统安全理论"等基本概念缺乏应有的界定，对研究对象、学理基础与思想来源也没有系统的梳理，从而导致了理论研究与经验研究之间的严重脱离。这种隔阂既不利于提高经验研究的水平，也阻隔了非传统安全理论向政策领域的渗透。若要深化非传统安全的理论，应该尽快打破这种研究壁垒，把对哥本哈根学派、女性主义、批判安全研究以及人的安全研究等非传统安全理论的系统介绍，尽可能地运用到非传统安全经验研究中，努力形成理论与实践相结合的"融合"与"双赢"的局面。

二、西方非传统安全研究的未来议程

（一）如何处理人与国家之间的安全矛盾关系

西方非传统安全理论试图走出国家安全的藩篱，把安全指涉对象拓展到更加广泛的范畴。这在很大程度上是因为学者们意识到，国家与人的安全关系出现了某种对立，他们中的多数因此宁愿选择以人的安全而非国家安全为首要的指涉对象。在传统的安全研究中，有一个不言自明的逻辑是，国家是

---

① 参见余潇枫、潘一禾、王江丽：《非传统安全概论》，浙江人民出版社 2006 年版；余潇枫主编：《非传统安全概论（第二版）》，北京大学出版社 2015 年版。
② See Mely Caballero-Anthony and Ralf Emmers, "The Dynamics of Securitization in Asia", in Ralf Emmers, Mely Caballero-Anthony and Amitav Acharya (eds.), *Studying Non-Traditional Security in Asia: Trends and Issues*, London and New York: Marshall Cavendish Academic, 2006, pp. 21-35.

其公民安全的保障者,所以即使注重人的安全,也必须强调国家安全。现实主义学者可能注意到了这种安全保障常常是不充分的,但并不强调这一点,因为他们可能认为即使如此,在无政府状态的国际社会之中,舍国家之外别无他法。非传统安全研究则对人与国家之间的安全矛盾关系予以更多的关注与分析。例如,巴里·布赞认为:"个人安全与国家安全之间既有联系又存在矛盾。对于个人而言,国家既是威胁的主要来源,又是安全的主要提供者。对于国家寻求安全的行为而言,个人既提供了正当理由,同时也决定了其限度。"① 人的安全研究与女性主义均注意到国家对人的安全威胁,而批判安全论者则对国家持更加否定的态度。出于保障人的安全的考虑,非传统安全论者多选择超越国家之外的办法,如批判安全研究强调共同体,而巴里·布赞也提出"个人还有可能设立或加入类型不一的组织中以改善自身的安全"②。

但是,这并没有很好地解决问题,特别是批判安全研究过度解构国家的倾向引起了人们的担心。有批评指出:"解放和安全并不是同义词,解放并不必然导致安全,事实上可能带来不安全。批判安全理论家关于人们需要从镇压性政权下解放出来的假设也面临挑战,这对一些人来说可能是真实的,但对许多人来说,最大的问题事实上是缺乏能够给他们提供安全保护的强有力的国家。国家建设而不是解放,或许是安全的关键。"③ 这种批评使人关注到一种严峻的现实,即在一些失败国家,如索马里和伊拉克,人们不安全的原因主要是由于得不到政府的保护,从而被内战、恐怖主义等所困扰。批判安全研究可能更多地适用于那些强有力的极权国家,这些国家有能力控制内战和恐怖主义,但同时却对公民的安全构成威胁。不管怎么样,批判安全研究对国家的排斥只是反映了部分现实。在现实中,由于国家仍然是现实政治中的首要行为主体,许多非传统安全研究致力于保障人的安全的落脚点最终仍不免落到国家身上来,我们因此可能更加需要站在国家建设而非国家解构的角度。

然而,国家建设与安全的关系十分复杂,但这并未得到充分探讨。事实上,一些非传统安全理论提出的对策可能隐藏着问题。例如,如果削弱了政权的效率,民主化很可能不等于安全,一些国家在走向民主化过程中,其人

---

① 〔英〕巴里·布赞:《人、国家与恐惧——后冷战时代的国际安全议程》,闫健、李剑译,中央编译出版社2009年版,第36页。
② 同上书,第54页。
③ Paul Robinson, *Dictionary of International Security*, Cambridge and Malden: Polity Press, 2008, p. 68.

民可能感到更不安全了，当前的伊拉克、阿富汗就是这样的例子。要解决这样的问题，就需要在安全和自由、繁荣、正义这些价值之间进行平衡，① 对"国家建设"这一概念进行更有效的探讨。归根到底，非传统安全理论没有解决好作为目的的人的安全这一理想与国家仍然是国际政治中主导行为体这一现实之间的矛盾。而其中的深层次原因，可能在于它夸大了人的安全与国家之间冲突的一面，而忽视了两者合作的一面，以及人与人之间除了安全需求之外也有冲突的一面。批判安全研究解构国家其实有一个未加说明的前提，即相信人与人之间的利益是和谐的，不存在安全冲突。正是由于有此前提，国家被解构也就于现实无碍。但是，据我们所知，事实并非如此。人与人的利益关系既有合作的一面，也有冲突的一面，而国家则在调解人的利益冲突特别是安全冲突方面起着不可替代的作用。因此，把人的安全与国家安全完全对立起来也是不正确的，双方之间存在一种辩证关系。在这种情况下，对国家的解构是片面的，我们仍然需要继续寻找把国家安全与人的安全有机统合起来的途径。

（二）如何探讨安全议程拓展的边界问题

早在20世纪50年代，阿诺德·沃尔弗斯（Arnold Wolfers）就批评安全概念模糊，认为其包含的目标是如此之广以至于许多高度歧异的政策都能被解释为安全政策。② 今天，传统安全理论以同样的观点来批评非传统安全理论。对此，余潇枫等人提出："非传统安全问题的外延边界也处于争议之中，非传统安全是否囊括国家发展问题、福利问题、社会政策问题、生态与环境问题、经济效益问题等一切与人的生活与生命质量相关的问题？如果是，则会不会与传统的经济发展、社会正义、人与环境的和谐以及人权保障等问题相混同？"③

面对这些问题，我们需要看到：安全概念内涵与外延的拓展一方面固然丰富了人们对于安全的认识，但可能最终危及安全概念本身的意义。"但是如果所有的领域和问题都安全化了，那么安全及安全化本身也就毫无意义了。"④ 所以，尽管非传统安全研究已向各种各样的安全问题打开了大门，但这扇门

---

① See Roland Dannreuther, *International Security: The Contemporary Agenda*, Cambridge: Polity Press, 2007, p. 43.
② See Arnold Wolfers, "National Security" as an Ambiguous Symbol, in Barry Buzan and Lene Hansen (eds.), *International Security (Volume I)*, Los Angeles, London, New Delhi and Singapore: SAGE Publications, 2007, p. 17.
③ 余潇枫、潘一禾、王江丽：《非传统安全概论》，浙江人民出版社2006年版，第59页。
④ 柳建平：《安全、人的安全和国家安全》，载《世界经济与政治》2005年第2期，第56页。

打得越开，非传统安全研究本身存在的价值受到的挑战也就越大。

过度安全化导致的更严重挑战或许还不是理论和概念上的，而是在政策实践领域引起的混乱。政治家可能会非常困惑：如果按照非传统安全研究的提议，究竟什么才是最重要的安全问题，需要投入最多的安全资源呢？这种安全边界的极大拓展，反映了冷战后世界安全问题复杂化、多元化的现实，但对此如不加以有效的清理可能会反过来妨碍我们对真正安全问题的关注。因此，如何在拓展安全研究的边界使之反映日益复杂的现实的同时，又使之能够对现实的政策提供清晰的指导，也是未来非传统安全研究的重要议程。

总的来看，西方学者很早就发起了对传统安全研究的挑战，并最终在冷战结束之后，形成了一大批多样化的非传统安全研究流派。这些流派或从安全的指涉对象、主导价值、威胁来源、责任主体、实现方式等本体论视角，或从认识论、方法论的视角，全方位地批判了传统安全研究。虽然这些流派观点各异，有些流派可能因坚持批判而在有些人眼里显得有些"过激"，但它们无疑极大地解放了人们的思维，对整体的安全研究甚至是以现实主义为主体的传统安全研究本身的发展，都具有重要的意义。当然，这些流派在拓展了安全研究视野的同时，也提出了国家安全与人的安全如何平衡、安全议程拓展的边界止于何处等深层次问题。要解决这些问题还需要更为丰富的思想的注入。同样极为重要的是，西方非传统安全理论与中国非传统安全研究各有思想内核与特色，在深度全球化与"类安全"的未来安全世界中，两者应有更多的相互借鉴与融合创新。

> **思考题**
> 1. 非传统安全研究兴起的理论语境是什么？
> 2. 非传统安全研究流派的谱系是怎样的？
> 3. 西方非传统安全研究各个流派各有哪些特点？
> 4. 非传统安全研究的未来议程包括哪些？

> **讨论题**
> 1. 如何理解各个非传统安全研究流派之间的异同？
> 2. 如何评价西方的非传统安全研究？

> **建议阅读文献**

1. 李开盛：《人、国家与安全治理——国际关系中的非传统安全理论》，社会科学文献出版社2012年版。

2. 〔英〕巴瑞·布赞、〔丹麦〕奥利·维夫、〔丹麦〕迪·怀尔德主编：《新安全论》，朱宁译，浙江人民出版社2003年版。

3. 〔英〕巴里·布赞、〔丹麦〕奥利·维夫：《地区安全复合体与国际安全结构》，潘忠岐、孙霞、胡勇、郑力译，上海人民出版社2010年版。

4. K. M. Fierke, *Critical Approaches to International Security*, Cambridge and Malden: Polity Press, 2007.

5. Ken Booth, *Theory of World Security*, New York, NY: Cambridge University Press, 2007.

第七章 非传统安全研究的中国范式(上)

> **导读**
>
> 20世纪90年代,西方非传统安全理论开始传入中国,中国学者在对西方非传统安全理论进行引进、诠释和运用的同时,开始重视中国特色的非传统安全理论的研究。当前,中国的非传统安全研究已跃居为一门"显学",学者注重从中国的传统典籍中挖掘有关非传统安全理论的思想渊源,提出了"可持续安全论""国际共生论""创造性介入论""关系—过程论""新天下体系论""有效安全论""广义安全论"等丰富的非传统安全思想,并逐步形成有中国话语与思想特色的非传统安全研究的"中国范式"——"和合主义"。"和合主义"作为一种新的理论范式,超越了传统国家中心主义的价值立场,凸显了不同主体间的认同对国家整合与国家安全的重要作用,刻画了安全威胁源转变对安全认知与安全建构的重要意义,因而确立了统一内在聚合性和外在独立性的主体间认同对国家安全的价值优先性。"和合主义"是"共存论"与"和合论"思想的现代呈现,也是"优态共存""合作共赢""共享安全"等当代安全思想范畴的集成式表达。

资料1 "非传统安全"思想源起的学界探讨

第一节 中国非传统安全研究的演进①

一、文献分布与趋势

1978—2018年,以"非传统安全"(NTS)为"篇名"和"主题"的论

---

① 本节内容节选自廖丹子:《中国非传统安全研究40年(1978—2017):脉络、意义与图景》,载《国际安全研究》2018年第4期。数据有更新。本节内容是2019年国家社科基金一般项目"中国与'一带一路'沿线国家差异化国门安全互保路径研究"(批准号:19BZZ107)的阶段性成果。

文总量分别是 740 篇和 2916 篇，其中，硕博士学位论文 782 篇，其年度分布如图 7-1 所示。从文献记录看，1994 年"非传统安全"概念首次在文章中出现，1999 年首次出现以"非传统安全"为篇名的文章，1998—2006 年文献数量快速增长，2006—2010 年前后仍然稳步平缓增长，2015 年前后又出现一个研究高峰。

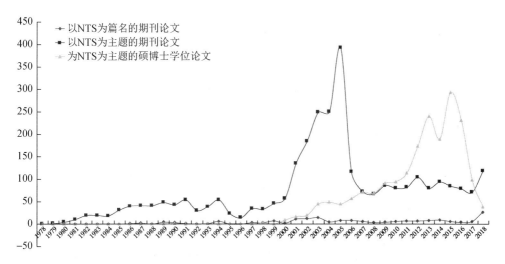

图 7-1　以"非传统安全"为篇名/主题的论文总量、硕博士学位论文数量（1978—2018）

资料来源：根据中国知网学术文献总库的搜索结果绘制。搜索时段为 1979 年 1 月 1 日至 2018 年 12 月 31（在中国知网总库搜索时，默认起始时间为 1979 年），搜索时间为 2019 年 4 月 1 日。

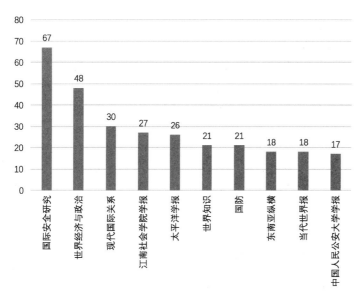

图 7-2　1978—2018 年发表以"非传统安全"为主题的期刊及其文献数量（前十）

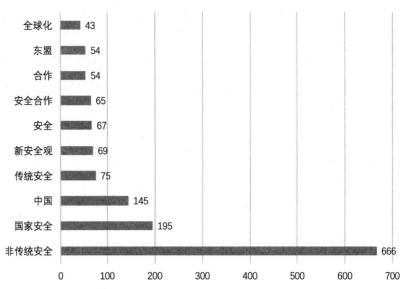

图 7-3　1978—2018 年发表以"非传统安全"为主题论文的高频关键词（前十）

以"非传统安全"为主题的发文量前十的学术期刊、高频关键词分别如图 7-2、图 7-3 所示。中国非传统安全研究中的标志性、开创性的"学术事件"（学术成果或活动），以及党和政府报告中对"非传统安全"话语的重要使用即"政策事件"，如表 7-1 所示。

表 7-1　中国非传统安全研究中的标志性"事件"（1978—2018）

学术事件		政策事件	
年份	事件描述	年份	事件描述
1978—1981	较早出现以"国家安全"为题名的引介性论文①	1978	政府工作报告多次提到"安全生产"
1979	较多提及"煤矿安全""安全生产""经济安全"等	1979	政府工作报告提出要维护"国家的安全"
1983	"粮食安全"首篇引介性论文②发表	1982	政府工作报告提出"妇女儿童安全"
1986	"经济安全"首篇引介性论文③发表	1983	政府工作报告首次使用"国家安全"一词；④ 国家安全部成立
1990	"环境安全"首篇专题性论文⑤发表	1986	政府工作报告首次使用"祖国安全"

---

① 参见殿宸：《美国国家安全委员会》，载《世界知识》1979 年第 17 期，第 14 页。
② 参见吴天锡：《世界粮食安全政策》，载《世界农业》1983 年第 6 期，第 1—4 页。
③ 参见王维之：《日本的经济安全保障政策》，载《亚太经济》1986 年第 1 期，第 18—22 页。
④ 参见《1983 年政府工作报告——1983 年 6 月 6 日在第六届全国人民代表大会第一次会议上》，http://www.gov.cn/test/2006-02/16/content_ 200823.htm，2019 年 3 月 28 日访问。
⑤ 参见肖健：《未来环境安全的六大转变》，载《世界经济与政治》1990 年第 6 期，第 80 页。

(续表)

学术事件		政策事件	
年份	事件描述	年份	事件描述
1992	"社会安全"首篇专题性论文①发表	1992	十四大报告中首次使用"国家安全"
1994	"非传统安全"概念首次出现②	1993	《国家安全法》通过
1998	"非传统安全"首篇主题性论文③发表	1996	中国政府对外首次提出"对话与协商"的新安全观④
1999	"非传统安全"首篇专题出版论文⑤发表	1999	中国政府首次明确"新安全观"是互信、互利、平等、合作⑥
2003	第一本著作《非传统安全论》出版；第一次专题研讨会召开⑦	2000	中国政府首次对外使用"非传统安全"⑧
2006	第一个非传统安全研究机构（浙江大学非传统安全与和平发展研究中心）成立；第一本教材《非传统安全概论》⑨出版	2002	十六大报告首提"传统安全威胁与非传统安全威胁的因素相互交织"；国家正式明确"非传统安全"的具体问题⑩
2007	第一本专论出版；第一套非传统安全丛书、译丛⑪出版	2006	中央文件首提"有效应对各种传统安全威胁和非传统安全威胁"⑫

---

① 参见王林：《社会安全体系的发展及其启示》，载《管理世界》1992年第6期，第155—159页；《中国经济体制改革总体设计》课题组：《变革时期的中国社会安全体系》，载《经济社会体制比较》1992年第5期，第31—38页。

② 参见王勇：《论相互依存对我国国家安全的影响》，载《世界经济与政治》1994年第6期，第64—69页。

③ 参见王逸舟：《论综合安全》，载《世界经济与政治》1998年第4期，第5—9页。

④ 钱其琛在1996年东盟地区论坛大会上首次提出要通过"对话与协商"促进地区安全。

⑤ 参见傅梦孜：《从经济安全角度谈对"非传统安全"的思考》，载《现代国际关系》1999年第3期，第2—4页。

⑥ 1999年3月26日，江泽民在日内瓦裁军谈判会议上发表讲话，明确指出："我们认为，新安全观的核心，应该是互信、互利、平等、合作。"参见《江泽民主席在日内瓦裁军谈判会议上的讲话（全文）》，http://news.cntv.cn/china/20111222/116942.shtml，2019年3月28日访问。

⑦ 参见陆忠伟主编：《非传统安全论》，时事出版社2003年版。2003年12月20—21日，中国社科院主办了我国首个非传统安全的全国学术研讨会——"非传统安全与中国"。

⑧ 2000年唐家璇在第七届东盟地区论坛上指出："全球化和亚洲金融危机的余波对亚太安全带来负面影响……一些国家的传统和非传统安全受到一定冲击。"参见《唐家璇外长在第七届东盟地区论坛外长会议上的讲话》，https://www.mfa.gov.cn/123/wjb/zzjg/yzs/dqzzywt/t5013.htm，2019年3月28日访问。另有一说是唐家璇在2001年第八届东盟地区论坛会议上提出的。参见《唐家璇外长在第八届东盟地区论坛外长会议上的讲话》，https://www.mfa.gov.cn/123/wjb/zzjg/gjs/gjzzyhy/1136/1138/t4546.htm，2019年3月28日访问。

⑨ 参见余潇枫、潘一禾、王江丽：《非传统安全概论》，浙江人民出版社2006年版。

⑩ 《中国与东盟关于非传统安全领域合作联合宣言》（2002年）和《2002年中国的国防》白皮书都列举了非传统安全问题：贩毒、非法移民、海盗、恐怖主义、武器走私、洗钱、国际经济犯罪和网络犯罪等。

⑪ 参见查道炯主编：《中国学者看世界·非传统安全卷》，新世界出版社2007年版；截至2020年1月，"非传统安全与现实中国"丛书和"非传统安全与当代世界译丛"由浙江大学非传统安全与和平发展研究中心主任余潇枫教授组织学者完成，分别已出版9本和8本。

⑫ 2006年《中共中央关于构建社会主义和谐社会若干重大问题的决定》提出。

(续表)

学术事件		政策事件	
年份	事件描述	年份	事件描述
2008	第一个非传统安全管理博士点与硕士点（浙江大学）设立	2012	十八大报告再次明确"传统安全威胁和非传统安全威胁相互交织"
2011	华中科技大学"非传统安全"自主设置目录外二级学科博士点	2013	十八届三中全会公报提出"设立国家安全委员会"，完善国家安全战略
2012	首次发布年度研究报告①（《非传统安全蓝皮书》）	2014	将"非传统安全"纳入"总体国家安全"；亚信会议提出共同、综合、合作、可持续的"亚洲安全观"
2015	《非传统安全概论（第二版）》出版；提出"中国学派"②	2015	新的《国家安全法》将统筹"传统安全和非传统安全"作为国家安全工作的四项内容之一
2016	非传统安全的研究机构不断成立，学科自觉逐步推进③	2016	《反恐怖主义法》实施；我国首提"核安全命运共同体"④
2017	《非传统安全概论（第三版）》组织编写工作	2017	政府工作报告提出"坚决有效维护国家主权、安全、发展利益"；十九大报告提出要"统筹传统与非传统安全"
2018	中国非传统安全研究40年的回顾⑤	2018	教育部发文要求：设立国家安全学一级学科；开展国家安全专业人才培养；遴选有条件的高校建立国家安全教育研究专门机构，设立相关研究项目

二、中国非传统安全研究的阶段特征

中国1978—2018年的非传统安全研究大致可分为四个阶段：

第一阶段：酝酿与显现（1978—1993）。这一时期中国政府工作报告的主旋律是"祖国安全""国家的安全"⑥，但也零星出现了"妇女儿童安全""尊重安全""财产安全"等低政治（low politics）安全主张，并少量出现了对"经济安全""粮食安全""环境安全""社会安全"等的专题论述（见

---

① 浙江大学余潇枫教授编撰、社会科学文献出版社出版的年度非传统安全研究报告，2012年至2018年已出版7本。
② 在2006年版《非传统安全概论》的基础上，15位高校学者共同编写了《非传统安全概论（第二版）》。参见余潇枫主编：《非传统安全概论（第二版）》，北京大学出版社2015年版。
③ 如四川大学中国西部边疆安全与发展协同创新中心设立非传统安全研究方向；塔里木大学非传统安全与边疆民族发展研究院成为新疆普通高校人文社科重点研究基地。
④ 2016年4月1日，习近平主席在第四届核安全峰会上提出"打造核安全命运共同体"。参见《习近平在华盛顿核安全峰会上的讲话（全文）》，http://www.xinhuanet.com//world/2016-04/02/c_1118517898.htm，2019年3月28日访问。
⑤ 参见廖丹子：《中国非传统安全研究40年（1978—2017）：脉络、意义与图景》，载《国际安全研究》2018年第4期。
⑥ 1983年政府工作报告首次使用"国家安全"一词，并专指主权、领土、政权等高政治（high politics）安全。

表7-1）。然而，这些思想与这一时期的"国家安全"泾渭分明、相互独立，①完全被定位在国家安全框架之外，且尚未被纳入"国家议程"。

第二阶段：阐释与呼吁（1994—2003）。这一时期非传统安全研究的第一篇主题论文、第一篇专题论文、第一本编著性著作相继问世，也召开了第一次全国专题研讨会（见表7-1），广泛探讨了非传统安全的概念及其产生的复杂背景、指涉问题、类型与特征、与传统安全相互转化等问题②，并首次以"非传统安全"为基点来思考中国国家安全环境③、周边问题④、和平崛起与外交战略⑤、安全治理转向⑥等重要问题，提出要建立涵盖传统安全与非传统安全的"综合安全"⑦及重视合作与对话的"新安全观"⑧等。整体看，虽然形成了"要重视非传统安全"的政策认知，⑨但非传统安全在国家安全框架中仍旧是"辅助性""边缘性"的定位。

第三阶段：反思与深化（2004—2013）。受 SARS、汶川地震、新疆"7·5"事件及印尼海啸、欧洲暴恐等国内外安全形势的影响，各国开始普遍重新思考安全观、安全制度、安全资源等重要事项。相应地，这一时期的研究陡然出现了爆炸式的发展。在内容上集中表现为从第二阶段的积极呼吁转向理论反思与深化应用：一是全面反思非传统安全话语在现实运用中的理论困境或困惑⑩，对非传统安全的定位、话语发展与边界、观点异同及与传统安全的相

---

① 参见刘跃进：《中共中央和中央政府关于非传统安全问题的论述》，载余潇枫、魏志江主编：《中国非传统安全研究报告（2013~2014）》，社会科学文献出版社2014年版，第13—38页。

② 较早的集中论述如：俞晓秋等：《非传统安全论析》，载《现代国际关系》2003年第5期，第44—53页。

③ 较有代表性的论述如：阎学通：《对中国安全环境的分析与思考》，载《世界经济与政治》2000年第2期，第5—10页；傅勇：《战略机遇期与非传统安全问题》，载《毛泽东邓小平理论研究》2003年第5期，第82—87页。

④ 参见李香兰：《周边环境新视角：非传统安全问题》，载《国土与自然资源研究》2002年第2期，第1—2页；李香兰：《对中国周边经济环境非传统安全问题的再认识》，载《经济问题探索》2002年第9期，第53—55页。

⑤ 参见楚树龙：《中美关系面临战略选择》，载《现代国际关系》1996年第11期，第2—7页；傅勇：《战略机遇期与非传统安全问题》，载《毛泽东邓小平理论研究》2003年第5期，第82—87页。

⑥ 参见徐坚：《非传统安全问题与国际安全合作》，载《当代亚太》2003年第3期，第3—7页。

⑦ 王逸舟：《论综合安全》，载《世界经济与政治》1998年第4期，第8—9页；张蕴岭：《综合安全观及对我国安全的思考》，载《当代亚太》2000年第1期，第4—16页。

⑧ 王勇：《论中国的新安全观》，载《世界经济与政治》1999年第1期，第42—45页。刘跃进认为"新安全观"是中国官方"非传统安全观"的一个阶段性表达。参见刘跃进：《中共中央和中央政府关于非传统安全问题的论述》，载余潇枫、魏志江主编：《中国非传统安全研究报告（2013~2014）》，社会科学文献出版社2014年版，第13—38页。

⑨ 参见刘跃进：《中国官方非传统安全观的历史演进与逻辑构成》，载《国际安全研究》2014年第2期，第117—129页；刘跃进：《为国家安全立学——国家安全学科的探索历程及若干问题研究》，吉林大学出版社2014年版，第182页。

⑩ 参见潘忠岐：《非传统安全问题的理论冲击与困惑》，载《世界经济与政治》2004年第3期，第38—43页；何贻纶：《论"非传统安全"理论的困惑》，载《福建论坛（人文社会科学版）》2004年第8期，第95—99页；杨宝东：《非传统安全问题的理论困境》，载《江南社会学院学报》2006年第3期，第1—4页；查道炯主编：《中国学者看世界·非传统安全卷》，新世界出版社2007年版。

互交织与转化关系进行了系统审视和批判性理解①。二是对中国非传统安全问题进行了"清单式"勾勒及战略探索②，针对中国与全球性非传统安全问题的复杂特征提出了一批有开创性的新主张，如余潇枫的"安全治理"与"平安中国"③、刘江永的"可持续安全"④；或回溯至中国传统文化以探索与西方截然不同的安全理念，如余潇枫基于《周易》"保合太和"而提出的"优态共存""和合主义"的安全哲学新理念⑤、王逸舟的"创造性介入"⑥、阎学通的"道义现实主义"⑦、金应忠的"国际共生论"⑧、秦亚青的"关系—过程论"⑨等。三是集中探讨了一批重要的区域性、专题性非传统安全问题，如粮食安全、文化安全、社会安全、产业安全等。四是对西方非传统研究中的概念、方法流派和理论架构⑩、西方国际关系理论中的非传统安全研究⑪、主要著作⑫等进行了引介和借鉴。五是由余潇枫领衔编著了第一本专业性的非传统安

资料2 "中国元素"融入非传统安全研究

---

① 参见朱锋：《"非传统安全"解析》，载《中国社会科学》2004年第4期，第140页；熊光楷：《协力应对非传统安全威胁的新挑战》，载《世界知识》2005年第15期，第50—53页；余潇枫、林国治：《论"非传统安全"的实质及其伦理向度》，载《浙江大学学报（人文社会科学版）》2006年第6期，第104—112页。

② 较有代表性的研究是：徐华炳：《危机与治理：中国非传统安全问题与战略选择》，上海三联书店2011年版；任娜：《中国非传统安全问题的层次性与应对》，载《当代亚太》2010年第5期，第89—103页。

③ 参见崔顺姬、余潇枫：《安全治理：非传统安全能力建设的新范式》，载《世界政治与经济》2010年第1期，第84—96页；郭延军：《安全治理：非传统安全的国家能力建设》，经济科学出版社2011年版；余潇枫：《"平安中国"：价值转换与体系建构——基于非传统安全视角的分析》，载《中共浙江省委党校学报》2012年第4期，第12—17页。

④ 参见刘江永：《论"可持续安全战略"的建构——关于21世纪安全战略的哲学思考》，载《世界经济与政治》2004年第7期，第45—49页；刘江永：《可持续安全要靠王道而非霸道——再论可持续安全战略的建构》，载《世界经济与政治》2011年第8期，第112—116页。

⑤ 参见余潇枫：《从危态对抗到优态共存——广义安全观与非传统安全战略的价值定位》，载《世界经济与政治》2004年第2期，第8—13页；余潇枫：《安全哲学新理念：优态共存》，载《浙江大学学报（人文社会科学版）》2005年第2期，第5—12页。

⑥ 参见王逸舟：《创造性介入：中国外交新取向》，北京大学出版社2011年版；《创造性介入：中国之全球角色的生成》，北京大学出版社2013年版；《创造性介入：中国外交的转型》，北京大学出版社2015年版。

⑦ 参见阎学通：《道义现实主义的国际关系理论》，载《国际问题研究》2014年第5期，第1—18页。

⑧ 参见金应忠：《国际社会的共生论——和平发展时代的国际关系理论》，载《社会科学》2011年第10期，第12—21页。

⑨ 参见秦亚青：《关系本位与过程建构：将中国理念植入国际关系理论》，载《中国社会科学》2009年第3期，第69—86页。

⑩ 参见〔丹麦〕琳娜·汉森：《非传统安全研究的概念和方法：话语分析的启示》，李佳译，载《世界经济与政治》2010年第3期，第89—109页；李开盛、薛力：《非传统安全理论：概念、流派与特征》，载《国际政治研究》2012年第2期，第93—107页；〔英〕巴里·布赞：《论非传统安全研究的理论架构》，余潇枫译，载《世界经济与政治》2010年第1期，第113—133页。

⑪ 参见刘中民、桑红：《西方国际关系理论视野中的非传统安全研究》，载《世界经济与政治》2004年第4期，第32—37页。

⑫ 余潇枫组织学者翻译完成的"非传统安全与当代世界译丛"，现已出版5本。

全教材，首次较为系统化地介绍了非传统安全的基础原理、重要议题及区域性应对方略。① 总之，以"非军事性议题"和"非对抗性思维"为核心的非传统安全在国家决策中的独立性逐渐显现。②

第四阶段：建构与拓展（2014—2018）。这一时期学界的非传统安全研究集中体现为学派建构与议题拓展：一是迸发了一股解析"总体国家安全观"及探索国家安全内涵、学科、战略、能力的热潮，"国家安全的十大事件"持续发布，③ 基于（总体）国家安全观的非传统安全研究得到深化，非传统安全研究的年度报告、教材、机构等与时俱进；二是对"一带一路""人类命运共同体"、中国参与全球治理等问题的研究热度持续高涨，与此相应的安全观则提出了"共享安全"的"中国视域"以及"非传统安全共同体"④ "共同安全""命运共同体"⑤ 等设想，还针对不同问题领域提出了"镶嵌安全"⑥ "场域安全"⑦ 等丰富的新的解释范畴，具备了十分明晰的"中国路径"（China Approach）、"中国范式"（China Paradigm）、"中国视域"（China Perspective）乃至"中国学派"（China School）的理论自觉。

第二节 中国非传统安全研究的理论建构

一、中国非传统安全研究的学理特征⑧

在概念定位上，"非传统安全"引入之初，中国学界就产生了"革命论""常规论""陷阱论"三种评说。⑨ 但不可否认的是，当前非传统安全的概念讨论已基本不存在了，其范畴表达及现实意义已得到普遍认可，并作为国家

---

① 参见余潇枫、潘一禾、王江丽：《非传统安全概论》，浙江人民出版社2006年版。
② 如2007年实施《突发事件应对法》，2008年建立国家应急办及各级应急机构。
③ 国际关系学院"国家安全十大事件调研项目组"从2012年起组织评选年度国家安全十大事件，至2018年已连续发布7年。
④ 余潇枫：《共享安全：非传统安全研究的中国视域》，载《国际安全研究》2014年第1期，第4—34页；余潇枫、王梦婷：《非传统安全共同体：一种跨国安全治理的新探索》，载《国际安全研究》2017年第1期，第4—25页。
⑤ 郭楚、徐进：《打造共同安全的"命运共同体"：分析方法与建设路径探索》，载《国际安全研究》2016年第6期，第22—46页。
⑥ 余潇枫、周冉：《镶嵌安全：构建中国周边信任的新视角》，载《浙江大学学报（人文社会科学版）》2017年第1期，第150—170页。
⑦ 余潇枫、赵振拴、廖丹子编著：《从"国门安全"到"场域安全"——出入境检验检疫的非传统安全》，中国社会科学出版社2015年版。
⑧ 本部分内容是2019年国家社科基金一般项目"中国与'一带一路'沿线国家差异化国门安全互构路径研究"（批准号：19BZZ107）的阶段性成果。
⑨ 对此进行全面系统阐述的是：《重塑"安全文明"：非传统安全研究——余潇枫教授访谈》，载《国际政治研究》2016年第6期，第132—133页。

安全领域的一种问题指向和治理新路而转化为学术界和实务界的通用话语。此外，在对待传统安全与非传统安全的关系上，学术界在非传统安全引介之初就较明确地认为，提出非传统安全并非是要取代或否认传统安全，两者相互交织、相互转化，① 共同构成了国家核心利益的内容；在传统安全依然是国家安全的中心议题时，要更多地重视非传统安全问题，并要积极探索以非传统安全路径解决传统安全的内政外交手法，要建立统合传统与非传统安全的"综合安全"，或基于非传统安全思维的"总体国家安全观"②。在内涵界定上，非传统安全因其多样化的内涵而遭受"边界争议"。但大体上可将非传统安全的内涵分为两类：一类突出强调"非军事性"，即与传统安全进行差异比较，"非战争""非军事""非国家中心"是其本质，③ 指向低政治、直接与"人"相关的现实问题，与其相近的概念还包括"非军事安全""非常规安全"等，"人的安全"是非传统安全的核心；另一类是"非传统的"安全，即"新"的安全，一切不同于传统的思维、问题等，都是非传统安全，是一种区别于"危态对抗"的"优态共存"④，或是一种"新安全""系统安全"或"总体安全"⑤。本书将"非传统安全"定义为"行为体间的优态共存"。

资料3 关于"非传统安全"的不同评说

在研究的基本问题与议题上，非传统安全研究主要围绕五大基本问题展开，即谁的安全、谁或什么威胁安全、谁保障安全、如何保障安全、认识论与方法论。⑥ 同时，议题维度持续创新，学者分别从领域、层次、能力、价值、源起等维度进行了论述。在跨学科研究上，如国防、情报、人防等研究围绕"非战争军事行动"展开，并对传统与非传统相互交织的复合性安全问题进行多视角研究；⑦ 在边疆、暴恐、移民等安全议题上，民族学、边安学、历史学等开展交叉研究；在民族认同、安全教育、犯罪心理、心理健康等问

资料4 中国非传统安全研究集中思考五大基本问题

---

① 对传统与非传统安全相互交织、相互转化关系作出较为集中论述的有：廖丹子：《"多元性"非传统安全威胁：网络安全挑战与治理》，载《国际安全研究》2014年第3期，第25—39页；姜维清：《交织——国家安全的第三种威胁》，世界知识出版社2011年版。
② 对此进行较多论述的如：刘跃进：《总体国家安全观视野下的传统国家安全问题》，载《当代世界与社会主义》2014年第6期，第10—15页；刘跃进：《非传统的总体国家安全观》，载《国际安全研究》2014年第6期，第3—25页。
③ 如从领域、因素、行为体、过程、能力等不同方面的界定都突出了"非军事""非国家"的特征。参见《重塑"安全文明"：非传统安全研究——余潇枫教授访谈》，载《国际政治研究》2016年第6期，第129—130页。
④ 余潇枫将非传统安全界定为"行为体间的优态共存"。参见余潇枫：《从危态对抗到优态共存——广义安全观与非传统安全战略的价值定位》，载《世界经济与政治》2004年第2期，第8—13页。
⑤ 参见刘跃进：《系统安全观及其三层次》，载《国际关系学院学报》2001年第2期，第3—9页；刘跃进：《非传统的总体国家安全观》，载《国际安全研究》2014年第6期，第3—25页。
⑥ 〔英〕巴里·布赞、〔丹麦〕琳娜·汉森：《国际安全研究的演化》，余潇枫译，浙江大学出版社2011年版，"导读一"第7—8页。
⑦ 参见寿晓松、徐经年主编：《军队应对非传统安全威胁研究》，军事科学出版社2009年版；廖丹子：《非传统安全视角下的民防研究》，中国社会科学出版社2017年版。

题上，更多的是开展行为学、心理学、教育学的交叉研究；计算机学、数据科学、数量经济学等在模型建构、数据分析的方法探讨上已有探索。①

研究趋于制度化，驱动力多元。从研究产生之初的个体、零星之研究格局转向有组织机构、学生培养、知识传播、政策咨询和学术网络的制度化研究，这使得研究的理论创新、知识传承、成果转化具有稳固的累积性和可持续性。研究的制度化水平成为衡量非传统安全研究成熟度的重要尺度。此外，学理、技术、事件、政策、国际环境共同成为研究的现实驱动力。

资料5 中国非传统安全研究的制度化

随着研究的深入，非传统安全研究有了更大的理论自觉，中国学者对于建立非传统安全研究的"中国学派"有了更大呼声。魏志江认为，中国非传统安全研究发展至今，应自觉建构具有中国理论范式和话语体系的"中国学派"，且中国和平崛起及国际影响不断提升为此奠定了社会基础。他还认为，余潇枫提出与阐发的"共享安全"，是以中国传统思想文化中的"保合太和""万国咸宁""协和万邦"为历史哲学渊源，以王道政治和亲仁善邻为政治思想渊源，以共存、共建、共享、共赢为外交实践基础，作为全球化时代基于"人类安全"目标的积极追求，体现了中国学者对非传统安全维护方略与求解人类生存、发展危机的探索，因此是非传统安全研究"中国学派"的重要理论范式。②

资料6 非传统安全研究的五种驱动力

中国学者开展的非传统安全研究作为一项思想性活动，不仅推动了学理上的"安全范式"的重大转换，还对安全决策与安全现实起到了一定的评判与引导作用。

二、中国学者的非传统安全理论建构

中国学界关于非传统安全的学术讨论十分活跃，学者对非传统安全有着多样化的理论建构。

资料7 中国非传统安全研究的意义

（一）"可持续安全论"

清华大学刘江永教授最早于20世纪末撰文讨论"可持续安全"范畴，随后该范畴成为中国提出的新亚洲安全观的重要内容。刘江永在《可持续安全》一书中系统地阐释了"可持续安全论"形成的思想脉络和国际实践，对可持续安全战略的目标、特点、本质、实施、运作、内容作了全面的阐述：其目

---

① 如对非传统安全集对分析、大数据分析的探讨。参见赵克勤、米红编著：《非传统安全与集对分析》，知识产权出版社2010年版；石杰琳：《大数据应用与非传统安全威胁治理》，载《人民论坛》2017年第18期，第64—65页。

② 参见余潇枫主编：《非传统安全概论（第二版）》，北京大学出版社2015年版，第139—144页。

标是争取实现低成本、高安全的可持续性;其特点是国内安全与国际安全的协调性;其本质是和平与非暴力性;其实施具有预防性、综合性与合作性;其运作具有尊重各国安全利益的多样性与共同性,同时强调维护国家、地区及全球安全的整体性,其目标的实现还有赖于各国发展与安全的相对同步性,有赖于国际合作的可持续性;其内容还包括地缘战略概念的创新性,如用"海陆和合论"取代传统上只为霸权服务的"海权论""欧亚大陆中心论"和"欧亚大陆边缘地带论"等。①

可持续安全战略是中国政府长期维护国家安全的一种能力与艺术。刘江永认为,第一,可持续安全概念涵盖了传统安全与非传统安全两大领域;第二,可持续安全观弥补了现行的安全观并未包含国内安全和公民个体安全的缺陷;第三,联合国的人类安全以及其他国家提出的综合安全观强调安全的可持续性不够,特别是依靠战争谋求单方面绝对安全必然会发生安全异化;第四,迄今的安全观难以弥合主权与人权之争,致使发展中国家的安全观往往倾向于维护主权,发达国家的安全观则强调所谓的人权;第五,某些大国或强国的安全观不大重视经济和社会成本;第六,"可持续安全"是中国的核心利益而非难以实现的理想。②

刘江永认为,在当今世界不确定性与不稳定性突出,新旧矛盾不断交替中,一个国家要凭一己之力去谋求自身的绝对安全,或者试图通过投机的方式从别国的动荡中去收获稳定,都是不可能的。中国主张和平发展,以和平方式解决争端,以和平态度增进互信。因此,中国一再强调的共同安全、综合安全、合作安全、可持续安全,是中国智慧对国际安全领域的世界性贡献,也是推动世界安全治理的行动指南。③可持续安全战略统筹国际安全与国内安全两个大局,为国家发展走出"安全困境",为建设一个共享的、普遍安全的世界提供了一个和合、包容的中国方案。

(二)"国际共生论"

基于命运共同的"国际共生论"受到中国诸多学者的关注。金应忠认为,人类命运共同体以共生关系为存在形式,在多元共生的国际社会里,所有人类共同体成员生存、发展的最佳选择是"包容共进",④因而"世界多元共生

---

① 参见刘江永:《从国际战略视角解读可持续安全真谛》,载《国际观察》2014年第6期,第11—13页。
② 同上书,第10—11页。
③ 同上。
④ 参见金应忠:《试论人类命运共同体意识——兼论国际社会共生性》,载《国际观察》2014年第1期,第37—51页。

性"不仅在国际关系中既具有"逻辑的原初性"又具有"动力的原初性",而且"中国外交思想在根本上具有普遍主义的逻辑原初性"①,这也正是中国倡导人类命运共同体,坚持走和平发展道路的根源所在。任晓认为,"共生"在东亚有历史渊源②,中国的世界主义内含"共生"思想③,多元价值是"国际共生"的价值基础④。黄平的观点是:"国际社会的形成虽以国家的共生为基础,但传统国际体系结构下的共生关系是一种'弱肉强食、欺诈霸凌'的逻辑,并非真正的共生;新兴的共生关系则是一种相互包容、相互克制、互利共赢、共同发展的共生关系。"⑤ 他认为,全球金融危机、生态危机、恐怖主义威胁、贫困加剧、失业、文化毁灭、认同瓦解和社会分化等的全球性问题凸显着国际社会新型共生关系,而针对这些问题的跨国治理调整着国际社会旧有的共生关系,从而以"共生论"为话语的"全球治理",体现了以往人们所不具备的世界秩序观,体现了人们对自己所遭遇问题之解决方案的革新,体现了得以在国际社会扩散和实践的由中国倡导的新国际规范的形成。杨洁勉的观点是:"共生性国际体系可分为和平共处、和平共生及和谐共生三个发展阶段。"⑥ 夏立平的观点是:世界上存在着三种共生体系即国际、世界、全球体系,全球共生系统的初级状态是"相互联系",中级状态是"相互共存",高级状态是"相互依存",而正面的相互依存又可分为"对称性的"与"非对称性"的,关键是"人类社会的相互依存必须树立共生责任观,通过合作来消除风险"。⑦ 蔡亮的观点是:"目前人类社会彼此利益交融、兴衰相伴、安危与共的客观局势使得共生体系正从和平共处向和平共生阶段发展。但是要优化共生体系,使之发展到更高的阶段,需要一系列的理论自觉和实践创新。"⑧

袁育胜对"国际共生论"进行了新的拓展,认为当今世界正处在历史的

---

① 金应忠:《论当代中国外交战略思想的逻辑原初性》,载《国际观察》2017年第2期,第1页。
② 参见任晓:《论东亚"共生体系"原理——对外关系思想和制度研究之一》,载《世界经济与政治》2013年第7期,第4页。
③ 参见任晓:《论中国的世界主义——对外关系思想和制度研究之二》,载《世界经济与政治》2014年第8期,第30页。
④ 参见任晓:《论国际共生的价值基础——对外关系思想和制度研究之三》,载《世界经济与政治》2016年第4期,第4页。
⑤ 参见黄平:《变迁、结构和话语:从全球治理角度看"国际社会共生论"》,载《国际观察》2014年第1期,第64页。
⑥ 杨洁勉:《中国走向全球强国的外交理论准备——阶段性使命和建构性重点》,载《世界经济与政治》2013年第5期,第4页。
⑦ 参见夏立平:《全球共生系统理论与构建中美新型大国关系》,载《美国研究》2017年第1期,第21—45页。
⑧ 蔡亮:《共生性国际体系与中国外交的道、术、势》,载《国际观察》2014年第1期,第52页。

转折点上,是退回到混乱无序、自然丛林状态还是进入到共生有序、社会和平中,取决于"共生型国际体系"的新建构。① 杨庆龙认为,中国与美国处在"共生性—非共生性"的双重缠绕之中,如中美在政治安全领域存在较多矛盾和冲突,仍处于非共生状态,但在全球治理、经济贸易等领域具有共生性。然而,当前双方尚未形成全球治理所需要的全面和足够紧密的共生关系。② 上海国际问题研究院的团队还形成了以"国际共生论"为核心的"上海学派"。③

(三)"创造性介入论"

王逸舟的三部曲《创造性介入:中国之全球角色的生成》《创造性介入:中国的外交转型》《创造性介入:中国外交新取向》以及集三部曲之大成的《仁智大国:"创造性介入"概述》一书建构了适用于中国成为新兴大国的外交理论"创造性介入论"。在外交实践中,"介入"(involvement 或 intervention)是一个敏感词,王逸舟采用的是关涉意义上的"介入"(involvement),而不是干涉意义上的"介入"(intervention)。这表明,"它(创造性介入——引者注)强调的介入,不是一种霸权式介入,不是一种单纯的军事介入,而是说积极的建设性的,富有中国人智慧的介入,它更多不止是让中国自己享受了,中国人通过在全球的活动发展了,而且国际社会,周边国家也会看到这样一个和平的狮子,一个崛起的巨人,为周边,为世界做出更多的努力,提供更多的好处"④。可见,"创造性介入论"强调的是:既要对"韬光养晦"作"适度调整"或哲学意义上的"扬弃",又绝非西式的干涉主义和强权政治,而是对中国统筹内外两个大局"提出更多的国际方案与建设性思路"。⑤

王逸舟认为,"创造性介入"战略有三个层次:一是立足全球"高地",中国要发挥一个世界大国应有的全方位作用;二是面向各种各样的"高边疆",中国能够有自己的作为,起到带头和引导作用;三是面对既有的国际体系,中国应当更多地参与国际规则的制定,有更充分的话语权。⑥ 要推行"创

---

① 参见袁胜育:《共生型国际体系:理论与挑战》,载《社会科学》2014 年第 6 期,第 13—18 页。
② 参见杨庆龙:《构建中美新型大国关系——国际共生论的视角》,载《国际展望》2017 年第 1 期,第 109—125 页。
③ 参见上海国际问题研究院课题组:《海纳百川、包容共生的"上海学派"》,载《国际展望》2014 年第 6 期,第 1—17 页。
④ 《王逸舟:中国应积极地创造性介入全球性事务》,http://phtv.ifeng.com/a/20141117/40871271_0.shtml,2015 年 1 月 17 日访问。
⑤ 参见王逸舟:《创造性介入:中国外交新取向》,北京大学出版社 2011 年版,第 2、149 页。
⑥ 参见《王逸舟:中国应积极地创造性介入全球性事务》,http://phtv.ifeng.com/a/20141117/40871271_0.shtml,2015 年 1 月 17 日访问。

造性介入"战略,中国首先要把国内的事做好,"智的外交与仁的社会不可脱节"①。王逸舟指出:"今天的中国人,既不可陶醉于新近萌生的'盛世情结'和沙文主义的梦呓里,也不应囿于旧时狭隘的'弱国悲情'和'受害者心态'的禁锢中,而应仔细审视和定位新阶段上的战略取向,朝着新兴大国、进取大国、风范大国、责任大国的方向迈进。"② 同时,中国在做好自己的事的同时,对外要防止"中国越强大越富有、朋友越少、亲和力越弱"的趋势。中国独特的文化传承与巨大规模的市场所形成的国内巨大重心,"很容易使领导人不自觉地把主要注意力放在解决当下迫切的国内事务上,而忽略(甚至是轻视)外部世界对中国的关注、需要以及敏感复杂的批评意见",何况"中国的全球政治角色(包括对整个人类文明的政治哲学引导符号)显然不太明晰,它的全球安全目标和策略也不太系统连贯,其对于全球社会和文化领域的作用杠杆更是乏善可陈"。③ "创造性介入"正是突破这一"瓶颈"的指导性理念。哈佛大学的江忆恩教授评价"创造性介入论""为中国深化与外部世界的关系提供了极富思想和创造性的导向"④。

(四)"道义—实力论"

在《道义现实主义的国际关系理论》一文中,阎学通提出和初步论证了作为国际关系研究"清华路径"代表理论的"道义—实力论"(或"道义现实主义"),并为如何取代霸权、拓展现实主义国际关系理论开辟了新的方向。

阎学通认为,"道义优先"原则具有普适性。当然,如摩根索所指出的,"道义优先"中的"道义"是具体的而非抽象的,是世界的而非民族的。因此,道义是容于现实主义的。同时,"道义现实主义并不认为讲道义就排除了使用武力,反而认为绝不使用武力是不讲道义的。在无序的国际体系中,中小国家无力自己保障,于是采取将安全委托给大国的战略。当一个强国采取绝不使用武力的政策,意味着它不用武力保护受侵略的中小国家。对于中小国家来讲,这样的大国也是没有道义的,而且也是没有国际战略信誉的"⑤。

阎学通将"政治领导类型"和"国家实力"视作影响国家对外战略取向的两个核心因素,认为政治领导类型按行为方式的张力可分为"无为""守成""进取""争斗"四类,而国家实力按在国际体系中的位置可分为"主导

---

① 余潇枫、罗中枢、魏志江主编:《中国非传统安全研究报告(2017~2018)》,社会科学文献出版社 2018 年版,第 20 页。
② 王逸舟:《创造性介入:中国外交的转型》,北京大学出版社 2015 年版,"自序"第 3 页。
③ 参见王逸舟:《创造性介入:中国之全球角色的生成》,北京大学出版社 2013 年版,第 77—78 页。
④ 转引自王逸舟:《创造性介入:中国外交新取向》,北京大学出版社 2011 年版,"封底"。
⑤ 阎学通:《道义现实主义的国际关系理论》,载《国际问题研究》2014 年第 5 期,第 118 页。

国""崛起国""地区大国""小国"四类。"当国家实力达到主导国或崛起国水平时,道义的有无与水平高低对国家战略的效果,特别是建立国际规范的效果,具有重大影响。"① 在阎学通看来,"道义现实主义"首先是对中国古代"政治决定论"思想的传承,其次是对国际现实主义理论的深化,在"道义现实主义"中,"政治领导"被设定为起决定作用的自变量,"政治领导类型"和"国家实力"被视为影响国家对外战略取向的两个核心因素。阎学通以"国家领导"的类型解释国际格局的变化,以"国际领导"的类型解释国际规范的变化,使"道义现实主义"具有较强的解释力。②

针对中国语境,阎学通认为中国应建立以道义为优先、国家实力为基础的"德威并重的战略信誉",丰富"亲、诚、惠、容"的奋发有为的外交政策。中国道义中的"义"有"正义"与"信义"双重含义,因而"在当今时代,中国要实现民族复兴就需要在'正义'和'信义'两方面超越美国。'正义'的具体表现是,中国在国际冲突中比美国更多地维护弱者的合法权益;而'信义'的表现是,中国有比美国更高的战略可靠性。鉴于美国提倡的'平等、民主、自由'价值观目前在世界上占有主导地位,中国需要借鉴'仁、义、礼'三个中国古代概念,结合'平等、民主、自由'的现代政治概念,在世界上推行'公平、正义、文明'的价值观。'公平、正义和文明'对于'平等、民主和自由'来讲是包含和超越"③。

"道义现实主义"在学术界有较大反响,贾东锐的《道义现实主义批判》一文认为,该理论为中国和平崛起和中国梦的实现提供了一种不同于西方的国际关系理论思想;哈佛大学约瑟夫·奈教授将于2020年出版的《道义问题?从罗斯福到特朗普总统的美国外交政策》则可说是对该理论的一种积极的国际回应。

(五)"关系—过程论"

秦亚青从中华文化的思想资源中提取出两个核心概念——"关系"与"过程",对西方的国际关系理论,特别是西方的建构主义理论进行了东方视角下的补缺与中国化的再建构,或者说通过"关系本位与过程建构,把中国理念植入国际关系理论",创立了体现体系层次理论的"过程建构主义"。④ 过

---

① 阎学通:《道义现实主义的国际关系理论》,载《国际问题研究》2014年第5期,第102页。
② 参见余潇枫、罗中枢主编:《中国非传统安全研究报告(2016~2017)》,社会科学文献出版社2017年版,第27页。
③ 阎学通:《道义现实主义的国际关系理论》,载《国际问题研究》2014年第5期,第127页。
④ 参见秦亚青:《关系本位与过程建构:将中国理念植入国际关系理论》,载《中国社会科学》2009年第3期,第69—86页。

程建构主义有三个特点：第一，将过程置于集体身份建构的核心，将过程自身视为可以产生原动力的时空场域；第二，将关系设定为过程的核心内涵，也就是确立"关系本位"的过程建构主义基本假定；第三，过程因运动中的关系而具有自身动力，过程的基本功能是"化"的能力。过程建构主义的重心在过程，过程的核心是关系。过程的意义不仅在于它可以导向结果，而且更重要的是它能够通过关系的流动孕化权力、孕育规范和建构行为体身份。过程在加强情感性关系方面，具有重要的和不可替代的意义。[①]

秦亚青强调，"关系性意味着行为体（无论是个体还是群体）首先都是关系行为体或是关系中的行为体"，而"过程的核心是关系，维持关系就是维持过程，发展关系就是推进过程，增强关系就是增强过程的动力"[②]。在安全困境中，是否可能有最低限度的合作？西方理论的回答往往是否定的。为此，秦亚青以东亚区域主义的合作为例，解读"关系—过程"的安全建构理论。他强调，基于"'舒适度'是东亚地区合作的独特规范，在整个合作过程中，作为一种关系的黏合剂，防止参与各方发生关系破裂的情景，即便在合作最困难的时期，也可以使各方关系得以最低限度的维持，使合作进程能够持续以待未来发展。维持的是关系，维护的是合作过程，这就是关系性的重要意义所在"[③]。

秦亚青基于 2018 年出版的英文著作《世界政治的关系理论》[④]，对"关系—过程论"的新进展作了精要的概述："世界政治的关系理论主张关系本体论，认为世界是由关系构成的，社会世界是由人的关系构成的，这就从根本上不同于以原子或个体为基本结构的实体本体论。据此，行为体只能是关系中的行为体，人的关系的流动形成了社会过程。关系理论以中庸辩证法为基本的认识论，彻底否认非此即彼的二元对立观点。阴阳关系构成了所有关系的原型，因此被称为元关系。阴阳关系的自然形态是和谐，阴阳关系互动因应也就是一个互融、互补、互为生命的和谐化过程。关系理论的核心是关系逻辑。社会行为体的行动首先基于关系，个体利益虽然重要，但只能在关系中被界定。不首先界定关系，则无法界定行动的理性与否，理性在社会中首先表现为关系理性。根据关系理论，社会科学的主要分析单位是关系，而不是个体。同时，世界政治中的重要概念需要再概念化。权力不能仅仅被视为

[①] 参见秦亚青：《关系本位与过程建构：将中国理念植入国际关系理论》，载《中国社会科学》2009 年第 3 期，第 86 页。
[②] 参见秦亚青：《国际政治的关系理论》，载《世界经济与政治》2015 年第 2 期，第 7 页。
[③] 同上书，第 7 页。
[④] See Yaqing Qin, *A Relational Theory of World Politics*, Cambridge: Cambridge University Press, 2018.

强制性要素，权力完全可以成为互相加强的因素；合作不仅仅是强权合作或是制度合作，而是关系合作；全球治理的对象也不再仅仅是个体国家，而是国际行为体之间的关系。"①

秦亚青的"关系—过程论"开创了有着"形上"意义的国际政治"关系理论"，颇具国际关系理论"中国学派"的代表性且在国外产生了积极广泛的影响。

（六）"新天下体系论"

"天下观"的现代转型是中国学者的一大贡献，也是中国参与打造"人类命运共同体"的重要理论支撑。2016年，赵汀阳的《惠此中国：作为一个神性概念的中国》和《天下的当代性：世界秩序的实践与想象》，使"新天下体系论"更为独到与完整。

赵汀阳认为，"天下"是三位一体结构的世界概念，由地理学意义上的"世界"、社会心理学意义上的"民心"、政治学意义上的"世界政治制度"这三重意义叠合而成。②"天下的根本性质是'无外'，即整个世界都是内部的而无外部的。"③赵汀阳指出，"天道""关系理性"和"兼容普遍主义"是"新天下体系论"的三个关键词，改变无政府状态与竞争逻辑是"新天下体系论"的宗旨所在，为此，"尽管天下概念是一个来自中国的概念，但它的意义属于世界"④。赵汀阳在《"天下"的外运用与内运用》一文中指出，中国古代周朝的封贡体系是天下方法论的"外运用"，大一统中国形成的"旋涡模式"则是天下方法论的"内运用"，而"新天下体系对'天下'方法论的运用可能会是顺序颠倒的运用，即在其外运用中采用旋涡模式去实现世界内部化，而在实现世界内部化之后就不再有漩涡中心"⑤。赵汀阳还对"中式天下"与"美式天下"进行了讨论，批评了塞尔瓦托·巴博纳斯（Salvatore Babones）的"美式天下"观，认为"新天下体系论"只能以关系理性和共在理性为基础，美国体系的价值取向是单边主义和个体理性，因而"美国体系几乎不可能转化为一个天下体系"⑥。

姚大力提出了"新天下主义：拯救中国还是拯救世界"命题，认为这取

---

① 此段内容乃是秦亚青教授专为《中国非传统安全研究报告（2017～2018）》蓝皮书的总报告所撰写。转引自余潇枫、罗中枢、魏志江主编：《中国非传统安全研究报告（2017～2018）》，社会科学文献出版社2018年版，第22—23页。
② 参见赵汀阳：《天下的当代性：世界秩序的实践与想象》，中信出版社2016年，第60—63页。
③ 同上书，第75页。
④ 同上书，第278—280页。
⑤ 参见赵汀阳：《"天下"的外运用与内运用》，载《文史哲》2018年第1期，第9页。
⑥ 赵汀阳：《天下究竟是什么？》，载《西南民族大学学报（人文社会科学版）》2018年第1期，第7页。

决于"新天下主义"着眼于中国还是着眼于世界,前者强调中国成为世界秩序的引导者,后者强调帝国主义治下的世界无政府状态必被超越。① 与"新天下主义"讨论相对应,中国学者还开展了世界主义的深入研究,如蔡拓的《世界主义的类型分析》《世界主义的理路与谱系》《世界主义的新视角:从个体主义走向全球主义》,刘彬的《世界主义对世界秩序的建构及其挑战》,王金良的《大同、国家与天下:梁启超的世界主义思想及其意义》等,阐述了"天下主义的世界主义""世界主义类型""世界主义谱系""世界主义化""人类整体主义""世界的国家"等重要范畴与理论。

(七)"有效安全论"

2014年,复旦大学《复旦中国国家安全战略报告——安全、发展与国际共进》首次提出"有效安全"的概念,指出:"一个有效国家安全战略,应该追求增强的安全、相对的安全、开放的安全、可持续的安全、全向度的安全、发展的安全、共同的安全、统筹的安全和避免过度安全化的安全。"② 该报告为突出"安全"的前置词"有效",将上下两篇的篇目定为"有效国家安全的总体战略"和"有效国家安全的领域战略",提出中国需要制定以"有效安全"为核心的国家安全战略。该报告基于"有效安全"的理念界定与分析,进一步提出了相应的可操作的具体政策建议,如"结伴不结盟""选择性的战略投入"等,并强调"有效安全需要自身主动设置安全议程,牵引而不是被牵引,集中安全和外交资源,避免安全和外交资源在被动应对中消耗"③。

复旦大学的陈志敏认为,"有效安全"体现在推进安全与发展两者之间的平衡中,特别是要实现"增强的安全和持续的发展两者之间的有机结合",与此同时,还要处理好多种多样的安全利益之间的关系。当今中国,"随着安全问题范围的扩展,如各种非传统安全问题的出现,各种安全利益之间存在重要性和紧迫性上的差异;一些安全利益更加重要,或更加紧迫,需要国家优先重视。与此同时,国家外交战略也服务其他重要国家利益,如国家的发展利益和获得国际地位等"④。

除了上述主要的理论进展外,还有一些有代表性的学术探索,如张立文的"和合论",余潇枫的以"和合主义"为理论内核的"广义安全论"(见本

---

① 参见姚大力:《追寻"我们"的根源——中国历史上的民族与国家意识》,生活·读书·新知三联书店2018年版。
② 杨小舟:《复旦智库报告:中国应在发展中追求"有效安全"》,http://ex.cssn.cn/zx/yw/201412/t20141208_1433092_3.shtml,2015年2月8日访问。
③ 同上。
④ 同上。

章第三节),余潇枫、魏志江的以"和合主义"为价值导向的"共享安全观"(见第八章)等。这些中国学者对非传统安全理论的多样化建构,形成了一个与西方非传统安全的研究与路径极为不同的,以"和合""天下""关系""共生"等极具中国思想和话语特色的非传统安全的"中国范式"。非传统安全"中国范式"的本质内容,则集中体现在"和合主义"中。

第三节 "和合主义":"广义安全论"的理论内核

一、"和合主义"的思想传承

"和合主义"(peace-cooperativism)① 是国际关系理论中正在形成的一种颇具中国特色的理论范式,也是"广义安全论"的理论内核。"和合主义"源起与形成于中国,并随着当今中国的和平崛起而逐渐成为中国建构人类命运共同体方略的理论内核并为各国所认可和重视。

易佑斌最早提出了国际关系中的"和合主义"概念,并对"和合主义"与人类命运共同体作了较深入的研究,认为"和合主义"的本体论是国际交往实践,认识论是整体主义,价值论是"中庸之道",方法论是科学方法与人文方法相契合。② 张立文提出了"和合论"与"和合学",认为如何用"和合"的"王道"化解"霸道"是当今时代对中国的最大考验,进而对学术界开展以"和合"为核心范畴的国际问题研究起到了积极的导引作用。

"和合主义"的思想渊源可以追溯到中国古代的"共存论"与"和合论"思想。《周易》明确提出了"保合太和"的安全价值目标、"万国咸宁"的共享安全理想、"协合万邦"的安全实现路径。"保合太和"作为社会安全的理想之境,生发于"易"的"和易"之义。③

资料8 《周易》的"和易"思想

"保合太和"式的以天下为怀的和合主义思想,既有着"天下太平"的统称意味,也有着"天下一家"的指称意义。在国家间的维度上,"保合太和"的价值取向是"协和万邦"基础上的"万国咸宁"。《周易·乾·彖辞传》强调:"乾道变化,各正性命;保合太和,乃利贞,首出庶物,万国咸宁。""万国咸宁"是被明确提出的天下安全的最终理想,这一理想追求也贯穿于中国

---

① "和合主义"一词的英译"peace-cooprativism"是本章作者(余潇枫)与美国波士顿大学政治学教授傅士卓(Joseph Fewsmith)先生一起探讨确定的。
② 参见易佑斌:《和合主义视域下人类命运共同体研究》,载《邵阳学院学报(社会科学版)》2017年第6期,第59—63页。
③ 参见余潇枫:《中国社会安全理想的三重解读》,载《新疆师范大学学报(哲学社会科学版)》2013年第5期,第13页。

悠长的历史演进中。与此相应，中国典籍"《尚书》中的'天命—人事'王道秩序观，《诗经》中的'华夷对峙—交融'民族文化观，《周礼》中的'天下—五方'地缘政治观和《春秋》中的'尊王—黜霸—大一统'历史哲学观"①等，都从不同程度上传承与突现了"共存论""和合论"与"王道论"的治世理念。正是中国传统文化中"和合中庸、礼让为国"的传统特点，形成了中国特色的"和而不同""兼容共存"的外交伦理原则，铸就了"协和万邦""万国咸宁"的外交目标与文化自觉。应该说，"保合太和"的社会安全理想是中国人对世界安全的独特贡献，也是中国作为一个"文明国家"（a civilization-state）对人类文明的贡献。②

中国是人类历史上最重视和最有能力以"和"为本位来维护安全的国家之一。事实上，"从传统思想文化与长程历史演进来看，中国文化中'重和'的方面是主流和整体的，'尚争'的方面是暂时的和局部的；中华文明中内敛的、防御的和合作的一面，多于扩张的、进攻的和竞争的一面。鸦片战争以后，西力东渐，中国经历了'落后就要挨打'的惨痛经历，复兴成为有识之士的共同愿景。这种复兴愿景建立在对落后苦难的同情理解之上，受'己所不欲，勿施于人'的礼制律令影响，中国复兴的立足点是解除世界上相同处境的苦难，而非对施暴者的子孙进行报复"③。从历史传统上看，"中国即使在自身实力处于优势的情况下，往往也只追求相对有限的对外目标"④。"在中央王朝与周边民族的互动中，古代中国的政治家是倾向于和；在不得不战的时候，采取的是以战促和，实现了'和'以后，则特别强调'恩'与'德'的教育和影响作用。这样的模式所体现的'和合文化'传统，在当代仍然有重要影响。"⑤ 可见，中华文明的五千年传承，证明了中国人爱和平、重防御、讲团结、求统一的安全思维与防御性国策，促成了中国人爱公平、重共存、讲中庸、求和合的安全态度与"和合主义"的价值追求。当然，"鉴于中华传统'和合'思想是在闭隘而漫长的封建社会孕育而生的，不可避免地存在着缺憾与局限，因此，我们必须从当代中国实际出发，对传统'和合'思想进行分析、梳理、甄别、遴选、再造和重释，不断赋予其时代新义，为实现中华民族伟大复兴的中国梦提供强有力的人文支撑"⑥。

---

① 杨倩如：《双重视野下的古代东亚国际体系研究——在中外关系史与国际政治学之间》，载《当代亚太》2013 年第 2 期，第 37 页。
② See Martin Jacques, *When China Rules the World*, London: Penguin Books, 2012, p. 244.
③ 马维江：《中国的"金砖梦"与"非洲梦"》，载中国社会科学院世界经济与政治研究所电子版交流材料《IPER 政经观察》第 1308 号。
④ 周方银：《中美新型大国关系的动力、路径与前景》，载《当代亚太》2013 年第 2 期，第 13 页。
⑤ 李少军：《论中国双重身份的困境与应对》，载《世界经济与政治》2012 年第 4 期，第 19 页。
⑥ 刘金祥：《"和合"思想的主要内涵与当下价值》，载《黑龙江日报》2018 年 7 月 17 日第 6 版。

资料9 "和合主义"的当代建构与实践

正是中国的"关系主义"与"整体主义"的本体论思维方式，伴随着历史上的"共存论""和合论"与"王道论"思想的传承与几千年的"外交实践"的积累，促成了中国非传统安全研究的"和合主义"范式的生成。"和合主义"的核心价值是"类生存""类伦理"与"类安全"，安全内涵是行为体间的"优态共存"，理性原则是"社会共有、权利共享、和平共处、价值共创"①，安全共同体的实现途径是行为体间的"和合共建"②。可以说，"和合主义"是非传统安全"中国范式"的本质特征。

二、"和合主义"的内涵拓展

"和合主义"作为中国式世界主义的理论，包含了体现跨越主权进行合作的诸核心范畴，如"优态共存""共享安全""安全共治""安全镶嵌""多元共赢"等。传统安全的"零和博弈"难以应对以"非军事性"为特征的"资源性"安全困境，而应对非传统安全威胁需要建构"非零和博弈"的"非传统安全共同体"，这使得"和合主义"理论对拓展多边安全合作有了宏观的指导意义。"和合主义"可以通过"安全镶嵌""非传统安全共同体建构"和"多元多边合作"的独特路径运用到实践中。

非传统安全要解决的是广义上的"场域安全"问题，因而国家之间不是"安全孤立"的，而是"安全复合"的，这决定了国家间"安全镶嵌"的必然。中国若要在不远的将来为全球安全治理做出引领性贡献，需要深化对国际社会网络关系特质的认识，针对各种"对抗式"信任危机、"竞合式"信任挑战、"疑虑式"信任难题构成的信任困境，通过"安全结构镶嵌""安全制度镶嵌""安全文化镶嵌"来化解冲突，推进中国的外交方略的实现。③ 有学者甚至认为："引发地区层次上广泛倡议的非传统安全合作，会与传统安全关注的问题（如领土完整、政治独立、国家主权）相竞争，甚至有助于帮助消除传统安全所关注问题的集体行动困境。"④

各类安全合作机制在本质上都是"嵌入型"的公共产品，因而"非传统安全共同体"的建构是"安全镶嵌"的一种重要实现形式。余潇枫认为，非传统安全共同体可以被定义为："基于优态共存与共享安全原则建立起来的跨

---

① 余潇枫：《国际关系伦理学》，长征出版社2003年版，第203页。
② 余潇枫、潘一禾、王江丽：《非传统安全概论》，浙江人民出版社2006年版，第361—362页。
③ 参见余潇枫、周冉：《安全镶嵌：构建中国周边信任的新视角》，载《浙江大学学报（人文社会科学版）》2017年第1期。
④ Mely Caballero-Anthony（ed.），*An Introduction to Non-Traditional Security Studies：A Transnational Approach*，London：Sage Publications Ltd.，2016，p. 48.

国应对非传统安全威胁的行动集合体。这种行动集合体具有设定议题、分配资源、平衡权力、共商措施和推进实施的功能。"① 非传统安全共同体是非传统安全合作的成熟阶段和理想模式,"与传统安全共同体相比较,非传统安全共同体不是封闭排他的而是开放相容的;不是相互制约且屈服于霸权的,而是相互学习共商共享的;不是局限于国家安全的,而是除国家安全外还关注世界安全、社会安全与人的安全的;不是以国家行为体为主角的,而是国家行为体和非国家行为体'合作共赢'的大平台"②。

为了更好地理解非传统安全共同体的国际合作模型,余潇枫对多边主义进行了理论深化,认为双边与多边合作还可以再细分为"单元性"或"多元性"的双边与多边合作。形式上多边,实质上由某个霸权国持有否决权的多边合作是"单元多边合作",它呈现的是"多个国家,霸权世界"。形式上多边,实质上发挥主要作用的行为体不持有否决权的民主化的多边合作是"多元多边合作",它呈现的是"多个国家,和合世界"。同样,"单元双边合作"是不考虑第三方的跨国合作,其呈现的是"两个国家,一个世界"。"多元双边合作"则在考虑双方国家利益的同时,还考虑双边行动的外溢性而照顾第三方乃至更多方。由于非传统安全威胁的跨国性质,基于"多边考虑"的双边行动,或基于"多元考虑"的多边行动更具有优先性与普适性。余潇枫认为,"多元多边合作"是基于"和合主义"理念的非传统安全合作最优模式,因为这种多边多元合作中没有国家持直接否决权,各国之间聚焦于观点的综合性与制度结构的多边性,行动决议首先考虑的是国际因素与国家主权的相对让渡。③

三、"和合主义"与"广义安全论"

"和合主义"是实现"广义安全论"的理论内核。冷战结束以来,高于国家层次和低于国家层次的各类非传统安全威胁层出不穷,并形成对人类安全的全方位、多层面、长时段的挑战;而"人的安全""总体国家安全观"概念的相继提出,则标志着"广义安全"已经成为国际社会与中国政府的共识。"广义安全"的视角认为,非传统安全是一种"场域安全"意义上的"类安全",既包含个体安全,也包含集体安全与人类安全;既包含国家安全,也包

---

① 余潇枫、王梦婷:《非传统安全共同体:一种跨国安全治理的新探索》,载《国际安全研究》2017年第1期,第13页。
② 同上。
③ 参见余潇枫、〔英〕露丝·卡兹茉莉:《"龙象并肩":中印非传统安全合作》,载《国际安全研究》2016年第3期,第16—17页。

含人的安全、社会安全、全球安全。"广义安全"在三个维度上对"安全"进行扩展：一是在指涉对象维度上深化，超越了"国家安全"作为唯一的基本单元或中心；二是在领域设定维度上拓展，使"低政治"的非传统安全领域进入国家安全议题之中；三是在价值整合维度上融合，使"安全与发展""安全与正义""安全与自由""安全与解放"成为安全理论研究的复合性议题。①

通过对"和合主义"与"广义安全论"的关联性阐述，我们试图为安全研究重新设定本体论与方法论基础。人类作为具有"类群"规定性的类存在物，在共时态中是"共生""共存""共建""共享"的，再从部落、部落联盟、国家、国家联盟、超国家共同体且正走向更大的"命运共同体"的过程来看，人类在历时态中有"共同体演进"的特征，根据人类冲突与合作的类群发展历程，可以画出一条沿着"冲突与合作"的回落与上升的"安全抛物线"，人类总体上在"战争—竞争—竞合—和合"的"安全抛物线"上不断地往"和合"的方向发展（见图7-4）。②

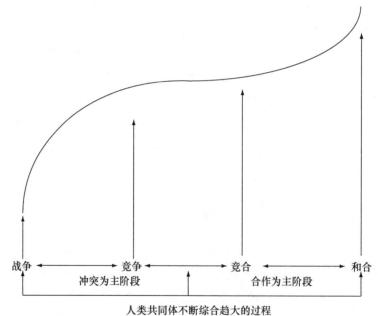

图7-4 "广义安全"的抛物线模型

这一抛物线可以分为两段，"下抛物线"（图7-4左下边的上升部分）是冲突为主阶段，其中又在总体上分为"战争"与"竞争"两个阶段；"上抛物线"（图7-4右上边的上升部分）是合作为主阶段，其中又在总体上分为"竞

---

① 参见余潇枫：《和合主义："广义安全论"的建构与可能》，载《南国学术》2018年第1期。
② 同上书，第7页。

合"与"和合"两个阶段。在"和合"之前的"竞合",是既竞争又合作,是"和合"的基础性阶段或初级阶段。这一安全抛物线表明了人类以"类群—和合"为必然本质的历史走向,对人类来说冲突只有相对的意义,冲突不是人类的总体本质,"类群—和合"才是人类的总体本质,从而为"广义安全论"的建构提供了理论依据。① 联合国"人的安全"范畴的提出和中国"总体国家安全"范畴的提出,是"安全"从狭义走向广义的重要标志。寻求"适然性安全境界"是建构"广义安全论"的目的所在,也是"和合主义"的价值依据所在。

资料 10 "广义安全论"研究

当然,"广义安全论"并不排斥特定语境下的"狭义安全"。"广义安全论"的建构只是试图凸显"和合主义"的"合规律性"与"合目的性"。"和合主义"超越了传统安全的主体、议题、范围与路径,不仅把"安全"与"发展"关联起来了,还把"安全"与"正义"、"安全"与"自由"、"安全"与"解放"关联起来了。以"安全"与"发展"的关系为例,安全与发展是互为前提和条件的,但在广义论的视角下,安全才是发展的前提、目的与实质。再以"安全"与"正义"的关系为例,"和合主义"不是"和稀泥",而是随时需要有强大正义的力量来面对不正义的邪恶,或者随时需要有维护正义的勇气来和解非正义的冲突。余潇枫在《"质量安全"与新型国际关系构建》②《中国未来安全的重要议题:质量安全》③《核正义理论与"人类核安全命运共同体"》④ 和《基于话语分析的广义"去安全化"理论建构》⑤ 等文章中进一步运用了"和合主义"理论与"广义安全论"视角,把"质量安全""核能安全""话语安全"置于"本体安全"的高度进行考察,以推进对非传统安全的深入研究。

正如国际关系理论中的现实主义、自由主义都是多种相关理论的"集合",⑥ 因而作为中国国际关系理论范式的"和合主义"也是以"理论群"的形态来表现的,应该说"和合主义"是一个"理论体系"或"理论家族",

---

① 参见余潇枫:《和合主义:"广义安全论"的建构与可能》,载《南国学术》2018 年第 1 期,第 7—8 页。
② 参见余潇枫、潘临灵:《"质量安全"与新型国际关系构建》,载《国际观察》2018 年第 2 期,第 16—34 页。
③ 参见余潇枫:《中国未来安全的重要议题:质量安全》,载《人民论坛·学术前沿》2018 年第 8 期,第 52—60 页。
④ 参见余潇枫、陈佳:《核正义理论与"人类核安全命运共同体"》,载《世界经济与政治》2018 年第 4 期,第 69—89 页。
⑤ 参见余潇枫、张伟鹏:《基于话语分析的广义"去安全化"理论建构》,载《浙江大学学报(人文社会科学版)》2019 年第 4 期,第 19—33 页。
⑥ "在有关国际关系理论和国家安全战略的争论之中,现实主义占据着中心地位,它却不是一个单一、界定清晰的理论,而是一个包含多种理论和论点的大家族。"参见〔英〕阿兰·柯林斯主编:《当代安全研究(第三版)》,高望来、王荣译,世界知识出版社 2016 年版,第 17 页。

本章第二节所介绍的中国学者的理论建构，其实都是对"和合主义"的不同侧面的重要贡献，而正是通过"可持续安全论""国际共生论""创造性介入论""道义—实力论""关系—过程论""新天下体系论""有效安全论"以及"广义安全论"等的多维度阐发，使得"和合主义"这一"中国范式"更具丰富的内涵与广阔的前景。

▶ 思考题

1. 中国非传统安全研究的阶段特征是什么？
2. 中国非传统安全研究的理论建构有哪些代表性观点？
3. 为什么"和合主义"可以被视为非传统安全研究的"中国范式"？

▶ 讨论题

1. "和合主义"的思想传承脉络是什么？
2. "和合主义"与"广义安全论"的关系如何？

▶ 推荐阅读书目

1. 廖丹子：《中国非传统安全研究40年（1978—2017）：脉络、意义与图景》，载《国际安全研究》2018年第4期。

2. 阎学通、徐进编：《中国先秦国家间政治思想选读》，复旦大学出版社2008年版。

3. 秦亚青：《关系与过程：中国国际关系理论的文化建构》，上海人民出版社2012年版。

4. 余潇枫：《和合主义："广义安全论"的建构与可能》，载《南国学术》2018年第1期。

5. ［英］巴里·布赞、［丹麦］琳娜·汉森：《国际安全研究的演化》，余潇枫译，浙江大学出版社2011年版。

6. Mely Caballero-Anthony (ed.), *An Introduction to Non-Traditional Security Studies: A Transnational Approach*, London: Sage Publications Ltd., 2016.

第八章 非传统安全研究的中国范式（下）

> **导 读**
>
> 与西方的"原子主义"本体论思维方式和"二元对立"的方法论立场不同，中国的"关系主义"与"整体主义"形成了中国独特的安全思维方式与安全实现路径。如果说"和合主义"是非传统安全的"中国范式"，那么"共享安全"理论则是"和合主义"在安全领域中的具体运用，也是非传统安全研究"中国视域"形成的标志。"共享安全"的本质是行为体之间共存、共优与和平、和解、和谐及和合状态的相互保持与享有，显示了中国学者对非传统安全维护方略与求解人类生存危机的探索，既反映了"和合主义"之"中国范式"在历史与文化上连续、统一的内在特质，也反映了"共享安全"之"中国视域"作为一种全球化时代的安全理念与战略性话语，既是中华民族独特思维方式的凝聚，又是人类普世精神共有特性的表达。

第一节 "共享安全"："和合主义"的运用

一、非传统安全研究"中国视域"形成的语境

（一）社会语境

随着中国国家综合实力的不断增强，中国的崛起和发展已经越来越受到国内外的关注和重视。改革开放以来，中国社会经济得到了飞速发展，建立了现代化的工业文明体系，社会经济结构实现了质的升级。同时，中国作为世界第二大经济体，已经越来越融入世界经济体系，并对世界经济格局产生

重大影响。在政治、经济、文化、社会、环境等广泛领域全面深化改革，致力于建立现代国家的治理体系，而非传统安全治理能力建设，也成为中国国家社会政治建设的重要环节。与此同时，中国在国际社会中的地位和影响力不断提升，一方面，兼容并包、自信开放，主张融入国际体系，以适应全球化和区域一体化的趋势；另一方面，中国也积极参与和逐步主导国际政治、经济秩序的重塑，并以中国的思维、理念、范畴建构和传播中国的国际话语体系。在区域和国际安全领域，中国提出并积极倡导共同安全、综合安全、合作安全、可持续安全的"亚洲安全观"，搭建地区安全合作新架构，主张努力走出一条共建、共享、共赢的亚洲安全之路。"共享安全"已经正式成为中国"亚洲新安全观"的核心，并成为中国对外安全方略的重要指导。中国的和平崛起和发展，迫切需要构建中国的非传统安全理论体系，而中国的国际影响力不断增强，也迫切需要在国际非传统安全研究领域构建具有中国理论范式和话语体系的中国非传统安全理论流派。这为非传统安全理论研究的"中国视域"与"中国话语体系"的形成，奠定了国内和国际的社会基础。

（二）理论语境

非传统安全研究"中国视域"的形成，不仅具有深厚的社会背景，也是中国学术界长期在接受、阐释和运用西方非传统安全理论的基础上，结合中国古代优秀的文化典籍中有关的非传统安全思想进行挖掘、分析和研究的结果。20 世纪 80 年代以来，中国高校恢复了国际关系等课程的设置和教学。但是，中国的国际关系研究长期停留在译介、吸收西方的国际关系理论，并以西方的国际关系理论解释和研究中国的国际问题，因而缺乏理论的主体性和创造性。"随着研究的深入，人们开始认识到，西方特别是美国国际关系理论虽具有普遍的解释力，但并不能完全解释和应用到许多与中国相关的问题上来，甚至完全的西方视角或西方中心论，也容易引发西方对中国的误读、误解甚至偏见。"[①]

因此，中国学术界开始致力于创建和探索中国特色的国际关系理论：以阎学通等学者为代表的"清华路径"，以中国传统的"王霸思想"为核心，提出了道义现实主义理论，较早地开启了对中国传统的国际关系理论的探讨和研究。秦亚青则以中国传统社会中的核心概念——"关系"为视角，结合西方建构主义理论，创建了以"关系"为核心的进程建构主义，并以此形成了

---

① 王江丽：《中国国际关系研究的历史转向》，载《浙江大学学报（人文社会科学版）》2013 年第 4 期，第 80 页。

国际关系研究的"中国学派"理论。① 以黄平、苏长河、金应忠、任晓等学者为代表,主张中国国际关系理论研究应该走自主发展之路,并提出了以"共生"理论为基本内容的"复旦模式"或"上海学派"。② 而王逸舟的"创造性介入论"、赵汀阳的"新天下体系论"等都有其对国际关系理论"中国学派"的贡献。无疑,中国学者对国际关系理论的丰富建构,尤其是对"中国学派"的探索,为非传统安全研究"中国话语体系"的形成奠定了宏观的国际关系理论的学术基础。

与其他中国学者积极探索中国特色的国际关系理论的同时,从事非传统安全研究的中国学者,在批评、借鉴并超越西方非传统安全理论的基础上,也开始了对非传统安全研究有关中国理论范式和思想渊源以及外交实践的探讨。中国有学者认为,西方非传统安全理论具有三大缺陷,即"一是以'原子主义'为特征的本体论局限,二是以'二元对立'为特征的方法论局限,三是以'西方中心'为特征的价值立场局限"③,因而西方的非传统安全理论在超越传统安全困境的同时,难免又会在不同程度上陷入新的困境,也难以避免所谓"修昔底德陷阱"。同时,中国非传统安全问题的特殊性和应对方略的独特性,要求中国具有契合自身安全情景的非传统安全理论。这就使得不少中国学者从非传统安全理论的研究中开拓新的理论视野,并对西方非传统安全理论进行反思与超越,建构中国特色的非传统安全理论。

2013年,国际关系学院国际战略与安全研究中心、《国际安全研究》杂志在北京召开了以"共享安全与全球治理"为主题的国家安全论坛,基于"共享安全"的思想对话已经启动。2014年,余潇枫发表了《共享安全:非传统安全研究的中国视域》④ 一文,在审视西方非传统安全研究的七大学术流派的基础上,以中国历史哲学为基础,较系统地阐述了与西方"建构安全"相对的"共建安全"的安全理论,具体化了"和合主义"的内容,并论证了"共享安全"理论的确立不仅是安全指涉对象的扩展和转型,而且也是非传统安全研究"中国视域"理论本质、价值维度、话语体系创新的体现。魏志江进一步认为,"共享安全""中国视域"的形成与运用,可以作为非传统安全研究"中国学派"初步形成的标志。2015年,魏志江在《非传统安全研究中"共享安全"的理论渊源》一文中系统阐释了"共享安全"理论所具有的充分

---

① 参见秦亚青:《国际关系理论的核心问题与中国学派的生成》,载《中国社会科学》2005年第3期,第165—176页;秦亚青:《关系与过程:中国国际关系理论的文化建构》,上海人民出版社2012年版,第33—58页。
② 参见任晓:《走自主发展之路——争论中的中国学派》,载《国际政治研究》2009年第2期,第15—28页。
③ 余潇枫:《共享安全:非传统安全研究的中国视域》,载《国际安全研究》2014年第1期,第20页。
④ 同上。

的历史哲学、政治思想渊源和外交实践基础,并认为这进一步明确了以"共享安全"为核心的非传统安全研究之"中国学派"的理论框架。① 此外,中国提出的"亚洲新安全观"强调应该积极倡导共同安全、综合安全、合作安全、可持续安全的"亚洲安全观",创新安全理念,搭建地区安全合作新架构,努力走出一条共建、共享、共赢的亚洲安全之路。可以说,无论是共同安全、综合安全、合作安全,还是可持续安全,都是以"共享安全"为其价值基点。因此,魏志江认为,"共享安全"不仅成为中国对外安全方略的重要指导性理念,也成为非传统安全研究"中国学派"理论体系的核心内容。

(三)"共享安全"理论的意义

余潇枫认为,在国际社会的安全共识不足、安全观念冲突、安全战略矛盾、安全策略竞争以及全球性非传统安全威胁的体系性应对缺失的众多难题中,最难也是最关键的是对"异质性"冲突的超越。或者说,"共享安全"的困境"便是如何对待现存的不同层次的'异质性'因素:既包括'文明'、'文化'、'宗教'、'民族'、'社会'等种种'异质'的历时性遗在,也包括因历史、地缘、利益、资源、制度、方式甚至误解引起的冲突与对抗而转化成的'异质'的现时性此在,也包括因对未来走向持有不同图景与追求的'异质'的可能性彼在"②。一般说来,美国惯用自己的善恶去判定美国与别国之间的"异质性"冲突,较多采用的是对"异质"世界的独断与强制的策略;欧洲的国际安全观与安全政策有其自身较为包容与共享的特色,面对"异质性"冲突较重视"契约式安全""机制化安全""法理性安全"的路径;而中国的"命运共同体"意识、"和平发展"方略、"和谐世界"愿景以及"亚洲新安全观"和"总体国家安全观"的提出与贯彻等,均呈现了对"异质性"冲突进行非暴力消解的中国式努力。

魏志江认为,在国际安全研究领域,现实主义的安全理论主要是通过均势、联盟或霸权手段,相互间进行实力博弈,以维持单一国家或联盟的所谓"和平";自由主义、建构主义的安全理论,其基本内容和范式均是建立在西方单一国家相互建构安全的基础上,以实现和平主义的价值取向;而"共享安全"理论则以中国历史哲学与政治思想为基础,以东亚传统的安全实践为传承,以期中国与国际社会通过"共存""共依""共建""共享"的努力,为自身面临的"崛起困境"与避免陷入"修昔底德陷阱"而探求新路。

---

① 参见魏志江:《非传统安全研究中"共享安全"的理论渊源》,载《国际安全研究》2015年第3期,第52—67页。
② 余潇枫:《共享安全:非传统安全研究的中国视域》,载《国际安全研究》2014年第1期,第31页。

"共享安全"理论的提出具有重要意义：一是体现了非传统安全研究的广义安全理念。"共享安全"理论极大地超越了现实主义安全研究的困境，从"共享安全"的共存、共建、共享和共赢的角度，为中国提出的总体安全、合作安全和共同安全等新安全观奠定了理论基础。二是体现了非传统安全研究的场域安全理念，在取代西方安全理论研究中的"二元对抗"或"二元冲突"的安全研究逻辑的同时，该理论极大地拓展了非传统安全研究的场域，标志着学术界的安全研究，已经从重点关注以主权和领土纷争为导向的政治、军事安全，多层次地向经济、社会、环境、文化等人的生存性权利转变，体现了非传统安全研究中从消极安全到积极安全的转变。三是体现了非传统安全研究在理论研究上的历史转型，即通过对中国传统的历史文化典籍和丰富的传统安全思想的挖掘、阐释和运用为基础，努力建构具有中国特色的非传统安全研究的理论体系，并建构非传统安全理论研究的中国话语体系。"共享安全"不仅是我们考虑国内安全的重要价值尺度，也是非传统安全研究"中国声音"参与国际社会安全理论对话和解决非传统安全问题的新价值立场，也将是建构"全球命运共同体"和全球安全治理体系的重要理论支撑。

二、"共享安全"理论的主要内容

"共享安全"理论作为体现"中国视域"的非传统安全研究的基本理论，其主要内容集中体现在如下几个方面：

首先，以人类共同体作为安全的中心立场，体现安全的社会共有性。冷战后，随着经济全球化和区域一体化的不断发展，人类社会的相互依赖性日益加强，安全已经超越了国家领土、主权边界，从对国家的主权威胁转化为对人类生存和发展的共同威胁，尤其是在国际社会工业化、城镇化、市场化和国际化的进程中，金融危机、能源危机、环境生态恶化、食品问题、大规模传染性疾病、难民、海盗、毒品走私和恐怖主义以及其他跨国境犯罪等已经对整个人类的生存和发展构成了威胁。因此，"共享安全"以人类共同体作为安全的基本主体，体现了人类共同安全是国际社会任何国家和民族都必须共同追求的。

其次，以人的生命保护作为安全的价值基点。"共享安全"强调安全的重心由单一的国家安全转变为人的安全、社会安全与国家安全、全球安全并重，安全的价值中心由强调领土与主权转变为强调国民生存状态与人权，凡是对人的权利、尊严、健康、生命价值以及生存状况构成威胁的，都应该纳入非传统安全研究的范畴，要将人的生存和发展作为安全的根本。这不仅体现了人的安全的价值立场，而且也体现了安全主体范围的拓展与转换，揭示了人的安全才是国家安全的本质和基础,国民安全才是国家安全的核心。

再次,以社会的安宁和繁荣作为安全的优先目标。"共享安全"本质上是指行为体之间共存、共优与和平、和合状态的相互保持与享有。① 安全的目标指向已经不仅仅是为了摆脱传统的国家军事和政治的主权性威胁,而是超越了传统安全的国家政治和军事安全的边界,将安全目标提升到社会的平等与社会的安宁和繁荣。安全意味着不再存在贫困、疾病等生存性威胁,而是倡导社会文明以及价值观的多元性与包容性。

最后,以和谐共建与合作共赢作为国家间安全互动的至上原则。"共享安全"理论主张,非传统安全的普遍性、复合性、多维性和广义性以及与传统安全相互交织等特点,使得非传统安全问题更多地与风险、危机、灾难、紧急状态以及其他生存性威胁相关联,也使得国家安全与人的安全、社会安全、全球安全相互联系与转换。因此,"非传统安全成了全球紧缺的公共产品,这一公共产品的生产需要共建,而这一公共产品的使用则是共享的"②。所以,必须"超越当前国际社会在安全共识不足、安全观念冲突、安全战略矛盾、安全策略竞争以及应对影响人类生存环境和生存状态的全球性非传统安全挑战的体制滞后等现实困境,这就必然需要通过共建以达成共享"③。

运用中国"和合主义"范式于安全领域的"共享安全"理论,凝聚了中华民族传统的独特的思维方式和安全思想智慧的结晶,也体现了全球化时代国际安全理念的战略性话语的创新。作为国际社会具有普适性的新的安全话语体系,"共享安全"理论具有三个方面的特点:

第一,在研究范式上,"共享安全"理论体现了以人为本,重视人类安全和国家安全并重的价值取向,体现了人的安全和社会的安宁、繁荣乃是国家安全之根本,也是维护国家安全的根本目标。一方面,人的安全是国家安全的基础和国家安全合法性之所在;另一方面,国家安全也是人的安全的基本保障,国家安全必须以促进人的安全为最终价值指向。

第二,"共享安全"理论以中华民族传统思维的整体性为视角,体现了综合安全和合作安全以及可持续安全的新理念。"共享安全"理论强调的是跨国家和跨民族区域的整体性安全,政治安全、军事安全与人的安全、经济安全、社会安全、环境安全、文化安全等相互联系,交叉渗透,不仅边界日益模糊,

---

① 关于"共享安全"的定义,由 2014 年 8 月 23 日余潇枫教授在中山大学荣光堂与魏志江教授讨论议定,可参见余潇枫:《共享安全:非传统安全研究的中国视域》,载《国际安全研究》2014 年第 1 期。
② 余潇枫:《共享安全:非传统安全研究的中国视域》,载《国际安全研究》2014 年第 1 期,第 30 页。
③ 同上书,第 31 页。

而且在一定条件下，传统安全与非传统安全可以相互转化。因此，必须打破传统安全和非传统安全以及不同的安全场域的边界，以整体性思维对安全问题进行综合治理和应对，实行综合安全和合作安全，安全才能得到可持续发展。

第三，"共享安全"理论在国际安全领域强调"共生""共建""共赢"与"共享"的相互责任型的人类安全命运共同体思想。随着近代西方世界民族和主权国家观念的兴起，以个体主权国家为单元的国际安全体系得以形成，而每个国家对自身安全的绝对谋求，导致了国家间互为安全威胁，因而为了解决西方国家间的安全困境，不得不以均势体系或军事同盟体系、霸权体系来维护国家安全。"共享安全"理论不仅避免了陷入"霸权稳定体系"的安全困境，而且也是自由主义有关相互依赖的安全理论和建构主义有关区域安全复合体理论的进一步升华。

"共享安全"理论主张共同认知安全威胁、共同建构安全框架、共同享有安全利益。因此，"共享安全"理论是国际社会打破西方世界"修昔底德陷阱"之安全困境的理论创新。在共建人类命运共同体的努力中，要更多地遵循"共享安全"，在处理国家之间的关系时秉持不冲突、不对抗、相互尊重、良性互动和合作共赢以及兼顾他国的安全关切和合理利益，追求安全环境的"共存"，实现安全的"共治""共享"和"共赢"。

三、"共享安全"理论的研究路径

"共享安全"理论作为体现非传统安全研究"中国视域"的理论创新，具有自己较为独特的研究路径：

资料1　共享安全与人类命运共同体

第一，对中国典籍中有关非传统安全的思想进行挖掘、阐释，并以此为基础进行运用性研究，这也是国际关系研究中的"清华路径""北大特色""复旦学派"开展的思路。"共享安全"理论建立在对中国传统的安全思想和理念充分挖掘、阐释的基础上，赋予其当代的意义，并以中国传统的哲学和政治学中有关国家安全的理念分析国际安全中的"共生""共建""共赢"和"共享"。目前，"共享安全"的研究尤其注重从先秦诸子百家学说中吸取有关思想，以《周易》中提出的"保合太和""万国咸宁""协和万邦"等理念作为研究安全的价值目标和实现安全的路径，以"保合太和"等思想所体现的"共存论"与"和合论"作为"共享安全"理论的思想渊源和研究路径。

第二，中西方理论的比较研究路径。"共享安全"理论不仅是从中国典籍中寻找理论渊源并加以运用，而且充分关注和批判地继承了西方当下有关非传统安全的理论流派及其研究成果，注重从中西方非传统安全的理论对比中展开研究，在探索中西方非传统安全研究理论异同性的基础上，进一步开拓和丰富"共享安全"的丰富内涵和普适价值。应该说，西方的建构主义安全研究的"安全互构说"、哥本哈根学派的"安全化理论"、后结构主义安全研究的"话语安全说"的扩展与深化，为非传统安全问题纳入安全研究领域开辟了路径，并为后来的人的安全研究、女性主义安全研究、批判安全研究、后殖民主义安全研究的构建提供了理论先导。而"共享安全"理论就是在分析西方非传统安全理论流派的基础上，对安全的研究指涉对象和实现路径进行了重新思考和创新，从而突破了西方以"原子主义"为特征的本体论局限和以"二元对立"为特征的方法论局限，打破了西方中心论的路径。

第三，多学科、交叉性的综合研究路径。"共享安全"理论强调非传统安全研究的整体性和综合性，强调多学科、综合性、交叉性研究，并主张不仅需要自然科学的抽象思辨能力，而且更需要社会科学中哲学、伦理学、政治学、历史学和国际关系学等多学科的研究基础和方法论，并需要运用古汉语和多种外国语解读并分析中国古代典籍和西方国际安全研究的成果。

第二节 "共享安全"理论的思想渊源

一、"共享安全"理论的历史哲学渊源

第一，中国古代的思想家提出了"保合太和"与"和而不同"的理念，阐述了以冲突、对立为前提，且冲突与和谐相互转化的和谐、"和而不同"等理念。《左传·昭公二十年》记载了春秋时期政治家晏子对"和"的阐述："和如羹焉，水火醯醢盐梅以烹鱼肉，燀之以薪，宰夫和之，齐之以味，济其不及，以泄其过。君子食之，以平其心。"①《左传·昭公二十年》还记载了晏子与齐景公以上述烹调和音乐为例来阐述"和"与"同"之区别："君所谓可，据亦曰可；君所谓否，据亦曰否。若以水济水，谁能食之？若琴瑟之专一，谁能听之？同之不可也如是。"② 所以，"和"是以对立、差异为前提，并非指单一事物或同质之物，而是对立物或差异物的互相协调或转化。③ 先秦古籍中的"和"字，今义可引申为表达"安全""和平"的意涵。显然，所谓"和"，乃是指相反的物质经过相互之间的依存联系以达到新的和谐，即"和"是以"不同"为前提的。因此，要达成事物的和谐，其前提是必须承认事物的不同和差异，这样以不同作为"和"的基础，才能实现天下大同和国际和平。

---

① 蒋冀骋点校：《左传》，岳麓书社2006年版，第288页。
② 同上。
③ 参见刘泽华主编：《中国政治思想史（先秦卷）》，浙江人民出版社1996年版，第97页。

第二,《周易》中有关"阴阳协和""相反相成"等整体性思想以及传统哲学中的"生态安全"和"可持续发展"的理念,是"共享安全"的重要理论来源。《周易》将自然界和人类社会的所有现象及其发展变化,以相反相成、相互对立统一的阴阳六十四卦加以阐述,揭示了世界宇宙相反相成的整体性和既对立又统一的协调性。董仲舒进一步将阴阳五行学说用于阐述天、地、人之间的相互对立和相互联系的统一性,并提出了"天人感应"论。

第三,中国历史哲学中对粮食和食品安全的论述,也体现了"共享安全"理论所主张的安全行为体的"优态共存"及其对安全的"共有""共存"和"共建""共赢"。中国古代哲学家、思想家十分明确地阐述了粮食和食品安全作为人类社会共同的安全领域应该进行安全合作,即安全的"共存"和"共建",即使是发生冲突乃至进行战争的国家,在粮食安全等非传统安全领域也应该进行合作。据《左传》记载,百里奚"对曰:'天灾流行,国家代有,救灾恤邻,道也。行道,有福。'丕郑之子豹在秦,请伐晋。秦伯曰:'其君是恶,其民何罪?'秦于是乎输粟于晋"①。由此可见,保障粮食安全,不仅是一国范围内的事情,也是国际社会的共同责任,解决粮食和食品安全问题必须进行跨国境的区域合作,这样才能保障国家安全和社会可持续安全。这也体现了"共享安全"理论中有关国家行为体(即使是对立冲突的行为体)也具有安全利益的相互依赖性的观点,在"共有""共存"的非传统安全领域,必须进行跨国境的安全合作,才能实现安全行为体的"优态共存"。

第四,儒家哲学理念的"忠恕"思想为"共享安全"理论提供了又一哲学坐标。何谓"忠恕"?"己欲立而立人,己欲达而达人",构成了"忠恕之道"的核心。"共享安全"理论中有关安全行为体的"共建""共享"等"共同安全观",所体现的本质目标是建立"安全命运共同体"。因此,只有把"忠"与"恕"统一起来才是仁道,也是"共享安全"理论所体现的亚洲命运共同体架构下各安全行为体的"共存""共建"和"共享""共赢"。"共享安全"理论所确立的"社会共有、权力共享、和平共处、价值共创"的整体性安全思维和安全价值取向,尤其是安全领域中的非传统安全合作,恰恰为国家的安全利益提供了相互依存和共同安全的连接点。因此,儒家哲学中的"忠恕之道"为"共享安全"理论奠定了以"共建""共存""共享"为核心的安全观的又一哲学基础,而践行中庸之道,则成为实践"共享安全"理论的基本路径。

二、"共享安全"理论的政治思想渊源

"共享安全"理论具有深厚的哲学思想渊源,而儒家的王道政治和"亲仁

资料2 共享安全与忠恕之道

---

① 蒋冀聘点校:《左传》,岳麓书社2006年版,第54页。

善邻"的和平主义价值思维则构成了其政治思想基础。

第一，基于"王道政治""仁政"，"以人为本""民为邦本"的国家治理传统，为"共享安全"理论奠定了"仁""民"等政治思想基础。孟子主张行"王道"，反对"霸道"，他认为只有"王道"才能一统天下。那么，如何才能行"王道"？孟子提出行仁政、"保民而王"，即"以不忍人之心，行不忍人之政，治天下可运之掌上"①；使民"仰足以事父母，俯足以畜妻子"，"养生丧死无憾，王道之始也"②。"王道政治"的核心是"以人为本""民为邦本"，而"共享安全"理论内涵的核心之一，是"以人类共同体作为安全的中心立场，以人的生命保护作为安全的价值基点"③。所以，"王道之治"，无疑构成了"共享安全"理论重要的政治思想基础。

第二，中国传统政治思想中的和平主义外交理念和睦邻、善邻的外交政策，为"共享安全"理论奠定了和平、和谐和合作的政治思想基础。由于国家利益的"异质性"，国际安全行为体之间的冲突乃至战争时有发生。为了实现和平的目标，先秦时代，中国著名的政治思想家们提出了一系列和平主义的外交理念。墨子谓："若使天下兼相爱，爱人若爱其身……视人国若其国，谁攻……故天下兼相爱则治，交相恶则乱。"④ 墨子进一步论述"非攻"曰："以此三圣王者观之，则非所谓'攻'也，所谓'诛'也……今若有能以义名立于天下，以德求诸侯者，天下之服，可立而待也。"⑤ 墨子的"兼爱""非攻"思想，无疑奠定了"共享安全"理论的和平主义的价值前提。贾谊谓："今汉帝中国也，宜以厚德怀服四夷，举明义，博示远方……"⑥ 所以，即使是汉之敌国匈奴，也应该以"厚德""仁爱"的原则与其交往，不宜穷兵黩武。

第三，中国古代的政治思想家提出的"交邻有道"和"信义为本"的国际规则，以"安四邻"作为"共建""共享"国家安全利益的基本原则。管子谓："审吾疆场，而反其侵地，正其封疆，无受其资。而重为之皮币，以骤聘眺于诸侯，以安四邻，则四邻之国亲我矣。"⑦ 以德服人，"共享安全"，才能建立符合有关国家安全利益、公正合理的国际秩序。季文子谓："大国制

---

① 朱熹注：《孟子》，上海古籍出版社1987年版，第24页。
② 同上书，第6、11页。
③ 余潇枫：《共享安全：非传统安全研究的中国视域》，载《国际安全研究》2014年第1期，第33页。
④ 唐敬杲选注：《墨子》，商务印书馆1947年版，第22—24页。
⑤ 毕沅校注：《墨子》，上海古籍出版社1995年版，第74页。
⑥ 贾谊、扬雄：《贾谊新书 扬子法言》，上海古籍出版社1989年版，第30页。
⑦ 《国语》，商务印书馆1958年版，第83页。

义，以为盟主，是以诸侯怀德畏讨，无有二心……信以行义，义以成命，小国所望而怀也。信不可知，义无所立，四方诸侯，其谁不解体？"① 所以，诚信和国家之间的信赖关系，不仅是一个国家塑造其和平、理性的国际形象的基本手段，而且关系到国家的存亡；信义不仅是国家之间建立信赖关系的基础，更是实现国家安全利益的基础。

第四，近代的资产阶级革命家也将"王道政治"、行"仁政"以及反对"霸道"作为维护国际和平的主要理论依据。孙中山认为："中国一旦恢复了自主权，进入主要强国之列，将以恢复中国儒家传统外交政策为己任"②。因此，处理国家和民族关系，解决国际安全问题，必须以公理、"王道"反对强权、"霸道"。"王道政治"的核心，即是儒家传统的"民为邦本"的民本主义。"共享安全"理论是中国历代政治思想家有关"王道政治"和民本理念的继承和发展，它既是以"人的安全"为核心的人类安全共同体的价值观的体现，也是以"和合主义"为思维原则、以睦邻善邻为导向的"共建""共享"安全的政治思想的体现。

第三节 "共享安全"理论的实践路径

一、"共享安全"理论的外交实践传承

东亚传统的安全体制是以中国王朝为中心，东亚周边国家"共存""共建"和"共享""共赢"安全利益为基础的国际安全体制。而构成东亚传统的国际安全体系的安全规范或机制，即是东亚史上延续了两千余年的宗藩体制。宗藩体制为起源于先秦时期的以周天子为中心，以周天子与诸侯、卿大夫等层层册封和朝贡而形成的畿服制度，秦汉以后遂成为中国与藩属国建立封贡关系的基础，并成为"共享安全"理论在东亚传统的"外交实践"基础。

宗藩体制具有典型的共建、共享安全的结构特征，即所谓"事大"与"字小"的安全利益的"共存""共建"和"共享"，也是与天下"共治"的安全结构。正所谓"所贵圣人之治，不贵其独治，贵其能与众共治"③。在东亚宗藩体制的安全体系内，各国际行为体相互"共建""共享"安全利益，并形成相互依赖的东亚国际安全结构。虽然中国是宗藩体制内的主导力量和东亚安全格局的战略中心，负有保障周边藩属国安全的义务，但是，中国安全

---

① 蒋冀骋点校：《左传》，岳麓书社2006年版，第135页。
② 转引自林家有、李明主编：《孙中山与世界》，吉林人民出版社2004年版，第66页。
③ 钱熙祚校：《尹文子》，中华书局1954年版，第3页。

利益的维护也需要周边藩属国的共建,并在安全利益上相互依存。

在东亚宗藩体制安全体系的构造下,加入该体系的国际行为体,必须相应承担彼此不同的权利和义务关系,以共同维护宗藩体制的运作。由于宗藩体制一般是以中国"王道政治"的感召力而建立,虽然不能完全排除武力征服的行为,但该体制是以儒家的宗法制度和畿服制度为伦理基础,并以儒家的礼治主义为指导的。因此,尽管以中国为中心的宗藩体制的安全体系是不平等的国际安全体系,但建立和维系该体系运作的是"王道政治",而非"霸道政治",所以周边国家尤其是朝鲜、越南和琉球均自愿加入该体系,与中国的王朝形成宗藩关系。历史上,宗藩体制的安全体系构成了东亚传统的国际安全体系,并体现了东亚安全结构中行为体"共建""共享"安全的功能。[①]因此,宗藩体制所体现的儒家的"王道政治"与善邻睦邻的和平主义的价值取向,也成为与西方近代殖民主义根本区别之所在。

东亚史上宗藩体制的结构演进体现了以中国为中心的呈等级差序不断向外缘扩散的东亚安全结构,宗藩体制内的国际行为体之间,以"王道政治"和礼治主义为指导,建构起"共建""共享"东亚安全利益的结构体系,从而构成了"共享安全"理论的历史实践基础。因此,宗藩体制作为东亚史上长期延续的国际安全体制,在近代威斯特伐利亚体系产生以前,尽管具有国际关系的不平等性,但它毕竟是维护东亚区域国际秩序稳定与和平的保障,尤其是在东亚史上作为国际安全结构的宗藩体制的安全体系,其"共建""共享"安全的功能及其体现的"王道政治"理念与善邻睦邻的和平主义价值观,为"共享安全"理论奠定了国际安全的外交实践基础。

当然,宗藩体制下的"共享安全"结构,已经无法适应当代国际关系的现实,尤其是其中的国家间关系不平等的国际规则,早已为国际社会所摒弃。但是,其有关国际行为体对安全利益的"共存""共建"和"共享""共赢"的思维价值导向,却仍然可以为现阶段外交和安全政策的制定提供历史的智慧。中华人民共和国成立后,中国政府实行的安全政策也为"共享安全"理论提供了多方面的安全实践。现阶段在制定外交政策和安全战略时,中国政府主张建立新型的大国关系,避免陷入"修昔底德陷阱",在处理国家之间的关系时,秉持不冲突、不对抗、相互尊重、良性互动和合作共赢以及兼顾他国的安全关切和合理利益的原则,追求安全环境的"共存""共赢",这也是"共享安全"理论在现阶段中国制定外交政策和对外安全战略的成功实践。

资料3 共享安全的中国外交实践

---

① 参见魏志江:《宗藩体制:东亚传统国际安全体制论析》,载《现代国际关系》2014年第4期,第45页。

为了解决西方国家间的安全困境，不得不以均势体系或军事同盟体系、霸权体系以维护国家安全，而"共享安全"理论就避免了陷入"霸权稳定体系"的安全困境。东亚传统的宗藩体制具有典型的共建、共享安全的结构特征，从而为"共享安全"理论奠定了东亚史上传统的安全和外交实践基础。中华人民共和国成立后，作为"共享安全"理论实践基础的"和平共处五项原则"以及中国外交政策有关亲仁善邻与和平外交的基本政策，充分体现了中国与世界各国"共存""共建"和"共享"安全的和平主义战略价值趋向。进入21世纪，中国积极参与全球治理，推进区域多边合作，提出了"亚洲新安全观"，强调共同安全、合作安全、综合安全和可持续安全，以各国安全利益的差异性和多样性为基础，追求"和而不同"式的具有普遍性、平等性和包容性的安全目标。"共享安全"理论的内涵恰恰体现了"以人类共同体作为安全的中心立场，以人的生命保护作为安全的价值基点，以社会的安宁繁荣作为安全的优先目标，以和谐共建与合作共赢作为国家间安全互动的至上原则"①，从而为非传统安全研究"中国学派"的探索与建构奠定了既具有东亚传统的又符合现实亚洲走向的外交实践基础。

二、"共享安全"理论的外交可能性探索②

路易丝·戴蒙德（Louise Diamond）和约翰·麦克唐纳（John McDonald）认为："在非传统安全问题领域，至少有9种竞争与合作并存的外交轨道可以成为达成和平的路径。"③ 在中国走向世界的当下，中国学者从不同角度着力探索全球化背景下人类安全理想与非传统安全治理方式，出现了一大批与"和合主义"范式和"共享安全"理论相关联、相呼应的极有价值的安全思想成果，并从不同的视角探索"共享安全"理论在当代的可能性。

第一，以"全球安全政治"探索"共享安全"理论的外交可能。王逸舟较早从"全球政治"的视角探讨"全球化时代的安全观"，并用"王道霸道说"解读中国外交思想，用"创造性介入"理念探索中国如何融入世界。他认为，安全的保障与预期取决于在多大程度上能容纳传统的国家安全问题与新出现的社会安全问题，容纳国家和国家以外的多种行为体，容纳"全球性共同利益"和"人类的类安全"；"新安全"必定是既包括民族国家的安全，

---

① 余潇枫：《共享安全：非传统安全研究的中国视域》，载《国际安全研究》2014年第1期，第33页。
② 本部分内容摘编自余潇枫：《共享安全：非传统安全研究的中国视域》，载《国际安全研究》2014年第1期，第26—30页。
③ cf. Mely Caballero-Anthony (ed.), *An Introduction to Non-Traditional Security Studies: A Transnational Approach*, London: Sage Publications Ltd., 2016, p.41.

也包括其他非民族国家单元在内的多种行为主体的"共同安全或均衡安全",因而全球化时代的新安全观将是一种"多种行为主体的共同安全"。① 郑先武倡导"多元安全共同体",通过对东南亚安全区域主义的研究,揭示了东南亚安全的历史演进规律:从"集体内部安全"到"防务共同体"的形成,继而向"综合安全"与"合作安全"的"强安全机制"转变,再向"东盟安全共同体"这一"安全连续统一体"提升;全球化和区域化所达成的体现某种共享性的"多元安全共同体",为"将现实主义传统进一步改进为超越冷战框架的国际研究中的更普遍的理论提供了一种可能性"。②

第二,以"中国思想的世界性转换"探索"共享安全"理论的外交可能。阎学通在区别"王道"与"霸道"的基础上,强调要"以'仁'促进国际公平规范,以'义'促进国际正义原则,以'礼'促进新型大国关系,以'道义'提升政治软实力"③,并指出:"中国古代的'仁、义、礼'近似于近代'公平、正义和文明',这三者分别是高于'平等、民主、自由'的价值观,作为一个全球化时代崛起大国,中国应借鉴中国传统政治思想的精华,在国际社会倡导'公平、正义和文明'的价值观,并以此指导建设新型国际规范。"④ 赵汀阳在对中国"和策略"以及对"非合作博弈发展出合作的博弈"进行充分讨论的基础上,提出了一种比帕累托改进更有利于形成合作的"孔子改进"。⑤ 他十分重视"天下主义"的世界性转换,"从世界思考世界"的角度考察"天下体系",认为它意味着一种中国式的兼容普遍主义,是比温特所谓的西方政治家的"三种文化"更有潜力解决冲突问题的"第四种文化"。⑥ 任晓在对"中华世界秩序说""华夷秩序说""天朝礼治体系说""东亚共生体系说""进贡体系说"进行分析、阐述的基础上,提出了"东亚'共生体系'原理"。⑦

第三,以"全球安全治理"的路径探索"共享安全"理论的外交可能。针对传统的"利益治理""垄断治理""霸权治理""低效治理"等,秦亚青强调要用"多元治理""关系治理""整体治理"(关系治理与规则治理的综

---

① 参见王逸舟:《全球政治和中国外交》,世界知识出版社2003年版,第1—14页。
② 参见郑先武:《安全、合作与共同体:东南亚安全区域主义理论与实践》,南京大学出版社2009年版,第252—357页。
③ 阎学通:《公平正义的价值观与合作共赢的外交原则》,载《国际问题研究》2013年第1期,第7—14页。
④ 同上书,第6页。
⑤ 参见赵汀阳:《冲突、合作与和谐的博弈哲学》,载《世界经济与政治》2007年第6期,第6—16页。
⑥ 参见赵汀阳:《天下体系的一个简要表述》,载《世界经济与政治》2008年第10期,第57页。
⑦ 参见任晓:《论东亚"共生体系"原理》,载《世界经济与政治》2013年第7期,第4—22页。

合）、"全球治理""有效治理"等模式代替。① 庞中英则提出要推进"全球政府"的实践，甚至设想转化目前的"国际法"为"全球法"，将"联合国大会"转化为"世界会议"，以强化对"全球治理的治理"等。② 李东燕则针对冷战后凸显的"全球安全威胁"提出了"全球安全治理"概念，其主要含义有：全球安全面临着威胁与挑战，需要有全球性制度安排以促进共同的战略、决策和行动，多种行为体都是相关者与参与者。③ 同时，她提出了相应的"大安全治理"与"核心安全治理"概念，非传统安全领域如经济、金融、环境、能源、粮食等安全问题可被归入"大安全治理"范围。④ 此外，汤伟提出了"地球系统治理"设想⑤，李淑云提出了"可持续安全治理"方案⑥，张胜军提出了"全球深度治理"对策⑦。

第四，以"大国责任与全球安全关系"的视角探索"共享安全"理论的外交可能。朱明权把"人类免受各种非传统安全问题的威胁"视为国际安全的内在目标之一，强调大国应以"责任优先观"取代以往的"国家优先观"或"国家至上观"，因为真正的国际安全需要奠基于新的理念，所有国家乃至整个人类的最高目标应该是国际社会的共同安全、持久和平、共同繁荣所建构起来的和谐世界，而国家的根本和长远利益只有在这样一个和谐世界中才能得到保证。⑧ 他在批评美国奉行"美国第一"原则⑨对国际安全起到反面作用的基础上，强调任何大国都必须认识到国家安全与国际安全在本质上具有的一致性，"实现了国际安全，大国也就最终获得了自己的国家安全；没有国际安全，大国的国家安全也就成了空中楼阁"⑩。

---

① 参见秦亚青：《全球治理失灵与秩序理念的重建》，载《世界经济与政治》2013年第4期，第13—14页。
② 参见庞中英：《"全球政府"：一种根本而有效的全球治理手段？》，载《国际观察》2011年第6期，第16—22页。
③ 参见李东燕：《全球安全治理与中国的选择》，载《世界经济与政治》2013年第4期，第42页。
④ 同上书，第43页。
⑤ 参见汤伟：《世界城市与全球治理的逻辑构建及其意义》，载《世界经济与政治》2013年第6期，第97—116页。
⑥ 参见李淑云：《环境变化与可持续安全的构建》，载《世界经济与政治》2011年第9期，第112—135页。
⑦ 参见张胜军：《全球深度治理的目标与前景》，载《世界经济与政治》2013年第4期，第55—75页。
⑧ 参见朱明权：《国际安全与军备控制》，上海人民出版社2011年版，第278页。
⑨ 朱明权指出："比较愿意接受多边合作的美国总统克林顿也说：'当我们（美国）直接的国家利益面临最大危险时，愿意采取单方面行动；当我们的利益与别人共有时，建构联盟和伙伴关系；当我们的利益更加普遍，问题得到国际社会最大关注时，采取多边行动。'""这实际上是将国际安全问题国家安全化，是为美国推行单边主义寻找借口，逃脱多边的国际合作。这一点其他大国同样应当引以为戒。"参见朱明权：《国际安全与军备控制》，上海人民出版社2011年版，第288—289页。
⑩ 朱明权：《国际安全与军备控制》，上海人民出版社2011年版，第287页。

第五,以"中国的理念定位与方略选择"探索"共享安全"理论的外交可能。杨洁勉在研究"中国走向全球强国的外交理论准备"的基础上指出,这一理论的最终任务是要实现从"和平共处"到"和平共生"再到"和谐共生"的提升。① 王义桅则从超越"和平崛起"的角度提出了"包容性崛起"战略。② 他认为,"包容性崛起"战略的实质是要淡化中国模式,建设共同安全机制,让世界从中国崛起中普遍受益,实现权力共享和责任共担,让世界包容中国的发展,也让中国包容世界的发展。石斌提出了以"共同安全与合作安全"为价值导向的"国际安全战略",并对"共同安全"的诸多现实"困境"进行了深入的理论解读。③ 他认为相对于国家安全,国际安全的实质是共同安全与合作安全,国际安全的实现需要国际社会在安全问题上确立并调节共同价值、规范与原则。然而,"在当代条件下,共同安全与合作安全是一种最佳的选择"④。

当然,还有许多其他颇有思想创新与理论开拓意义的对"共享安全"理论外交可能性的有价值的探索,这些研究都反映了中国学者对非传统安全维护方略与求解人类生存危机的探索,既反映了"和合主义"之"中国范式"在历史与文化上连续统一的内在特质,也反映了"共享安全"之"中国视域"作为一种全球化时代的安全理念与战略性话语,既是中华民族独特思维方式的凝聚,又是人类普世精神共有特性的表达。

> **思考题**
> 1. 非传统安全研究"中国视域"形成的背景是什么?
> 2. 如何理解"共享安全"理论的内涵、特点及其研究路径?
> 3. "共享安全"理论形成的思想渊源和外交基础有哪些?
> 4. "共享安全"理论在当代可能性的探索有哪些?

> **讨论题**
> 1. 国际上是否有与"共享安全"理论相关的探索?
> 2. 建构非传统安全研究的"中国学派"还需要哪些理论努力?

---

① 参见杨洁勉:《中国走向全球强国的外交理论准备》,载《世界经济与政治》2013年第5期,第10页。
② 参见王义桅:《超越和平崛起——中国实施包容性崛起战略的必要性与可能性》,载《世界经济与政治》2011年第8期,第140—154页。
③ 参见石斌:《共同安全的困境》,载《国际安全研究》2013年第1期,第20页。
④ 同上。

> **推荐阅读文献**

1. 阎学通、徐进编：《中国先秦国家间政治思想选读》，复旦大学出版社2008年版。
2. 秦亚青：《关系与过程：中国国际关系理论的文化建构》，上海人民出版社2012年版。
3. 余潇枫：《共享安全：非传统安全研究的中国视域》，载《国际安全研究》2014年第1期。
4. 赵汀阳：《天下体系：世界制度哲学导论》，江苏教育出版社2005年版。
5. 魏志江：《非传统安全研究中"共享安全"的理论渊源》，载《国际安全研究》2015年第3期。
6. 朱熹集注：《四书集注》，岳麓书社1987年版。

第九章 联合国与非传统安全治理

> **导 读**
>
> 联合国是在二战的废墟上建立的。《联合国宪章》第24条规定:"各会员国将维持国际和平及安全之主要责任,授予安全理事会"。根据联合国创始者的设想,这里的安全应该是指国家与国家之间的军事安全,特别是避免大国之间发生新的世界大战。二战后,大国之间确实没有发生大规模直接的军事冲突。但是,大国与中小国之间、中小国相互之间的冲突不断。美苏争霸、东西方对抗是这种冲突的主要原因和基本背景。联合国通过政治和法律途径,特别是创造性地采取维持和平行动开展全球安全治理。但显然,联合国并不是国际安全和国际秩序的决定性力量。冷战结束后,传统安全问题出现新的特点,同时大量非传统安全问题凸显,作为最具普遍性、代表性和权威性的政府间国际组织,联合国在非传统安全的理念、合作和治理中发挥着引领性作用,尤其在引导世界各国和国际社会开展建设和平、全球反恐、网络空间共治、可持续发展等领域的非传统安全治理中发挥着不可替代的作用。

第一节 联合国引领非传统安全实践

联合国是一个政府间国际组织,通过创新安全理念、推动网络治理、推动全球反恐等,开始在非传统安全领域发挥引领作用。从观念到合作再到治理,是国际社会解决非传统安全问题的基本路径,也是联合国在其中发挥引领作用的主要方面。实践中,联合国在非传统安全的理念、合作和治理中的引领作用,突出表现在建设和平、全球反恐、网络空间和可持续发展四个议题领域。

一、联合国引领非传统安全理念

"在非传统安全挑战日益凸显的背景下,以全球主义为主旨的联合国在世界和平与安全的维护中成了民族国家之间多重关系的中心,……联合国作为包含普遍成员和负有全球使命的唯一组织,确立了独特的、跨越国家边界的原则、规范和价值,也影响了我们对世界事务的理解。"[①] 冷战时期,联合国的安全理念主要体现在反对侵略、防止核战、维护民族独立和领土完整等方面。冷战结束后,国际安全的威胁发生变化,恐怖主义、公共卫生、环境恶化、金融危机、毒品走私、贫困、难民等非传统安全威胁对世界和平形成新的挑战。联合国积极倡导共同安全、人的安全、全球安全等新的安全理念,从而引领国际社会对非传统安全的认知。

以人的安全为例。1994年,联合国开发计划署发布《人类发展报告》,全面、系统地阐述了"人的安全"的概念。报告认为,应该从狭义的领土安全过渡到广义的人的安全。这一新的安全概念具有四个特征:广泛性、相互依赖、早期预防和以人为中心。报告提出了人的安全的七个主要方面,包括经济安全、粮食安全、健康安全、环境安全、个人安全、共同体安全和政治安全,并指出人的安全面临的六个主要威胁,即失控的人口增长、经济机会的不均等、国际移民、环境恶化、毒品生产和走私、国际恐怖主义。[②] 此后,联合国大会多次以"人的安全"为主题展开辩论,希望国际社会就人的安全达成更多共识。2017年,中国提出的人类命运共同体理念相继载入联合国大会、安理会和人权理事会等决议,使人的安全提升到一个新的高度。联合国在"人的安全"理念演进过程中发挥着理念推广、规范制定和实践平台等重大作用。[③]

联合国的非传统安全理念对国际社会和成员国具有重要的指导和规范意义。联合国的安全观具有"更多理想主义、制度主义和全球主义色彩"[④]。一方面,联合国通过把非传统安全问题纳入议程,提高国际社会对非传统安全问题的认识,并使之成为国际共识;另一方面,通过决议和公约将非传统安全理念和思想形成文件,使之上升为国际社会的规范、制度和法律,这就为

[①] Mely Caballero-Anthony (ed.), *An Introduction to Non-Traditional Security Studies: A Transnational Approach*, London: Sage Publications Ltd., 2016, p.40.

[②] See UNDP: Human Development Report 1994, http://hdr.undp.org/en/content/human-development-report-1994, visited on 2019-03-28.

[③] 参见〔英〕奈尔·麦克法兰、云丰空:《人的安全与联合国:一部批判史》,张彦译,浙江大学出版社2011年版,第338页。

[④] 李东燕:《联合国的安全观与非传统安全》,载《世界经济与政治》2004年第8期,第49页。

成员国在非传统安全问题上开展合作和治理提供了基础。

联合国还将非传统安全理念付诸实践，"建设和平"就是一个典型的例子。冷战后建设和平成为联合国和平行动的中心任务，制度建设和经济发展是建设和平的两大支柱，通过重视冲突的根源以建设"可持续的和平"。① 建设和平是一个伟大的理念，但其实践的范围和影响非常有限，如建设和平如何与"维持和平"无缝对接，各种行为体如何在建设和平中各司其职，如何提升建设和平架构的地位和职权等，联合国还需要进行不断的改革和探索。

二、联合国引领非传统安全合作

非传统安全问题从产生到解决都具有跨国性的特征，是世界各国面临的共同挑战。因此，国际合作是解决非传统安全问题的唯一选择。但是，传统安全合作与非传统安全合作在目的、内容、手段、方式等方面存在很大的差别。

联合国是非传统安全合作的最佳平台和主要推动者。首先，联合国是最具普遍性的政府间国际组织。由于非传统安全问题往往涉及世界各国和全人类，需要在全球性的平台和机制上进行讨论和开展合作。地区性和跨地区的国际组织主要回应地区关切、解决地区问题，难以把即使成功的地区方案推广到其他地区或在全球层面上进行推广。相比而言，联合国作为层级最高、覆盖面最广的政府间国际组织，在推动关涉人类整体利益的非传统安全问题的综合治理时，就显示了不一般的组织和制度上的宏观指导性。其次，联合国是最具代表性的政府间国际组织。大国和小国、富国和穷国、南方国家和北方国家、内陆国家和海岛国家，都可以在联合国的舞台上表达自己的利益和主张，也有机会把这种利益和主张转化为全球性的议程和方案。在非传统安全问题上，那些传统的利益格局和力量安排往往被打破，因此更需要通过联合国这样的平台达成全球性的合作框架。最后，联合国是最具权威性的政府间国际组织。非传统安全问题往往是"软威胁"，但应对这种威胁却需要软硬兼施。在打击恐怖主义、毒品走私、海盗等威胁时，军事手段是不可缺少的，而联合国（安理会）是唯一可以授权使用武力的国际机构。在应对气候变化、难民危机、贫富差距等挑战时，由于各国利益、观念、价值、政策的分歧，联合国成为进行国际谈判、达成人类共识、采取全球方案的主要渠道。

在联合国的引领下，国际社会开展了多种多样的非传统安全合作，成效

---

① 参见何银：《联合国建设和平与人的安全保护》，载《国际安全研究》2014年第3期，第75—91页。

各不相同。在打击海盗和毒品走私、处理公共卫生危机、消除社会贫困、应对气候变化等领域，成员国采取比较一致的行动，成效比较显著。但在解决难民和移民问题、应对经济和金融危机、防止环境恶化等方面，因触及各国深层的利益和价值，合作困难，进展有限。而在全球反恐领域，联合国主导开展了一些合作，但由于各国对什么是恐怖主义、如何打击恐怖主义存在较大分歧，联合国的引领作用远未得到充分发挥。

三、联合国引领非传统安全治理

无论是提出理念还是开展合作，目的都是为了实现治理。从应对非传统安全威胁的实践来看，联合国提出的共同安全、人的安全、全球安全等理念，得到成员国的响应和支持。在联合国的引领下，成员国也开展了一些非传统安全合作，但成效不一，且如何引领非传统安全治理，成为联合国需要突破的一项长期课题。

一是如何把非传统安全理念转化为非传统安全治理。以人的安全为例，它既是一种共同安全，也是一种全球安全。尽管联合国于1994年就提出人的安全的理念，但二十多年以后的今天，人类更加不安全。这关键是没有实现有效的治理。只有把人的安全的理念体现和渗透到非传统安全问题的治理中，才能取得切实的效果。在环境、移民、贫困、难民、卫生等全球问题的治理中，如果把国家安全和国家利益作为首要考虑，而不是把人的安全既作为出发点又作为最终目标，则很难想象能取得预期的效果。

二是如何把非传统安全合作提升为非传统安全治理。联合国主导下开展的大量非传统安全合作，虽然取得了一些进展，但非传统安全问题往往出现反复，得不到根本性的解决，关键是没有把合作提升为治理。合作是形式、是过程、是路径，治理才是根本。无论是反恐、打击海盗和毒品走私，还是应对经济和金融危机、防止环境恶化，都需要实现从功能性合作向制度性治理的转型，即从源头抓起，着眼于深层次和长期性规划，构建长效机制，促进多方共同参与。

三是如何把非传统安全治理与传统安全治理有效结合。"和平行动"（peace operation）就是联合国在这方面进行的改革和探索。1992年时任联合国秘书长加利发表《和平纲领》，提出预防性外交、建立和平、维持和平、在冲突后缔造和平这样四个领域的行动，构成联合国完整的和平工作。① 2000年

---

① 参见《和平纲领》（A/47/277-S/24111），1992年6月17日，http://www.un.org/chinese/aboutun/sg/report/hpgl.htm，2019年3月28日访问。

《卜拉希米报告》提出"和平行动"的概念，包括预防冲突与促进和平、维持和平、建设和平这样三项主要活动。2015年6月，联合国和平行动问题高级别独立小组报告进一步提出，和平行动必须作出改革，应政治居首、加强伙伴、以人为本。① 从未来愈加复杂敏感的国际形势看，和平行动等联合国的重要实践活动将面临更大压力，因此，联合国的安全治理实践还应更有效地探索非传统安全治理和传统安全治理的综合、灵活运用。

第二节　建设和平与全球反恐合作

一、联合国与建设和平

建设和平是联合国为应对新型国际冲突而提出的新理念，也是联合国引领非传统安全理念的一个重要表现。

（一）从维持和平到建设和平

联合国成立后，为制止和解决不断出现的地区冲突，采取了维持和平行动这一特殊和创新的模式，该模式成为联合国维持世界和平、促进国际安全的主要方式。截至2018年5月，联合国维和行动开展70周年，共有124个会员国为71项维和行动提供了9万多军事和警察人员，遍布欧洲、亚洲、非洲和拉丁美洲的广大地区，直接影响了亿万人民的生活，保护了世界上最脆弱的群体，拯救了不计其数的生命。② 联合国维和行动的年度（2018年7月1日至2019年6月30日）预算达67亿美元。③

传统的维和行动主要是监督停火，应对的是国与国之间的冲突这样的传统安全问题。冷战结束后，非传统安全成为联合国维和新的问题领域。一方面，联合国维和行动越来越多地介入国内冲突；另一方面，恐怖袭击、金融危机、自然灾害、走私贩毒等非传统安全威胁加剧，成为影响国家、地区乃至世界安全的重要因素，从而对维和行动带来新的挑战。因此，冲突后重建，恢复法治和社会秩序，建设一种可持续的和平成为维和行动的新任务。维和行动的数量迅速增加，方式发生重大变化，维和行动进入一个新的阶段。

联合国对维和行动进行了重新审视并进行改革。1992年，时任联合国秘

---

① 参见和平行动问题高级别独立小组的报告：《集中力量，促进和平：政治、伙伴关系和人民》（A/70/95-S/2015/446），https：//undocs.org/A/70/95，2019年3月28日访问。
② 参见《联合国维和70周年 中国维和贡献获赞》，http：//world.chinadaily.com.cn/2018-05/29/content_36290885.htm，2019年3月28日访问。
③ 资料来源：https：//peacekeeping.un.org/zh/data，2019年3月28日访问。

书长加利发表《和平纲领》,首次提出建设和平的思想。1998年12月,联合国安理会授权秘书长考察在联合国系统内设立建设和平专门机构的可行性。2000年,《卜拉希米报告》将联合国"维和行动"称为"和平行动",包括预防冲突与促进和平、维持和平、建设和平这三项主要活动。2004年,威胁、挑战与改革问题高级别小组发布《一个更加安全的世界:我们的共同责任》报告,建议成立一个专门负责建设和平事宜的机构。[①] 2005年,时任联合国秘书长安南在题为《大自由:实现人人共享的发展、安全和人权》的报告中,正式建议就建设和平问题在联合国系统内成立一个政府间国际组织,即建设和平委员会。[②] 第60届联合国大会和安理会采纳了秘书长的建议,先后通过决议,决定成立建设和平委员会。建设和平委员会的成立,是"联合国建设和平理念的具体行动,扩大了联合国在和平与安全领域的作用"[③]。

从维持和平到建设和平,一方面反映了国际环境和安全威胁的重大变化,另一方面也体现了联合国对和平与安全的重新认识。

(二)联合国建设和平架构

2005年12月20日,联合国大会和安理会分别通过第60/180号和第1645 (2005)号决议,授权建立"建设和平委员会"(Peacebuilding Commission, PBC),履行政府间咨询机构的职能。决议同时请秘书长利用现有资源在秘书处内设立"建设和平基金"(Peacebuilding Fund, PBF)和"建设和平支助办公室"(Peacebuilding Supporting Office, PBSO)。[④] 委员会、办公室和基金共同构成了联合国"建设和平构架"(Peacebuilding Architecture, PBA)。

建设和平委员会是联合国的一个政府间咨询机构,旨在支持冲突后国家的和平进程。建设和平委员会是联合国系统内首个协调冲突后重建的机构。根据联合国大会和安理会的决议,建设和平委员会的宗旨主要有三方面:第一,调动所有相关的行为体,协力筹集资源,就冲突后建设和平及复原工作提供咨询意见和提出综合战略;第二,集中关注冲突后复原所必需的重建和体制建设工作,支持制定综合战略,为可持续发展奠定基础;第三,提供建议和信息,改善联合国内外各相关行为体之间的协调关系,订立最佳做法,

---

[①] 参见《威胁、挑战和改革问题高级别小组的报告》,http://www.un.org/chinese/secureworld/reportlist.htm,2019年3月28日访问。

[②] 参见《大自由:实现人人共享的发展、安全和人权》,http://www.un.org/chinese/largerfreedom/,2019年3月28日访问。

[③] 李东燕:《联合国与国际和平与安全的维护》,载《世界经济与政治》2015年第4期,第7页。

[④] 资料来源:http://www.un.org/zh/documents/view_doc.asp?symbol=A/RES/60/180,2019年3月28日访问;https://undocs.org/S/RES/1645(2005),2019年3月28日访问。

协助确保为早期复原活动筹措可预测的资金，使国际社会长期关注冲突后的复原问题。①

建设和平委员会主要通过以下三个方面调集国际社会资源，为摆脱冲突国家的冲突后建设和平提出综合战略：（1）组织委员会。它是建设和平委员会的常设机构，由31个成员国组成。组织委员会为建设和平委员会制定工作议程，包括为建设和平委员会的广泛活动制定中期时间表，以及制定建设和平委员会的综合战略。（2）国别组合。讨论针对具体国家的问题，主要侧重刚刚摆脱冲突、缔结和平协议并拥有最低程度安全的国家。当前，布隆迪、塞拉利昂、几内亚比绍、中非共和国、利比里亚和几内亚已列入建设和平委员会议程。（3）经验教训工作组。工作组从以往冲突后接触行动中的国家和国际经历中汲取经验教训，并提出冲突后战略及其执行的建议。

建设和平基金是由联合国秘书长于2006年发起建立的，以支持冲突后国家为建立持久和平而开展的活动、行动和项目。基金优先用于支持履行和平协定和进行政治对话，促进冲突的和平解决，重振经济和产生直接的和平红利，重建基本的行政管理服务等。秘书长把基金的全部管理责任授权给建设和平支助办公室，包括批准项目和监督实施。在国家层面，基金由会员国政府和联合国共同主持的联合指导委员会管理。秘书长还任命一个顾问小组为基金的使用提供建议和监督，该小组由10名具有丰富建设和平经验的知名人士组成。

建设和平支助办公室代表秘书长协助和支持建设和平委员会的工作，管理建设和平基金，帮助秘书长协调各联合国机构开展建设和平工作，包括收集和分析有关可用财政资源、联合国在当地的相关规划活动、实现中短期复原目标的进展情况、涉及贯穿各领域的建设和平问题的最佳做法的资料等。

建设和平委员会、建设和平基金、建设和平支助办公室三者相互合作，分别为建设和平提供咨询、资金和协助，形成联合国建设和平架构。由于安理会承担维护国际和平与安全的主要责任，建设和平的决定权在安理会，建设和平架构只是为安理会提供服务。同时，维和行动和特派团在任务区承担了大量建设和平的实际业务，而上述架构并不直接从事建设和平的实地活动。

（三）建设和平的实践与反思

截至2015年，联合国已在20多个国家开展建设和平活动。目前有6个国家在建设和平委员会的议程上，包括布隆迪（2006年）、塞拉利昂（2006年）、几内亚比绍（2007年）、中非共和国（2008年）、利比里亚（2010年）

---

① 资料来源：https：//www.un.org/peacebuilding/zh，2019年3月28日访问。

和几内亚（2011 年）。

在建设和平活动开展十周年之际，联合国对建设和平进行了反思。2015年6月，应联合国大会主席和安理会主席要求，联合国秘书长指定的专家咨询小组就联合国建设和平架构10年来的工作进行审查，提交了题为《持久和平的挑战》的报告，其最主要的结论是：《联合国宪章》规定的关键任务即维护和平，这在全球和在联合国系统内依然认识严重不足、不够重视并且资源不足。① 2016 年4月，联合国安理会和大会分别通过决议，强调为实现持久和平须采取综合办法，建设和平本质上是一种政治进程，建设和平包含广泛的政治、发展、人权方案与机制。② 这是联合国迄今就建设和平工作通过的最全面的决议。

从联合国建设和平的实践和对建设和平的反思来看，建设和平是联合国在维护和平和安全治理上的一种新探索和新尝试。

资料1 联合国大会决议：《联合国建设和平架构审查》

第一，建设和平是对维持和平的一种延续和超越。建设和平是联合国和平行动的一个阶段。正如《和平纲领》所指出的，从预防性外交、缔造和平到维持和平，再到建设和平，这是一项整体的工作。"建设和平是冲突后重建和平部分，是整体系统中参与人员和机构最多，涉及领域最广，最为复杂的那部分工程。"③ 事实上，建设和平是维护和平行动在工作范围上的拓展，更是在职能使命上的升华。

第二，建设和平的目标是实现可持续和平。维护和平是联合国组织的共同责任，因此需要采取广泛全面的维护和平办法，覆盖从预防冲突到建立和平和维持和平，直至冲突后的恢复和重建的全过程，并且将和平与安全、人权和发展的联合国"支柱"统一起来。建设和平更关注冲突的预防，以及从根源上消除冲突，并为实现持久和平而帮助建立政治、法律和社会秩序。

第三，建设和平是联合国非传统安全合作和治理的一种新理念。面对大量非传统安全威胁和挑战，传统的维持和平显然难以奏效。通过维持和平行动，一些冲突得到平息，但往往出现反复，重新陷入冲突。建设和平把冲突解决的过程前移（预防）和后移（重建），强调政治解决和以人为中心的安全，并且通过伙伴关系使多个利益攸关方参与到冲突解决之中，从而为非传统安全的合作和治理提供了一种新的理念和路径。

---

① See United Nations, The Challenge of Sustaining Peace: Report of the Advisory Group of Experts for the 2015 Review of the United Nations Peacebuilding Architecture, https://www.un.org/pga/wp-content/uploads/sites/3/2015/07/300615_ The-Challenge-of-Sustaining-Peace.pdf, visited on 2019-03-28.

② 资料来源：https://undocs.org/zh/S/RES/2282（2016），2019 年 3 月 28 日访问；https://www.un.org/zh/documents/vies_ doc.asp? symbol = A/RES/70/262，2019 年 3 月 28 日访问。

③ 孙洁琬：《联合国建设和平委员会：任重道远》，载中国联合国协会编：《联合国 70 年：成就与挑战》，世界知识出版社 2015 年版，第 69 页。

二、联合国与全球反恐合作

全球反恐是联合国非传统安全合作的一个重要方面,而联合国是国际反恐合作最理想的平台。

(一)从反战到反恐

联合国成立的初始目的是为了避免战争,尤其是防止发生新的世界大战。为此,联合国建立了基于大国一致原则的集体安全制度,开展维持和平行动,通过一系列防扩散、裁军和军备控制的条约和决议,进行大量的政治调停、斡旋、调解和谈判活动。

冷战时期,对世界和平与安全构成威胁的主要来源是美苏争霸和东西方对抗,以及在此背景和格局之下发生的大量地区冲突。因此,反战——从防止战争的发生到避免战争的升级——成为联合国的主要任务。冷战结束后,发生世界大战的可能性大为减少,但地区冲突和国内冲突频繁发生,反战仍然是联合国的核心工作。

不过,即使在冷战时期,恐怖袭击事件也时有发生,反恐就逐渐摆上联合国的议事日程。为了防止特定领域的恐怖犯罪行动,联合国通过了多项公约。冷战结束后,恐怖主义作为非传统安全威胁逐渐上升为国际安全的主要挑战之一。特别是2001年"9·11"事件的发生,促使联合国在反恐观念、规范和制度上作出重大调整。进入21世纪,在全球利益格局的变动、技术变革的影响及观念认知的变化等因素的推动下,全球暴恐事件及其破坏影响愈加扩大,并有欧洲系列暴恐、2019年新西兰清真寺暴恐行动及斯里兰卡连环爆炸等极端恶性恐怖主义事件发生。为此,联合国大会和安理会通过一系列反恐决议,成立专门的反恐机构,制定全球反恐战略,并对一些国家的反恐能力建设进行相应指导。联合国及其安理会在全球反恐斗争中处于主导地位,推动成员国在反恐领域达成广泛的国际共识,建立反恐国际统一战线。联合国引领成员国在政治、安全、经济、金融、情报以及思想等领域综合施策,并在必要时采取制裁措施和军事行动。针对恐怖主义的新动向和新变化,联合国探索新思路和新举措,包括加大信息收集与分享、重点打击网络恐怖主义和暴力极端主义等。

(二)联合国全球反恐战略

"9·11"事件发生后,联合国安理会通过第1373号决议,首次设立反恐怖主义委员会(简称"反恐委员会")。2006年9月,联合国大会又一致商定打击恐怖主义的共同战略框架,即《联合国全球反恐战略》(A/RES/60/

288)。《联合国全球反恐战略》由一份决议和附带的一份行动计划组成,包括"四大支柱":一是消除有利于恐怖主义蔓延的条件;二是防止和打击恐怖主义;三是建立各国防止和打击恐怖主义能力以及加强联合国系统在这方面的作用;四是确保尊重所有人的人权和实行法治作为反恐斗争的根基。① 《联合国全球反恐战略》作为联合国打击恐怖主义的重要决议,不断调整和修正国际反恐工作的发展理念,为全球反恐工作提供了宏观战略和具体措施,并在实践中充分保障了各国开展反恐工作的自主性和灵活度。②

联合国大会每两年审查一次《联合国全球反恐战略》的实施情况。2018年6月,第72届联合国大会第101次全体会议通过《联合国全球反恐战略审查》(72/284)决议,再次确认并建议会员国根据国情提出执行《防止暴力极端主义行动计划》的相关措施,并按照各自的优先重点,考虑制订国家和区域行动计划,以防止恐怖主义和暴力极端主义。③

反恐执行工作队和反恐中心是执行《联合国全球反恐战略》的主要机构。反恐执行工作队由38个国际实体和国际刑警组织组成,其首要目标是通过"一体行动"充分发挥各个实体的比较优势,帮助各会员国执行《联合国全球反恐战略》的"四大支柱",目前共设立了11个专题工作组。④ 反恐中心由沙特阿拉伯政府捐助、联合国秘书处发起,在联合国秘书长和政治事务部的管辖下运作,主要为会员国提供能力建设援助。反恐中心已在全球发起执行了37个反恐项目,涵盖《联合国全球反恐战略》的"四大支柱"。

(三) 联合国全球反恐行动

从《联合国全球反恐战略》实施十多年的情况来看,联合国全球反恐行动主要有以下几个重点内容:

第一,建立反恐机构。"9·11"事件促使联合国安理会通过了第1373号决议,首次设立反恐委员会,下设反恐执行局,以执行相关政策决定,并开展会员国的专家评估。2005年,联合国秘书长设立了反恐执行工作队和反恐中心,以便协调联合国系统的反恐工作。2017年6月,联合国大会通过决议,设立反恐怖主义办公室,以进一步协调和加强反恐伙伴关系。此外,安理会

---

① 参见《团结起来消灭恐怖主义——关于制定全球反恐战略的协议》,http://www.un.org/chinese/unitingagainstterrorism/,2019年3月28日访问。
② 参见张楠:《联合国全球反恐战略及其重要意义》,载《人民日报》2018年10月15日第11版。
③ 同上。
④ 针对的事项分别是:有关反恐的边境管理和执法,有利于恐怖主义传播的条件,打击向恐怖主义提供资助,外国恐怖主义战斗人员,国家及区域反对恐怖主义战略,防止及应对大规模毁灭性武器恐怖袭击,防止暴力极端主义,在反恐的同时保护人权及法治,保护互联网等重要基础设施、易受攻击的目标及旅游安全,支持及重视恐怖主义受害者,反恐的法律和刑事司法应对。

还设有1267/1989/2253伊黎伊斯兰国（达伊沙）和基地组织制裁委员会，以及关于核生化武器不扩散的1540委员会，以提高会员国防止和应对恐怖主义行为的能力。

资料2 联合国的主要反恐机构

第二，实施防止暴力极端主义的行动计划。近二十年来，新型恐怖主义的出现给世界和平与安全带来威胁，其中最大的挑战是以"伊黎伊斯兰国""基地组织"和"博科圣地"等为代表的暴力极端主义。2016年1月15日，联合国秘书长向大会提交了《防止暴力极端主义行动计划》，呼吁国际社会采取一致行动，并且向会员国和联合国系统提出七十余条建议，防止暴力极端主义的进一步蔓延。联合国还采取"整体政府"的路径（taking a whole-of-government approach），以支持国家、区域和全球共同防止暴力极端主义，并协助各会员国制订"国家行动计划"。

第三，制定国际反恐文书。1963年至今，联合国已牵头制定了《制止恐怖主义爆炸的国际公约》《制止向恐怖主义提供资助的国际公约》等19份制止恐怖行为的国际法律文书。[①] 然而，国际社会对恐怖主义还没有一个共同而明确的定义，但对制止恐怖行为已有广泛的国际共识。目前，国际社会还没有一项具有约束力的反恐公约，以解决对恐怖主义的界定、恐怖主义产生的根源、打击恐怖主义的方式等核心问题。当前，联合国正在就关于国际恐怖主义的全面公约草案进行协商，以补充现有国际反恐文书框架，并引领推进联合国框架内的全球反恐合作。

第三节 网络空间治理与"可持续发展议程"

一、联合国与网络空间治理

以互联网为核心的"无国界数字化空间"不仅创造出新的生活方式和价值观念，而且使传统国家安全的概念、内涵、范围产生重大变革。网络安全已上升到国家战略的高度。网络空间治理是联合国非传统安全治理的一个重要体现。

（一）从领土安全到网络安全

自1648年威斯特伐利亚体系确立主权国家原则以来，领土安全成为国家安全的基本目标，也是国际安全的主题。此后三百多年的国际关系发展过程

---

① 参见张楠：《联合国全球反恐战略及其重要意义》，载《人民日报》2018年10月15日第11版。

中，和平与战争行动往往围绕领土安全而展开。

二战后，信息技术革命使人类进入信息时代和信息社会。而互联网是信息技术革命的前沿和代表。信息网络构成了人类活动的新空间即信息网络空间，成为陆、海、空、天、电之后的人类"第六疆域"，① 同时也成为一个国家的主权空间。网络空间具有空间规模"无限化"、空间活动"立体化"、空间效用"蝴蝶化"和空间属性"高政治化"的特质。②

21 世纪是网络的时代，网络给人类带来巨大便利的同时，也会产生各种危机和威胁，如网络恐怖主义、网络攻击、网络战、网络犯罪等，这些网络安全威胁呈现了主权难以界定、合法性难以判定、身份难以限定、过程难以追踪、应对难以依靠单一主体的非常规特征，并具有传统安全与非传统安全交织的特征，或可称之为"多元性"非传统安全威胁。③ 网络安全威胁已成为一个日益突出的全球性和战略性的问题，成为信息时代人类共同面临的挑战。

各国为了加强网络安全，纷纷成立新机构、制定新战略、出台新法令。2015 年，美国时任总统奥巴马下令成立新的网络安全机构——网络威胁情报整合中心（CTIIC），国防部发布新的网络安全战略，参议院通过《网络安全信息共享法》。日本于 2014 年颁布实施《网络安全基本法》，又于 2015 年制定了《网络安全战略》。2014 年 2 月，中国成立了中央网络安全和信息化领导小组，在领导小组第一次会议上，习近平总书记强调："没有网络安全就没有国家安全，没有信息化就没有现代化。"④ 2016 年 11 月，全国人大常委会通过《网络安全法》；12 月，国家互联网信息办公室发布《国家网络空间安全战略》，提出建设网络强国的战略目标和中国网络空间安全战略的原则和任务。2018 年，在党和国家机构调整中，为加强党中央对信息与网络工作的集中统一领导、强化决策与统筹协调，中央网络安全和信息化领导小组改为中央网络安全和信息化委员会，专门负责网络信息领域重大工作的顶层设计、总体布局、统筹协调、整体推进与督促落实。

另外，一些国际组织也将网络安全纳入其合作和治理议程。联合国、北约、欧盟、经合组织、八国集团、上海合作组织都加强了成员国在网络安全问题上的合作。网络空间安全正发展成为一项新的全球议程。⑤

---

① 参见廖丹子：《"多元性"非传统安全威胁：网络安全挑战与治理》，载《国际安全研究》2014 年第 3 期。
② 参见檀有志：《网络空间全球治理：国际情势与中国路径》，载《世界经济与政治》2013 年第 12 期。
③ 参见廖丹子：《"多元性"非传统安全威胁：网络安全挑战与治理》，载《国际安全研究》2014 年第 3 期。
④ 资料来源：http://www.cac.gov.cn/2018-02/02/c_1122358894.htm，2019 年 3 月 28 日访问。
⑤ 参见郎平：《网络空间安全：一项新的全球议程》，载《国际安全研究》2013 年第 1 期。

(二) 国际电信联盟与全球网络安全议程

国际电信联盟（ITU，以下简称"国际电联"）是联合国负责信息通信技术事务（ICT）的专门机构，成立于1865年，是世界上历史最悠久的国际组织。国际电联主要开展无线电通信、电信标准化和电信发展三个领域的工作。[①] 根据国际电联的定义，网络空间是指"由以下所有或部分要素创建或组织的物理或非物理的领域，这些要素包括计算机、计算机系统、网络及其软件支持、计算机数据、内容数据、流量数据以及用户"[②]。

国际电联的宗旨是树立使用信息通信技术的信心和安全。为此，国际电联于2007年推出"全球网络安全议程"（GCA），作为该领域的国际合作的框架。该议程包括五个战略支柱/工作领域：法律措施、技术和程序措施、组织结构、能力建设、国际合作。2008年9月，国际电联与国际打击网络威胁多边伙伴关系（IMPACT）合作，将"全球网络安全议程"设在IMPACT的马来西亚总部。ITU-IMPACT成为首个提供可用网络安全专业力量和资源的合作性全球联盟，帮助成员国发现、分析并对网络威胁作出有效反应。2008年11月，国际电联发起"儿童在线保护"（COP）倡议，在全球网络安全议程的框架内，通过多利益攸关方的努力，为全球儿童和青少年提供安全的网络环境。2014年5月，在信息社会世界峰会论坛上，国际电联与ABI Research共同推出"全球网络安全指数"（GCI），通过对各国在上述五个工作领域的发展水平的分析，衡量其在网络安全上的承诺。此举的长期目标是在全球范围内进一步推动网络安全工作的开展和整合，并将网络安全问题融入信息通信技术的核心环节。

资料3 全球网络安全指数

国际电联的"全球网络安全议程"代表了联合国在网络安全领域的一项多边努力。面对非传统的网络安全威胁，联合国及相关组织机构积极动员与行动，逐步提升主权国家和国际组织加强安全监管和建立保护屏障的能力，不断完善全球社会合作的网络安全治理。

（三）联合国网络空间治理的挑战与前景

作为最具普遍性、代表性和权威性的政府间国际组织，联合国是应对全球性挑战、处理全球性问题，因而也是开展网络空间全球治理的最佳平台。

网络空间治理是联合国的一项重要的非传统安全议题。近年来，联合国通过举办"世界电信和信息社会日"、召开信息社会世界峰会、成立互联网治理工作组、制定互联网安全公约、制定保护网络隐私权决议、打击网络空间主义等行动，大力推动网络空间安全的全球合作和全球治理。

但是，联合国建立并实施的网络空间治理体系明显存在发展不均衡、不

---

① 资料来源：http：//www.itu.int/zh/about/Pages/default.aspx，2019年3月28日访问。
② 资料来源：http：//www.itu.int/cybersecurity，2019年3月28日访问。

对称的弊端。以美国为代表的欧美发达国家凭借技术、制度、战略、政策、能力等综合优势，在全球网络空间治理中占据中心位置，而包括中国、印度和巴西在内的大量亚非拉发展中国家则处于边缘位置。由此造成网络空间治理机制"制度设计合法性和代表性不足、机制落实能力有限、机制运作巴尔干化和碎片化等特征"①。

当前，发达国家与发展中国家在网络空间治理模式、治理平台和治理路径上存在较大分歧和矛盾。西方发达国家坚持"多利益攸关方"治理模式，主张由技术专家、商业机构和民间团体来主导网络空间治理。以新兴国家为代表的发展中国家则倾向于政府主导型的多边主义治理模式，主张在联合国框架下推动网络空间的全球治理。这就给网络空间治理提出了难题。例如，2014年3月，美国宣布放弃对互联网名称与数字地址分配机构（ICANN）的监管，但前提条件是把管理权交给一个遵循"多利益攸关方"原则的私营机构，而发展中国家则推动ICANN的国际化，希望由联合国接手管理权。

近年来，新兴国家在网络空间治理中的作用越来越突出。2014年4月，巴西召开全球互联网治理大会，并创立全球互联网治理联盟。2014年11月，中国举办以"互联互通·共享共治"为主题的首届世界互联网大会，并推动大会的制度化。2015年12月，习近平在第二届世界互联网大会上提出关于推进全球互联网治理体系变革的"四项原则"和构建网络空间命运共同体的"五点主张"。② 在2016—2018年召开的世界互联网大会上，中国所倡议的"构建网络空间命运共同体""构建可持续的数字世界"成为中国为网络空间治理提供的中国理念和中国方案，并受到国际社会的普遍认可。

网络空间是国际社会共同面临的一个新课题，发达国家和发展中国家都需要在推动网络空间治理的"建章立制"、构建全球网络安全文化、共同打击网络恐怖主义等方面开展合作。在这一过程中，需要发挥联合国的主导地位和作用。从长远来看，以联合国为主导的网络空间治理将是发展趋势。

二、联合国与"可持续发展议程"

联合国是把发展与安全进行整合起来考虑的倡导者，联合国提出的"人的安全"七大内容每一项都与人的发展相关。2015年9月，联合国193个会员国在联合国可持续发展峰会上通过了具有开创性意义的《2030年可持续发展议程》，旨在从2015年至2030年以综合方式彻底解决全球范围内的社会、

---

① 王明国：《网络空间治理的制度困境与新兴国家的突破路径》，载《国际展望》2015年第6期。
② 参见《习近平在第二届世界互联网大会开幕式上的讲话》，http://www.fmprc.gov.cn/web/ziliao_674904/zyjh_674906/t1324843.shtml，2019年3月28日访问。

经济和环境三个维度的发展问题,转向可持续发展道路。该议程的核心是消除一切形式的贫穷以及由此带来的不安全,呼吁所有国家,包括穷国、富国和中等收入国家,共同采取行动,促进繁荣并保护地球。

资料4 联合国可持续发展目标

可持续发展目标内容反映出,全球在致力于消除贫穷的同时,还需实施促进和满足经济增长、教育质量、社会保护和就业机会、健康与公共卫生、气候变化和环境保护等综合性的社会需求。这与人的安全等广义安全内容和可持续安全是本质相通的。"可持续安全观"主张通过加强国际合作,消除世界不安全因素产生的经济与社会根源,强调发展经济与改善民生,尊重多元文明与不同宗教,加强民族团结,反对强权政治,努力消除各种安全隐患。①

从可持续发展与可持续安全相融合的角度看,《2030年可持续发展议程》考虑到了"代际安全",即满足当代人的需要的前提是"不损害后代人满足其自身需要的能力";考虑到了"生态安全",即人类共同努力的方向是"为人类和地球建设一个具有包容性、可持续性和韧性的未来";考虑到了"综合安全",即要实现可持续发展,"必须协调三大核心要素:经济增长、社会包容和环境保护";考虑到了"社会安全",即努力消除一切形式和维度的贫穷的同时,要"为所有人创造更多的机会,减少不平等,提高基本生活标准,促进社会公平发展和包容性"。②

资料5 联合国《2018年可持续发展目标报告》

2018年,联合国发布《2018年可持续发展目标报告》,指出《2030年可持续发展议程》实施的过去三年中,各国将共同愿景内化为国家发展计划并在众多领域中正在取得进展。当然,该报告在肯定世界许多地区在扩大社会保障方面取得了显著进展的同时也直接点明了存在的问题与难题,如社会保障体系有助于预防和减少人们在各个阶段生活中的贫困和不平等现象,为脆弱人群提供"安全网","但对大多数人而言,享有社会保障的人权尚未实现。根据2016年统计,全球仅有45%的人口享有至少一项社会保障现金福利的有效覆盖,尚有40亿人仍未覆盖。2016年,仅有22%的失业者获得失业现金福利;28%的严重残疾者领取残疾现金福利;35%的儿童得到某种形式的社会保障;41%的生育女性得到生育现金福利。虽然68%的超过退休年龄的人口领取了养老金,但这些补贴往往不足以让老年人摆脱贫困"③。为此,该报告特别强调:"距离2030年的最后期限仅剩12年,我们必须加强紧迫感。实现

---

① 参见刘江永:《可持续安全观是照亮世界和平的一盏明灯》,载《人民日报》2017年3月16日第7版。
② 参见《可持续发展目标》,https://www.un.org/sustainabledevelopment/zh/development-agenda/,2019年3月28日访问。
③ 《2018年可持续发展目标报告》,https://unstats.un.org/sdgs/files/report/2018/TheSustainableDevelopmentGoalsReport2018-ZN.pdf,2019年3月28日访问。

2030 年议程需要各国立即加快行动,并在各级政府和利益相关方之间建立协作伙伴关系。这一宏伟议程使得超越常规的深刻变革成为必需。为更好地履行自身职责,联合国发出改革倡议,重新定位联合国发展系统,使其更加具有效率和凝聚力并更加负责任,以期顺利实现 2030 年议程。"① 可以肯定地说,联合国对可持续发展议程的坚持与带领,对全球范围的包容性发展与可持续安全发挥了不可替代的作用。

思考题

1. 联合国在非传统安全治理上的引领作用是什么?
2. 联合国是如何重新认识"和平与安全"的?
3. 联合国全球反恐合作的主要举措是什么?

讨论题

1. 联合国网络空间治理的主要特点是什么?
2. 可持续发展与可持续安全是什么关系?

推荐阅读文献

1. 李东燕等:《全球治理——行为体、机制与议题》,当代中国出版社 2015 年版。
2. 何银:《大国崛起与国际和平:联合国维和建和研究文集》,时事出版社 2018 年版。
3. 张贵洪主编:《联合国与和平行动》,时事出版社 2019 年版。
4. 〔新加坡〕维克托·V. 拉姆拉伊等主编:《全球反恐立法和政策》,杜邈等译,中国政法大学出版社 2016 年版。
5. 李艳:《网络空间治理机制探索》,时事出版社 2018 年版。
6. 王艳主编:《互联网全球治理》,中央编译出版社 2017 年版。
7. Cedric de Coning and Mateja Peter (eds.), *United Nations Peace Operations in a Changing Global Order*, London: Palgrave Macmillan, 2019.

---

① 《2018 年可持续发展目标报告》,https://unstats.un.org/sdgs/files/report/2018/TheSustainable DevelopmentGoalsReport2018-ZN.pdf, 2019 年 3 月 28 日访问。

第十章　非传统安全与全球安全治理

> **导读**
>
> 　　非传统安全问题的凸显，改变了传统的国家中心主义的安全范式和以权力为导向的"对抗与控制"相结合的安全模式，推动了国际安全体系转型。为应对日益严峻的非传统安全威胁，全球安全治理获得了更多共识，其主张通过国际规则将非国家行为体的利益纳入安全目标，由此推动形成的全球体系就具有多维治理网络、法治框架、包容可持续等新的特点。随着中国全面开放的加快，中国在全球安全治理体系中作为重要参与者和积极建设者的角色更加明显，中国文化中的"和合""共享""包容"等经典思想正在更广泛地影响全球安全治理的进程。

第一节　非传统安全与国际安全体系转型

　　国际安全体系，是指国际体系中的行为体为维护国家安全及国际和平与稳定而相互影响、相互作用，从而形成一个由特定行为规范和运行机制构成的整体。[①] 国际力量对比及其互动模式是国际安全体系的基本结构，而国际安全观念则是维系体系稳定的重要思想基础。进入 21 世纪以来，伴随着新一轮国际格局演变进程的加速，以及全球化的深入发展和非传统安全威胁的上升，国际安全体系经历着深刻转型。其中，非传统安全在国际安全体系转型中的地位十分突出。

一、国际安全体系转型的综合背景

　　冷战结束后，国际安全体系由过去的美苏两极对峙转入"一超多强"和

---

　　① 参见杨洁勉主编：《国际体系转型和多边组织发展——中国的应对和抉择》，时事出版社 2007 年版，第 4 页。

多极竞争的过渡阶段。在新的国际安全形势下，原来在两极格局掩盖下的民族矛盾、种族纷争和宗教冲突接连不断，地区分治、民族分裂主义不断抬头，国际恐怖主义肆虐世界，生态恶化、环境污染、金融危机、走私贩毒、传染性疾病、能源和食品安全问题等一系列非传统安全问题成为威胁国际安全的重要因素。人们对全球范围内安全威胁来源的认知发生了变化，从而对国际安全研究和国际安全关注产生巨大冲击，加速了国际社会安全观念、安全研究乃至国际安全体系转型的变化和发展。

第一，国际社会对非传统安全威胁的共识带来国际安全观念的转变。冷战后，随着一系列非传统安全威胁的日益凸显，人们逐渐认识到，传统的以核武器等高军事技术为支撑的传统战略以及"不共戴天"的意识形态对立不再是维系国际安全体系的唯一选择，而是要推动国际社会去探究军事威胁之外更为广泛的、战略性的、更加包容和有利于国际和平发展的安全政策和手段。在冷战后的国际安全体系构建中，那些冷战时期不被承认的安全原则，诸如国际安全中的世界主义观点、全球人性主义视角以及非国家中心主义研究范式等，改变着以往冷战时期残酷的军事安全观念，成为推动国际安全体系转型的重要推手。

第二，国家社会为应对非传统安全威胁而积极采取行动。冷战后，在国际安全议题和论坛上，有强烈和平主义倾向的国家和非政府组织的能量得到了前所未有的释放，自由主义、和平主义、发展主义、环保主义和道德主义的安全议题成为维护国际安全、建构新型国际安全体系的主导话语。它们认为，后冷战时代的国际安全体系不仅要摆脱军事技术对国家和人的控制，更应该体现世界各国不可分离的共同体联系，体现一切社会现象应该"以人为本"的本质立场。全球化的迅猛发展，进一步强化了国际社会非国家中心主义的国际安全认知。全球化背景下的非传统安全在对抗国家主义的理念和行为、提倡非军事化的安全主张、高扬和致力于"全球安全"方面得到了进一步充实和发展。与此同时，解决非传统安全议题也成了国际社会广大中小国家摆脱大国政治的支配，按照"人权""全球治理"等新理念"改造世界"的重要步骤。从这个意义上说，非传统安全代表了国际社会不愿重回大国对抗时代、彻底走出核大战困境、摆脱大国支配、加强国际合作的共同心声，并将维护国际安全、全球安全置于解决非传统安全问题的中心位置，作为构建新型国家关系的最终目标。它必将对国际安全体系转型起到积极的推动作用。

第三，联合国积极倡导非传统安全概念。联合国作为多元的国际社会的代表和最具权威性的国际组织，为维护国际安全和世界和平，不仅吸纳、创新与积极倡导安全新概念，而且制定政策建议或国际决议，一直是非传统安全进程的积极推动者或"发动机"。冷战后，联合国在欧洲国家、加拿大和澳大利亚等国以及持和平主义理念的非政府组织的支持下，在国际事务中大力倡导和宣传"非传统安全"，努力树立和推广安全新概念。"非传统安全"与"合作安全""共同安全"以及"综合安全"一起，构成后冷战时代国际安全新观念。这对以追求国家和军事为关注点的传统安全形成挑战或否定。这些非传统安全新观念的提出，加之联合国的大力推进，极大地改变了国际社会对传统国际安全观念的认识并逐步形成共识，促使转型中的国际安全体系更多地关注非国家层面的、与人类日常生活攸关的、困扰人类发展与繁荣的社会问题，将国际安全关注点从传统安全的以"国家为本"转向全球安全和"以人为本"。

二、国际安全体系转型的重要动力

当前国际安全体系的转型与历史上国际安全体系形态的转换最大的不同是，本次转型是在世界保持总体和平的形势下进行的，它超越了国家权势变动这一周而复始的维度，正朝向更为深刻的全新的国际社会的秩序发展。[①] 非传统安全的跨国性、全球性、多元性以及相互渗透性等特征，使得解决非传统安全问题不能只关注和依靠国家或少数个体的传统军事手段，而是要动员国际社会的力量合作共治，这更加速了国际安全体系结构转型的进程。

第一，国家主权的绝对性发生变化，国际安全体系中的国家主体地位受到挑战。在以往的国际安全体系中，国家主权及其权力是国际安全构成中的最重要元素，国家主权安全是国际安全的最重要内容。冷战后，在全球化的推动和应对非传统安全威胁的全球联动形势下，国际安全体系中的国家主权性质没有发生根本性变化。但是，从更深层和更宏观的历史角度看，自冷战结束后的国际安全体系的转型发展，是自现代国际体系建立以来正逐步从"强主权制度"向"弱主权制度"曲折发展的重要阶段。国家主权的刚性开始软化，国家主权及其权力可以自主地限制和让渡，国家权力开始多向转移。[②] 加之非传统安全威胁日益多元化、散化与泛化，单纯的军事手段或战争已经不再是解决国际安全问题的有效手段，使得国际安全与国家内部安全的结合

[①] 参见俞正樑、阙天舒：《体系转型和中国的战略空间》，载《世界经济与政治》2006 年第 10 期，第 29—31 页。

[②] 参见赵可金、倪世雄：《中国国际关系理论研究》，复旦大学出版社 2007 年版，第 130—132 页。

越来越紧密，国际安全的国内动因越来越多，国家的安全边界已经超越了国家边界安全的范畴。这既对传统的重视权力的国际安全观构成严重冲击，也为促进国际安全的合作、协商和共管提供了动力和可能。

第二，非传统安全的跨国性、多元性特征，使国家面临超国家与次国家行为体的制约、监督，很多在国际舞台上处于边缘位置的非国家行为体逐渐成为国际安全体系的成员，诸多以往从属于国家的力量也在国际安全体系转型期获得了主体资格。诚然，在主权国家仍然是国际安全体系主要行为体的同时，为应对非传统安全威胁，国际安全体系中的行为主体向多元、复合化方向延伸发展，一方面使得国家主权趋向弱化，另一方面使得国际组织等非国家行为体的承载功能和作用也日益明显。除了联合国等世界性实体组织正在进行新的调整和改革，以适应新的国际安全形势和应对新的挑战外，全球性"弱体"组织，如"二十国集团""八国集团""金砖国家""七十七国集团"等也在维护全球安全方面发挥着日益重要的作用。同时，许多非国家行为体在诸多非传统安全领域创建和提供了国际合作的重要平台，成为国际安全体系的重要建设者，在维护和平、推动世界可持续安全等领域发挥了重要建设性作用。

第三，为应对非传统安全威胁，原有国际安全体系中的国际安全制度、机制受到挑战，进行国际社会改革与完善国际安全制度、机制的呼声更趋高涨。在转型期的国际安全体系中，非传统安全问题的凸显，使得国际社会对改革与完善国际安全制度、机制的呼声不断增强，对国际安全体系的构建和有序发展的认识不断提高，从而推动国际社会更加重视国际安全条约、规则、规范以及潜规则的运用，更加强调国际社会的有序互动。这既能促进多边主义的有效实施，防止单边主义和强权政治对国际安全的破坏，又能推动国际安全制度完善、机制建设、秩序改革的深化和功能提高，使传统的维护国际安全的方式向加强全球治理以应对全球化时代的挑战转变。尤其值得注意的是，冷战后，地区组织作用提升，并正在向制度化、正规化、全面性发展，如欧盟、东盟、非盟、阿盟、上合组织等在维护地区安全方面发挥着重要作用。从某种意义上说，地区组织弥补了全球性组织的缺失。

三、国际安全体系转型的主要特点

由于全球化的发展，非传统安全问题成为国际社会关注的焦点，使得国际安全体系的主体、方式、形式乃至性质都在发生变化，国际安全体系的构成要素也显现出新的特征，这就不可避免地体现出国际安全体系转型中所具有的特点。

第一，国际安全力量对比发生重大变化，有利于新型国际安全体系的构建。力量对比是国际安全体系的基础和主要表现形态。国际安全体系的权力结构又是国际安全的核心要素。目前，国际安全体系转型的总体趋势是国际力量的多极化和国际关系的民主化。美、欧、日三大力量中心虽然仍保持优势地位，但是它们越来越受到其他国际力量的挑战；俄罗斯正在全面调整对内、对外政策，其实力和潜力日趋显现；中国和印度这两个发展中的大国越来越受到国际社会的关注；"金砖国家"等新兴经济体进入人们的视野。概言之，新兴市场以及发展中国家的实力增强和国际地位上升在冷战后表现得最为突出。美国尽管依然是世界上唯一的超级大国，自以为"拥有无与伦比的军事实力"，但是其运用军事力量掌控世界事务的能力正在减弱。国际权力结构日益从总体权力结构向分散化结构转变。这说明，国际安全的维护无法依靠单个的霸权或若干个大国权力中心完成，像美国在"反恐战争"和防止大规模杀伤性武器扩散等方面推行的高压政策和军事威慑收效甚微。国际力量对比的变化既会影响大国关系的走向和调整，也有利于新型国际安全体系的形成，并推动符合全球和人类共同利益的国际安全局势的不断发展。

第二，国际安全体系行为主体呈多样化趋势，既加大了国际安全体系承载体的功能和作用，更增强了其合作诉求。可以说，全球化与非传统安全有着紧密的因果关系。伴随着全球化发展，来源于非传统安全领域的全球性和跨国性问题正日益成为影响国际安全体系稳定的主要因素，凸显出全球性问题在国际安全体系中的地位。由此，国际安全体系中的合作，特别是大国协调合作的空间变得更大、更迫切，合作共赢的思想、合作协调的机制、全球治理的理念甚至强于并压倒传统的大国利益竞争，使得竞争对手与合作伙伴代替了敌对关系，国家间"非零和博弈"的愿望越来越强。加之诸多非传统安全要素进入国际安全领域和议题，国际安全体系中的行为体的互动模式和安全结构也随之日趋多元复合。在国际安全体系转型中，尽管传统的"均势""联盟"等模式远没有退出历史舞台，但在目前，国际安全体系中突出防御性的"软均势/平衡"和"战略防范"成为主流。[①] 解决国际安全领域中的冲突与矛盾，将更多地转向采用和平、合作、协商、共赢的方式和手段。因此，全球化和非传统安全要求国际安全体系从观念、制度和实践上施惠于国际社会，促进国际社会的稳定与安全。

第三，国际社会在构建国际安全体系进程中虽有分歧和斗争，但在共有

[①] See T. V. Paul, James J. Wirtz and Michel Fortmann (eds.), *Balance of Power: Theory and Practice in the 21st Century*, Standford, CA: Stanford University Press, 2004, pp. 1-22.

价值观方面的共识在提高。二战后直到冷战结束,国际安全体系的主流意识形态和价值观呈二元对立状态。冷战结束之初,美国在意识形态上表现出咄咄逼人之势,企图将自己的价值观普世化,建立一个由美国领导的新世界。小布什上台后公开宣布:"我们寻求创造一种有利于人类自由的均势"[1],还提出了"大中东计划"和"大中亚计划",并以此推动新的国际安全体系的建立。但是,国际社会在主流价值观方面并没有完全按美国和西方规划的线路前行。大多数国家认为,国际安全体系的构建既要在根本问题上形成主流价值观共识,以便扩大合作、协商的空间,也必须尊重世界的多样性,承认多元化。按照这一指导思想,在国际社会的共同努力下,2005年的联大会议通过了《世界首脑会议成果文件》。文件指出,各国元首和政府首脑承诺将致力于增进世界各地的人类福祉、自由进步,鼓励不同文化、文明和人民之间的包容、尊重、对话与合作。世界各国取得的这些共识既为国际安全体系构建形成共同价值观创造了和谐条件,又进一步推动了国际安全局势的稳定与和平。

第四,联合国在国际安全体系中发挥重要作用,但以联合国为核心的集体安全机制面临新挑战。冷战结束后,联合国在国际维和、地区战后重建、防核扩散,以及消灾、减困、促进和发展与人权有关的非传统安全领域方面的参与力度和功能得到进一步加强,在维护国际安全方面发挥了重要作用。但是,面对当前由非传统安全所带来的国际安全威胁全球化、复合化、多样化的新现实,如何增进成员国对新时期国际安全的共识,扩大集体安全应对新威胁的功能,提高集体行动能力,有效排除强权政治和单边主义的干扰,加强联合国安全机制的改革等,是联合国在国际安全体系构建中提高职能面临的主要挑战。

第五,全球应对威胁的一体化特征加强,"世界政府""全球国际关系"理论的提出受到关注。在全球化时代,非传统安全威胁的普遍、复合、持续和全球性特点,日益将全球国家、国际组织和公民社会等聚合为一体,为了应对威胁以实现全球安全而采取统一行动。它表明,国际安全体系中的成员或行为体相互之间休戚与共的关系在增强,博弈和斗争在弱化,合作共赢、非零和关系成为它们应对威胁的价值追求。于是,在舆论界和学术界不断有人倡议建立"世界政府"和创建"全球国际关系"理论。比如,英国《金融时报》专栏作家吉迪恩·拉赫曼(Gideon Rachman)提出,"是建立世界政府的时候了";美利坚大学教授阿米塔夫·阿查亚(Amitav Acharya)提出了

---

[1] The White House, The National Security Strategy of the United States of America, September, 2002.

"全球国际关系学"的概念，尝试以此建立起更具包容性、全球性的国际关系学视野。"世界政府""全球国际关系"理论的兴起，不仅从观念上和现实中提升了全球应对威胁的一体化功能，而且有望推动国际安全体系转型和全球安全治理的实现。

第二节 全球安全治理理论的兴起

一、全球安全治理理论的产生

"全球安全治理"概念是随着"全球治理"概念被广泛使用，并针对日益凸显的全球非传统安全威胁而被提出的，其指涉对象是全球治理中的安全领域，其基本定义"可以理解为全球不同行为体处理和解决全球安全问题的综合方式与过程"[①]。

"全球治理"是自20世纪90年代以来广为传播的一个概念。根据全球治理理论的主要创始人之一、美国学者詹姆斯·N. 罗西瑙（James N. Rosenau）的定义，治理是一系列活动领域里的管理机制，它们虽未得到正式授权，却能有效发挥作用。与统治不同，治理指的是一种由共同的目标支持的活动，这些管理活动的主体未必是政府，也无须依靠国家的强制力量实现。换句话说，与政府统治相比，治理的内涵更加丰富。它既包括政府机制，也包括非正式、非政府机制。根据1992年成立的全球治理委员会的定义，治理是各种公共的和私人的个人和机构管理共同事务的诸多方法的总和。它是一个使相互冲突的或不同的利益得以调和并采取合作行动的持续过程。它既包括那些有权迫使人们服从的正式机构与机制，也包括那些人们和机构已经同意的或认为将符合其利益的各种非正式的安排。

早在1994年，全球治理委员会的报告中就包括了关于全球安全治理的内容。该报告将"国际安全""全球安全""人类安全"置于全球治理的大框架内。欧盟在世纪之交出现的"治理转向"使得安全治理研究兴起，人们用该理论范式深入解析欧洲的安全是怎样被协调、管理、规范的。按照西方学者的观点，"安全治理可以被界定为一种国际规则体（international system of rule），它涉及多种不同权威针对议题的协调（coordination）、管理（management）和规制（regulation），公共和私人部门行为体的干预，正式和非正式的安

资料 全球治理的基本特征

[①] 李东燕：《全球安全治理与中国的选择》，载《世界经济与政治》2013年第4期，第42页。

排，而这些又受到话语和规范的约束并且其目标是指向特定的政策结果的"①。在中国，"安全治理"这个概念也被越来越多的国际关系特别是安全研究人员广泛使用，中国非传统安全研究者还将"安全治理"视为非传统安全能力建设的"新范式"。② 全球安全治理只不过是治理在全球安全领域中的应用。中国学者把全球治理与安全治理结合起来，将全球安全治理更明确地表述为"全球治理中安全领域的治理"，并将其作为一种独立安全理念的全球治理研究，开始用之探究全球安全问题，特别是非传统安全问题的分析和解决路径。

二、全球安全治理理论的基本内涵

要理解全球安全治理理论的基本内涵，首先应明确全球安全治理的指涉对象，即谁的安全，以及追求什么样的安全、安全治理有哪些领域等问题。相对于强调以国家为指涉对象的传统安全理念，全球安全治理理论强调除了国家以外，从个人到各类公民社会组织、私营部门等，都可以成为安全的主体。全球治理委员会在 1995 年的报告——《天涯成比邻》(Our Global Neighborhood) 中指出："全球安全关注的焦点必须从传统上对国家安全的关注扩展到包括对人的安全和地球安全的关注。"③ 特别是人的安全，是全球安全治理十分重要的部分。全球安全治理除了追求国家安全外，还从国家拓展到"人"本身，而且还涵盖人在社会各个层面（包括经济、健康、人身、政治、环境等方面）的全方位的安全；同时，还强调人的安全不只是相对于"存在性威胁"，还包括安全主体所关心的重要价值不受侵害以及持续性安全问题。

在全球安全治理涉及的领域问题上，与以现实主义为代表的传统安全观不同，全球安全治理理论认为影响和决定安全的不再仅仅局限于军事/政治领域，经济危机、恐怖主义、有组织犯罪、生态环境恶化、失败国家、难民与人口移动乃至网络犯罪等大量的非传统安全问题都是关系全球安全的重要领域，都应该被纳入全球安全治理的范畴。全球安全治理除了强调政治/军事以外，更强调治理非传统安全领域问题的重要性。随着全球安全治理理念的不断深入，发展问题也被纳入安全治理领域，认为发展不再只是意味着经济增长，而不发展被视为一种更严重的安全威胁，使得发展问题与安全问题日益

---

① Mark Webber et al., The Governance of European Security, *Review of International Studies*, Vol. 30, No. 1, 2004, pp. 3-26. 转引自王伟光：《把治理引入国家安全领域——安全治理研究评介》，载《国际关系研究》2014 年第 1 期，第 18 页。
② 参见崔顺姬、余潇枫：《安全治理：非传统安全能力建设的新范式》，载《世界经济与政治》2010 年第 1 期，第 84—96 页。
③ Our Global Neighborhood: The Report of the Commission on Global Governance, *The George Washington Journal of International Law and Economics*, Vol. 28, No. 3, 1995.

交融，成为全球安全治理必须关注的重要领域。基于以上认识，全球安全治理理论的基本内涵包括以下五个方面：

第一，全球安全治理的对象，包括已经影响或将要影响全人类安全利益的跨国性问题。这些问题很难依靠单个国家解决，而必须依靠国际社会的共同努力。如上所述，新的国际安全环境和条件的变化，尤其是安全内涵的不断扩展，是全球安全治理理论兴起的根本原因。那种把全球安全治理仅理解为针对非传统安全问题的解决，而认为国家核心利益的安全威胁已经衰微，非传统安全问题已经不涉及国家的主权、领土等核心利益的观点是站不住脚的。同时，这些不同领域的安全问题具有地区性或全球性影响和联系，需要不同利益行为体之间的协调与合作予以解决。因此，全球安全治理的对象应该是包括传统安全和非传统安全在内的各类安全问题的总和。具体而言，主要有以下五类：一是国际军事安全问题，包括国家间或区域性的武装冲突、核武器的生产与扩散、大规模杀伤性武器的生产和交易、非防卫军事力量的兴起等。二是生态环境安全问题，包括资源的合理利用和开发、污染源的控制、稀有动植物和海洋生态的保护、国际石油天然气资源的开发、空气污染物的大量越境排放、生物多样性的丧失、气候变化等。三是国际经济安全问题，包括全球金融市场、经济运行、公平竞争、债务危机、跨国交通、国际汇率、经济发展等。四是跨国有组织犯罪，如走私、非法移民、毒品交易、贩卖人口、国际恐怖活动等。五是基本人权安全，如种族灭绝、对平民的屠杀、疾病传染、饥饿与贫困以及国际社会的不公正等。[①]

第二，全球安全治理的主体——国家，已不再是唯一的、中心的主体，从个人到非政府组织、公司，再到各种国际组织等，都是治理主体。依据不同的安全问题，允许相应的治理主体共同参与，通过共同认同的国际规则、机制和规范，实现对全球安全问题的管理和解决。全球安全治理是多中心的，或者说是去中心的。同时，治理中的权威也是分散的，国家不再是中心权威或唯一的权威来源。在安全治理的关系和互动中，这些主体构成的是一个"异阶"（heterarchy）而不是"等级"（hierarchy）结构。全球安全治理理论强调，参与治理的国家，其军事和武装力量只是在可选择的安全问题上发挥作用，而且只是一种手段而非目的。同时，它也强调，治理中各个行为主体之间的互动及其在互动中所使用的方式，应该是独立、分散、自治、自主、自愿的，而不是强调从属、集中、权威、控制等。从这个意义上说，传统的

[①] 参见俞可平：《全球治理引论》，载庞中英主编：《中国学者看世界·全球治理卷》，新世界出版社2007年版，第17页。

国际权力的统治政策不是全球安全治理所包含的内容，而是强调各个行为体通过沟通、劝服、自愿联盟等进行协调、规制、管理，其中规范、认同、规则、问题演化的路径等变得十分重要。为此，对大量安全问题的治理需要参与主体的多部门和职能机构的通力合作，而且需要这些部门/功能之间的协调与配合。①

第三，全球安全治理的目标，是超越国家、民族、宗教、意识形态、经济发展水平，符合全人类共同安全利益的综合安全。它满足包括从国家、次国家、各类政府组织和正当的非政府组织、全体公民社会到人类社会对综合和普遍安全的诉求。全球治理委员会在《天涯成比邻》中强调："要提高全球治理的质量，最为需要的，一是可以在全球之家中指导我们行动的全球公民道德，一是具备这种道德的领导阶层。我们呼吁共同信守全体人类都接受的核心价值，包括对生命、自由、正义和公平的尊重，相互的尊重、爱心和正直。"② 为此，全球治理委员会为全球公民规定了相应的权利和义务。其权利包括：安全的生活；公平的待遇；为自己谋生和谋取福利的机会；通过和平手段解决人们之间的争端；参与各级治理，平等地分享全球共同利益等。其义务是：考虑自己的行为对他人安全和福利的影响；追求可持续发展，保护人类共同资源，维护子孙后代的利益等。当然，全球安全治理所追求的目标具有理想化的色彩，仅就目前现实来看，可以概括为：在利益攸关者等参与、协调、配合下，以符合民主、法治和人权等相关原则的方式，高效地满足不同行为体的多样化安全需求，实现全球普遍安全和综合安全。由此可见，那种打着"维护世界和平"的旗号，违背世界大多数人民意愿，为了一己的强权和安全利益，恣意对别国或民族实施强权或武力，是违背全球安全治理的价值追求的，为全球安全治理所不容。

第四，全球安全治理的方式，主要靠国际规制来调节国际关系和规范国际秩序，实现全球安全和国际社会和谐有序。从一定意义上说，国际规制是全球安全治理的基础，在全球安全治理中处于核心地位。国际规制应该包括所有跨国性的原则、规范、机制、标准、政策、协议、程序等。在全球安全治理中若没有一系列能为全球共同遵守，并切实对参与全球安全治理的国家、国际组织、非国家成员乃至全球公民都具有约束力的普遍规范，全球安全治理便无从谈起，更不可能有全球安全治理论者所期盼的"没有统治的治理"这一新治理体制的出现。

---

① 参见王伟光：《把治理引入国家安全领域——安全治理研究评介》，载《国际关系研究》2014年第1期，第24页。
② 转引自俞可平等：《全球化与国家主权》，社会科学文献出版社2004年版，第24页。

第五，全球安全治理的目标，不仅是直接消除安全威胁，而且要控制、消除或削弱威胁产生的根源或因素。如经济落后、侵害人权、制度与治理的缺失或失败等，都是全球安全治理的范畴。从应对冲突的预期来看，全球安全治理不仅强调停止国际冲突、实现并维持世界和地区和平，还强调预防冲突及冲突后的和平建设等。因此，一些全球安全治理论者往往把综合安全与安全治理联系在一起。①

安全治理作为非传统安全维护的一种新范式，着眼于多元行为主体的参与、安全环境的全方位改善、多种资源的有效整合和运用以及安全政策实施的现实目标。安全治理正是有了这种价值导向和政策意义，加之探索非国家中心主义的治理模式，寻求非传统安全威胁应对的国际合作路径，故显示出其独有的特征和优势。② 当然，全球安全治理理论作为一种新生和成长中的理论，在实践中必然受制于现有国际体系和国际环境，其功能和进程不会是一帆风顺的。

三、全球安全治理的体系特征

全球安全治理要求共建一种积极、合作、务实的治理体系，以应对人类共同面临的安全威胁。这一安全治理体系不仅将国际社会所倡导的共同安全、综合安全、合作安全等新理念包容在内，而且将其整合成为一个富有实践意义的运作系统。基于全球安全治理在参与主体、运行规制、方式方法等方面所具有的特点，其治理体系比同盟、联盟等其他多边安全合作形式更具包容性、开放性和灵活性。

（一）在治理主体上呈现出多边、多层次、多行为体的多维治理网络

全球安全治理打破了政府对公共安全事务的垄断，除由主权国家组成的联合国和其他多边政府组织以及区域组织外，许多非政府组织、非正式集团组织，与安全相关的跨国社会运动、全球公民网络、跨国公司，乃至研究机构、媒体、商业企业部门等，都是全球安全治理体系的组成部分。可以说，全球安全治理是一种多边、多层次、多行为体的综合性解决安全问题的合作方式。

尽管全球安全治理与其他公共事务的管理一样需要权威，离不开具有全球影响力的权威的参与，但是这种权威具有特殊性，它的确立和合法性不能

---

① 参见王伟光：《把治理引入国家安全领域——安全治理研究评介》，载《国际关系研究》2014年第1期，第24—25页。
② 参见崔顺姬、余潇枫：《安全治理：非传统安全能力建设的新范式》，载《世界经济与政治》2010年第1期，第93页。

用民族国家的民主理论加以解释，也不能用传统权威的统治功能来说明，而是多种主体协调、对话、合作的结果。从这个意义上说，全球安全治理体系扩大了政治权威，但并未也不能取消国家和政府的权威，只不过其权力有所减弱而已。从目前关于全球安全治理的讨论看，大多强调联合国在全球安全治理中的权威作用，包括联合国大会、安理会、人权理事会、经社理事会、国际法院和秘书长以及联合国附属机构和相关组织等。

除联合国在全球安全治理中起核心作用外，区域和次区域组织在全球安全治理中的作用也日益扩大。其中，欧盟在欧洲及全球安全治理问题上的成功实践和经验证明了这一点。在正式的区域组织之外，大量的非正式组织的作用也得到了发挥，如"二十国集团""金砖国家"等，尽管这些组织形式上目前多表现为经济合作论坛，但是它们对国际经济安全、能源安全、气候变化、反恐等非传统安全领域的合作都展现了积极姿态。同时，全球安全治理体系也重视民间社会组织、非政府组织、商业企业部门、媒体的作用。全球安全治理理论认为，面对非传统安全威胁和挑战，单靠国家间的正式安全合作是不够的，需要与非政府组织及各类非国家行为体建立伙伴关系。在冲突后国家政治重建和经济恢复过程中，非政府行为体、民间社会力量、商业企业部门等都构成全球安全治理体系的行为主体。[①]

（二）在治理途径上遵循的是"法治"的原则和制度框架

全球安全治理体系的运作与单向度的权力统治不同，它体现了一种全新的权力关系和法治途径。

第一，它以权力主体的平等性为基础。全球安全治理是多元主体的共同参与，包括政府和非政府行为体，它们之间是相互平等的。政府在目前的安全治理中仍起主要作用，但它是多元主体中的平等一员，并无特权和强行控制权。尽管在一些领域的安全问题上，部分主体可能发挥更大的优势或有更大的发言权，但这并不意味着其权力高于其他权力。

第二，它以治理的协商性为原则。既然安全治理的主体是平等的，那么诸行为体之间只能通过协商、对话、合作等方式实施对安全的管理和控制。若不明确和认同这种平等伙伴关系，仍然以实力和强权发号施令，就不可能有协商、谈判和沟通，也不可能有全球安全治理。

第三，它以治理的自愿性为条件。它包括参与行为体对安全治理的自愿参加、对公共权威的自愿服从以及自愿执行治理所适用的国际规制和法律。

---

① 参见李东燕：《全球安全治理与中国的选择》，载《世界经济与政治》2013年第4期，第27页。

实现全球安全事务的有效治理，离不开建立在共同价值追求和高度认同基础上的自愿行动。这种自愿参与的安全治理比法律强制更加有效、恒久。

正是由于全球安全治理赋予各行为体必须遵循的平等、协商、自愿原则，决定了全球安全治理，特别是非传统安全的治理要遵循法治的原则和途径。也就是说，参与全球安全治理的主体在治理体系中逐渐被"制度化了"，因为只有遵循国际制度和相关的国际法律，才符合本国或本组织、集团、个人的根本利益，不管这种利益是实在的还是道义的；相反，若违背既定的国际制度和法律，则会遭到谴责和制裁。因此，只有通过为促进共同利益最大化而设立的国际制度，才能调整各方关系和利益。对全球安全治理而言，现有的《联合国宪章》以及联合国会员国签署的一系列具有国际法意义的文件，包括联合国提出的关于国际关系的共同价值原则，都是全球安全治理的制度基础和国际法依据。这些制度和法律不仅为全球安全治理提供了基本的原则和规范，而且促进了各行为体的有效预期，约束了不负责任的行动。当然，目前的一些国际制度和法律仍然烙有大国强权的印记，还有许多不合理、不公正的内容，这也是在治理过程中各成员存在分歧的原因。从这个意义上说，国际制度的改革，构建以多元权力并立、多重权威并行、多向度权力运作的国际制度新框架，对全球安全治理至关重要。

（三）在治理方式上表现出更广泛、更包容、更持续的特点

由于全球安全治理是全球化和安全概念扩大化的产物，一般认为它更侧重于非传统安全问题的治理。正是基于这一认识，非传统安全威胁的全球治理推动了国际关系民主化程度的提高。这是因为，以军事实力为核心的大国权力在应对非传统安全威胁方面的力不从心，促进了国际权力的分散化。加之在日益严峻的非传统安全威胁面前，传统权力中心尤其是霸权国家往往沿用传统的思维方式与手段，在应对非传统安全威胁的战略理念和具体举措方面常常出现重大失误，导致自身在维护稳定、缔造秩序、提供国际公共产品等方面的能力严重不足，进而使霸权国家的权力与权威发生危机。在这个意义上说，全球安全治理不仅促进了国际关系民主化，而且也更需要一个民主化的国际安全体系。

同时，全球安全治理的本质内涵决定了它与传统安全问题的解决和集体安全方式的不同。首先，全球安全治理比传统的集体安全方式的参与主体更多、更广泛，完全超越了传统的主权国家间的合作框架。其次，全球安全治理强调以政治、法律、经济、社会、文化、教育等非军事、综合性方式治理安全问题，裁减军备、控制武器交易与核不扩散、培养非暴力文化、和平教

育、文明对话、民主法制建设、善政等都被视为安全治理的手段和方式。它不是以颠覆性的姿态去改变无政府主义状态，而是以符合全球价值、全球法治原则，追求从国家到人的普遍安全和人类安全，并将安全、人权与发展视为相互联系、相互促进的统一体。因此，这种模式更能得到国家支持，更有利于实现国际安全的新要求。①

第三节　中国与全球安全治理

面对全球安全治理理论的兴起，中国作为一个国力和国际地位不断上升、国际影响持续扩大的发展中大国和联合国安理会常任理事国，"积极参与国际体系改革和全球治理"，并致力于与其他国家一起"携手推动各国普遍安全与共同发展"。由此，中国在全球安全治理体系中的地位和作用日益受到国际社会的高度关注。

一、全球安全治理中的中国责任

（一）中国已成为全球安全治理体系的重要成员

中华人民共和国成立后，在很长一段时间内，由于受当时国际条件和环境的限制，以及国内极左思想的影响，游离于西方主导的国际体系之外，并对其持反对态度。改革开放后，特别是冷战结束后，中国加快了融入世界的进程，不但加入了以世界贸易组织、世界银行和国际货币基金组织等为代表的全球性国际经济组织，而且积极参加国际和地区的政治安全、社会文教等领域的国际组织和国际条约。中国已经从国际体系外的、挑战型的、革命型的国家，发展成为认同并主动融入现存国际体系并在其中发挥重大作用的维护者和建设者。

全球安全治理理论发端于西方，更多地反映了西方国家在全球化时代对国家及全球安全治理的思考。这决定了在全球安全治理体系中，中国与西方国家存在着差异甚至是冲突。但是，全球安全治理所要解决的问题是全球面临的共同挑战，所关涉的利益是人类共同利益，所追求的目标具有普世价值，这些都与中国的国际战略和外交政策相一致。因此，中国以发展中大国的身份积极介入和参与全球安全治理，不仅在联合国范围内，而且在诸如反恐、维和行动、地区冲突、传染病防治、核武器扩散、人道主义救援等领域中，

---

① 参见李东燕：《全球安全治理与中国的选择》，载《世界经济与政治》2013年第4期，第28页。

以"负责任大国"的身份积极参与，得到了国际社会的普遍赞扬。但是，中国在国际体系中的身份定位和责任还不完全被国际社会接受，对全球安全治理体系的认识和观念还在形成和发展中。加之制度、观念、价值观差异和某些大国的"冷战思维"作祟，以及新的国际安全环境对中国参与全球安全治理形成的挑战，都不可避免地与西方大国存在分歧和斗争。但是，中国在积极主动参与全球安全治理的实践中正逐步走向成熟。可以说，全球安全治理体系中的中国身份和中国声音日益受到国际社会的关注和赞誉。

（二）中国是全球安全治理体系的积极建设者

中国国际安全环境的复杂多维性与国家利益边界的日趋扩展，决定了中国对国家安全、国际安全、全球安全的关注和重视。一方面，中国在参与和融入国际安全体系的进程中，感受到全球安全治理的必然性、合理性，从而加大了参与国际安全事务和全球安全治理的自觉性与力度。另一方面，中国对西方国家强调和关注的"非领土政治"、全球公民社会等仍保持警惕。这决定了中国参与全球安全治理的特殊视角。

第一，中国在联合国框架内以"负责任大国"的身份积极参与全球安全治理。联合国是全球安全治理的核心，《联合国宪章》、联合国所作的一切决议以及相关制度、机制等都是全球安全治理的依据和保障。中国既是联合国的创始会员国，又是安理会常任理事国，担负着相关的国际责任，如维护公共领域的共同安全与秩序，支持联合国解决国际冲突与维持国际安全和地区安全。中国提出的"和平""合作""和谐""包容"等安全治理的国际理念都与联合国提出的基本价值原则相一致。这些已成为中国和其他国家参与全球安全治理的共同价值原则和国际法依据。

第二，中国以双边和多边大国合作的形式在全球安全治理中发挥重要作用。由于全球性问题具有超意识形态性，其存在的普遍性、挑战的共同性、利益的相关性使得治理主体便于合作。中国在全球安全治理进程中主张加强多边安全机制和多边合作，并试图探索新的多边安全合作模式。中国参与的"二十国集团"和"金砖国家"虽然多为经济合作论坛，但是从全球安全治理的角度看，它们都积极推进各成员国在粮食安全、能源安全、气候变化、金融安全、反恐等安全领域的合作，有些非传统安全议题已被纳入它们以及"不结盟运动""七十七国集团"的议题内。中国在全球安全治理的多边合作中坚持独立自主和互利共赢的原则，实行平等、民主、包容、开放的政策，着眼共同利益，扩大安全合作，真正发挥了一个"负责任大国"的作用和影响。

第三，中国积极推动地区安全合作，为地区安全治理做出了自己的贡献。

中国一贯主张并积极推进实现地区安全的多边主义建设，大力倡导在合作、协商、对话、求同存异中建立共识，以多边合作应对全球性问题，以多边主义手段进行全球治理。在当前处于转型阶段的国际安全体系中，中国政府主张和号召包括中国在内的诸多国家和地区发挥更大的政治、经济、军事、文化等全方位的影响力，"逐步改革和完善现行国际体系和秩序，使之朝着更加公正合理的方向发展"①。这一国际安全体系要以集体乃至全球社会和全人类利益为取向，以建立综合性而非单一性秩序为目标，坚持互利合作、共存共赢，构建和平稳定、和谐发展、共同繁荣的国际安全体系。

二、全球安全治理的中国观念与实践

全球安全治理主要源于非传统安全的全球性威胁对安全理念的变革。非传统安全相对于传统安全来说是一种广义的安全观，是以人类为本位、以"整体人权"为边界的"优态共存"和"共享安全"的安全观。它不仅改变着人们的安全理念，而且改变着国家的安全战略视角，即其治理重点是要通过超越权力政治、超越军事胜负、超越国家对抗的治理新模式，实现全球普遍安全、综合安全、共享安全。这既符合中国所坚守的"和平""合作""和谐""包容"等与联合国相一致的共同价值原则，而且体现出中国历来把安全、和平、发展结合起来的一种对全球安全治理观念与实践的特别理解与独特视野。

（一）全球安全治理的中国视角

第一，从历史传统来看，"和合中庸、礼让为国"是中国对安全的独特理解与参与全球安全治理所秉持的基本理念和道德准则。中国是人类历史上最重视和最有能力以"和"为本位维护安全的国家之一。在中国悠久的历史文化中，"'和合中庸、礼让为国'的传统特点，形成了中国特色的'和而不同''兼容共存'的外交伦理原则，铸就了'协和万邦''万国咸宁'的外交目标与文化自觉"②。无论是从历史的、实践的还是从发展的角度看，中国国际安全理论的核心价值取向都是进行"协和万邦""和而不同""和谐世界""命运共同体"范式的建构。通过友好合作的方式进行全球安全治理，达到促进中国与相关国家和国际组织之间积极的安全合作关系，进一步在地区和全球范围内缓解安全困境，建立起基于合作、和解、和谐的新型安全关系。正是

---

① 《全面推进中美建设性合作关系——胡锦涛在美国友好团体举行的晚宴上的讲话》，http：//news.sina.com.cn/c/2006-04-22/09158761713s.shtml，2019 年 3 月 28 日访问。
② 余潇枫：《共享安全：非传统安全研究的中国视域》，载《国际关系研究》2014 年第 1 期，第 24 页。

基于这种理念，中国表现出独特的历史努力和卓越的实践贡献。例如，处理香港回归的"一国两制"方略，以"互利、互信、平等、协作"为核心内容的"新安全观"，以及"一带一路"倡议、构建人类命运共同体理念等。

第二，在全球安全治理体系的主体及其关系上，中国政府强调，主权国家和联合国等国际组织是全球安全治理体系的主要和基本的行为体，通过世界多样性发展和文明对话构建全球安全治理体系，努力推动世界的持久和平与共同繁荣。中国还主张，国际安全不仅要实现国家安全和相互安全，而且要实现共同安全。中国主张共同安全的基本逻辑是，对手之间的安全关系不总是此消彼长的"零和关系"；以威胁和核威慑手段获得的单边的相对安全既难以维持，也不得人心；各国在相互保证共同生存、维护自身安全利益的同时，也要认同和支持对方的合法安全。中国还积极推动建立和促进多边安全机制，通过这些机制进行协商与合作，并通过建立信任措施和预防性外交等手段缓和紧张局势，更有效地管控争端或冲突。中国还积极推动联合国框架内的全球安全治理体系改革，包括联合国人权理事会与建设和平委员会的建立、维持和平行动部门的改革以及国际刑事法院的建立等，并合理、适度地参与全球和平行动，为实现真正意义上的和平与稳定做出贡献。

第三，在全球安全治理体系的议题上，中国政府强调要全方位、多维度地统筹维护传统安全与非传统安全领域的安全，实现国际社会的综合安全。综合安全具有内外兼顾和统筹的特征，适应了国际安全问题在当今全球化形势下的弥散性需求。国际社会的任何成员都需要在实现综合安全的基础上加强合作，才能促进和实现全球的共同安全。中国政府高度重视传统安全和非传统安全在全球安全体系中的地位和影响，并警惕两者在某些场合下可能的相互转化，提出了"可持续安全""普遍安全""人类命运共同体"等安全治理新理念。同时，为推动大国在非传统安全问题上的合作治理，中国提出和倡导了"新型大国关系"等一系列新主张。例如，对于被美国视为头号威胁的网络安全问题，大国之间既有共同的合作利益，又有尖锐的分歧和斗争，为共同治理网络安全问题，中国一直倡导构建一个和平、安全、开放、合作的"网络空间命运共同体"。

第四，在互动方式上，中国政府强调超越国家安全与联盟安全，更加重视集体安全与合作安全。集体安全与合作安全是国家寻求集体的力量以保障国家安全和国际安全的重要方式。集体安全体现了国家希望增强彼此间的安全信任，通过和平外交手段解决彼此间的分歧和争端，依靠集体的力量解决共同面临的安全问题。中国的合作安全旨在全球或地区有关国家通过在综合性和共同性的安全领域开展协商而非对抗、透明而非秘密、相互依存而非单边主义、包容而非排斥的合作，使所有国家的安全都得到保障，从而维护地区乃至世界的和平稳定。中国既是集体安全与合作安全的倡导者，又是积极的推动者和建设者。中国政府认为，联合国在国际事务中的作用不可或缺。作为最具普遍性、代表性和权威性的政府间国际组织，联合国是实践多边主义的最佳场所，是集体应对各种威胁和挑战的有效平台，应该继续成为维护和平的使者、推动发展的先驱。①

第五，在地区安全建构上，中国政府提出了"共同、综合、合作、可持续"的亚洲新安全观。亚洲幅员辽阔，人口众多，在全球政治经济格局中占据重要地位。习近平主席在2014年5月的亚信第四次峰会上全面阐述的亚洲新安全观包含着深刻的安全新理念，其深远的现实意义在于，亚洲新安全观是基于共同发展的新型安全观提出的，既不同于以实力和均势为基础的安全观，又在处理国家安全关系问题上强调共同性和可持续性，反对谋求绝对安全的霸权理念。新安全观强调，发展是安全的基础，安全是发展的条件。要聚焦发展主题，夯实安全根基，以可持续发展，促进可持续安全。中国提出的建设"亚洲命运共同体"和"一带一路"倡议，既是合作、开放、互惠、共赢的国际发展战略，更是和平、包容、可持续的维护全球安全战略。这种宏观、崭新的安全观完全不同于零和博弈的旧时代的冷战思维，是促进国际安全合作，夯实国际安全基础，开创安全治理新局面，构建稳定的地区与全球安全架构的新思路，也是增强国际社会对中国坚定走和平发展道路信心的重大举措。

第六，在非传统安全治理中，中国加强与区域国家的协调与合作，创新区域安全治理模式。非传统安全合作是中国和亚太周边国家都非常重视的合作领域，《中国与东盟关于非传统安全领域合作联合宣言》以及上海合作组织的建立与发展，都是中国参与全球安全治理的区域作为。上海合作组织以其独特的上海精神，创造了平等互利、共同发展的多边合作方式，为非传统安全治理提供了一个十分有效的范例。东盟多年来在中国的支持下，创造了非传统安全治理的亚洲方式。它们将打击贩毒、偷运非法移民、贩卖妇女儿童、海盗、恐怖主义、洗钱、国际经济犯罪和网络犯罪等作为合作重点，有效地推动了地区安全治理。

---

① 参见俞新天等：《国际体系中的中国角色》，中国大百科全书出版社2008年版，第11页。

(二) 全球安全治理的中国难题

需要着重指出的是,由于中国的特殊国情,在全球安全治理方面与西方国家存在着社会制度、意识形态、价值判断和组织行为等方面的差异和分歧,加之某些西方大国的冷战思维与对中国崛起的警惕和恐慌,在某些西方人士眼中,中国在全球安全治理中既是治理者,又是被治理者,中国参与全球安全治理还面临一些难题。

第一,中国虽已成为一个世界大国,但仍然是一个发展中国家,并且近代以来经历的百年屈辱历史使得中国对国家主权有着特殊的政治情感。全球安全治理意味着国家主权的部分让渡,对于重返国际社会时间不长,又深刻感受到现存国际秩序的不公正,力求真正摆脱西方发达国家控制的中国来说,对西方主张的全球治理的价值原则问题保持高度警惕,尤其是对西方主导的国际组织、地区组织借"人权""人道主义"之名,对包括中国在内的发展中国家实施"干预""指导",将中国和其他发展中国家作为攻击目标的做法是坚决反对的。中国对西方的这种挑战国家主权地位的"非领土政治"、全球主义抱有很强的戒心。

第二,中国的公民社会尚处于生长和发展中,在数量、能力、本身素质及其社会影响力方面都与西方国家有较大差距。这既制约了中国参与全球安全治理的广泛性和影响力,也成为西方某些国家对中国诟病的一个方面。全球治理理论的基本点是国家、政府间国际组织和全球公民社会聚焦于全球层面的机制、关系并展开对话、协商与合作。如果偏离了这个基本点,就会被认为是曲解了全球治理。另外,全球治理的过程是还政于民的过程,也是公民社会成长、民主精神弘扬的过程。如果没有健全的公民社会,缺乏具有公共精神和民主素养的公民,就不是完整意义上的全球治理。中国参与全球治理,特别是安全治理,在一定程度上侧重于在本土的跨国合作。这就使得中国很难顾及和参与全球层面的公民社会活动。正是在这个意义上,西方国家对中国的社会制度、民主改革进行攻击和诋毁。

第三,在联合国全球安全治理改革的不同方案之间,中国与西方国家仍然存在不可调和的矛盾,包括安理会改革、联合国与区域地区组织的关系、人道主义干预等问题。联合国是全球安全治理体系的核心,是全球安全治理机制、制度和政策的协调、制定、统一和实施的平台。正是出于这一点,西方大国力图控制、利用联合国维护其既得利益,并企图继续主导符合西方价值需求的全球安全治理话语权。这就阻碍并削弱了联合国在全球安全治理体系改革中发挥的作用。

但不可否认的是，全球安全治理是一个逐步改进、变化的过程，而且将不断探索与成长。目前看来，西方国家既是主要推动者，又占有主导性的话语权。但是，作为一种宽泛、包容的安全治理架构和多边参与、协商、合作的安全治理过程，全球安全治理旨在争取全球安全的共商共建共享，这既是中国安全观的价值标尺，也是全球安全治理的价值原则。尽管在全球安全治理进程中存在种种矛盾、分歧、挑战和不确定性，但全球安全治理仍然为扩大安全合作提供了更大、更多的机会，为中国和其他国家及国际组织在安全领域发挥建设性作用提供了一种新的选择。

> **思考题**
>
> 1. 非传统安全问题对国际安全体系产生了怎样的影响？
> 2. 试阐述安全治理、全球安全治理的内涵与特征。
> 3. 中国在全球安全治理中的地位和作用是什么？

> **讨论题**
>
> 1. 中国在全球安全治理中有哪些实践？呈现出何种理念？
> 2. 在非传统安全问题凸显的背景下，中国应该如何参与全球安全治理？

> **推荐阅读文献**
>
> 1. 杨洁勉主编：《国际体系转型和多边组织发展——中国的应对和抉择》，时事出版社2007年版。
> 2. 庞中英主编：《中国学者看世界·全球治理卷》，新世界出版社2007年版。
> 3. 俞新天等：《国际体系中的中国角色》，中国大百科全书出版社2008年版。
> 4. 李东燕主编：《全球安全治理：研究与调查》，当代中国出版社2013年版。
> 5. 卢静、曲博主编：《当前国际安全体系转型》，世界知识出版社2014年版。
> 6. Oliver Ramsbotham, Tom Woodhouse and Hugh Miall, *Contemporary Conflict Resolution* (2nd Edition), Cambridge: Polity Press, 2007.

第十一章 非传统安全与区域安全治理

> **导 读**
>
> 随着全球化和区域化进程日益加快，非传统安全议题不断凸显并进一步加剧国家安全和国际安全的区域化和综合化。基于此，探索非传统安全的区域治理之道，成为实现区域安全治理的必由之路。在新区域主义框架内，非传统安全区域治理研究视角非常关注以安全机制和安全共同体为核心的实现安全治理的秩序方法，以及来自国家、区域和全球等不同层次的多元行为体的多层次方法。但是，由于大国和区域政府组织在非传统安全区域治理进程中扮演着持续的领导角色，其领导能力、利益诉求和制度及规范偏好等均对这一进程产生了重要影响。作为最典型的区域政府组织欧盟和东盟，以及作为崛起中的最大的发展中国家中国，在非传统安全区域治理进程中取得了举世瞩目的成绩，并逐步形成具有鲜明自身特色的实践模式，即"欧盟模式""东盟模式"和"中国模式"。

第一节 非传统安全的区域治理视角

一、安全区域化与非传统安全区域治理

冷战结束以来，国际安全领域出现两个重大变化。一方面，国际安全的跨国性和跨域性日益明显，呈现国内安全的国际化和国际安全的国内化，以至于体系中所有国家都被纳入一种安全相互依存的全球网络关系之中。在实际中，由于各种威胁带来的不安全常常与地理接近性联系紧密，这种安全相互依存的常规模式是一种以区域为基础的安全集合。由此，区域层次成为安全研究的恰当规模。另一方面，全球化和区域化趋势的加快开启了区域自主管理自身事务的新的可能性和现实必要性，使区域化现象成为世界政治经济

更明显的特征，从而加剧了安全区域化趋势，并凸显区域主体在解决区域安全事务中的关键地位。①

具体说来，安全区域化是同时发生在多个层次和多个领域的复杂的变化过程。这些安全的层次既包括作为整体的全球、单个区域（包括区域和次区域），又包括区域内部国家（包括国内）；安全的领域既包括军事等传统安全议题，也包括政治、经济、社会、环境等非传统安全议题。从全球和区域层次看，全球性战争威胁的消除以及伴随着日益加快的全球化和区域化进程出现的贸易、投资、货币和人员流动更大的自由化，金融危机、环境污染、恐怖活动、非法毒品交易、走私、有组织犯罪、移民、贫穷与疾病等非传统安全问题的跨边界扩散更为突出，并已成为区域不安全乃至暴力冲突的新的重要的因素。

资料1　安全区域化：政治安全、经济安全、社会安全和环境安全

从国家层面看，全球化和区域化的双重趋势既对主权国家的合法性形成挑战，又通过促进国内安全外部性向外扩散而推动安全区域化进程。一个明显的后果是不同形式冲突的出现：有些是旧的但在全球化的新形势下明显趋于激化，如内战、民族分离主义等国内冲突；有些在本质上是全新的，如种族清洗、集体强奸、有组织的屠杀儿童、对重大价值的文物的毁灭等新型战争形式。这是一种主要由社会经济和政治危机及外部干涉构成的"复合人道紧急事件"，由此导致特定区域相关国家不可避免地遭受来自其内部的挑战，即比约恩·赫特纳（Björn Hettne）所说的"黑洞综合征"。② 由于发展中国家大部分尚处于"民族/国家建设"阶段，其承受的影响格外明显。阿约伯（Mohammed Ayoob）认为，领土满足、社会内聚力和政治稳定在国家内部占支配地位，而发展中国家因普遍缺乏这些国家特征而经常引发它们内部及其相互之间的冲突。这样，这些国家所固有的国内不安全因素就会与外部而来的一系列安全挑战结合起来，形成发展中国家特定的安全困境。③

实践中，政治、经济、社会和环境等非传统安全议题与军事安全等传统安全议题存在密切的联系。比如，作为政治安全和社会安全主要威胁来源的民族分离主义势力就可能会与现存国家或政府发生矛盾甚至武装冲突，由此产生的种族主义和排外主义还会引发种族或民族之间的矛盾和冲突，进而影

---

① See Barry Buzan, Ole Wæver and Jaap de Wilde, *Security: A New Framework for Analysis*, Boulder, CO: Lynne Rienner Publishers, 1998, pp. 11-12; David A. Lake and Patrick M. Morgan, The New Regionalism in Security Affairs, in David A. Lake and Patrick M. Morgan (eds.), *Regional Orders: Building Security in a New World*, University Park, PA: The Pennsylvania State University Press, 1997, pp. 6-7.

② See Björn Hettne, Regionalism, Security and Development: A Comparative Perspective, in Björn Hettne, András Inotai and Osvaldo Sunkel (eds.), *Comparing Regionalisms: Implications for Global Development*, New York, NY: Palgrave Macmillan, 2001, pp. 19-22.

③ See Mohammed Ayoob, *The Third World Security Predicament: State Making, Regional Conflict, and the International System*, Boulder, CO: Lynne Rienner Publishers, 1995, p. 21.

响到国家乃至国际安全。在经济安全方面,引发经济混乱的金融危机会破坏一国的军事实力,加重国内政治动乱乃至引起国家分裂,增加国家的外部脆弱性。经济不发展亦与战争和冲突有密切联系。比如,在非洲发生的战争和冲突就较多与之有关。环境安全亦与冲突存在一定联系。托马斯·霍默-狄克逊(Thomas Homer-Dixon)强调,与环境变化有关的严重冲突主要有两种:一是由环境匮乏引发的巨大的人口流动或移民扩张导致的种族冲突;二是严重的环境匮乏将削弱核心社会制度的生产能力,引发国内冲突和叛乱等。[1] 资源的不平等亦可能成为冲突的根源,如水资源争夺与社会及政治不安全相交织常常引发水资源战争。[2]

这些表明,在全球化世界里,安全是相互关联的,而安全威胁的来源和目标具有直接或间接的区域维度。所以,安全是一种区域公共产品。可以说,非传统安全的多层次和多领域的综合化趋势对区域安全的影响是双重的:它们既增加了区域不安全的新的因素和新的难题,也增加了区域层次解决区域安全问题的能力和机会。由此可知,区域主义是实现非传统安全区域治理的重要路径。

二、新区域主义与非传统安全区域治理

新区域主义特指20世纪80年代中后期以来区域主义的理论与实践,以区别于20世纪50年代末发轫于欧洲、70年代末和80年代初陷于衰落的旧区域主义理论与实践,它具有理论和实践的双重成分。[3]

新区域主义对旧区域主义有所继承,但更多的是在冷战后新的国际背景下所表现出的新变化。从实践上看,冷战背景下的旧区域主义通常表现为区域政府间组织,并以单一维度的经济、政治或军事组织的形式出现。而新区域主义明显表现出综合性的特征。一方面,一些原来功能单一的区域政府间组织开始朝着涉及政治、经济、社会、环境、文化等多维度议题的方向发展,并日益成为解决区域综合性问题的一支最重要力量;另一方面,市场组织、非政府组织等公民社会组织和区域增长三角等开始纳入新区域主义实践之中。由此,新区域主义被定义为一种涉及国家、非国家行为体、正式或非正式合作以及政治、安全、经济、战略、社会、生态等多个领域互动的、多样的和

---

[1] See Thomas F. Homer-Dixon, Environmental Scarcities and Violent Conflict: Evidence, *International Security*, Vol. 19, No. 1, 1994, pp. 5-40.
[2] Jon Barnett, Environmental Security, in Alan Collins (ed.), *Contemporary Security Studies* (4th Edition), Oxford: Oxford University Press, 2016, pp. 235-236.
[3] See Fredrik Söderbaum, Introduction: Theories of New Regionalism, in Fredrik Söderbaum and Timothy M. Shaw (eds.), *Theories of New Regionalism: A Palgrave Reader*, New York, NY: Palgrave Macmillan, 2003, pp. 2-5.

综合的区域化进程。与之相适应,从理论上看,在新区域主义框架内,安全研究与区域主义研究日益融合起来,并将非传统安全议题作为区域安全研究的核心议题,从而形成一种非传统安全研究的区域视角,主要有哥本哈根学派的区域安全复合体理论和比约恩·赫特纳等人的新区域主义方法等。

哥本哈根学派作为区域安全研究的最早倡导者,既呼吁更多地关注区域层次的安全分析,又强烈要求扩大安全威胁的来源及其指涉对象,并将两者融入区域安全复合体理论框架内。其代表人物巴里·布赞在安全复合体理论框架内引入安全领域分析方法,对一个宽泛的安全领域进行了开放式研究。他正式提出安全的五个领域,认为人类的集体安全主要受到五个领域的影响,即军事、政治、经济、社会和环境。① 他强调,军事、政治、经济和社会安全实际上彼此处于紧密联系之中;环境领域亦如此,因为许多环境问题有力地与经济(如污染控制成本)和社会(如认同)联系在一起。② 区域安全复合体理论被巴里·布赞等人用于亚洲、非洲、美洲和欧洲等区域安全的比较研究,亦被其他学者广泛用于东亚、东南亚、南亚和中东等区域安全的个案研究,并被用于气候变化和环境安全等专门的区域非传统安全研究。从此,非传统安全议题开始进入区域安全研究的视域。

新区域主义方法是新区域主义理论的重要分支内容。其代表人物比约恩·赫特纳将安全、发展和区域主义结合起来,探讨安全区域主义的动力和路径。他强调,从安全的角度看,一个区域主体性及其能力的区域性的不同层次,决定着安全区域主义的发展进程,即从区域安全复合体开始,通过有效的区域安全管理或安全秩序建构,逐步走向区域安全共同体。他提出了由五种核心要素构成的一种区域冲突管理的分析框架,即发展区域主义与冲突预防、冲突的本质与动力、外部干涉的模式、和平管理与解决冲突的形式以及冲突后重建等。他将这种分析框架称为"新区域主义干预方法"。③ 这一方法试图通过安全、发展和环境区域主义为因全球化和区域化而扩大的经济、发展和生态问题提供解决方案,从而有助于安全秩序的创建,使安全区域主义带有明显的冲突管理的预防和预后色彩。实际上,它谋求一种以人类社会

---

① See Barry Buzan, *People, States and Fear: An Agenda for International Security Studies in the Post-Cold War Era*, London: Harvest Wheatsheaf, 1991, pp. 19-20.
② See Barry Buzan, The Logic of Regional Security in the Post-Cold War World, in Björn Hettne, András Inotai and Osvaldo Sunkel (eds.), *The New Regionalism and the Future of Security and Development*, London: Palgrave Macmillan Press, 2000, pp. 1-25.
③ See Björn Hettne, Regionalism, Security and Development: A Comparative Perspective, in Björn Hettne, András Inotai and Osvaldo Sunkel (eds.), *Comparing Regionalisms: Implications for Global Development*, New York, NY: Palgrave Macmillan, 2001, pp. 3-28; Björn Hettne, Development, Security and World Order: A Regionalist Approach, in Sheila Page (ed.), *Regions, and Development: Politics, Security and Economics*, London: Frank Cass, 2000, pp. 44-66.

一体化为目标的积极和平，从而为非传统安全研究提供可探索的路径。① 值得注意的是，新区域主义方法开始关注以不同区域间制度化联系为核心特征的区域间主义实践，并将之作为实现区域治理的一种新模式。区域间主义已被视作涉及非传统安全议题的区域安全治理的一种新路径。②

在新区域主义背景下，这些非传统安全研究的区域视角将冷战后非传统安全问题剧增如何推动安全区域化进程以及非传统安全合作如何实现区域安全治理等重大问题作为关注焦点，不断推动非传统安全研究之区域视角的纵深发展。区域安全治理已成为非传统安全管理和非传统安全研究的一种新观念和新实践。③

第二节 非传统安全区域治理：秩序与层次

一、非传统安全区域治理的秩序样态

国际安全的区域研究视角从这样一个基本假定开始：区域安全的变化是从冲突关系、竞争关系到合作关系的"连续统一体"，而区域安全治理就是从创建问题导向和制度导向的区域安全机制，到构建认同导向并融问题导向和制度导向为一体的区域安全共同体。区域安全机制可分为权力平衡、军事联盟等初级安全机制和大国协调、集体安全、合作安全等高级安全机制两大类，形成一种不断递升的发展进程。而区域安全共同体是实现区域一体化的一种政治实体，是区域安全治理的最理想状态。④ 这些区域安全秩序最初均是主要针对传统安全议题，在"新区域主义"背景下，才开始不同程度地介入非传统安全议题的区域治理。

第一，"软平衡"的形成和军事联盟的非传统使用。作为一种权力平衡的新方法，"软平衡"聚焦于通过与其他国家的双边和多边联合来削弱一个强大和威胁性国家的相对权力，常被分为"军事软平衡"和"非军事软平衡"两种形式，其中后者包括经济制裁、贸易禁运和战略性不合作等。这样，"软平

---

① 参见崔顺姬：《"积极和平"对非传统安全研究的启示：基于中国传统文化的视角》，载《国际政治研究》2012年第1期，第39—44页。
② 参见郑先武：《区域间治理模式论析》，载《世界经济与政治》2014年第11期，第91—120页。
③ 参见崔顺姬、余潇枫：《安全治理：非传统安全能力建设的新范式》，载《世界经济与政治》2010年第1期，第84—96页。
④ 参见郑先武：《安全、合作与共同体：东南亚安全区域主义理论与实践》，南京大学出版社2009年版，第118—145页。

衡"为大国或区域中等大国及区域组织通过经济安全工具及其相应的规范与制度权力实现权力平衡目标,进而推进区域安全治理提供了新的机会。[1] 军事联盟的非传统使用主要是通过双边或多边防务外交参与非传统安全议题的区域治理,即使用军事力量推进外交及其所介入的双边和多边非传统安全安排,包括人道主义救援、打击恐怖主义等。[2]

第二,大国协调的非传统化和跨区域化。作为一种国际安全治理机制,大国协调特指在特定体系内有重要影响的大国按照特定的共有规范,通过会议外交解决共同的安全问题。"特定的共有规范"主要体现在:(1)一致性。大国在共识性决策程序指导下,主动通过会议外交解决重大安全问题,努力避免单边行动。(2)合法性。既要求除非经过合法的程序,各国不能随便改变现状,又要求大国行为需得到本区域各国的广泛认可。(3)责任性。大国既应把彼此间达成的合作框架视作一种有约束力的国际责任,又要承担起维持区域安全与稳定的主要责任。(4)包容性。既不排除在某一地区有重要影响的任何大国和与特定安全问题相关的中小国家,又不强调意识形态的一致性。从所涉及的核心安全议题看,当代大国协调越来越多地介入经济、环境等非传统安全议题,出现大国协调的非传统安全导向,称之为"新大国协调",如七国集团/八国集团、二十国集团和金砖国家合作机制等。它们在解决全球性安全议题的同时也越来越多地参与非传统安全的区域和跨区域治理,形成一种新的"跨区域大国协调"。[3]

第三,新的区域性集体安全机制的构建。在区域集体安全机制中,安全复合体的成员共同管理其安全事务。在这里,各成员国承认威胁源于集体内部,但它们之间有共同的兴趣通过联合行动减弱或消除这些威胁。[4] 在实际中,该机制的运行常常依赖于一个区域政府组织采取行动。而随着"新区域主义"背景下非传统安全议题纳入区域一体化进程,区域政府组织开始将这

---

[1] See T. V. Paul, Soft Balancing in the Age of US Primacy, *International Security*, Vol. 30, No. 1, 2005, pp. 58-59; Kai He and Huiyun Feng, If Not Balancing, Then What? Reconsidering Soft Balancing and U. S. Policy Toward China, *Security Studies*, Vol. 17, No. 2, 2008, pp. 365-373; Daniel Flemes, Emerging Middle Powers' Soft Balancing Strategy: State and Perspectives of the IBSA Dialogue Forum, GIGA Working Paper No. 57, August 1, 2007, pp. 5-26.

[2] See Anton Du Plessis, Defence Diplomacy: Conceptual and Practical Dimensions with Specific Reference to South Africa, *Strategic Review for Southern Africa*, Vol. 30, No. 2, 2008, pp. 89-90; K. A. Muthanna, Military Diplomacy, *Journal of Defence Studies*, Vol. 5, No. 1, 2011, pp. 2-3; Andrew Cottey and Anthony Forster, *Reshaping Defence Diplomacy: New Roles for Military Cooperation and Assistance*, London: Routledge, 2004, pp. 5-6.

[3] 参见郑先武:《东亚"大国协调":构建基础与路径选择》,载《世界经济与政治》2013年第5期,第88—113页。

[4] See Patrick M. Morgan, Regional Security Complexes and Regional Orders, in David A. Lake and Patrick M. Morgan (eds.), *Regional Orders: Building Security in a New World*, University Park, PA: The Pennsylvania State University Press, 1997, p. 34.

些议题引入区域集体安全,谋求预防潜在的冲突、促进和平建设和冲突后重建。如非洲联盟和非洲次区域组织推进的非洲集体安全机制建设。① 而欧盟正通过跨区域的危机管理行动建构起一种新的区域间集体安全机制。安全部门改革、打击恐怖主义、人道主义援助等非传统安全合作成为其重要的组成部分。该机制把国家安全与人的安全结合起来,试图通过改变冲突与和平的政治和社会背景将冲突预防、和平建设行动制度化,从而实现可持续的"积极和平"。② 这种新的区域性集体安全机制成为联合国所极力推动的"新集体安全"的重要组成部分。③

第四,独特的区域合作安全机制的创设。区域合作安全机制旨在加深安全的相互理解并拓宽安全的定义,即将军事、环境、经济和社会等安全议题都包括进来,因而引入了环境、经济和社会等非传统安全议题;其倾向于采用协商、保证、透明、预防和相互依存的方式,而不是采用对抗、威慑、保密、修正和独来独往的方式。该机制主要是关注防止国家之间的冲突,但也可以用于维持国家内部的个体或群体的安全;国家、政府组织和非政府组织都可以参与国际危机管理及安全合作与对话。区域合作安全机制还具有两个独特的作用领域,即信任建设措施和危机预防这两个互为一体的机制。这样,区域合作安全机制包容且超越了关注军事威胁的传统安全观和国家中心的安全模式,成为冷战后出现的全新的区域安全机制。④

第五,安全共同体的综合化和非传统化。随着非传统安全议题的引入,出现了"综合安全共同体"的思想。其中批判安全研究的威尔士学派的观点最为有名。其代表人物肯·布斯将安全视作一种"解放政治"的实践,强调"解放即安全",而经由(安全)共同体是通向解放的道路。他以南部非洲的经验为基础,指出这种"综合安全共同体"所涉及的安全议题和指涉对象均是综合的:安全议题包括政治、经济、社会、性别、环境、军事等;安全指涉对象不只是国家,还有个体的人、民族、种族、亲属集团和整个全球人类共同体等。这就要求通过将权力从国家层次向上移至区域共同体制度、向下移至地方社区团体,以将单一的国家主义模式转变为复合的进程,即建

---

① 参见郑先武:《非洲集体安全机制的创新与困境》,载《社会科学》2011年第6期,第27—36页。
② 参见郑先武:《欧盟区域间集体安全的建构:基于欧盟在非洲危机管理行动的经验分析》,载《世界经济与政治》2012年第1期,第49—73页。
③ See Peter G. Danchin and Horst Fischer (eds.), *United Nations Reform and the New Collective Security*, Cambridge: Cambridge University Press, 2010.
④ 参见〔澳〕克雷格·A. 斯奈德:《地区安全结构》,载〔澳〕克雷格·A. 斯奈德等:《当代安全与战略》,徐纬地等译,吉林人民出版社2001年版,第140—146页。

立超越领土、支持区域主义和人的多样性的"非国家主义"的国家——"聚合国"。① 这样,威尔士学派不仅将个体的人作为安全的最后指涉对象,而且将非传统安全议题作为安全议程的中心,② 从而为非传统安全研究提供了独特的视角。③ 随后,学界还出现了专门针对非传统安全议题的"非传统安全共同体"研究。"非传统安全共同体"成为跨国安全治理的一种新探索。④

二、非传统安全的多层次区域治理

在"新区域主义"框架内,区域不再是自然的和给定的地域空间,而被视作一种参照领土定位和地理或规范接近性的社会建构,亦即区域可以在全球化进程中由一系列政治、经济和社会实践建构和重构;区域主要是国家间的,国家是区域最重要的建构者,但区域并不是国家的简单相加,而是可以穿越特定国家构成的地域边界,定位于该地域内部和外部国家的某一部分,亦即区域可以包括提供不同组织和协作形式的次国家、跨国家和超国家单元;区域也不仅仅是统一的或同质的单元,而可能是区域中的区域或重叠的区域。⑤

基于此,区域安全治理的互动层次开始以作为其核心指向的特定地理区域为基准,向上延伸至区域间和全球,向下延伸至微区域。具体而言,这里的特定地理区域是指以国家为单元的国际区域或次区域,是国家之间互动的传统地理空间;区域间是指由不同国际区域间制度化关系建构的新的地理空间,是国家与区域、区域与区域之间集体互动的新的国际关系层次,主要包括两个区域组织/集团之间的双区域、某一区域组织/集团与单一国家之间的

---

① See Ken Booth, Security and Emancipation, *Review of International Studies*, Vol. 17, No. 4, 1991, pp. 313-326; Ken Booth and Peter Vale, Critical Security Studies and Regional Insecurity: The Case of Southern Africa, in Keith Krause and Michael C. Williams (eds.), *Critical Security Studies: Concepts and Cases*, Minneapolis, MN: University of Minnesota Press, 1997, pp. 329-358.
② 参见〔英〕巴里·布赞、〔丹麦〕琳娜·汉森:《国际安全研究的演化》,余潇枫译,浙江大学出版社 2011 年版,第 218—219 页。
③ 参见余潇枫:《共享安全:非传统安全研究的中国视域》,载《国际安全研究》2014 年第 1 期,第 17—19 页。
④ 参见余潇枫、王梦婷:《非传统安全共同体:一种跨国安全治理的新探索》,载《国际安全研究》2017 年第 1 期,第 4—25 页。
⑤ See Tanja A. Börzel and Thomas Risse, Introduction: Framework of the Handbook and Conceptual Clarifications, in Tanja A. Börzel and Thomas Risse (eds.), *The Oxford Handbook of Comparative Regionalism*, Oxford: Oxford University Press, 2016, pp. 6-8; Luk Van Langenhove, Why We Need to "Unpack" Regions to Compare Them More Effectively, *The International Spectator*, Vol. 47, No. 1, 2012, pp. 18-19.

准区域、多个区域的区域组织/集团或国家之间的跨区域等三种基本形态;①微区域是指以次国家或地方层次为基本单元、基于跨国互动网络的跨境区域,主要包括各种增长三角、经济走廊、河谷盆地、旅游区、经济合作区及经济圈、经济带等。② 实际上,微区域与区域间尤其是跨区域一样,均是超越传统民族国家话语体系下领土性地理界定的、基于跨边界社会联系性的再领土化地理重构进程,具有跨国性、超领土性、跨领土性和领土间性等基本特性。③ 因此,微区域和区域间已分别成为国家与地方、地方与区域互动的较小规模区域以及国家与区域、区域与区域互动的较大规模区域。两者作为推动区域安全治理的"再地域化新型区域",与其所在的中等规模区域一起构成兼具传统地理接近性和领土性及新的地域开放性和再领土化特征的"大区域",即相对于狭义的特定地理区域的"广义区域"。④

在这种"大区域观"的指导下,非传统安全区域治理可以分为三种基本类型,即区域间主义、区域—次区域主义和微区域主义。在这里,区域间主义治理特指来自两个或两个以上的特定国际区域或次区域的各种行为主体推动非传统安全区域间治理的各种思想、观念、计划及其实践进程,又可细分为双区域间主义(如欧盟与东盟等)、准区域间主义(如中国与欧盟、东盟等)和跨区域主义(如东盟地区论坛、上海合作组织等)三种基本形态;区域—次区域主义治理特指一个特定区域—次区域内各种行为主体(包括国家和非国家)为推动非传统安全区域治理的各种思想、观念、计划及其实践进程,如欧盟、东盟等;微区域主义治理特指以次国家或地方层次为基本单元、基于跨国互动网络的非传统安全跨境区域治理进程,如澜沧江—湄公河合作机制等。

与上述"大区域"及其不同的治理实践进程相适应,非传统安全区域治理的行为体亦来自不同的层次并呈现明显的多元性,即非传统安全区域治理是国家、区域政府组织、公民社会组织和市场组织等多元行为体协同作用的

---

① See Ruth Hanau Santini, Sonia Lucarelli and Marco Pinfari, Interregionalism: A Security Studies Perspective, in Francis Baert, Tiziana Scaramagli and Fredrik Söderbaum (eds.), *Intersecting Interregionalism: Regions, Global Governance and the EU*, Dordrecht: Springer, 2014, pp. 71-86. 另参见郑先武:《区域间治理模式论析》,载《世界经济与政治》2014 年第 11 期,第 97—102 页。
② See Fredrik Söderbaum, Exploring the Links Between Micro-Regionalism and Macro-Regionalism, in Mary Farrell, Björn Hettne, Luk Van Langenhove (eds.), *Global Politics of Regionalism: Theory and Practice*, London: Pluto Press, 2005, pp. 91-95. 另参见郑先武、李峰:《东南亚微区域合作与跨境安全》,载《南洋问题研究》2016 年第 3 期,第 3—5 页。
③ See Jan Aart Scholte, *Globalization: A Critical Introduction (2nd Edition)*, Houndmills: Palgrave Macmillan, 2005, pp. 13-84.
④ See Karolina Klecha-Tylec, *The Theoretical and Practical Dimensions of Regionalism in East Asia*, Houndmills: Palgrave Macmillan, 2017, pp. 102-104.

结果。在实际中，由于行为体的性质、实力和能力有所不同，它们在非传统安全区域治理进程中的作用存在明显差别，而有能力、有意愿的强国或区域政府组织时常在其中扮演着关键的领导角色。这里的强国既包括全球层次的超级大国和大国，又包括区域层次的中等大国或区域大国。全球层次的大国既能在自己所在区域的广泛领域产生重大影响，又能在整个（全球）体系的多个特定领域展开活动，如中国、俄罗斯等；区域大国既能在其所在的特定区域及其周边的广泛领域产生重要影响，又能在整个（全球）体系某个特定领域发挥作用，如南亚的印度、东南亚的印度尼西亚、南美洲的巴西、南部非洲的南非等。作为一种"联合的小强权"的区域政府组织则可以通过规范权力或民事权力在特定区域及其周边的特定安全议题上发挥重要作用，但它常倚仗其所在区域的大国和区域大国展开行动，如欧盟、东盟等。[1]

在主权国家和区域政府组织"自上而下"发挥主导作用的同时，非政府组织及其他公民社会组织和市场组织已成为不可忽视的"自下而上"的推动力量。公民社会组织作为相对独立于政治国家与市场组织的第三部门或非营利部门，包括非政府组织、认知共同体、地方社区团体等。[2] 在现实中，这些公民社会组织，可以以动议发起者、议程设置者、规范促进者、国家与政府组织的合作者、行动计划的支持者和游说者、治理方案的管理者和监督者等身份影响区域、全球等多个层面的国际事务。[3] 它们亦可以在非传统安全领域提供自己力所能及的服务，主要包括：为政府和政府组织提供政策建议、监督政治动乱的国家进行开放公正的选举、推动以人为中心的发展援助、开展更积极的环境保护行动、帮助解决人道主义紧急事件等。[4]

---

[1] See Barry Buzan and Ole Wæver, *Regions and Powers: The Structure of International Security*, Cambridge: Cambridge University Press, 2003, pp. 30-99; Liselotte Odgaard, *The Balance of Power in Asia-Pacific Security: US-China Policies on Regional Order*, London: Routledge, 2007, pp. 43-66; Robert Stewart-Ingersoll and Derrick Frazier, *Regional Powers and Security Orders: A Theoretical Framework*, Abingdon, OX: Routledge, 2012, pp. 41-68; Asle Toje, *The European Union As a Small Power: After the Post-Cold War*, Basingstoke: Palgrave Macmillan, 2010, pp. 23-31.

[2] 参见〔英〕简·阿特·斯科尔特：《全球治理中的公民社会与民主》，载何增科、包雅钧主编：《公民社会与治理》，社会科学文献出版社 2011 年版，第 159 页。See also Andréas Godsäter and Fredrik Söderbaum, Civil Society in Regional Governance in Eastern and Southern Africa, in David Armstrong et al. (eds.), *Civil Society and International Governance: The Role of Non-State Actors in Global and Regional Regulatory Frameworks*, New York, NY: Routledge, 2011, pp. 149-150.

[3] See Andréas Godsäter and Fredrik Söderbaum, Civil Society in Regional Governance in Eastern and Southern Africa, in David Armstrong et al. (eds.), *Civil Society and International Governance: The Role of Non-State Actors in Global and Regional Regulatory Frameworks*, New York, NY: Routledge, 2011, pp. 151-167; Michael Schulz, The Role of Civil Society in Regional Governance in Middle East, in David Armstrong et al. (eds.), *Civil Society and International Governance: The Role of Non-State Actors in Global and Regional Regulatory Frameworks*, New York, NY: Routledge, 2011, pp. 172-177.

[4] See Leon Gordenker and Thomas G. Weiss, Devolving Responsibilities: A Framework for Analyzing NGOs, and Services, in Thomas G. Weiss (ed.), *Beyond UN Subcontracting: Task-Sharing with Regional Security Arrangements and Service-Providing NGOs*, Houndmills: Macmillan Press, 1998, pp. 30-48.

由此，来自国家、区域和全球等不同层次的国家行为体与非国家行为体，构成一种各利益攸关者互动的非传统安全多层次区域治理体系，① 共同推动非传统安全区域治理进程的纵深发展。

第三节　非传统安全区域治理的实践模式

一、非传统安全区域治理的"欧盟模式"

欧盟非传统安全区域治理是在欧洲共同安全防务政策框架内进行的，其核心战略性指导来自 2003 年 12 月欧盟通过的《欧洲安全战略》。作为欧盟实施的首份安全防务战略文件，《欧洲安全战略》是从新的综合安全视角界定区域安全及其实现途径的。该战略文件重新界定了冷战后欧洲所面临的"新的核心威胁"，包括恐怖主义、大规模毁灭性武器的扩散、区域冲突、国家失败、有组织犯罪等，并将欧洲内部安全与外部安全融为一体，强调威胁的流动性和跨区域扩散性。它既关注有组织犯罪、恐怖主义等公认的非传统安全威胁，又关注这些威胁与区域冲突和国家失败的紧密联系，进而开出了两大应对之策，即预防性介入和有效多边主义。前者强调综合运用政治、外交、军事和民事、贸易与发展等多种安全工具应对区域冲突、国家失败和人道主义紧急事件；后者强调以强大的国际社会、良好的国际制度和基于规则的国际秩序为目标，将支持和完善国际法作为自己的责任。②

欧盟以《欧洲安全战略》为基础，推出涉及人道主义救援、军事建议与援助、冲突预防、维和、安全部门改革以及和平创建、冲突后稳定化、打击恐怖主义等危机管理中作战部队肩负的任务，由此构成欧盟共同安全防务政策框架内危机管理行动的基本范畴。欧盟的此种安全战略及其行动框架亦融入欧盟所主导的非传统安全区域间治理进程。例如，欧盟与非加太国家集团（ACP）为加强区域间合作相继颁布实施了《科托努协定》（Cotonou Agreement）、《非欧联合战略》及"非洲和平与安全架构"（APSA）的共同安全防务行动计划等，其中引入了强调外交、安全和发展结合起来的欧盟综合安全方法，强化彼此的和平与安全伙伴关系，进一步完善了与冲突根源治理和可

资料 2　欧盟海军的"亚特兰大行动"

---

① See Alistair D. B. Cook, Actors and Stakeholders, in Mely Caballero-Anthony（ed.）, *An Introduction to Non-Traditional Security Studies: A Transnational Approach*, Los Angeles, CA: Sage, 2016, pp.36-51.

② See Council of the European Union, *A Secure Europe in a Better World: European Security Strategy*, Brussels, December 12, 2003, pp.4-14, http://www.envirosecurity.org/ges/ESS12Dec2003.pdf, visited on 2019-03-28.

持续发展相联系的整体的安全治理方法。①

欧盟非传统安全区域治理有一些明显的自身特征，这些特征使欧盟形成了非传统安全区域治理独特的"欧盟模式"，主要有：

一是行为主体的多元性。欧盟作为政府间组织与超国家组织的混合体，其本身就具有明显的多元性特征。实际上，欧盟区域治理政策行为常常是作为超国家机构的欧盟委员会、欧洲议会、欧盟法院和作为政府间组织的欧洲理事会、欧盟理事会共同决策的结果。其他欧盟机构，如欧洲中央银行、欧洲投资银行等也在其中起着主要作用。这些机构与广泛参与其协商进程的作为非国家行为体的公民社会组织和市场组织、政治团体等利益集团一道，形成一种"联合的行为体"。②

二是机制安排的法律化。欧盟一体化进程始终是以法律为基轴的，它不断出台新法律，并确保这些法律的执行。在这里，法律化主要涉及决策程序和政策工具两个侧面。就决策程序而言，欧盟主要采用欧盟理事会所主导的政府间方法和欧盟委员会所主导的共同体方法。前者是全体一致表决方法和协商一致的决策方法占主导，最后适用特定多数表决方法；后者主要采用特定多数表决方法。在实际中，欧盟会根据具体的活动领域和政策工具而采用不同的表决方法。就政策工具而言，常用工具包括共同战略、联合行动、共同立场、联合宣言或共同声明、国际协定等。按照有关法律规定，与欧盟共同安全防务政策相关的所有事务必须采用全体一致的表决方法，这样，与之相关的政策工具除另有规定外一般适用此种表决方法，尤其是联系国协定（Association Agreement）及相关协定，而与共同商业政策相关的政策工具一般采用特定多数表决方法。所有这些政策工具一旦在表决通过后生效，对欧盟及其所有成员国都有法律约束力。这种机制安排的法律化还通过有效的多边主义表现出来。东道国政府的同意和相关国际协定赋予欧盟相关行动的国际合法性。这种带有超国家性和有约束力的"硬法律"特性赋予欧盟非传统安全区域治理高度制度化水平。③

资料3 欧盟共同安全防务的多元机构

资料4 欧盟的多边主义合作方式

---

① See European Commission, Second Revision of the Cotonou Agreement—Agreed Consolidated Text, Brussels, 19 March 2010, http://eeas.europa.eu/archives/delegations/burkina_faso/documents/eu_burkina_faso/second_rev_cotonou_agreement_20100311_en.pdf, visited on 2019-03-28; African Union (AU), European Union (EU), The Africa-EU Strategic Partnership: A Joint Africa-EU Strategy, 7 December 2007, http://www.africa-eu-partnership.org/sites/default/files/eas2007_joint_strategy_en.pdf, visited on 2019-03-28.

② See Roberto Dominguez, *The Foreign Policy of the European Union (1995-2004): A Study in Structural Transition*, Lewiston, NY: Edwin Mellen Press, 2008, pp. 69-70.

③ See Alistair D. B. Cook, Actors and Stakeholders, in Mely Caballero-Anthony (ed.), *An Introduction to Non-Traditional Security Studies: A Transnational Approach*, Los Angeles, CA: Sage, 2016, p. 43.

三是安全工具的混合性。在共同安全防务政策框架内，欧盟形成了适合于冷战后多侧面安全形势、将民事与军事资源结合起来的危机管理的混合方法。其支柱是由军事和经济力量所代表的"物质权力"与欧盟共有制度所建构的集体的"欧盟权力"的融合。这种集体的"欧盟权力"的载体主要是"民事权力"（civilian power）和"规范权力"（normative power），其中，"民事权力"包括关注实现安全的民事管理、法治和经济支持等非军事手段，采用有法律约束力的正式协定来管理主要的国际议题，①体现出包容性、参与性、透明化、注重分配效果、容忍多样性的价值倾向；②"规范权力"既包括和平、自由、民主、法治与人权等核心规范，又包括社会一致、非歧视、可持续发展、善治等次要规范，这就是所谓的"欧洲共有价值"。③ 正是倚仗这种"规范权力"，欧盟一边努力通过内部的区域一体化建构着特定的自我，一边试图通过特定规范的扩散改变他者，以便最终建立具有规范条款的"世界标准"。"规范权力"已成为以价值为导向的欧盟国际行为体的核心侧面。④ 在实际中，这种独特的规范权力和民事权力混合使用，形成一种"合作的权力"。

资料5　欧盟运用"合作的权力"的方式

二、非传统安全区域治理的"东盟模式"

从理念上看，东盟非传统安全区域治理源自 20 世纪 60 年代末 70 年代初东盟国家提出的框定国际与区域关系的著名的"国家抗御力"和"区域抗御力"概念。这是一种谋求国家安全的整体方法：既强调国家安全涉及意识形态、政治、经济、社会、文化和军事等多个领域，又强调以国家自主和内聚力为基础的区域团结和安全合作，以及基于道德力量的国家间、民族间的协商和相互尊重的重要性，以避免基于物质力量的权力政治下的敌视和对抗。⑤ 这两个概念被 1976 年 2 月召开的首届东盟首脑会议所接受，并写入该会议通过的东南亚区域合作的核心文件《东盟协调一致宣言》（又称《巴厘第一协

---

① See Hanns W. Maull, Germany and Japan: The New Civilian Powers, *Foreign Affairs*, Vol. 69, No. 5, 1990, pp. 92-93.
② See Kalypso Nicolaïdis and Robert Howse, This is My EUtopia…: Narrative as Power, *Journal of Common Market Studies*, Vol. 40, No. 4, 2002, p. 782.
③ See Ian Manners, Normative Power Europe: A Contradiction in Terms? *Journal of Common Market Studies*, Vol. 40, No. 2, 2002, pp. 242-244.
④ See Thomas Diez, Constructing the Self and Changing Others: Reconsidering "Normative Power Europe", *Millennium: Journal of International Studies*, Vol. 33, No. 3, 2005, pp. 614-616.
⑤ See Dewi Fortuna Anwar, National Versus Regional Resilience? An Indonesian Perspectives, in Derekda Cunha (ed.), *Southeast Asian Perspectives on Security*, Singapore: Institute of Southeast Asian Studies, 2000, pp. 82-88.

议》）与《东南亚友好合作条约》。① 由此，基于"国家抗御力"的"区域抗御力"被东盟视作实现东南亚区域综合安全的基础和手段，② 从而推动东盟综合安全观的初步形成，非传统安全议题是其核心组成部分。

从实践上看，东盟非传统安全区域治理始自冷战结束。1992 年 1 月，第四届东盟首脑会议授权东盟在东南亚内部和亚太层面上处理安全问题，开展区域安全对话。③ 自此，东盟开始将最初的综合安全观与源自欧洲的共同安全观和合作安全观结合起来，启动其框架内的区域多边安全合作，并通过东盟地区论坛、东盟 + 1（对话伙伴国）、东盟 + 3（中日韩）和东亚峰会等"东盟中心性"区域安全架构，将之重塑为一种区域安全治理的综合安全方法。这种方法强调安全涉及军事、政治、经济、环境、社会等多个安全领域，涉及国家、次国家、区域、次区域、区域间和全球等多个层次，涉及国家、政府间组织、公民社会组织、市场组织等多个行为体与实现安全的非军事、非强制途径及决策程序和核心原则的"东盟方式"，即基于行为准则之国家间关系的实质性规范和基于协商、共识的决策程序的程序性规范。前者主要包括不干涉、非武力、和平解决争端、尊重成员国的主权和领土完整及区域自主等，又称为"东盟规范"；后者涉及审慎性、合宜性、非正式、务实主义、共识建设和非对抗的谈判风格等，又称为"东盟风格"，由此形成了东盟区域主义中"软区域主义"和"灵活性共识"两大核心特征。④ 实际上，上述方法是综合安全观与强调包容性原则和拒绝威慑为基础的共同安全观和合作安全观的混合体。⑤ 在具体实践中，它在安全领域上更加强调经济、环境和社会等非传统安全议题，显示出明显的"软安全导向"；在安全实现手段上更加强调通过信任建设措施和发展预防性外交实现冲突预防和冲突解决等军事安全目标及其

---

① See ASEAN Secretariat, The Declaration of ASEAN Concord, Bali, Indonesia, 24 February 1976, http: //asean. org/? static_ post = declaration-of-asean-concord-indonesia-24-february-1976, visited on 2019-03-28; ASEAN Secretariat, Treaty of Amity and Cooperation in Southeast Asia Indonesia, 24 February 1976, http: //asean. org/treaty-amity-cooperation-southeast-asia-indonesia-24-february-1976/, visited on 2019-03-28.

② See Mely Caballero-Anthony, From Comprehensive Security to Regional Resilience: Coping with Non-traditional Security Challenges, in Aileen Baviera and Larry Maramis (eds.), *Building ASEAN Community: Political-Security and Socio-cultural Reflections*, Jakarta: Economic Research Institute for ASEAN and East Asia, 2017, pp. 126-127; Ralf Emmers, Comprehensive Security and Resilience in Southeast Asia: ASEAN's Approach to Terrorism, *The Pacific Review*, Vol. 22, No. 2, 2009, pp. 160-174.

③ See Singapore Declaration of 1992 Singapore, 28 January 1992, https: //asean. org/? static_ post = singapore-declaration-of-1992-singapore-28-january-1992, visited on 2019-03-28.

④ See Amitav Acharya, Ideas, Identity, and Institution-Building: From the "ASEAN Way" to the "Asia-Pacific Way"? *The Pacific Review*, Vol. 10, No. 3, 1997, pp. 328-333.

⑤ 参见郑先武：《安全、合作与共同体：东南亚安全区域主义理论与实践》，南京大学出版社 2009 年版，第 239—309 页；David Dewitt, Common, Comprehensive, and Cooperative Security, *The Pacific Review*, Vol. 7, No. 1, 1994, pp. 1-15; Hiro Katsumata, The Role of ASEAN Institutes of Strategic and International Studies in Developing Security Cooperation in the Asia-Pacific Region, *Asian Journal of Political Science*, Vol. 11, No. 1, 2003, pp. 98-99.

他非传统安全目标。所以,无论是从议题还是从手段上看,这种安全方法本质上都是非军事的。① 通过采取对话和协商而不是军事和强制手段来实现区域安全治理的和解性或包容性的综合安全方法,东盟形成了一种独特的非传统安全区域治理的"东盟模式"。②

更重要的是,东盟主导的多边防务合作在组织规范和安全规范上塑造与共享"东盟方式"和综合安全方法的同时,亦在特定的区域安全议题上重塑乃至创建新的区域安全规范。其最重要的体现就是将多边军事合作与非传统安全议题结合起来,在组织规范和安全规范上构建一种"新综合安全"方法。这种由多边防务外交实施的"新综合安全"方法是对区域合作"东盟方式"和综合安全方法"东盟模式"的扬弃。对"东盟方式"而言,它既延续了其拒绝多边军事联盟(即不结盟)和强制性军事联合行动(即不干预)的传统做法,又首次引入多边军事合作安排和多边协作行动;对东盟综合安全方法而言,它既延续了其运用外交手段推进信任建设措施和预防性外交,进而实现冲突预防、冲突解决和冲突后和平建设等战略目标,又首次引入防务或军事外交继续推进旨在实现实施战略目标的信任建设措施和预防性外交,并创造性地运用传统的军事工具或军事力量解决非传统安全问题。实际上,这是一种非结盟、非武力和非强制的军事安全方法与规范性、民事化的非传统安全方法相融合的"混合安全"方法,或是对军事力量的综合的、人道的使用。③ 在实际中,这种"新综合安全"方法与多边务实合作及其具体行动相结合,形成了一系列针对特定区域安全议题、融普遍性与特殊性为一体的微观的区域防务行动规范。与欧美大国或欧盟相比,这种多边防务外交既没有集体防务或集体安全导向的军事联盟或一体化的共同防务制度,又不关涉人权、民主等价值导向及使用武力或武力威胁的人道主义干预等强制性军事行动,显示出不干预、非武力、非强制、无约束力、协商与共识决策及综合安全尤其是非传统安全和民生导向等特征,堪称多边防务外交的"东南亚防务模式"。④

资料6 东盟安全共同体建设

资料7 东盟防务合作实例

---

① 参见郑先武:《区域间主义治理模式》,社会科学文献出版社2014年版,第326—330页。
② See Hiro Katsumata, *ASEAN's Cooperative Security Enterprise: Norms and Interests in the ASEAN Regional Forum*, Basingstoke: Palgrave Macmillan, 2009, pp. 7-9, 77-92.
③ See Mely Caballero-Anthony, Understanding Non-Traditional Security, in Mely Caballero-Anthony (ed.), *An Introduction to Non-Traditional Security Studies: A Transnational Approach*, Los Angeles, CA: Sage, 2016, p. 6.
④ See See Seng Tan, "Talking Their Walk"? The Evolution of Defense Regionalism in Southeast Asia, *Asian Security*, Vol. 8, No. 3, 2012, pp. 232-245; Mely Caballero-Anthony, From Comprehensive Security to Regional Resilience: Coping with Nontraditional Security Challenges, in Aileen Baviera and Larry Maramis (eds.), *Building ASEAN Community: Political-Security and Socio-Cultural Reflections*, Jakarda: Economic Research Institute for ASEAN and East Asia, 2017, pp. 126-127.

三、非传统安全区域治理的"中国模式"

中国非传统安全区域治理进程正式发轫于"新安全观"倡议的提出,深化于中国倡导各国奉行以共同安全、综合安全、合作安全、可持续安全为核心的"亚洲安全观"及走出一条"共建、共享、共赢"的亚洲安全之路。不管是"新安全观"还是"亚洲安全观",均将非传统安全议题作为核心的合作领域,而上海合作组织即成为核心的制度平台。上海合作组织是迄今唯一以中国城市命名、总部设在中国境内的永久性国际政府间组织,也是由中国发起和推动的首个多边安全组织,①中国在其创建和制度化过程中扮演了领导角色。

中国还积极倡导和推进跨大陆大洋的区域间和周边跨境区域集体对话与合作机制建设,并将非传统安全议题作为合作的重点领域。以中非合作论坛为例,2009年11月,中国政府宣布了对非合作"新八项举措",涉及农业、环境保护、应对气候变化、科技合作、医疗等方面,其中包括建立"中非应对气候变化伙伴关系"等重大倡议。②2015年12月,中国着力实施"十大合作计划",包括中非农业现代化合作计划、中非金融合作计划、中非绿色发展合作计划、中非公共卫生合作计划、中非和平与安全合作计划等。③中非合作论坛经过十多年的发展,已成为中非开展集体对话的重要平台和进行务实合作的有效机制,成为引领国际对非合作的"一面旗帜"。④中国与东盟战略伙伴关系的推进也是中国推进跨大陆大洋的区域间合作的典范。2018年11月,第21次中国—东盟领导人会议通过了《中国—东盟战略伙伴关系2030年愿景》,将致力于建设更为紧密的"中国—东盟命运共同体"。此外,中国积极倡导和推动的周边跨境区域合作的典型案例,就是2015年11月正式启动的澜沧江—湄公河合作机制(简称"澜湄合作")。在这一机制框架内,中国、老挝、缅甸和泰国四国通力合作,共同培育以"同舟共济、守望相助、包容并

资料8 上海合作组织

---

① See Chien Peng Chung, China and the Institutionalization of the Shanghai Cooperation Organization, *Problems of Post-Communism*, Vol. 53, No. 5, 2006, pp. 3-5.
② 参见《温家宝总理在中非合作论坛第四届部长级会议开幕式上的讲话》, http://www.gov.cn/ldhd/2009-11/09/content_1459631.htm, 2019年3月28日访问。
③ 参见《习近平在中非合作论坛约翰内斯堡峰会上的总结讲话》, http://www.fmprc.gov.cn/web/gjhdq_676201/gjhdqzz_681964/zfhzlt_682902/zyjh_682912/t1321661.shtml, 2019年3月28日访问。
④ 参见《2018年1月2日外交部发言人耿爽主持例行记者会》, http://www.fmprc.gov.cn/web/wjdt_674879/fyrbt_674889/t1523189.shtml, 2019年3月28日访问。

蓄、平等互利"为核心的新的"湄公河精神"。① 这一精神不仅被视为湄公河流域执法安全合作的"灵魂",② 而且成为中国—东盟务实合作的"重要标志"。③

中国倡导和推进的非传统安全区域治理进程越来越明显地表现出一些自身特征。主要有：一是政府主导，多行为体参与。在这一进程中，中国中央政府是核心倡导者、决策者和推动者，而政府间合作在其中处于支配地位。二是软法律为主，多制度运行。中国倡导和积极推动的非传统安全区域治理进程亦是其不断制度化的进程。从组织形式上看，以政府间部长级会议或首脑会议等正式的合作论坛或对话及磋商机制为主，亦有工商论坛、研讨会等诸多非正式机制和少数正式的国际组织或永久性机构，如上海合作组织、中国—中东欧国家合作中的中方秘书处、中国—东盟战略伙伴关系框架内的中国—东盟中心等，呈现出明显的多制度特征。三是主权平等，尊重多样性。由于中国倡导和推动的涉及非传统安全的区域治理机制的另一方多是发展中国家，所以从实力和能力上看，双方的权力地位表现出明显的不均衡或不对称。但在实际中，中国并不追求在其中的支配地位，而是既强调与联合国、世界贸易组织等全球多边机制所确立并公认的国际法原则相一致，也强调与中国长期以来所倡导的"和平共处五项原则"相一致。这样，尊重主权和多样性成为指导中国非传统安全区域治理的核心政治基础。

鉴于此，中国倡导和推动的非传统安全区域治理机制实际上是一种"以主权为基础的多边主义"。④ 这种多边合作模式就与过分强调共同性及条件性的"以价值观为基础的"欧盟等西方组织所主导的区域治理模式区别开来，⑤ 形成具有自身特色的非传统安全区域治理的"中国模式"。

资料9　政府主导、多行为体参与

资料10　软法律、多制度

资料11　尊重多样性

---

① 参见《"安全促发展"中国东盟执法安全合作部长级对话在京举行》，http：//www.mps.gov.cn/n2253534/n2253535/c5113208/content.html，2019年3月28日访问。
② 参见《湄公河流域执法安全合作部长级会议在京举行》，http：//www.mps.gov.cn/n2253534/n2253535/c5113156/content.html，2019年3月28日访问。
③ 参见《中国与东盟及相关国家执法安全合作掀开崭新一页》，http：//www.mps.gov.cn/n2255079/n4876594/n5104070/n5104072/c5108330/content.html，2019年3月28日访问。
④ 参见〔英〕约翰·彼得森、〔英〕卡罗琳·布沙尔：《使多边主义有效——全球治理的现代化》，载〔英〕卡罗琳·布沙尔、〔英〕约翰·彼得森、〔意〕娜萨莉·拓茨编著：《欧盟与21世纪的多边主义》，薄燕等译，上海人民出版社2013年版，第28页。
⑤ See Chien-Huei Wu, Beyond European Conditionality and Chinese Non-Interference: Articulating EU-China-Africa Trilateral Relations, in Jan Wouters *et al.* (eds.), *China, The European Union and Global Governance*, Cheltenham: Edward Elgar, 2012, pp. 112-113.

思考题

1. 用多层次、多领域方法分析当前非传统安全问题的区域化趋势。
2. "区域安全复合体理论"和"新区域主义方法"关于非传统安全治理有哪些重要观点？
3. 在非传统安全区域治理研究中，常见的区域安全秩序有哪些重要创新？

讨论题

1. 试述大区域观下非传统安全多层次区域治理方法的基本内涵。
2. 结合具体案例阐述非传统安全区域治理"欧盟模式""东盟模式"和"中国模式"的基本特性。

推荐阅读文献

1. 郑先武：《安全、合作与共同体：东南亚安全区域主义理论与实践》，南京大学出版社2009年版。
2. Barry Buzan and Ole Wæver, *Regions and Powers: The Structure of International Security*, Cambridge: Cambridge University Press, 2003.
3. Fredrik Söderbaum and Timothy M. Shaw (eds.), *Theories of New Regionalism: A Palgrave Reader*, New York, NY: Palgrave, 2003.
4. Mely Caballero-Anthony (ed.), *An Introduction to Non-Traditional Security Studies: A Transnational Approach*, Los Angeles, CA: Sage, 2016.
5. Shaun Breslin and Stuart Croft (eds.), *Comparative Regional Security Governance*, London: Routledge, 2012.
6. Hiro Katsumata, *ASEAN's Cooperative Security Enterprise: Norms and Interests in the ASEAN Regional Forum*, Basingstoke: Palgrave Macmillan, 2009.

第十二章 非传统安全与国家安全体系

> **导 读**
>
> 从冷战后期开始，非传统安全问题逐渐成为西方国家关注的重点，"非传统安全"作为一个热词广为传播，在短短二三十年间就扩展到了世界各地。受其影响，更主要是因为本国安全实践的需要，中国的国家安全观也在二十多年中发生了从"传统"到"非传统"的巨大转变。回顾这一演进过程，从"非传统"角度解析中国提出的总体国家安全观，构建一个比较完整的当代国家安全体系，不仅有利于深入理解和研究各种非传统安全问题，而且有利于为应对各种非传统安全威胁提供相应的决策思路。

第一节 中国国家安全观的历史演进

一、中国历史上的国家安全观

从古代到中华人民共和国成立，中国整体上经历了从以"保皇"为主题的国家安全观向以"救亡"为主题的国家安全观的演进进程。

虽然中国古代没有"国家安全"一词，但先秦诸子百家的各个学派以及后来的经史子集各门学问，绝大多数都是治国安邦的国家安全思想。以"治国平天下"为己任的中国古代文人在为皇权服务的"保皇"目标下，形成了一种以朝廷安全、皇家安全为核心的国家安全观。维护政权稳定和长存，是封建专制时代一切国家安全活动最根本的目的。为了一家一姓的宗庙社稷，当权者有时候也会执行一些怀柔政策，在一定程度上让利于民，讲一些爱民的道理，但在本质上都是为维护其统治地位服务。如果危及当权者的统治地位和政权安全，任何爱民惠民的政策和措施都会消失无踪。

资料1 关于皇家安全的史料

在统治者这种政治立场的引导下，文人士子只能在至少不危害统治者统治地位的前提下，有限地讨论一些民生问题。即使孟子提出的"民贵君轻"，也是以维护君主统治地位为前提的，其出发点、落脚点和目的都是保障统治者的政权巩固和江山永存。孟子要君主们"乐民""忧民"的根本目的，就是让君主们成王、称王、万世为王。所谓的"民之贵""民之乐""民之利""民之安"，在家天下的专制时代，只不过是统治者的一种驭民之术、治民之道，因而从根本上说都是工具和手段，而不是目的。与孟子"贵民乐民"论一样被历代统治者及其御用文人引为至理名言的还有"载舟覆舟"论。为了维护统治地位而"重民"，根本目的并不是"为民"，更没有"民有、民治、民享"的现代民主思想，只不过是"牧民之术"罢了，其最终目的都是"君子安位"。显然，这与现代民主思想、民主理论格格不入，与建立在现代民主理论基础上的民主化国家安全理论完全不同，没有也不可能像现代国家安全理论那样把国民安全作为核心和根本目的放在第一位。在两千多年的封建时代，没有哪个思想家能够逃脱这一窠臼。

资料2 孟子"民为贵"思想

资料3 荀子"载舟覆舟"思想

这种以"皇权"为根本目的的思想，其实就是把政权安全放在至高无上的位置，把政治安全特别是政权安全作为整个国家安全的核心。为此目的，中国古代思想家提供了各种选择、方案、手段，其中既包括儒家的"仁治""德治"，也包括法家的"法治"，甚至还有道家的"无为而治"，而比这些都更重要的一种手段，便是"武治"，即通过军事力量维护皇家政权即"皇权"。历朝历代的统治者无论是重儒家还是重法家，或者是重道家，都没有一个不重视兵家的。兵家思想特别是兵书在中国古代的世代相传，恰恰说明了军事手段受到历朝历代的高度重视。为了获得军事和政治上的优势，情报用间也成为中国古代传统安全观非常重视的一种安全维护手段。《孙子兵法》不仅特别强调"知己知彼"的重要性，而且还单有"用间"一篇讨论情报活动，指出："明君贤将，所以动而胜人，成功出于众者，先知也。先知者，不可取于鬼神，不可象于事，不可验于度，必取于人，知敌之情者也。"

但是，古人无论怎样重军事、重用间，军事和情报都不是目的，而是手段。在国家安全研究中，有人认为中国古代以军事安全为核心，甚至认为军事安全如今依然是国家安全的核心。这既不符合历史，也不符合现实。无论是过去还是现在，与政权比较起来，军事只是手段。军事安全与情报工作一样，只是从政权安全派生出来的，是从属于政治安全特别是政权安全的手段。历朝历代的统治者之所以重视"兵权"，根本原因是他们重视"政权"，兵权永远是为政权服务的。现代民主政治与历朝专制政治的根本区别，不在于用兵权维护政权，而在于专制政权把"皇权"作为根本目的与核心，民主政权则把"人权"特别是普通公民的"民权"作为根本目的与核心。中国古代这样一种以政治安全为核心和目的、以军事安全为主要手段的安全思想和安全行为，是典型的传统国家安全观。①

鸦片战争前后，清朝"内忧""外患"并起，内有政府腐败、人民起义，外有列强进逼、割地索款，"外患"事实上成为清朝面临的主要危险。但是，对于清朝统治者和各路军阀来说，他们最重视的依然是政权，而不是国权，更不是民权。面对西方列强接连不断的威逼欺凌，清政府依然认为外敌不过是"边外之患"，内忧才是"心腹之患"。及至民国，面对日本帝国主义的大举入侵，国民党政府还在高叫"攘外必先安内"，把消灭政治上的异己放在首位。无论是清政府还是国民党政府，它们的安全核心和目的，都是政权安全，而不是主权安全和国家安全，更不是国民安全。

与此不同，从近代开始，就有一些头脑清醒的知识分子和思想家对朝廷、政府、政党与国家、国民作了区分，把反对外来侵略放在了保障国家安全的更为重要的地位。即便是统治者及其御用文人，在把"内忧"放在"外患"之前思考的同时，也不得不思考如何面对与化解西方列强及日本的侵略和欺凌。这就形成了中国近现代不同时期以抗御外敌、救亡图存为主线的国家安全思想。"救亡"由此成为近现代中国国家安全的主题，也成为近现代国家安全观的主要内容。

二、中华人民共和国成立后的国家安全观

中华人民共和国的成立，标志着近代以来非常严峻的内忧外患得到了极大的缓解。新政权在《中国人民政治协商会议共同纲领》中庄严声明，新国家是人民国家，新政权是人民政权，几千年受尽压迫剥削的穷苦百姓翻身做了主人。国家安全的目的与核心不再是统治者的国家和政权，而是人民群众自己的国家和政权，也就是人民群众自己的安全。

这时，虽然国家和政权的性质在宪法等法律规范中发生了根本变革，但由于冷战时期国际形势的高度紧张，以及对国内阶级斗争的过分强调，对外对内的政治安全特别是政权安全依然被置于头等重要的地位，警察和军队也被视为维护国家安全特别是政治安全的绝对主力，而且接连不断的政治运动还使政治和政权开始远离人民，国家和政权的人民性无形中受到不同程度的削弱。

虽然在 20 世纪 80 年代初之前，中国政府文件没有出现过"国家安全"

---

① 参见刘跃进：《当代国家安全理论视角下的中国古代国家安全思想》，载《中国人民公安大学学报（社会科学版）》2013 年第 3 期。

一词，但却一直用"我们国家的安全""我国安全""祖国的安全"等来表达国家安全概念，用"要准备打仗""保卫祖国""加强战备""以阶级斗争为纲"等来表达国家安全保障问题。1983年中央决定成立国家安全部时，才开始使用"国家安全"一词。但是，"国家安全"在此时的含义非常狭窄，所指的只是国家的反间谍工作和情报工作。直到1986年9月，党的十二届六中全会通过的《中共中央关于社会主义精神文明建设指导方针的决议》提到"国家安全"时，其含义才超出"隐蔽战线"。这一决定要求国民"在国家安全受到威胁，社会公共安全受到危害的时候，要挺身而出，英勇斗争"。

所以说，中华人民共和国成立后，无论是在没有"国家安全"一词的前三十多年中，还是在开始使用"国家安全"一词后的十多年中，中国在对外安全和对内安全中长期秉持的是以政治安全为核心、以军事安全为手段的传统国家安全观。从20世纪50年代的朝鲜战争到70年代的中苏对抗，再到80年代的中越冲突，战争一直是中国政治中头等重要的对外安全问题。同时，毛泽东时代对阶级斗争的强调和改革开放新时期对敌对势力的防范，也使政治安全成为中国政府最为重视的国家安全问题。与百姓生活、经济发展等相关的国民生命安全、财产安全、交通安全、医疗安全等，虽然也是政府必须面对的问题，但都是低于国家安全的"次级安全问题"。

20世纪90年代后，中国政府越来越多地提及"国家安全"一词，也越来越多地在"国家安全"概念下讨论各种国家安全问题，包括领土安全、主权安全、国防安全、政权安全、政治安全、军事安全等。同时，在对待不断凸现的不同于传统军事性的"新问题"时（如经济安全、粮食安全、环境安全等），开始酝酿出一种"新的"或"愈加重要"的安全思想，并愈加强调这些"新问题"与国家发展和繁荣的紧密关联及要给予"更多重视"。① 但尽管如此，中国政府21世纪前对"国家安全"含义的定位一直没有超出传统安全的范围，文化安全、信息安全、环境安全、生态安全等非传统安全问题与国家安全是泾渭分明、相互独立的，② 完全被定位在国家安全框架之外，没有形成一个包括传统但又超越传统的统一而综合的"国家安全"概念。

---

① 参见廖丹子：《中国非传统安全研究40年（1978—2017）：脉络、意义与图景》，载《国际安全研究》2018年第4期。
② 参见刘跃进：《中共中央和中央政府关于非传统安全问题的论述》，载余潇枫、魏志江主编：《中国非传统安全研究报告（2013~2014）》，社会科学文献出版社2014年版，第13—38页。

三、"新安全观"与国家安全观的拓展

20世纪90年代后期,中国学术界越来越关注各种非传统安全问题,并对政府安全观念的拓展产生了不同程度的影响,政府在对外安全中也开始形成甚至倡导一些非传统的安全主张,即被概括在"新安全观"一词下的对外安全新思想。

1996年7月,时任国务院副总理兼外交部部长钱其琛在东盟地区论坛大会上的讲话,第一次显露了中国政府"新安全观"的端倪。1997年3月,在北京举办的东盟地区论坛信任措施会议上,中国政府首次使用"新安全观"的表述。2002年7月于文莱首都斯里巴加湾市召开的东盟地区论坛外长会议上,中国代表团发表了《中国关于新安全观的立场文件》(以下简称《立场文件》),全面系统地阐述了中国的"新安全观"。《立场文件》指出,以对话与合作为主要特征的"新安全观"逐渐成为当今时代的潮流之一,"安全"已演变为一个综合概念,其内容由军事和政治扩展到经济、科技、环境、文化等诸多领域;寻求安全的手段趋向多元化,加强对话与合作成为寻求共同安全的重要途径;当今世界安全威胁呈现多元化、全球化的趋势,各国在安全上的共同利益增多,相互依存加深;"新安全观的核心应是互信、互利、平等、协作"。

资料4 中国提出"新安全观"的历程

资料5 《中国关于新安全观的立场文件》

从1996年"新安全观"开始萌生,到2002年出台《立场文件》,中国的"新安全观"涵盖的领域从军事、政治向经济、科技、环境、文化等领域扩展,反映了安全威胁日益多元化、全球化的趋势,强调了安全实现需要寻求多元化手段,特别是需要通过加强对话与合作来寻求共同安全。但是,这个"新安全观"没有包括对国家安全更为重要的国内安全问题,因而本质上是一种"非传统的外交观",至多也只是一种对外安全观或国际安全观,而不是完整意义上的国家安全观,更不是完整意义上的新国家安全观。

更值得重视的是,在世纪相交之际,特别是在进入21世纪之后,中国一方面继续在"新安全观"概念下深化其"非传统的对外安全观"或国际安全观,另一方面也开始在"新安全观"概念之外探索更广泛的非传统安全问题。例如,1997年9月的十五大报告不仅三次提到"国家安全",而且还首次提到以往并不特别重视的"国家经济安全"概念。由于十五大报告与以往的党政文件一样,把"安全"和"国家安全"放在"军事"部分进行讨论,因而整体上体现的依然是传统的国家安全观,但提出"国家经济安全"却表明国家安全观的内容有了新的拓展。

2002年11月的十六大报告开始使用"传统"与"非传统"这对在国内

外学术界已经使用多年的术语来划分"安全威胁",明确指出中国面临着"传统安全威胁和非传统安全威胁的因素相互交织"的复杂形势。十六大报告是第一次在全国党代会上论述了以"互信、互利、平等、协作"为核心的"新安全观",并强调"通过对话和合作解决争端,而不应诉诸武力或以武力相威胁"。① 十六大报告已经扬弃了局限于军事和政治的国家安全观,在安全构成、安全威胁和安全保障等方面都形成了一种既包括传统的军事、政治,又包括非传统的经济、恐怖主义威胁等在内的"综合性国家安全观",以及"互信、互利、平等、协作"的"新国际安全观",并由此构成一种相对全面的"新国家安全观"。

第二节　国家安全议题与非传统安全

一、国家安全议题之外的非传统安全问题

由于"传统安全"所指就是直接与军事、政治相关涉的国家安全,因而严格来说,原本处于国家安全之外的所有安全问题,都是非传统安全问题。因此,所谓的国家安全议题之外的非传统安全问题,就是指个人安全问题、家庭安全问题、村社安全问题、社会安全问题等。事实上,这些安全问题自古就有,甚至在没有国家之前就存在。但是,在自家产生之后的历史上,这些处于国家安全议题之外的安全问题一直没有受到重视。

从根本上讲,安全是存在于人类社会中的普遍性问题,无论是个人、家庭、社团、民族、国家还是整个人类,都有安全问题。但是,在几千年的人类文明史上,帝王将相和政府官员,以及把服务"国家"作为最高目标的文人墨客,常常既忽视普通百姓的个人安全和家庭安全,又难以企及整个人类的安全。把国家作为安全的唯一主体,在近代民族国家形成之前的欧洲并不明显,但在中国历史上以及在以民族国家自居的近现代西方国家发展史上却非常突出。因此,在数千年的人类思想史上,有的主要是国家安全思想和国家安全研究,而缺乏超国家的普遍性安全思考和普遍性安全研究。国家之外的安全虽然客观存在着,政客文人也会不时论及这些不同方面的安全问题,但他们并没有把这些安全问题上升为政治,起码在事实上没有使这些安全问题成为朝堂主题和高阶政治。正因如此,当今的安全研究,特别是非传统安

资料6　传统知识分子的家国情怀

---

① 参见《全面建设小康社会,开创中国特色社会主义事业新局面——江泽民总书记在中国共产党第十六次全国代表大会上的报告》,http：//www.fmprc.gov.cn/ce/cech/chn/xwss/t115277.htm,2018年2月20日访问。

全研究，便把以国家为安全唯一主体、把国家安全作为安全研究主要内容的历史传统，视为传统安全观最重要的特征。

但是，19世纪末20世纪初，深入发展的工业化带来了越来越多的非国家层面的安全问题，也造就出越来越多服务于社会的独立知识分子，特别是在大工业领域出现了一大批工程技术方面的知识分子。这些脱离国家和政府控制的知识分子，开始关注并专门研究工业领域、技术领域、工程领域、交通领域、医药领域、经济领域、社会领域、环境领域、自然领域等方面的非国家、非政府、非政治的安全问题，出现了大量"非国家安全议题"的安全研究成果和专业安全知识领域，如工业安全、技术安全、交通安全、医药安全、经济安全、金融安全、社会安全、环境社会、生态安全等。这些"非国家安全议题"的研究，不仅在人员数量、成果数量、研究深度和科学性等方面早已超过国家安全研究，而且还不时冲击政治层面和国家层面，不时跃升为国际政治问题和国家政治问题。只是在20世纪90年代之前，两次世界大战和紧接着的冷战，使国家、主权、领土、战争、军事等传统安全问题占据着整个政治舞台，非国家的、非政府的、非战争或非军事的安全问题一直难以登上国际政治和国家政治的舞台，一直难以与传统安全议题平分秋色，更不用说成为"压倒"传统安全问题的政治主角。这样，就出现了处于两个不同层面的安全领域：一个是占据国际政治和国家政治舞台并处于主导地位的国家安全领域，另一个是不时登上国际政治和国家政治舞台但又不时退居幕后或被挤到台下的非国家安全层面的安全领域。这种状况的改变，在西方世界发生于20世纪70年代末，在中国则开始于20世纪90年代末。

二、国家安全议题之中的非传统安全问题

国家安全议题之中的非传统安全问题，既包括历史上处于国家安全之外而如今被纳入国家安全之中的国家经济安全、国家资源安全、国家技术安全、国家文化安全等"弱非传统安全问题"，又包括历史上不曾存在而如今新生出来的国家信息安全、国家网络安全、国家核安全等"强非传统安全问题"。前者之所以被称为"弱非传统安全问题"，是因为它们并非过去不存在，只是在历史上没有受到如同国家安全那样的高度重视，也没有像军事安全、政治安全那样被强烈地理解为国家安全问题。时至今日，历史上那些曾被挡在国家安全大门之外的安全问题，无论是个人安全、家庭安全，还是乡村安全、城镇安全、社区安全，或者是食品安全、水安全等，几乎都已经被人们以不同方式纳入国家安全论域中了。由于这些安全问题在历史上都早已存在，在本质上是"传统的"东西，仅仅是没有受到国家安全似的重视，没有像政治安

全、军事安全那样理所当然地被作为国家安全的内容，才具有某种意义上的"非传统性"，因而称之为"弱非传统安全问题"。"强非传统安全问题"指的是那些历史上并不存在，只有在当代社会才出现的安全问题。作为国家安全一级构成要素的信息安全，以及作为信息安全之下国家安全二级构成要素的网络安全，还有核资源安全，都是"强非传统安全问题"。这样一些全新的非传统安全问题，不仅包括信息安全、生态安全等国家安全一级构成要素，以及它们之下的所有次级安全要素，而且包括军事安全、政治安全等国家安全一级要素下的核武器安全、环境主权安全等次级安全要素。

一些历史上处于国家安全议题之外的安全问题之所以能够进入国家安全领域，成为当代国家安全的内容和问题，主要是因为人们的国家观发生了变化。几千年来，"国家"被许多人理解为皇家、上层建筑，而本属国家构成要素的普通民众、经济活动、社会生活等非上层建筑的内容被排除在"国家"之外。当人们说"国家会解决问题的""国家不会亏待我们"时，这个"国家"便不包括"我们"在内。这样的"国家"可以被归入"政治国家"的范畴之中。在这样的国家观念中，"朕即国家"，国家就是皇家，国家安全也就是皇家安全，因而普通的国民安全、经济安全、社会安全、文化安全等都被排斥在国家安全之外了。

与此不同，如今人们理解的"国家"，是由全体国民组成的国家，是民族国家、人民国家、公民国家，不仅包括统治者，也包括被统治者；不仅包括政治上层建筑，也包括社会经济基础，还包括国民、国土、国家经济、国家文化、国家科技等内容。这种意义上的国家安全，就不再是只包括政治上层建筑的安全，而必须是构成国家的所有要素的安全，其中既包括人的要素的安全，即国民安全，也包括物的要素的安全，如国土安全，还包括国家中其他要素的安全。这样理解国家和国家安全时，原来那些不属于国家安全论域的问题便自然而然地成了国家安全问题，成了国家安全论域中的问题。

由此看来，非传统安全问题与非传统国家安全问题是两个具有联系的不同问题。非传统安全问题既包括那些处于国家安全之外的非传统安全问题，甚至可以说，处于国家安全之外的所有安全问题都是非传统安全问题，也包括那些处于国家安全之中的非传统安全问题，即非传统国家安全问题。与此不同，非传统国家安全问题只包括那些处于国家安全之中的非传统安全问题，而不包括处于国家安全之外的非传统安全问题，如国际安全问题。也就是说，无论处于国家安全议题之中还是国家安全议题之外，只要是过去没有被作为国家安全看待的安全问题，都是非传统安全问题；只有那些事实上处于国家安全议题之中而过去没有被作为国家安全对待的安全问题，才是非传统国家安全问题。

三、"场域安全"视域下的非传统安全观

本书第三章介绍了"场域安全"的特征与类型。"场域安全"作为一个独立概念使用于安全研究需要进行比较明确的界定。余潇枫认为:"'场域安全'是指与安全相关联的、具有特定活动性质的、没有危险或威胁的关系状态,它强调的安全不是一种单一的、线性的、局部的、纯技术的安全,而是复合的、非线性的、整体的、技术与价值混合的安全。'场域安全'更强调反映在安全问题上的社会活动的复杂关系,更凸显多重'时空关系'与多种'活动性质'在安全问题上的叠加、复合与交织。"① 例如,从海关的国门安全治理实践来看,有"主权安全"与"人的安全""社会安全"的叠加、复合与交织;有"政治安全"与"经济安全""环境安全""公共卫生安全"的叠加、复合与交织等。可见,所谓"场域安全",正是由于用"国家安全"这一传统概念认识和理解安全问题时遇到了困难,需要突破而提出的一个新概念。有了这一新概念,人们便可以对安全世界进行新的划分,同时也可以把原来的划分纳入更合理的新分类中。具体来说,由于越来越多的安全问题引起了人们的注意,并被升级到政治高度加以认识和处置,从而使过去那种用"国家安全"(国家—安全,即"国家的安全")与"非国家安全"(非国家—安全,即"非国家的安全")划分安全世界变得日益困难和复杂起来,这种"二分法"已经难以适应人们认识当前复杂安全问题的需要,为此便出现了不用"国家"和"非国家"划分安全领域的新概念,即"场域安全"。

提出"场域安全"的目的是强调运用"场域思维"来考察安全,把安全看作一种具有"整体性""交织性""强弱性""动态性"的"效应",继而对安全的维护也会具有更为合理与有效的筹划与实施。显然,"场域安全"概念的提出,在低层次上是摆脱"国家"与"非国家"二分法后对安全领域的新界分,在高层次上则是对安全问题的理解由孤立"实体"到复合"场域"的转变,因而是一种超越国家安全又包括国家安全的非传统安全观。对此,我们可以称之为"场域安全观"。

"场域安全观"同样具有高低两个不同层次上的意义。从低层次看,"场域安全观"突破了以国家为安全唯一对象的传统安全观,避免了以往非传统安全观在安全主体分类方面的混乱,可以用"场域"或"安全场域"更清晰

---

① 余潇枫:《非传统安全治理能力建设的一种新思路——"检验检疫"的复合型安全职能分析》,载《人民论坛·学术前沿》2014年第9期,第86页。

地对安全主体和安全领域进行分类。从高层次看,"场域安全观"突破了把安全问题简单化、线性化、孤立化的思维方式,使人们能够用全面的、系统的、动态的思维方式来理解本来就十分复杂的安全问题,从而有利于更科学、更清楚、更全面、更深入地认识不同场域、不同方面、不同层次的安全问题。

第三节 总体国家安全观与当代国家安全体系

一、"非传统"的总体国家安全观

对于不同国家来说,究竟以国家作为主要的安全主体来重点思考和解决国家安全问题,还是以个人、区域或全球作为主要的安全主体来重点思考和解决个人安全问题、人类安全问题,既受其历史发展阶段的制约,也有其更为重要的现实因素的作用。

当前,国家安全问题既包括传统国家安全问题,又包括非传统国家安全问题,因而如果只强调前者或后者,都是片面的。中国政府一度特别强调和倡导的"新安全观",是一种侧重于对外安全和国际安全的片面安全观。这是因为,这一"新安全观"只讲对外安全和国际安全,没有涉及国内安全,因而在国家安全论域中是一种带有片面性的国家安全观。同时,这一"新安全观"虽然在安全本身构成上既涉及非传统要素也涉及传统要素,但在安全保障上却只强调非传统手段和措施的作用,不讲甚至事实上否定传统手段和措施的作用,因而即便在国际安全论域中也是片面的。只有在安全构成、安全威胁、安全保障等各方面既讲非传统又讲传统,才可能成为比较全面的非传统安全观。当能够完整、全面、系统涉及各种传统国家安全问题和非传统国家安全问题,并且对传统国家安全问题和非传统国家安全问题作出辩证理解和处理时,才是真正的高级形态的新国家安全观。中国政府于 2014 年 4 月提出的"总体国家安全观",就是这样一种完整、全面、系统的高级形态的新国家安全观。总体国家安全观既讲外部安全问题,又讲内部安全问题,而且特别强调内部安全的重要性,从而实现了安全领域内外两方面的统一。总体国家安全观既讲安全的主观诉求,又讲安全的客观形势,是在对国家安全现实进行判断的基础上提出的国家安全主观诉求和实践要求,因而实现了主观与客观的统一。总体国家安全观既讲非传统国家安全问题,又讲传统国家安全问题,因而在安全构成要素、安全威胁因素和安全保障上实现了传统与非传统的统一。因此,总体国家安全观不仅超越了传统国家安全观,而且超越了一般的非传统国家安全观,还超越了在此之前中国多年来一直强调的"新安

资料7 各国对国家安全的考量

全观"。

总体国家安全观是以国家为安全主体的"国家安全观",不是安全主体具有不确定性、游离性而不特指"国家"的普遍安全观。政治安全、国土安全、军事安全、经济安全、文化安全、社会安全、科技安全、信息安全、生态安全、资源安全、核安全构成的中国总体国家安全体系,表明"总体国家安全"以高级的非传统国家安全思维统合了传统国家安全要素和非传统国家安全要素两个方面。事实上,在明确提到"传统安全"与"非传统安全"的论述之前,还专门有"既重视国土安全,又重视国民安全"的论述,因此,总体国家安全观构建的并不是上述 11 个"安全"组成的国家安全体系,而是包括国民安全在内的 12 个国家安全要素组成的国家安全体系;甚至也不是所有国家安全要素组成的国家安全体系,而是总体国家安全观论及的所有国家安全问题组成的国家安全体系。正是总体国家安全观强调的"又重视国民安全",进一步体现出一种"非传统"的国家安全思维。总体国家安全观之所以是新的国家安全观,不仅在于它统合兼顾了传统国家安全要素与非传统国家安全要素,更在于它特别强调国民安全的重要性。可以说,国民安全本身是一个传统国家安全观没有给予高度关注和重视的传统安全要素,而只有在非传统国家安全观中,特别是在总体国家安全观中,才受到了应有的关注和重视。

总体国家安全观以"人民安全"为宗旨,"人民安全"虽然与"国民安全"的称谓不同,但在国家安全论域中基本上等同于"国民安全",即国家中人的安全。可以说,"以人民安全为宗旨"是当代中国国家安全的总纲领;强调"以民为本、以人为本"对接了中国传统文化及整个人类文明,指出了民与官关系中民的本原性,以及人与物关系中人的核心性;"国家安全一切为了人民"不仅进一步表达了人民安全或国民安全在国家安全构成要素中的核心性,以及在国家安全活动中的终极目的性,而且更强调了人民群众在整个国家安全体系中的主体性;国家安全"一切依靠人民"则继承了中国共产党群众路线的传统,蕴含了"从群众中来,到群众中去"的国家安全工作方针;"真正夯实国家安全的群众基础"则是对整个国家安全工作必须奠定在民心基础上的总体要求。由此,总体国家安全观把中国共产党"为人民服务"的宗旨和"执政为民"的理念,全面贯彻到了国家安全领域,因而是一项重要的国家安全民心设计和民心工程。

在 2017 年 10 月的十九大上,习近平总书记把"坚持总体国家安全观"列为新时代坚持和发展中国特色社会主义的 14 条基本方略之一,使总体国家安全观成为中国特色社会主义思想的重要组成部分,也成为构建中国的国家安全学理论体系和非传统安全理论体系的重要指导思想。

资料 8　总体国家安全观的民心基础与理论溯源

资料 9　国家安全总体布局

二、当代国家安全体系新建构

国际关系学院刘跃进教授在二十多年的国家安全理论研究过程中，探索构建了一个国家安全理论体系（见图12-1）。

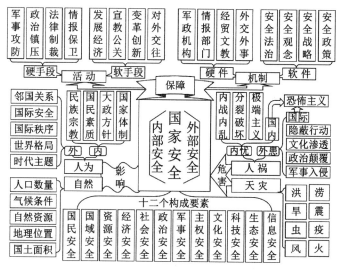

图 12-1　国家安全要素体系示意图

如图12-1所示，在国家安全体系构建中，整个国家安全被分为四个方面的问题：一是国家安全的构成要素；二是影响国家安全的因素；三是危害国家安全的因素；四是国家安全保障体系。就国家安全的构成要素而言，国家安全本身可被分为12个要素：国民安全、国域安全、资源安全、经济安全、社会安全、政治安全、军事安全、主权安全、文化安全、科技安全、生态安全、信息安全。

资料10　国家安全要素体系与总体国家安全体系的比较

在国家安全的构成要素中，除"国民安全""国域安全"两个术语能够准确指明仅仅是国家安全的构成要素外，其他没有直接由"国"或"国家"限定的要素，如资源安全、经济安全、社会安全、政治安全等，都既有国家性质，也有非国家性质；既有作为国家安全构成要素的国家资源安全、国家经济安全、国家政治安全等，也有超越国家安全构成要素的人类资源安全、全球社会安全、世界经济安全、国际政治安全等。在讲到国家安全的构成要素时，这些要素理应都在前面加上"国"或"国家"的限定词，但这样会使语言表达变得十分烦琐。因此，除这里集中讲国家安全的构成要素时严格加上"国家"两字限定外，后面一般不再加这样的限定词，只要是在国家安全论域中讲到，都应被理解为国家的资源安全、国家的经济安全、国家的社会安全、国家的政治安全等。

在当代国家安全 12 个构成要素中，国民安全、国域安全、资源安全、经济安全、社会安全、政治安全、军事安全可以被称作国家安全的"原生要素"，即国家一经诞生就出现的要素；主权安全、文化安全、科技安全、生态安全、信息安全是国家安全的"派生要素"，即国家发展到一定阶段才出现的要素。

显然，国家安全除上述 12 个一级构成要素外，还有一些处于一级要素之下的二级要素、三级要素等。例如，由国土安全演进而来的国域安全，既包括原国土安全下的领陆安全、领水安全、领空安全、底土安全等固有的二级要素，又包括原国土安全下没有的太空安全、网络空间安全、电磁空间安全等新的二级要素。从整体上看，国域安全下的二级要素既包括领陆安全、领水安全、领空安全、底土安全等传统要素，也包括太空安全、网络空间安全、电磁空间安全等非传统要素。由于这些安全要素所描述的本质上都是国家生存空间安全问题，而且为了简化，可以用"场域安全"范畴中的"域"这样一个更具概括性的汉字对它们进行改造，在把国家空间安全整体上概括为"国域安全"的同时，把其下的二级要素分别概括为陆域安全、水域安全、空域安全、底域安全、天域安全、磁域安全、网域安全。

此外，当今国际安全研究和国家安全研究经常提到的核安全、水安全、粮食安全、食品安全、金融安全、环境安全、气候安全等，也都是国家安全的构成要素。但是，它们究竟是哪个一级要素下的二级要素或三级要素，或者甚至是哪几个一级要素下的二级要素或三级要素等问题，都需要深入研究。例如，"水安全"可以被认定为"资源安全"下的二级安全要素，"金融安全"可以被认定为"经济安全"下的二级安全要素。但是，"核安全"就比较复杂，它既能以"核资源安全"的身份居于"资源安全"之下，又能以"核武器安全"的身份居于"军事安全"之下，还能以"核技术应用安全"的身份居于"科技安全"之下。在这些国家安全次级要素中，多数是二级安全要素。但是，"核技术应用安全"是三级安全要素，因为它不是对"科技安全"直接划分后得到的结果，而是对"科技安全"中的二级要素"科技应用安全"划分后才得到的结果。

要全面把握国家安全问题，还必须进一步认识影响国家安全的因素、危害国家安全的因素、国家安全保障体系等问题。

首先，影响国家安全的因素被分为自然因素和人为因素两个方面，其中人为因素被分为内部因素和外部因素。在自然因素方面，国土面积、地理位置、自然资源、气候条件、人口数量等都会以不同的形式、不同的方式在不同方向和不同程度上影响国家安全及其各个构成要素。在人为因素方面，国家安全既会受到时代主题、世界格局、国际秩序、邻国关系等变化不定的外部因素的影响,也会受到国家内部的政治制度、大政方针、国民素质、民族宗教、传统文化等因素的影响。这些因素的影响,甚至是同一因素的影响,都会在影响的方向、方式、程度等方面形成复杂多变的局面。

其次,从总体上看,危害国家安全的因素可以分为自然和人为两个方面,自然方面名曰"天灾",人为方面则称"人祸"。洪、涝、旱、震、虫、疫、风、火等自然灾害,是危害国家安全的"天灾"。就"人祸"来说,则包括"内忧"和"外患"两个方面。内战内乱、分裂破坏,以及在当代特别突出的宗教极端主义、民族分裂主义、国内恐怖活动等,都是威胁或危害国家安全的"内忧";而军事入侵、政治颠覆、文化渗透、隐蔽行动、国际恐怖主义、国际武器走私等,则是威胁或危害国家安全的"外患"。当然,在不同的历史发展阶段、不同的国家和地区,威胁或危害国家安全的因素及其关系和表现形式是不一样的,不同因素的地位和作用也是不尽相同的。因此,如果要准确认识和判断这些因素对国家安全的危害范围、危害程度、危害方式等,就要根据具体的历史背景、国际国内形势等方面的具体状况进行分析研究。

最后,国家安全保障体系是由那些以保障和强化国家安全、提高国家安全度为客观目的的各种思想、观念、制度、规章、法律、组织、机构、措施、活动等构成的整体体系。国家安全保障体系被分为保障活动和保障机制两个方面,其中保障机制包括国家安全观、国家安全战略、国家安全法律法规等十分丰富的内容。①

这样,国家安全就成了一个巨大的社会系统,因而必须用总体国家安全观来认识和处理国家安全问题。"如果说国家安全在国家产生的时候就是一个社会系统,国家安全活动在国家产生的时候就是一项社会系统工程,那么到了今天,国家安全已经成为一个比其他任何时代都更加复杂的社会系统,国家安全活动也已经成为一项比其他任何时代都更加复杂的社会系统工程。这就需要我们掌握和运用对处理复杂问题具有重要方法论功能的科学方法。系统科学为我们提供了这种方法。"②

资料11 保障国家安全的"硬件"与"软件"

正是由于国家安全是一个社会大系统,国家安全活动是一项社会系统工程,因而在主观认识客观的过程中,在研究国家安全问题时,就需要确立总体国家安全观,对客观存在的国家安全系统和国家安全系统活动,用系统性的科学理论进行尽可能如实的反映。

资料12 系统安全观

---

① 参见刘跃进:《为国家安全立学——国家安全学科的探索历程及若干问题研究》,吉林大学出版社2014年版。
② 刘跃进:《系统安全观及其三层次》,载《国际关系学院学报》2001年第2期,第4页。

从"传统"与"非传统"的角度看,不仅国家安全构成要素有传统与非传统的区别,而且影响和危害国家安全的因素以及国家安全保障措施、手段与活动等也都有传统与非传统的区别。"传统安全威胁和非传统安全威胁的因素相互交织"的说法,正是这种情况在"安全威胁"方面的反映。这样一个广泛涵盖传统与非传统两方面国家安全问题的体系,可以帮助人们从国家安全的构成要素、影响国家安全的因素、危害国家安全的因素和国家安全保障体系四个方面深入理解总体国家安全观。

> **思考题**
> 1. 为什么说中国古代安全观是以"保皇"为主题的国家安全观?
> 2. 为什么说中国近现代安全观是以"救亡"为主题的国家安全观?
> 3. "总体国家安全观"作为新的国家安全观,"新"在何处?

> **讨论题**
> 1. 当代国家安全体系的基本构成包括哪些?
> 2. 如何认识非传统安全与国家安全的关系?

> **推荐阅读文献**
> 1. 《习近平谈治国理政》,外文出版社 2014 年版。
> 2. 刘跃进:《为国家安全立学——国家安全学科的探索历程及若干问题研究》,吉林大学出版社 2014 年版。
> 3. 巴忠倓主编:《和平发展进程中的国防战略》,学习出版社、海南出版社 2014 年版。
> 4. 刘慧主编:《中国国家安全研究报告(2014)》,社会科学文献出版社 2014 年版。
> 5. Paul D. Williams, *Security Studies: An Introduction*, London: Routledge, 2008.

第十三章　非传统安全与人的安全维护*

> **导读**
>
> 人与国家历来是政治哲学中争论不休的一个中心问题。在20世纪前的绝大部分时间里，国家一直占据了人类安全议程的中心，安全事务一直被放置在国家背景下予以考量。以国家为考量的核心安全观即是国家主权、领土、公民、制度等不受外界侵犯，其中军事被视为保护国家安全的基本且核心的手段。冷战结束之后特别是20世纪90年代中期以来，基于安全威胁来源多样化、安全形态复杂化的现实，安全研究发生了重大转型，非传统的安全理论和安全研究路径对以应对军事威胁为目标、以国家安全为核心的传统安全研究发起了挑战。从突破对传统国家安全的研究开始，军事、政治和外交领域之外的经济金融、生态环境、信息安全、恐怖主义、走私贩毒、公共卫生疾病等均成为安全研究的议题，这些安全议题打破了军事安全在国家安全中所处的绝对优先地位。其中，"人的安全"是最具颠覆性也是离传统安全路径最远的路径之一，这一超越国家安全的概念也成为学术和政策实践中的重要议题。

第一节　人的安全：概念与应用

一、人的安全：概念、讨论与价值归属

（一）"人的安全"的概念史

在诸多非传统的安全研究路径中，人的安全是其中最为"非传统"的路径

---

* 本章为2013年度国家社科基金西部项目"基于人的安全的社会风险评估与安全治理模式研究"（批准号：13XGL015）的阶段性成果。

之一，因为它是直接针对"国家中心"的安全观提出的。冷战结束虽然给世界和平与人类安全带来了新的希望，但是世界范围内的内战和区域冲突依旧频繁，国际犯罪、传染病、生态破坏等过往不在"国家安全"考虑范围内的现实议题呈蔓延趋势并日益显现其重要性、紧迫性。这一背景促成了一个新共识，即人类的生存和安全要有保障，仅有的"国家安全"是不够的。因此，"人的安全"① 这一概念作为"国家安全"的重要补充被提上了政治发展的议程和学术研究的视域。

"人的安全"这一概念的系统阐述源于联合国开发计划署于1994年发布的《人类发展报告》。② 此报告的关键部分源自巴基斯坦发展经济学家赫布卜·乌·哈格（Mahbub ul Haq）的研讨会文章，他提出了一个紧迫（compelling）的问题：谁的安全？哈格提出了一个"反映人民生活而非国家武器"的新的安全观。在他看来，安全可被解释为：③

"人的安全，而非仅仅是领土的安全"；

"个人的安全，而非仅仅是国家的安全"；

"凭靠发展而非武力来实现的安全"；

"任何地方任何人的安全——在他们的家庭中、工作中、街区中、社群中、环境中"。

1994年《人类发展报告》明确指出了"人的安全"内涵包括两大方面：其一是免于诸如饥饿、疾病和压迫等长期威胁；其二是获得在家庭、工作或社区等日常生活中对突如其来的伤害性的骚扰的保护。概言之，所谓"人的安全"，包括使人获得"免于恐惧的自由"（freedom from fear）和"免于匮乏的自由"（freedom from want）。④ 该概念同时强调对人的尊严的保护，因此也有学者提出"人的安全"还应包括"免于耻辱的自由"（freedom from disgrace）。

《人类发展报告》中列举的"恐惧"包括：领土争端、恐怖主义、犯罪问题、人权侵犯、难民问题、传染病蔓延、环境污染、经济危机和灾难；列举

资料1　免于耻辱的自由

---

① 国内对"human security"一词的翻译尚存争议，有学者翻译成"人类安全"，有学者翻译成"人的安全"，有学者翻译成"人本安全"。本书以突出该概念所强调的"人"是针对国家而言的，该概念所指涉的"人"既包括作为个体的人，也包括作为"类"的人，因此认为"人的安全"更为妥当。在涉及特定名词时，仍沿用了官方或习惯用法，如《人类发展报告》。

② See United Nations Development Programme, *Human Development Report 1994*, New York, NY: Oxford University Press, 1994, pp. 4-23.

③ See M. ul Haq, New Imperatives of Human Security, United Nations Development Programme, 1994, p. 1.

④ See United Nations Development Programme, *Human Development Report 1994*, New York, NY: Oxford University Press, 1994, p. 23.

的"匮乏"包括：贫穷、饥饿以及缺乏教育和医护服务。① 该报告还提出了与此相应的"人的安全"的七大要素：经济安全（基本收入有保障）、粮食安全（确保粮食供应充足）、公共健康安全（相对免于疾病和传染）、环境安全（能够获得清洁水源、清新空气和未退化的耕地）、人身安全（免遭人身暴力和威胁）、共同体安全（保有文化特性的安全）、政治安全（基本人权和自由得到保护）。该报告还归纳出"人的安全"的四大本质特征：（1）普世性。人的安全的威胁，无论对于强国还是弱国都是真实存在且不断增长的。（2）相互依存性。当世界某地的人的安全受到威胁时，所有国家均有可能卷入其中。（3）前期预防重于事后干预。如对艾滋病等进行早期预防往往具有更好效果。（4）以"人"为中心。关切人类在社会中如何生存（如诸多选择的自由度如何、获得市场和社会的机会如何以及生活于冲突中还是和平中）。②

同时，关于"人的安全"中"免于恐惧"和"免于匮乏"的内容，有研究者作出了以下分析，见表13-1：

表13-1　"免于恐惧"与"免于匮乏"③

	免于恐惧	免于匮乏
待解决的威胁	能导致生命损失和身体伤害的威胁	阻碍获得基本物质需要和人性尊严之能力的威胁
涵盖的问题	冲突情景（暴力、种族屠杀、有组织犯罪等）	有渠道获得基本必需品（如食物、衣物、住房和医疗救助）和共同体安全等
回应	既包括对免于匮乏的自由的回应，也包括人道主义干预	鼓励发展、善治、人权、民主

整体看，"人的安全"概念及内容具备三个基本特征：（1）重点将人（包括作为个体的个人、作为集体的群体和作为整体的人类）作为安全的指涉对象；（2）涉及的安全领域的多维性，即安全领域广泛涵盖了经济、社会、文化、环境等方面；（3）安全属性的全球普适性，即对发达国家和发展中国家均适用。这一概念后来被一些国家所采用，最先是挪威、加拿大和日本，这些国家的安全议程强调人权、发展、人道主义干预，并给予了"人的安全"

---

① See United Nations Development Programme, *Human Development Report 1994*, New York, NY: Oxford University Press, 1994, pp. 4-23.
② Ibid., pp. 22-25.
③ See Mely Cabalero-Anthony (ed.), *An Introduction to Non-Traditional Security Studies: A Transnational Approach*, London: Sage Publications Ltd., 2016, p. 9.

以优先地位。① 比如日本将"人的安全"作为其发展援助政策的核心,"人的安全"也是其多个政策文件的核心概念,包括《日本政府发展援助宪章》《日本政府发展援助中期政策》等。②

（二）"人的安全"概念的争论

"人的安全"这一概念体现了学术界和政策界为重新界定和拓展安全内涵所作的积极尝试,但这一概念同时也引起了广泛的争议。赞成者认为,"人的安全"使"安全"概念向前迈出了重要一步,凸显了贫穷、疾病、环境压力、人权侵犯以及武装冲突等对人的安全和生存带来的危险,这是对国家安全的重要补充,是对传统安全范式的重要超越;同时,"人的安全"概念侧重于将人（包括个体的人、群体的人民和整体的人类）作为安全的指涉对象,指的是国民（或公民）而非国家或政府的安全,因此实质上对以国家为中心的安全观提出了挑战。

而批评者则怀疑,"人的安全"概念过分扩大了安全研究的范围,将个体"安全化"并非是解决全球化进程中国际社会所面临的挑战的最好路径。例如,一些研究者认为,"人的安全"设定的议题过于宽广,安全议程负担过重,其概念过于模糊而难以使用,如巴里·布赞就提出,"与其他众多在国内语境中活跃存在的安全内涵相比,'人的安全'是一个有问题的概念,尤其在被当作国际安全研究的一部分进行分析时,就体现得更加明显"③。

为解决人的安全涵盖范围过广的担忧,一些学者如苏尔克（Astri Suhrke）认为人的安全应只集中于三种"脆弱性",即陷于战争与内乱者、生活于生存线及以下者、困于自然灾害者。而其他学者更倾向于认为其核心还应更缩小:局限于免于遭受人为身体暴力（physical violence）（如直接的人身暴力）之恐惧的自由。

支持方和质疑方无法达成一致的是:"人的安全"是不是一个新的或者必要的概念?将其作为学术工具（intellectual tool）和政策框架的利弊分别是什么?双方争论的焦点在于:一是"人的安全"这一概念是否成立;二是这一

资料2 对"人的安全"概念的争论

---

① See Astri Suhrke, Human Security and the Interests of States, *Security Dialogue*, Vol. 30, No. 3, 1999, pp. 265-276; Lloyd Axworthy, Human Security and Global Governance: Putting People First, *Global Governance*, Vol. 7, No. 1, 2001, pp. 19-23; Mark Neufeld, Pitfalls of Emancipation and Discourses of Security: Reflections on Canada's "Security With a Human Face", *International Relations*, Vol. 18, No. 1, 2004, pp. 109-123.

② 参见〔日〕松下和夫:《论"人的安全"与"环境合作"》,载《浙江大学学报（人文社会科学版）》2008年第38期。

③ Barry Buzan, Human Security in International Perspective, in M. Caballero-Anthony and M. J. Hassan (eds.), *The Asia Pacific in the New Millenium: Political and Security Challenges*, Kuala Lumpur: Institute of Strategic and International Studies, 2001, p. 583.

概念的具体阐释；三是这一概念与"国家安全"概念之间的关系。而关于后两点，即便在"人的安全"概念的赞同方内部也依然存有争议。人的安全研究者都同意安全政策和分析的指涉对象应该是"人"，但在应保护个人免于哪种威胁等问题上又产生了分歧，分歧的核心涉及了一个更深层次的问题：人的安全所要保护的主导价值是什么？一种意见主张应将人的安全宽泛地定义为还包括"免于匮乏的自由"而不只是"免于恐惧的自由"，而另一种意见则主张只包括"免于恐惧的自由"。前者强调暴力之外问题的紧迫性，而后者则认为过于宽泛的议程对于政策制定者和分析者来说都没有意义。也有学者主张把"免于恐惧的自由"和"免于匮乏的自由"看成是相互补充和相互促进的关系。当然，也有更宽泛的观点提出了"免于耻辱"这一新的维度，认为人的幸福、人的尊严、人享有的发展自由、社会保护人的经济福祉的能力，都应是人的安全的主要内容。

尽管存有上述分歧，强化人的安全的努力仍在继续。这种努力可见于两个层面：学术和政策。一方面，学者继续研究以凝练"人的安全"概念，并努力弥合概念理解和运用中的断裂；另一方面，也有各种努力推动人的安全作为一种有用的政策框架，以确立国际场合不同层次的多边合作领域。应该说，无论是从国家产生的渊源而言，还是从国家安全的保护对象而言，人的安全始终是国家无法绕开的安全领域，国家的存在首先是保护个人的安全，国家是其公民安全的首要提供者。或者说，国家是实现安全的一种形式或者工具，而非安全最终的目的。同时，无论是过去还是现在，个人所面临的威胁也往往会超出国家所能够处理的范围。将"人"作为安全的指涉对象，这对安全研究所带来的挑战是颠覆性的。"人的安全"概念体现了当前人们在安全问题上所作的努力，它将"人"置于国家安全和全球安全的中心，同时拓展了人在安全和福祉方面所面临的挑战的认知范围，这些挑战不仅包括武装和暴力冲突，还包括社会、经济和生态环境、食品安全等各种因素。人的安全所指涉的内容——不管被理解成"免于恐惧"还是"免于匮乏"或者是两者的相互融合，或是增加"免于耻辱"，均是现实所关切的重要价值，这不会因学界在概念上无法达成一致或者对其理解不一致而消失。

（三）人："人的安全"的价值归属

1994年《人类发展报告》的发布标志着将安全聚焦于人本身及人的生活范畴，而不再仅仅将国家作为探析安全的指涉对象。人的安全观所倡导的安全的本质内涵是"自由"——使人拥有"免于恐惧的自由"和"免于匮乏的自由"（或者还应有"免于耻辱的自由"）。这一对安全的重新界定来自对发展的重新认识；这一看似简单的安全定义，实则包含了发展研究、安全研究、人权研究等诸多理论渊源，最后价值归属都回归至"人"这一主体。

阿马蒂亚·森（Amartya Sen）在其《以自由看待发展》一书中便论证了发展是扩展人们享有的真实自由的一个过程——发展就是扩展自由——这一聚焦于人类自由的发展观与认为发展就是国民生产总值增长、个人收入提高、工业化、技术进步、社会现代化等狭隘的发展观形成了鲜明对照。森认为，以人为中心，最高的价值标准就是自由；实质性的自由包括免受困苦（诸如饥饿、营养不良等），以及能够识字算术、享受政治参与等的自由。同时，森提出了其核心诉求：让个人自由成为社会的承诺。①"新斯多葛派"的政治和道德哲学家玛莎·纳斯鲍姆（Martha Nussbaum）在其成名作《善的脆弱性》中指出："好"（good）的生活意味着对厄运的相对排除及包括政治社会制度在内的广义技艺的到位——这是任何正义的政治哲学和政治制度的基点，每个社会和国家，每种文化和文明都要基本做到这点，使人拥有实现人的"可行能力"（capability）的自由和机会。②之后，纳斯鲍姆和森用这种"实质"（substantive）自由的理念为联合国制定了一套新的发展观——以自由看待发展。这使得国际社会对发展的定义逐渐由过去仅追求总体经济和数量，转而关心人本身能力的实质性发展。此后纳斯鲍姆又丰富和细化了这一理论，提出"人的重要能力"清单，并指出这应该成为任何政治规划的共同底线，而不能以文化相对主义或国情论、发展阶段论为理由而避开。纳斯鲍姆认为，这一清单是最低纲领式的人类生活条件。多样化的政治制度、社会及生活方式条件下，必须保障甚至促成这些基本的人的能力的实现，在评价体系上应以"每一个体的基本能力是否都得到充分实现"来评价现存的社会和政治制度。

资料3 "人的重要能力"清单

除了"免于恐惧的自由"和"免于匮乏的自由"，人的安全观也强调人的尊严（"免于耻辱的自由"）。对人的尊严的强调不足为奇，这是人之为人的核心诉求，很多伟大的思想家将"尊严"维度作为其概念化的工具。例如，亚当·斯密（Adarm Smith）在论述"必需品"时认为，"必需品"不仅仅指维持生命所不可缺少之物，而且指由一个国家风俗决定的作为一个体面的人（哪怕是最底层的人）所不可缺少的物品（比如一件亚麻衬衫，严格来说不是

---

① 参见〔印度〕阿马蒂亚·森：《以自由看待发展》，任赜、于真译，中国人民大学出版社2002年版，第295—296页。
② 参见〔美〕玛莎·纳斯鲍姆：《善的脆弱性》，徐向东等译，译林出版社2007年版，第474—490页。

必需品,但是在当代欧洲的大部分地区,一个体面的打零工的人在公众面前如果没有穿一件亚麻衬衫可能会觉得羞耻)。① 所以,在一个社会中什么算是"必需品"决定于什么是提供某种最低限度的自由所需要的,并不带羞耻地出现在公众面前。在约翰·罗尔斯(John Rawls)对正义的分析框架中,他认为帮助一个人实现其目标的通用性手段包括"权利、自由权和机会、收入和财富以及自尊的社会基础"。② 同样十分重要的是,人的安全范式并不主张出于经济发展或社会稳定的目的而对侵犯人权的行为再三容忍,也不赞成那种以牺牲个人的安全与尊严去追求经济利益和社群主义政策的行为。

有人批评联合国开发计划署对"人的安全"的定义过于宽泛,但赞同者认为,一种宽泛的定义对于联合国和国家本身工作的广泛性而言既是必要的也是可取的。严格地说,人的安全包括个人安全和群体安全,明晰"人民"(people)和"个人"(individual)之间的区分也是必要的。人的安全保护整个社会群体(包括儿童、战区平民、少数民族等)免受迫害和暴力。纵观近年来国际社会对人的安全挑战所作的回应,就会发现这些措施化解了危及人们和群体生存与福祉的危机情势。这种对人的安全的理解和实践与非西方社会的社群主义观念是本质相通的。

二、国家的不同应用

尽管对"人的安全"这一概念的分析性价值的争议还悬而未决,但相关话语为创立一个指涉对象更为广泛的目标带来了足够动力,继而从众多国家和公民社会团体中获得日益增长的关键政策支持。1991年,挪威、加拿大和瑞士政府联合组建了"人的安全研究网络"(Human Security Network),成员国包括澳大利亚、加拿大、智利、波多黎各、希腊、爱尔兰、约旦、马里、荷兰、挪威、斯洛文尼亚、南非(观察国)、瑞士和泰国。1999年,人的安全研究网络为人的安全研究议程设置了10项重要议题,分别是:杀伤性地雷、小型武器、武装冲突中的童子军、国际人道主义和人权法、国际刑事诉讼、儿童剥削、人道主义人员安全、冲突预防、跨国组织犯罪和(争夺)发展性资源。除了建立网络,一些国家如加拿大和日本还将人的安全作为其外交政策的核心部分。

20世纪90年代以来,加拿大、日本、泰国、挪威等国政府根据各自不同的理解,从某种程度上都采纳联合国的定义并提出了自身的相关内容,同时

---

① See Adam Smith, *An Inquiry into the Nature and Causes of the Wealth of Nations*, Volume 2, edited by R. H. Campbell and A. S. Skinner, Oxford: Clarendon Press, 1976, pp. 469-471.
② See John Rawls, *A Theory of Justice*, Cambridge: Harvard University Press, 1971, pp. 60-65.

根据自身的理解设置安全议程。

加拿大[①]批评联合国提出的概念过于重视与"发展滞后"有关的威胁,而忽略了暴力冲突给人带来的危险。[②] 加拿大于1994年4月所提出的"人的安全"概念文件指出,人的安全指的是"人民的安全",《联合国宪章》《世界人权宣言》和《日内瓦公约》构成了人的安全原则的核心。"人的安全概念越来越着眼于暴力冲突中的人力代价。"[③] "对加拿大来说,人的安全意味着人们的权利、人身安全和生命安全免于普遍威胁",加拿大政府已在外交政策方面确定了五大重点任务以促进人的安全:(1)保护平民。这旨在建立国际愿景,加强规范设计和能力建设,减少武装冲突的人力成本。(2)支持和平运动。加强联合国部署专业人员(包括加拿大人)的能力,协助处理日益复杂的需求并派遣专员。(3)预防冲突。加强国际社会防止或解决冲突的能力,建设以非暴力方式解决冲突的本土能力。(4)治理和责任。培养公共部门和私人机构的民主和人权责任意识。(5)公众安全。建立国际化的专业知识、能力和工具,以消除日益增加的跨国有组织犯罪所带来的威胁。这一理解也得到挪威等一些国家的认同。[④] 2001年,加拿大政府牵头成立的干预与国家主权国际委员会(ICISS)发布了一份报告,该报告引入了"保护的责任"(responsibility to protect,R2P)的概念。"保护的责任"提出将"作为责任的主权"作为国家提升人的安全所应遵循的规范。此报告的核心议题有两层含义:一是国家主权意味着责任,尤其是国家对保护其人民有首要责任;二是一旦一定数量的人因内战、暴乱、压迫或国家失败而遭受严重危害,而其所在国家不愿意或不能够对此进行阻止或使其逆转,那么不干涉原则就意味着国际保护的责任。这一大胆却极富创新的"作为责任的主权"的文本拟订引发了国际社会的广泛反响。

日本在"人的安全"概念上给出了一种不同的解读。在1995年10月联合国成立50周年特别纪念会议上,时任日本首相村山富市建议将"人的安全"定为联合国的一项新战略,尽管他未提出实施这一新战略的具体措施,日本媒体仍将之视为"一种对安全概念进行重新界定的努力,打破了目前仍然从国家安全的角度来思考安全的方式,它的出现将使个人的安全与权利得

---

① 加拿大对"人的安全"概念的最早使用,可参见 Jennifer Ross, Is Canada's Human Security Policy Really the "Axworthy" Doctrine? *Canadian Foreign Policy Journal*, Vol. 8, No. 2, 2001, pp. 75-93。

② See Department of Foreign Affairs and International Trade (DFAIT), Human Security: Safety for People in a Changing World, Ottawa: DFAIT, April 1999.

③ Ibid.

④ See Canada, Norway Change Their Ways: New Approach Bases Foreign Policy on Human Issues, *The Ottawa Citizen*, May 28, 1998, p. 18.

到进一步的保护"。媒体的这种看法与上述加拿大的观点极为相似,即将人的安全理念视作一种概念性工具,用于解决世界范围内日益频繁的国内冲突以及冲突所带来的饥饿、种族屠杀等人员伤亡问题。① 但是,日本关于人的安全的最终官方声明表明,日本在许多重要领域与加拿大的主张存有分歧。在承认"人的安全包括两个基本方面——免于恐惧的自由和免于匮乏的自由"的同时,日本外务省对仅仅关注"免于恐惧的自由"的观点及与之相关的控制小武器、起诉战犯等措施进行了批评。日本认为"免于匮乏的自由"相当重要:在日本看来,"人的安全"是一个更为宽泛的概念,认为"免于匮乏的自由"并不亚于"免于恐惧的自由",只要目的是为了确保作为人类的个人的生存与尊严,那么,人的安全就不仅仅只是在冲突期间保护人的生命。② "日本认为只有当个人对其生活有充足的自信来免于恐惧和匮乏的威胁时,人的安全才可能得到保障。"③ 2001 年,日本资助成立了人类安全委员会,由绪方贞子和阿马蒂亚·森共同担任主席,2003 年该委员会的报告——《人的安全现状》(Human Security Now)将人的安全描述为广泛包括免于恐惧的自由、免于匮乏的自由和有尊严地活着的自由。将"有尊严地活着的自由"涵盖进来极为重要,因为这突出了"赋权"(empowerment),这让个人和社群有能力在其面临的人的安全威胁中保护他们自己。整体看,"日本从以下方面来强调'人的安全':要加大力度应对人的生命、生活以及尊严所面临的威胁,如贫穷、环境恶化、毒品、跨国有组织犯罪、传染性疾病(艾滋病)、难民外流和杀伤性地雷,并且已采取了全方位的应对措施。为确保人的自由和潜力得以发挥,许多问题的解决都需要从'人的安全'出发,尤其是个人安全,这就要求国际社会各行为体之间的相互合作,包括各国政府、国际组织和民间社团"④。在政策制定方面,日本应属"人的安全"概念的坚定践行者——"人的安全"是日本发展援助政策的核心,也是日本政府多个政策文件中的核心

---

① See Premier's U. N. Speech out of Focus, *The Daily Yomiuri*, October 24, 1995, p. 7.
② See Director-General of the Foreign Ministry of Japan, in the International Conference on Human Security in a Globalized World, Ulan Bator, May 8, 2000, http://www.un-mongolia.mn/undp, visited on 2009-12-23.
③ Statement by Mr. Yukio Takasu, Director-General of Multilateral Cooperation Department, at the Third Intellectual Dialogue on Building Asia's Tomorrow Toward Effective Cross-sectorial Partnership to Ensure Human Security in a Globalized World, June 19, 2000, Bangkok, https://www.mofa.go.jp/policy/human_secu/speech0006.html, visited on 2010-01-12.
④ 日本政府外交部 1999 年《外交蓝皮书》第二章第三节。资料来源:http://www.mofa.go.jp,visited on 2010-01-12。

概念。①

除了上述加拿大、日本等国对人的安全的积极实践，还有不少国家的努力也是值得关注的。泰国认为，人的安全包括主观及客观因素，其客观因素是"免于恐惧和匮乏的自由及经由安全福祉及尊严达到的人性境界"；而主观因素则包括"人的希望、恐惧及消除威胁"。②奥地利、智利、爱尔兰、约旦、荷兰、斯洛文尼亚、瑞士及挪威提出的人的安全定义则更具局限性，主要关注的是杀伤性地雷、轻型武器、武装冲突中的儿童、国际人道主义与人权法等。中国政府至今还未有相关官方文件采纳"人的安全"的概念表述。相比于"人的安全"，从目前来看，中国政府更偏向于采用"非传统安全""国民安全""人民安全""新安全""综合安全"或"以人为本"等相近概念，这也许是对"人权"这一话语所附带的西方政治干预及其所谓的"普世价值"论调持有一定的警惕性。但从概念的实质内核与现实政策看，中国政府近年来所一以贯之强调的"人民安全""非传统安全""新安全""安全感""人的幸福与尊严"等，都是与"人的安全"所内含的"免于匮乏""免于恐惧"与"免于耻辱"直接对应的。

第二节 人的安全、国家安全与国家能力

一、人的安全与国家安全

人类安全委员会报告《人的安全现状》对国家安全和人的安全作了如下区分，见表13-2：③

---

① 2003年8月《日本政府发展援助宪章》第二部分"基本方针政策"中有如下说明："人的安全"是为解决直接威胁到个人的诸如冲突、灾害、传染性疾病等威胁，"人的安全"考虑的重点是个人，而不仅仅是从传统安全的全球、区域和国家的观点来考虑安全问题。据此，日本将实施官方发展援助，以通过人力资源开发加强当地社区的能力。为确保人类尊严的可持续性（从冲突阶段到重建和发展阶段），日本将扩大援助，用于保护和增强个人（能力）。参见〔日〕松下和夫：《论"人的安全"与"环境合作"》，载《浙江大学学报（人文社会科学版）》2008年第1期，第30页。

② See Paul Oquist, PARAGON Regional Governance Programme for Asia, 2002, p. 1.

③ See Commission on Human Security, Human Security Now, Washington, DC: Communication Development Incorporated, 2003, p. 6.

表 13-2 国家安全与人的安全的区分

	国家安全	人的安全
中心 （center）	关心他国攻击性和对抗性，建构强大安全防务（边界、制度、价值等）以实现自我保护	从对外部侵略的关注转向更广义的公害范围
威胁 （menaces）	通过正规武装保护领土边界	保护公民安全，使其免受环境污染、国际恐怖主义、传染病、长期压迫和剥夺等
行为体 （actors）	国家单一行为体	区域组织、国际组织、非政府组织、公民社会等
授权 （empowerment）	国家和政府	人民和社会来参与安全建设（如社区安全建设）

《人的安全现状》提出："人的安全与国家安全互为强化、相辅相成。没有人的安全，国家安全不可能实现，反之亦然。"[①] 即强调了国家安全与人的安全，不可偏废其中任何一者。

人与国家，历来是政治哲学中争论不休的一个中心问题，国家既有可能提供和保障人的安全，也有可能伤害和剥夺人的安全。即便是身处21世纪的今天，国家安全也从未失去它的重要意义。事实上，肯·布斯早就提出了"个体的人是安全的最终指涉对象"的论断。在他看来，国家虽是提供安全的工具，但最终只有在涉及个人时，它在安全上的意义才会显得重要。他强调："真正的安全只有通过人民和集体才能获得。"[②]

关于国家安全与人的安全的关系，人的安全研究者认为，一方面，国家安全最终是为了个人的安全，人的安全的获得最终要依靠国家与国家安全来实现。国家是其公民安全的首要提供者，它是安全的主要工具，而非安全的目的。在人的安全政策化中着力甚多的加拿大前外交部部长劳埃德·阿克斯沃西（Lloyd Axworthy）认为，人的需要（human needs）比国家需要更重要。人类安全委员会在其报告中也指出，安全应该以人（people）而非国家（state）为中心，而人的安全就是致力于保护人们远离那些对个体（individuals）和共同体（communities）的威胁。在可预见的时间和范围内，国家安全依然是保障人的安全的最重要屏障，离开了国家，人民将失去最重要的保障者。因此，人的安全对国家安全的依赖不会改变。只是，相比于传统单一的安全关切，"人的安全"概念更关注"人"，对以往过分强调单一"国家"的

[①] Commission on Human Security, Human Security Now, Washington, DC: Communication Development Incorporated, 2003, p. 6.

[②] See Ken Booth, Security and Emancipation, *Review of International Studies*, Vol. 17, No. 4, 1991, pp. 313-326.

国家安全倾向是一种纠正或补充。另一方面，突出人的安全不是要否定国家与国家安全，而是强化了国家与国家安全之合法性。人的安全研究为国家主权的演进提供了重要启示。传统上，国家的主权与合法性有赖于政府对领土的控制、国家独立和其他国家的承认，公民的角色是给予支持。但人的安全路径把这一公式逆转了过来——国家主权必须服务于人、支持人，并从中得到合法性。戈德维季克（Berma Klein Goldewijk）也指出："根据人的安全概念，国家主权的合法性取决于它对人民的支持，以及国家如何满足人权方面的基本标准。……随着人的安全的提出，'有条件主权'（conditional sovereignty）的概念变得更加突出。"① 可见，强调和重视人的安全，并非是要以之取代传统的"国家安全"概念，事实上这也是不可能实现的。相反，人的安全恰恰是国家安全的强化。

非传统安全研究中关于国家与人的关系的定位，也进一步突出了国家安全之于人的安全的重要意义。"人的安全将人，而非国家，置于概念中心，而非传统安全则将国家和个人都作为安全指涉对象。两个指涉对象都需要感到安全，因为一个不安全的国家将无法保障其国民的平安与幸福。因此，非传统安全既非消除也非忽视国家在传播和提供安全中的角色。此外，多数非传统安全威胁本质上都是跨国性的，既影响到个人也影响到国家，因此重要的是要认识到国家在纠集其他国家以合作处理跨边界威胁中的角色。同时，非传统安全也并未忽略以下事实，即国家由于缺乏法治或治理而成为人或社会不安全的来源。"② 所以，在当代，国家安全从未失去它的重要意义，国家也仍然是实现国民个体安全的重要手段，人的安全与国家安全既存有某种程度上的紧张关系，也存有一致性和内在调和的可能性。

二、人的安全与国家能力

在全球范围内的深刻变革中，社会全面快速地转型，由此引致的国家权力运行方式的调整必然形成体制冲突和矛盾，并将对国家能力产生重大影响。国家在新旧两种体制的夹缝中奔忙，疲于应付因体制摩擦和脱节所引发的公共问题和突发事件。社会体制环境无法给国家能力提供理性发展的契机和条件，而只能是简单的、残缺的、社会自身矛盾所必需的若干社会调控能力。③ 所以，国家能力被越来越多地强调，国家能力与国家权力一起成为现代国家

---

① 李开盛：《人、国家与安全治理》，中国社会科学出版社2012年版，第95—96页。
② Mely Caballero-Anthony（ed.）, *An Introduction to Non-Traditional Security Studies: A Transnational Approach*, London: Sage Publications Ltd., 2016, p. 14.
③ 参见孙明军：《中国国家能力研究》，载《学术季刊》2000年第2期，第81—89页。

治理体系下的影响国家治理的关键变量。强调从国家权力建设走向国家能力建设即是强调国家整体服务于社会的能力的建设和增强，而非简单的国家职能的强化①和权力的扩张。

国内有关国家能力建设的研究，一般局限于强调政府的权力大小或权限范围，而不是针对政府的能力或执行强度。这个问题在于，将能力建设等同于权力范围的扩大或缩小，而不是制定和贯彻执行政策的能力的强弱。王绍光和胡鞍钢于1993年在《中国国家能力报告》中将国家能力概括为四种：第一，汲取能力（extractive capacity），指国家动员社会经济资源的能力，国家汲取财政的能力集中体现了国家汲取能力；第二，调控能力（steering capacity），指国家指导社会经济发展的能力；第三，合法化能力（legitimation capacity），指国家运用政治符号在属民中制造共识，进而巩固其经济地位的能力；第四，强制能力（coercive capacity），指国家运用暴力手段、机构、威胁等方式维护其统治地位。② 对国家能力的上述界定确切地说不是"能力"，而是国家权力在其职能领域的张扬，带有典型的"国家中心立场"和"中央政府至上"的传统主义思维。国家能力应是指国家执行其正式目标的能力，特别是面对力量强大的社会组织实际或潜在的反对，或是处于社会和经济的不利条件下。③

现阶段我们应强调的是国家设定和筹划国家战略的能力、制定和贯彻执行政策的能力、保障安全和保持发展的能力。也就是说，国家能力不应是绝对的"国家中心"立场，事实上国家的目标也往往不是国家单一行为体可以设置和达成的，国家的目标往往是"被要求"的，体现的是国家与内部社会、与人民、与国际社会等诸多行为体的互动性，国家能力建设首先必须体现为与人民和社会的良性互动。因此，国家能力的界定需要有"主体间"视角，同时根据国家目标来设定国家能力更为恰当。

从国家目标来看，安全属国家建设的核心目标之一，安全能力是国家能力的核心部分。传统安全作为国家能力的核心组成部分由来已久，冷战时期的这一安全思维即决定了当时各国关于安全战略的设定——将军备建设作为国家能力的核心，国家也更欢迎"国家中心主义"的传统安全观。但是，1989年冷战力量的瞬息崩塌，才证实了将安全指涉对象从国家转换为人，并将安全领域扩展至由内战导致的社会剧变、经济贫困、饥荒、生态破坏和难民问题等这些观点的重要性和切实性。当20世纪90年代初两个超级大国结束在诸

---

① 参见崔雪丽：《国家法治发展道路探索——由国家权力到国家能力的建设》，载《太原理工大学学报（社会科学版）》2010年第1期，第36页。
② 参见王绍光、胡鞍钢：《中国国家能力报告》，辽宁人民出版社1993年版。
③ 参见朱天飚：《比较政治经济学》，北京大学出版社2006年版，第94—95页。

多弱小国家的"冷战覆盖"时,其中的许多国家开始了内部分裂或出现运行危机——它们发现自己没有能力来提供最基本的安全以及经济和社会生活的必需品。① "国家能力"正是由此而提上了议程。

资料4 关于人的全面发展的四种观点

从人的全面发展的内容来看,人的能力既是人的安全的题中应有之义,也是最终实现人的安全目标的重要基础,而人的能力构成了国家能力的重要组成和体现。从国家能力实现的条件来看,人的能力有助于实现人的安全,人的能力是国家能力的核心组成部分。这包括两层含义:第一,把"人"作为与"国家"同等重要的价值纳入国家利益保护的范畴,国家应致力于以"人的安全"为价值基点的国家安全能力建设,而人的能力的挖掘、培养、开发和建设,有助于更好地达成和实现人的安全,就如一个懂得医疗保健知识的人能够更好地维护自身健康一样。第二,人的能力不仅与人的安全相关,也与国家安全和国家能力相关。国家与人民,不是绝对的盟友,也不是绝对的敌人,而是一种互动关系。人的能力的增强有助于国家能力的增强;若人的能力强大至超过国家能力,就可能导致国家能力的削弱或瓦解;而人的能力软弱的国家永远不可能成为真正意义上的强国,即便国家可以通过威权、通过专制保持其权威;人的能力的缺乏必然削弱社会的自我组织能力和自我发展能力,从而损害社会的长期发展,最终削弱国家能力。换言之,人的能力的软弱恰恰是国家"脆弱性"的重要体现。

第三节 人的安全的体系建构

一、人的安全建设的两大维度

"人的安全"是一个非常宽泛的概念,如果按安全领域来分,甚至可以将所有安全领域囊括于内。国民安全与国家安全的核心区别并不在于安全的领域,而在于安全的关切对象是以谁为中心。人的安全的能力建设,即是以"人民"为中心、为宗旨来推进安全建设。基于《人类发展报告》规定的人的安全所要保护的两大方面——"免于恐惧"和"免于匮乏",人的安全建设可以从"保护"和"发展"两个维度来理解,在能力建设范畴中则体现为"发展的维度"和"保护的维度",这两个维度同时强调对人的尊严的保障和保护;"免于耻辱"某种程度上内含于上述两个方面中。展开来说,"免于恐惧"

---

① See S. Neil MacFarlane and Yuen Foong Khong, *Human Security and the UN: A Critical History*, Bloomington, IN: Indiana University Press, 2006.

要求能力建设中注重"保护"的维度，主要包括对战争等带来的恐惧的保护、对突发性变故带来的伤害的保护以及实现对弱势群体的保护；"免于匮乏"要求能力建设中注重"发展"的维度，特别要强调人的发展、政策和体制的发展、机构和组织的发展以及经济的发展。①

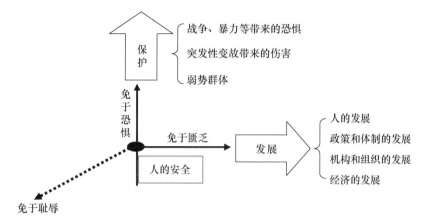

图 13-1　人的安全维护的基本维度

（一）保护的维度

所谓保护的维度，就是基于使人免于恐惧这一目标而考虑需要抵御和保护什么。实现以"人"为核心的对人的保护，主要包括三个方面：第一，避免国民受到战争、内部冲突、暴力事件以及恐怖主义等极端事件带来的恐惧和侵害。在安全维护上，即要遏制战争、维护社会稳定、预防和制止极端暴力事件、打击恐怖主义等。第二，避免国民受到突发性变故所带来的伤害，比如大规模流行病（艾滋病、各类传染病等）、大规模自然灾害（地震、海啸、台风等）、环境污染导致的生活事件、食品安全事故、重大生产性安全事故等。在安全维护上，一是要致力于全面的社会安全网的建构和社会保障体系的推进；二是要注重食品、流行病、自然灾害等专门领域的安全防范和应对机制建设；三是要加强对各类突发性变故的物质预防能力建设和心理预防能力建设。第三，实现对弱势群体的保护（这里的弱势群体主要是指处于基本生活水平层面及以下的弱势群体，包括生理性弱势群体和因改革等社会结构调整而造成的社会性弱势群体）。一个国家的弱势群体往往就是该国脆弱性的体现。在社会变迁、利益调整及重大灾险的触动下，虽然不存在绝对层次上的剥夺和匮乏，但是发展落差导致的社会分层和差距（如贫富差距、数据

---

① 需要明确的是，"恐惧"的来源不仅仅是军事性和政治性的，也往往是经济性的；"匮乏"的来源也往往不仅仅是经济性的，而可能是结构性的甚至是政治性的（比如非洲的饥荒问题）。因此，不能简单地将保护的维度理解为仅仅对人身伤害的保护，也不能将发展的维度仅仅理解为经济发展。

鸿沟、机会差距等）使得弱势群体明晰化和规模化已是不争的事实，对弱势群体的保护是一个社会应有的良知和底线；同时，一旦弱势群体对生活的无望和未来的恐惧集中爆发将带来整个社会的恐惧和不安全。因此，在安全维护上，必须将对弱势群体的保护纳入保护的重心，一是要加强加快社会保障体系在弱势群体中的推进和覆盖；二是要致力于创设公平、尊重的环境为其提供就业、教育等机会来开发其群体潜能和能力。

（二）发展的维度

所谓发展的维度，就是基于免于匮乏这一目标而考虑需要发展什么。"可持续发展"的概念厘清了"经济增长"与"经济发展"的区别，"有内涵的发展""有质量的发展"等范式下的发展理论的贡献使得发展的定义跳出了"发展等于经济增长"的狭隘发展观，纳入了诸如自由、人的发展等视角。发展之于安全的意义，则始于联合国、非政府组织、区域性组织和各国对冲突防范进行的大量思考。20世纪90年代，学术界关于冲突的经济性根源的讨论蓬勃发展，同时有大量对发展带来的弊端所进行的讨论，这些讨论明显地受到了贫穷和绝望（如来自经济威胁的个体安全感的缺乏）能促成暴力行为这一假设的影响。努力促进人的发展有助于减少暴力的风险——这里所涉及的发展维度，是一种广义的发展和本质的发展，而不仅仅是表面的、狭隘的经济增长。

非传统安全能力建设中所涉及的发展维度，是一种广义的发展和本质的发展，而不仅仅是表面的、狭隘的经济增长。对中国来说，特别需要纳入理念的发展、人的发展、政策和体制的发展、机构和组织的发展，并将这些作为提升"经济发展"的前提，并使过往注重规模、速度、数量的发展，逐步转变为基于效益、内涵、品牌的高质量发展，并且将高质量发展的理念与政策体系广泛运用于经济、政治、社会、教育、环境、科技等领域。具体而言，首先是人的发展。人的发展既是手段又是目的，是核心所在。个人能力的建设是非传统安全能力建设的重要方面，要开发普通民众的潜能并实现其发展。其次是政策和体制的发展。政策和体制的发展是有效的工具，目的在于设计合理的非传统安全总体保障机制，创造良好的政策体制环境，提高能力建设的水平，通过完善现有的法律法规，加强非传统安全领域已有的各类政策和制度的整合，有效实施、监测、评价和管理政策进程等；同时，要通过政策环境开发，提高国家、机构和个人在非传统安全能力维护中的认知和技能水平。再次是机构和组织的发展。能力建设最复杂的任务之一涉及组织，强有力的组织可以改善治理和影响人们的行为方式，政府的相关职能部门、学术研究和推广服务部门、银行以及近几年蓬勃发展的小额信贷机构、非政府组织和企业等都需要被纳入能力建设的主体。最后是经济发展。经济发展既是满足人的基本生活和福祉的直接动力，也为安全保障提供必需的物质基础。对中国来说，就是要全面推进国家治理体系和治理能力现代化，实施高质量发展模式，不以牺牲人、牺牲环境、牺牲安全等为代价，同时也特别需要防范、化解各发展领域及其过程中的重大风险。

二、人的发展与人的安全

（一）以"人的发展"促"人的安全"

马克思在《1844年经济学—哲学手稿》中强调了人的发展是社会发展的本质推动力量，即工业和工业的历史是一本打开了的关于人的本质力量的书。① 在《1857—1858年经济学手稿》中，马克思指出了能力发展的三种形态：一是人的依赖关系（人的生产能力只在狭窄范围内和孤立的地点上发展）；二是以物的依赖关系为基础的人的独立性（普遍的社会物质变换和全面的社会关系）；三是个人全面发展和人民共同的社会生产能力成为社会财富基础上的自由个性。② 这就是说，在经过了人的依赖性社会的"群体能力本位"、宗法血统社会的"权力本位"和物的依赖性社会的"金钱本位"的异化后，人类社会必然进入到人对自己内在本质力量的依赖状态，从而实现在自由个性基础上的每个人的能力得以自由、平等、全面的发展。③ 在20世纪70年代和80年代出现的以人为本的发展观（人本主义发展观），经过学者、政策制定者和社会活动家的推动而得到进一步发展，人的发展引起了发展经济学家的极大关注。例如，联合国开发计划署于1990年在马赫布卜·乌尔·哈克的组织以及包括阿马蒂亚·森等大量专业人士参与下撰写了一系列有关人的发展的报告，讨论了人的发展的本质和测量方法，强调了公平发展的重要性，提出了"人类发展指数"（HDI）（包括人们的生活期望值、受教育程度、人均国内生产总值），用于测量国家在人的发展方面取得的成就。④ 森更是提出发展"是扩展人们享有的实质自由的一个过程"⑤，并进一步强调透明和负责

---

① 参见〔德〕马克思：《1844年经济学—哲学手稿》，刘丕坤译，人民出版社1979年版，第80页。
② 参见《马克思恩格斯全集》第46卷（上），人民出版社1979年版，第104页。
③ 参见雷鸣：《能力建设论——一种新的发展框架》，中共中央党校2005年博士学位论文，第80页。
④ See United Nations Development Programme, *Human Development Report 1990*, New York, NY: Oxford University Press, 1990, pp. 11-13.
⑤ Amartya Sen, *Development as Freedom*, Oxford: Oxford University Press, 1999.

的管理不仅是发展的基本要义,也是确保人的其他需求被关注的途径。①

发展理论研究的一个主要贡献是确认了这样一个事实:保护人身安全使其免受暴力威胁不仅对人的安全很重要,对企业发展和经济发展也很重要。但是,发展理论研究也认为,人身安全只是人的安全的某一方面而已,且并非是最重要的。所以,发展理论研究对人的安全研究的最大贡献在于,它强调人的发展和经济资源对于人的安全的重要性。这使得那些关注"对人的保护"的观点也开始不断强调人的发展和经济资源在冲突问题上具有关键作用。所以,我们可以发现,人的安全与人的发展难以进行本质上的区分,它们是融通的,它们的差别在于讨论的强调点不同。森关于"工具性自由"的观点中便有明确的论述:免于饥荒和防止灾难性的危机是自由的发展进程的重要组成部分,它有助于强化公民所热爱的安全和保护。这种关联既是基本的又具有工具性。其一,采取针对饥饿、瘟疫以及严重和突发的资源匮乏的保护措施,本身就有利于增加人的安全和福祉。因此,从这个角度来说,对破坏性危机的防范是人们理应珍视的自由的一部分。其二,工具性自由的实现也有助于防止饥荒和其他灾难的发生,工具性自由具体包括拥有公开讨论的机会、公共审查、选举政治和媒体自由等。②

正是对人的发展的思考促成了人的发展和人的安全探讨的结合,也促进了人的安全维护理念从消极防御向积极建构的转化。开展以"实现持续安全的条件"建设为目标的积极安全的建构,必须重视国民的发展。这是因为,一方面从发展之于安全的意义来看,人的发展有助于消解人的不安全(通过发展使其免于匮乏、免于恐惧),进而实现社会等更广泛层面上的安全和稳定。另一方面,从建构积极安全和能力建设的视角来看,充分挖掘和开发人在安全条件建设中的潜能进而使人在安全维护中释放、发挥其技能、知识和能力,是国家安全能力建设的重要方面;积极安全的建构在注重国家能力建设的同时特别需要关注人的发展与开发,并将"人"(国民)的能力纳入国家能力的组成部分。中国改革开放的实践恰好证明了人的发展之于发展以及安全的内生价值。市场经济的本质正是全面解放个人和激活个体能力的伟大实践,通过公平市场环境的创设为人在经济领域的解放和自由提供了发挥其潜能的机会,进而实现了国家经济的全面繁荣和人民生活水平的普遍提高。通过人的发展来实现人的安全,就是要创造良好的制度和体制环境确保人的能

---

① 这一点可以追溯到森早先关于饥荒和治理间关系的著作,他认为民主政治制度中没有饥荒。See Jean Drèze, Amartya Sen and Athar Hussain (eds.), *The Political Economy of Hunger: Selected Essays*, Oxford: Oxford University Press, 1999.

② See Amartya Sen, *Development as Freedom*, Oxford: Oxford University Press, 1999, p. 188.

力得以充分发挥,要确保人拥有平等的实现自身能力的机会和自由,要实现人口资源向人力资本和人才资源的转变,要提高挖掘、使用和开发人的能力的能力。

(二) 人的安全是发展的核心

可以说,"发展"与"安全"这两个概念截然不同但又形影不离,两者相辅相成、互为条件和因果。当下任何关于"安全"的讨论不可能离开"发展",任何关于"发展"的讨论也不可能离开"安全"。

将"安全"融入"发展"概念的重要标志便是"人的安全"概念的提出。人的安全不仅在安全的价值层面强调"人"胜于"国家",也强调安全需要从关注军事威胁转而关注人的生存和福祉(发展的维度)——人身暴力威胁只是"人的安全"的影响因素之一,且并不是最重要的;最重要的是人的福祉和生活品质。人的安全理念中,发展是安全的基础,不发展则是不稳定的基本因素。"联合国的人的安全哲学聚焦于一切人的权利的普遍性与平等性,强调的是社会目标相对于经济目标的优先性。"[①]

而将"发展"纳入"安全"概念的标志是"可持续发展"概念的提出。这方面最早的讨论源于二战后美国主导的发展援助政策带来的所谓"以发展换安全"或者"以安全换发展"的现实,即发达国家出于自身国家安全的考虑对不发达国家实行发展援助,而受助国在这一过程中却往往通过牺牲自身安全以获得某种发展。之后,到底是"作为安全的发展"还是"作为发展的安全"引起了广泛讨论。至20世纪80年代后期,发展带来的系列环境问题开始受到前所未有的关注,人们认识到:一方面,"为了发展的发展"引发了严重的生态安全问题;另一方面,"为了安全的发展"引发了诸多地区冲突。基于这些发展与安全的悖论,1987年布伦特兰委员会(Brundtland Commission)提出了"可持续发展"概念,指出"不安全的真正来源也包含了不可持续发展"[②]。这是人类历史上首次将经济发展问题"安全化",通过对"发展"进行再定义,脱离了传统的国家中心和以增长为主导的发展观。"不安全的真正来源也包含了不可持续发展",即发展可以为安全提供物质基础、促进安全,但发展也会带来新的不安全。所谓安全与发展的悖论,正是针对发展所带来的安全问题或者因发展所牺牲的安全利益而言的。

在发展与安全这对关系中,发展可能带来安全,也可能带来不安全;安

[①] Mely Caballero-Anthony (ed.), *An Introduction to Non-Traditional Security Studies: A Transnational Approach*, London: Sage Publications Ltd., 2016, p. 41.

[②] World Commission on Environment and Development, *Our Common Future: From One Earth to One World*, Oxford: Oxford University Press, 1987, pp. 7, 43-54, 298.

全可能带来发展，不安全则不可能有发展（见图13-2）。

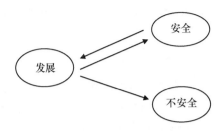

图13-2　发展与安全的关系

置身于在全球化时代全球威胁不断增长的现实境况中，无论是社会学家的风险社会理论还是管理学者的公共危机管理研究所涉及的诸多风险、危机和不安全，都在指引我们不断强化这样一个观念：安全是发展的核心，没有安全的发展无从谈起也不可实现；发展不一定是风险的"安全门"，也可能是风险的"催化剂"；发展不但生产"不安全"，也分配"不安全"——只是"不安全"的分配不同于财富分配（最贫穷者将受到最严酷的打击），"不安全"具有全民性——无人可幸免。诚如亚洲金融危机之后，阿马蒂亚·森在《超越危机：亚洲发展战略》一书中所强调的，安全与发展不是并列的关系，而是安全重于发展，安全内在于发展，安全是发展的核心部分。所以，与单一地追求"发展"的理想不同，当今社会追求的目标首先应该是安全——当然，安全不仅仅等同于和平，但和平是基本的安全；没有发展也不可能拥有安全。因此，在认识发展与安全并把握这对关系时，需要认识到两者均是最基本的国家利益，也是人最本质的需求，发展和安全应作为国家大战略的两个并重大局和基本内容。在这一战略设定中，发展是解决包括安全问题在内的所有问题的基础，但发展的前提条件是要有可靠的安全保障。

从中国的当前及未来的语境来看，"高质量发展""总体安全""人民安全""统筹安全与发展"等政策导向，都显示了要注重协调安全与发展这两大基本问题。

三、中国特色国家安全道路中的"人民安全"

资料5　"总体国家安全观"与"中国特色国家安全道路"

中国总体国家安全观强调"以人民安全为宗旨"，这是中国正式在政策文件中提出的安全领域的人本观，可以说，这在安全观上是一种"颠覆"和价值的回归。在2014年4月15日召开的中央国家安全委员会第一次会议中，习近平总书记首次提出了"总体国家安全观"与"中国特色国家安全道路"。2015年1月23日，中共中央政治局审议通过了《国家安全战略纲要》，强调"在新形势下维护国家安全，必须坚持以总体国家安全观为指导，坚决维护国家核心和重大利益,以人民安全为宗旨,在发展和改革开放中促安全,走中国特色国家安全道路"。2015年7月1日实施的《国家安全法》第3条明确规定:"国家安全工作应当坚持总体国家安全观,以人民安全为宗旨,以政治安全为根本,以经济安全为基础,以军事、文化、社会安全为保障,以促进国际安全为依托,维护各领域国家安全,构建国家安全体系,走中国特色国家安全道路。"2016年4月出版的《总体国家安全观干部读本》一书,在第二章"坚持走中国特色国家安全道路"中用了一节专门讨论"坚持以人民安全为宗旨",其开头写道:"人民安全是国家安全最核心的部分,其他安全都应统一于人民安全。人民安全高于一切,是总体国家安全观的精髓所在。"① 2017年,党的十九大报告提出要坚持总体国家安全观时,再次明确要"以人民安全为宗旨"。同时,"以人民安全为宗旨"的价值理念,也越来越落实到了国家安全实际工作中。无论是对内的防恐反恐,还是对外的维护国家领土主权完整;无论是在传统安全领域,还是在非传统安全领域,中国国家安全工作都越来越强调"以人民安全为宗旨"的重要特征。与此相应,2003年以来中国在人的安全相关领域的法律法规建设也逐步完善,"尊重和保障人权"的国家人权行动计划也在推进之中。

明确将安全的首要指涉对象回归到"人民",明确国家安全的根本目的是保障人民的利益和安全,这无疑是安全理念上的重大进步,让国家安全回归到其最初的目标上来,其前景值得期待。"中国特色国家安全道路"似乎隐含着这样一种自信:国家安全和人民安全的关系不是竞争对立的,而是互补的。人民安全要求保护人民免于遭受严重威胁,并使人民有权掌控自己的生活。要实现这一切,需要有关注人民的生存、生计、尊严等方面的综合性政策。

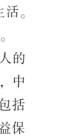

资料6 中国的国家人权行动计划

中国在相关政策话语中除了使用"人民安全"之外,也使用"保护人的尊严""保障劳动者的权益""保护人权""消除贫困"等词汇。近年来,中国学术界开始从中国视角对人的安全问题进行了广泛的探讨,相关主题包括"冲突治理与人的安全""人的安全理论与实践分析""海外华人安全与利益保护""非传统安全与人的安全保护"以及"国际组织和平行动与人的安全"。② 随着学术界、政策界和整个社会对人的安全关注程度的加深,关于人的安全的认识正在从两个方面发生变化:第一,一些关涉人民安全的议题,已经开始得到越来越广泛的关注,主要包括环境问题、贫困问题、社会安全问题、食品安全问题、公共卫生问题、机会平等问题等。第二,政府通过"以人民

---

① 《总体国家安全观干部读本》编委会编著:《总体国家安全观干部读本》,人民出版社2016年版。

② 参见陶坚、谢贵平主编:《全球冲突与人的安全》,社会科学文献出版社2016年版,第3页。

安全为宗旨"全新阐释了"总体国家安全观"的内涵和"中国特色国家安全道路"的构架思路,也就是将"人的安全"内容同传统的主权安全和国家安全进行了相应区分,并统一在"总体国家安全观"之内,既继续强力维护基本的国家主权安全,又强调"以人民安全为宗旨"。

> **思考题**
>
> 1. 如何理解"人的安全"这一概念的内涵和外延?
> 2. 人的安全与国家安全的联系与区别是什么?
> 3. 如何理解"总体国家安全观"以"人民安全"为宗旨?
> 4. 如何理解人的安全、人的尊严与人的发展的关系?

> **讨论题**
>
> 1. 如何理解"人的安全"研究对非传统安全理论的贡献?
> 2. 如何实现以"人"为核心的对人的保护?

> **推荐阅读文献**
>
> 1. [加拿大] 阿米塔夫·阿查亚:《人的安全:概念及应用》,李佳译,浙江大学出版社2010年版。
> 2. 余潇枫等:《中国非传统安全能力建设:理论、范式与思路》,中国社会科学出版社2013年版。
> 3. 刘志军:《"人本安全"的价值论争》,载《浙江大学学报(人文社会科学版)》2008年第2期。
> 4. S. Neil MacFarlane and Yuen Foong Khong, *Human Security and the UN: A Critical History*, Bloomington, IN: Indiana University Press, 2006.
> 5. Amitav Acharya, Human Security: East versus West, *International Journal*, Vol. 56, No. 3, 2001.

第十四章 非传统安全与边疆安全治理

> **导 读**
>
> 中国边疆地区地域辽阔，资源丰富，邻国众多，民族多样，文化多元，问题复杂，在整个国家安全与发展战略中占有重要地位。21世纪以来，中国边疆地区的安全形势日趋严峻，传统安全问题与非传统安全问题、国内问题与国际问题、历史问题与现实问题、民族问题与宗教问题彼此关联、相互交织，严重威胁着国家安全、社会安全与人的安全，并对国际安全乃至人类安全产生重大影响。在新形势下，我们需要以国际与未来视野重新审视，科学梳理、分析和预测已经显现和潜在的边疆安全问题，并从认同安全的视角探究治理方略和路径。

第一节 边疆非传统安全问题的凸显

一、从"边"之疆到"变"之疆

"边疆"作为一个相对的概念是发展变化的。现代汉语中，"边疆"一词是指"靠近国界的领土"[①]。中国历史上，边疆是一个"热胀冷缩"的区域，强盛的王朝可以利用实力扩大和巩固边界，弱小的王朝则在守不住边界的情况下不断内缩。在漫长的历史演进中，中原王朝因领土的扩张或者收缩而引起边界的盈缩是一个动态变化的过程。与"边疆"相对应的英语单词是"frontier"（边界两边的区域）[②]、"border land"（边界两边的自然区域）或

[①] 《现代汉语词典（第6版）》，商务印书馆2012年版，第75页。
[②] 参见《牛津高阶英汉双解词典（第四版增补本）》，商务印书馆、牛津大学出版社（中国）有限公司2002年版，第594页。

"border area"（边界两边的行政区划）①。《辞源》对边疆的解释是："边疆，边境之地。"②《人文地理学词典》对"边疆"的解释是：两国间的政治分界线或国内的定居区和无人居住区之间的界线宽度不等的地带。③《地理学词典》中对"边疆"的解释是：位于居住区边界那部分的国家区域。④《美国传统词典》中对"边疆"（frontier）词条的解释是：（1）沿国界线附近的区域；（2）定居区前缘或边缘的区域；（3）有待发现或研究的未开发区域或领域。⑤由此可以看出，西方的"边疆"通常词义较广，除具有与中国相似的"边疆"含义即靠近国界的区域外，还普遍被用来表述位于居住区与无人居住区之间的地带，甚至还对边疆地区进行了精确的定量规定，通常是指人口密度在2—6人/平方公里的地区。⑥

纵观人类发展的历史进程，由于受历史发展阶段、自然地理条件、科学技术能力等因素的影响，以及不同行为体尤其是国家对其利益的认知的不同，人们对"边疆"的认识也是发展变化的。可以说，"边疆是客观因素与主观因素相结合的产物，是在一定条件下构建起来的"⑦。

经济全球化、网络信息技术现代化与新媒体的快速发展，冲破了地理上边界和边疆的限制。一些西方大国借助经济、网络等多种手段，从多形态"边疆"突破发展中国家有形的地理边界而进行渗透、颠覆和破坏，事实上已经出现了无形的"经济边疆""文化边疆""信息边疆""利益边疆"等新的"边疆"。例如，在"利益边疆"问题上，在民族国家不断拓展利益范围的背景下，超越国家主权范围的非实体的"利益边疆"受到高度关注。美国历史学家弗雷德里克·特纳（Frederick Turner）认为，"边疆"概念不是通常地理意义上的边陲或边界，而是指不断向太平洋沿岸移动的"活动边疆"，⑧即美国不断扩展的"边疆"。曾任美国国防情报局局长的丹尼尔·格雷厄姆（Daniel Graham）于1980年首次提出"高边疆"（high frontier）概念。所谓"高边疆"，就是太空领域，指历史上对于开拓国家边疆具有独特情结的美国对地球外层空间进

---

① 参见《牛津高阶英汉双解词典（第四版增补本）》，商务印书馆、牛津大学出版社（中国）有限公司2002年版，第151页。
② 《辞源》，商务印书馆2009年版，第1683页。
③ See Derek Gregory, Ron Johnston et al. (eds.), *The Dictionary of Human Geography*, Oxford: Wiley-Blackwell, 2004, p. 282.
④ See S. Mayhew, *A Dictionary of Geography (Second Edition)*, Oxford: Oxford University Press, 1997, p. 184.
⑤ 参见金晓哲、林涛：《边疆的类型划分与研究视角》，载《地域研究与开发》2008年第3期，第7页。
⑥ See R. E. Lang, D. E. Popper and F. J. Poppert, Is There Still a Frontier? The 1890 US Census and the Modern American West, *Journal of Rural Studies*, Vol. 13, No. 4, 1997, pp. 377-386.
⑦ 周平等：《中国边疆治理研究》，经济科学出版社2011年版，第2页。
⑧ 参见王宇博、张曙：《"边疆学说"的演进和影响》，载《江苏教育学院学报（社会科学版）》1998年第2期。

行新的开拓,从而使太空领域成为美国的新边疆。这一战略的提出与实施,对世界政治、经济、军事、科技等诸多领域产生了广泛而深远的影响。①

中国学术界也对"边疆"的新内涵进行了研究。兰州大学徐黎丽提出了包括海疆、陆疆、空疆、天疆等在内的"硬边疆",与涵盖政治边疆、经济边疆、利益边疆、战略边疆、文化边疆、信息边疆、社会边疆等的"软边疆",②并认为"软边疆"的提法是通过"虚拟边疆和无形边疆的形式强调国家利益安全的重要性,实际上就是用边疆与安全的密切关系来表达全球化背景下国家'硬边疆'受到冲击致使国家利益受到安全威胁的担忧"③。北京大学王逸舟对"高边疆"概念作了新的阐释,即"超越主权边界和物理疆界的空间和领域,是大国力量延伸和利益获取的新取向"④。

由此,"边疆"的观念、范围与形态不断发展变化,经历了从陆疆、海疆、空疆、天疆的地理、地缘等物理性的实体边疆,到经济边疆、信息边疆、文化边疆、利益边疆等价值性的"虚拟边疆"的拓展。

资料1 关于"虚拟边疆"类型的阐述

全球化时代是"多边疆"的时代,我们要有"大边疆"的视野,不仅需要关注陆疆、海疆和空疆这些物理的、实体的"硬边疆"安全,更要关注随时代变化而出现的信息边疆、文化边疆、政治边疆、战略边疆或利益边疆等价值性的、非实体的"软边疆"安全,以及"硬边疆"与"软边疆"相互渗透、相互交叉的"交织边疆"安全。这些"多边疆"类型之间的关系如图14-1 所示:

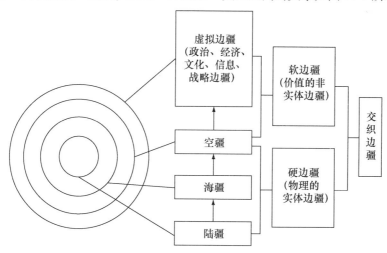

图 14-1 "多边疆"类型之间的关系图

---

① 参见朱听昌、刘菁:《争夺制天权:美国"高边疆"战略的发展历程及其影响》,载《军事历史研究》2004 年第 3 期,第 115—118 页。

② 参见徐黎丽:《国家利益的延伸与软边疆概念的发展》,载《云南师范大学学报(哲学社会科学版)》2011 年第 5 期,第 41 页。

③ 同上。

④ 王逸舟:《中国需要大力拓展"高边疆"和提供国际公共产品》,载《当代世界》2012 年第 5 期,第 16 页。

二、中国边疆非传统安全问题

综观中国边疆地区及周边态势,边疆非传统安全形势日趋复杂与严峻,各种非传统安全威胁呈现不断增多的发展态势。

在陆疆方面,一是国家分裂主义、极端宗教主义与暴力恐怖主义"三股恶势力",尤其是"疆独""藏独"等渗透分裂破坏活动对边疆安全的威胁;二是跨国犯罪,如跨国贩毒、走私、偷渡、拐卖人口等对边疆安全的威胁;三是边界冲突与边界纠纷给边疆安全造成的隐忧;四是跨界民族的族群认同与国家认同的错位及其跨国犯罪给边疆安全造成的威胁;五是大国霸权主义在中国周边的各种破坏活动及其对中国境内分裂势力的支持与利用对边疆安全的威胁;六是中国周边关系,如中日、中印、中国与东盟、中俄、中国与中亚等复杂的利害与竞争关系,给边疆安全造成的影响;七是周边一些国家的政局形势,如朝鲜核危机、印巴核竞赛、缅甸内战,以及周边国家的边疆政策等对中国边疆安全的影响;八是中国边疆地区的民族宗教及贫困等问题对边疆安全的影响;九是边疆资源的开发、发展问题对边疆生态安全与社会安全的影响。

在海疆方面,一是中国与周边临海一些国家就海疆线划分存在诸多争议。中国近海从北至南与朝鲜、韩国、日本、菲律宾、马来西亚、文莱、印度尼西亚、越南八国海岸相邻或相向。在东海,中国与韩国、日本有纠纷,既包括200海里专属经济区的划界问题,也包括历史遗留下来的东海大陆架划界和钓鱼岛归属之争。中国与周边沿海八国迄今尚未就海域划界达成完整协定,如果各国都把200海里划入专属经济区,就会产生大范围的重复水线,存在严重的"重叠海域",势必就领海主权问题与这些国家产生冲突。二是周边一些国家抢占了中国传统海域的岛屿,非法开采中国传统海域的油气资源。在南海直接卷入争端的共有六国七方,即中国、中国台湾、菲律宾、马来西亚、文莱、越南和印度尼西亚。中国与越南、菲律宾在南沙海域存在着尖锐矛盾。更为严重的是,东盟国家"求同存异",形成对华"统一战线",用"一个声音"对付中国。① 与之相联系的南海海域的划界也成为人为的最难划分的海域。其中,南海和钓鱼岛问题是中国海疆当前面临的最严峻挑战。

在空疆,一是一些大国在中国领空边疆地带对中国进行电子侦察,窃取中国的军事战略等信息;二是太空"公地悲剧"及其军事化、武器化、太空碎片给中国的空疆与航空安全造成严重威胁。在网络边疆、文化边疆方面,

资料2 中国空疆安全案例

---

① 参见陈霖:《中国边疆治理研究》,云南人民出版社2011年版,第180页。

国内外敌视势力利用网络信息的不对称性、文化的民族性与变异性等特征，一是对中国进行思想文化渗透和破坏，对中国的意识形态安全造成严重威胁；二是盗取中国的政治、经济、军事等各方面的信息情报，对中国的信息安全造成严重威胁。

在虚拟边疆方面，一是美国对中国在东北、东南沿海地区构建"岛链"进行围堵，在陆地西南、西北边疆进行战略包围；二是中国周边国家鼓吹"中国威胁论"，遏制中国发展，它们视中国为"潜在威胁"的情绪上升，防范心理增加，出现"逆裁军"倾向；三是中国战略边疆如"一带一路"建设以及西南、西北、中亚地区的国际能源通道建设受到一些周边国家和国际大国的公开或暗地破坏。

在"硬边疆"与"软边疆"交织安全方面，各种"新安全"威胁不断凸显。其一是边疆"非常规灾害与灾难"急剧增多，如外来有害生物入侵、重大传染病、跨国环境安全威胁（大气污染、水污染等）、重大复合型灾害、海外华人遭遇人道主义危机等，正对中国边疆地区造成严重威胁。其二是边疆"非传统战争"日益凸显，如以宗教、意识形态、大众传媒等为载体的"文化战"，以争夺石油、水、战备资源为目的的"资源战"，以网络、信息为手段的"信息战"，以基因、细菌、物种等为途径的"生化战"，以金融、汇率、贸易等为手段的"经济战"，还有"毒品战"等，都以非军事、"软暴力"、难感知、不流血的方式对中国文化边疆、政治边疆、信息边疆、经济边疆、利益边疆造成严重威胁。

三、边疆非传统安全威胁特征

（一）安全威胁的交织性

中国边疆传统安全威胁与非传统安全威胁相互诱发、相互交织、相互转化而又复合共生。一方面，传统安全威胁在很多方面交织着或直接转化为非传统安全威胁，如中国与周边国家的局部冲突中常常夹杂着民族与文化不认同、资源短缺及争夺等非传统安全因素；或者传统安全与非传统安全相互交织、相互转化而产生新的威胁挑战，如中国边疆地区的恐怖主义、信息安全、能源安全以及周边国家的核危机对中国边疆安全的威胁等。另一方面，非传统安全威胁也隐藏着导致、转化成传统安全威胁的多种可能，如西方反华势力对中国边疆地区的意识形态渗透破坏，带来了诸多安全隐患，进一步威胁到中国主权和领土安全；一些西方国家利用所谓的"民族""宗教""人权"以及历史遗留问题如台湾问题等，干涉中国主权，阻碍中国国家统一，损害中国国家利益。

（二）安全场域的复杂性

中国边疆地区是一个多民族、多宗教、多文化的汇聚之地，异常复杂的区情、社情与敌情使得各种边疆安全威胁呈现出跨国性、多样性、复合性、交互性、异质性与不对称性等特征，增添了边疆"安全场域"① 的复杂性。在交错复杂的地缘场域方面，周边 14 个国家的政局与社会境况直接影响着中国边疆地区的安全与稳定；在相互关联的利益场域方面，中国与周边国家的经贸往来直接影响着相互的经济社会发展；在相互渗透的心理场域方面，30 多个跨国与跨界民族的存在及其频繁的宗教文化交流，深刻影响着彼此的历史传统、文化习俗、社会价值、思想观念，其心理安全场域跨越地域与国界，关涉到历史记忆、语言文化、民族认同、政治认同与国家认同等，成为边疆安全治理中的重要内容，这给边疆安全治理增添了难度。

（三）安全威胁的多样性

首先，在不同时期表现为国内因素与国外因素、单一因素或两种乃至多种因素复合而引发的多种安全威胁类型。其次，边疆安全威胁的产生、发展与演化过程呈现出单一与复合、简单与复杂、静态与动态等多样性特点。再次，爆发形式上，主要是渐发式与突发式或二者之间的相互转换。最后，危机表现形式的多样性，主要表现为常态危机与非常态危机、潜在危机与显在危机以及它们之间的交替转化与相互诱发等。例如，新疆周边的国际恐怖主义常常与战争、暴乱以及所谓的"革命"等暴力形式联结在一起；边疆非传统安全不仅与风险、危机、紧急状态、日常生存性威胁相关联，还与军事冲突、领土领海纠纷、自然灾害、事故灾难、突发公共卫生事件和突发社会重大安全事件等相关联；各种"网络信息战"不仅威胁到军事政治领域，还威胁到社会、文化等民生领域。

（四）威胁主体的多元性

边疆安全威胁主体具有多元性特征，国家行为体与非国家行为体、有组织行为体与无组织行为体、集体与个人等都有可能成为肇事行为体，而威胁对象则包括个人、社会、组织、民族、国家与国际社会等。有的威胁责任主体清晰明确，如国家之间的边界冲突、跨国犯罪活动等；又如民族冲突或恐

---

① "安全场域"一般指能够影响乃至决定安全态势的特定情境，主要包括安全的地缘场域、利益场域和社会心理场域，国家安全战略的设定与安全场域有紧密的联结关系。参见余潇枫、李佳：《非传统安全：中国的认知与应对（1978～2008 年）》，载《世界经济与政治》2008 年第 11 期，第 89—96 页。

怖主义威胁，常由特定群体针对国家主权机构或非国家主权机构发动袭击，进行破坏。有的威胁责任主体模糊，如网络安全威胁的制造主体包括个人、组织或团体（国家的或非国家的），威胁对象则包括一切接入网络终端的用户，包括个人、组织与国家。

（五）诱发因素的交互性

其一，受周边国家和地区安全问题的影响而激化了国内社会矛盾。如钓鱼岛问题，日本侵占钓鱼岛的事实被网络媒体揭露后，激发了国内一些民众强烈的民族主义情绪，引发了一些游行示威、抵制甚至打砸日货等行为。其二，国内社会矛盾不能妥善解决而招致国外势力的介入。例如，境内边疆地区的贫困问题、失业问题、社会腐败问题、生态环境污染问题等系列社会矛盾没有或者没能得到妥善解决，而引发一些少数民族普遍的心理失衡与社会不满，很容易激发民族矛盾，这样就给一些境内外敌对势力"西化""分化"中国提供了契机。

（六）危害过程的联动性

在全球化背景下，国际问题与国内问题往往相互转化、联动。例如，边疆民族地区的"疆独""藏独"势力进行的分裂破坏活动具有内外联动性，主要表现为：第一，境内外分裂势力内外联动，进行分裂破坏，其主要方式是境外策划、境内实施；境外派人入境组织，境内人员协助；活动的过程由境外遥控，破坏活动一旦奏效，境外大肆渲染。第二，境内外分裂势力与国际反华势力双向联动，如国际反华势力直接或间接参与策划、支持境内外分裂势力的分裂破坏活动，或是境内外分裂势力寻求国际势力的支持，在境外寻求所驻国政府或西方政府的支持，成立秘密组织或海外"流亡政府"。

（七）危害影响的多向性

由于全球化进程的迅猛推进、跨国跨界民族的广泛存在以及犯罪组织的跨国流窜，边疆安全威胁的危害也呈现出国内外、边疆与内地影响的多向性。首先，国内影响国际。例如，中国境内的跨国犯罪活动、"东突"恐怖组织参加国际"圣战"，制造跨国暴力恐怖活动，介入别国内战等，给国际社会造成严重威胁。其次，国际影响国内，如邻国跨国犯罪集团的跨国犯罪对中国边疆安全造成威胁。具体来说，境外"东突"组织联合中西亚与南亚等地区的国际恐怖势力，在国际上成立"流亡政府"，推动所谓的"东突"问题国际化，对新疆进行广泛深入的渗透破坏，严重威胁到新疆社会稳定与中国边疆安全。最后，边疆与内地相互影响。由于大量人流、物流、信息流的频繁流动，边疆地区的安全威胁还会影响到内地省区，内地省区少数人对边疆地区个别少数民族的"污名化"也会对边疆地区的安全稳定产生负面影响。

四、边疆安全治理的"双重困境"

(一)边疆安全治理的现实困境

1. 国内层面的治理难题

一是一些少数民族部分成员族群认同与国家认同的错位。族群认同与国家认同的统一,是多民族国家保持国家统一和社会稳定的思想基础。如果族群认同与国家认同发生错位,很容易破坏国家的统一和民族的团结。当前,随着现代化与市场化的深入推进,再加上周边国家和地区民族主义思潮的负面影响,一些民众狭隘的族群意识日益高涨,与国家认同产生错位,给边疆安全治理带来诸多不利。

二是一些少数民族成员对宗教信仰的认知偏颇以及由此引发的偏激行为给边疆安全治理带来难题。在边疆民族地区,宗教对少数民族社会生活的影响深远,民族与宗教往往相互渗透,合二为一。一些少数民族成员认为宗教信仰无论在现实生活还是宗教生活中都具有至高无上性。这样,一方面,政府所提倡的无神论要求与教民有神论间就存在矛盾;另一方面,一些少数民族成员尤其是极端原教旨主义者,利用教民浓厚的民族宗教情感,对宗教经典中追求和平与善行的教义以及多义词汇如"圣战"等进行极端解释,极易煽惑一些教民与政府对抗,乃至实施暴恐袭击。

三是民族优惠政策与民族区域自治制度在新时期所产生的负面影响。民族优惠政策与民族区域自治制度的制定和实施在中华人民共和国成立之初及其后的一段时期内,对于帮扶与促进边疆地区一些弱小民族和欠发达少数民族的发展、维护少数民族的各项权益等,具有一定的历史合理性和实践的有效性。然而,随着社会经济的日益发展与民族间融合程度的大大提高,一成不变的民族优惠政策及其实施开始显现出一些负面影响,在一定程度上造成了一些少数民族从民族利益的角度认知族群与族群以及族群与国家的关系,从而强化了族群内部认同感和族群间的分界意识,极易使具有文化差异的民族问题政治化,族际界限也极易清晰化与固定化,从而助长了一些少数民族狭隘的族群认同意识。民族区域自治制度按族群划分行政自治范围、用法律固化少数族群特殊权利的做法,不仅不易消解族群身份认同,而且极易强化族群认同,给各族人民在平等共处中形成国家认同人为地制造了障碍。这在一定程度上也违背了所有民族一律平等、平等地遵守国家的宪法和法律、平等地享受各种个人权利等基本原则,从而也给边疆民族认同与国家认同的整合带来诸多困惑与难题。

2. 跨国层面的治理难题

一是国内应急管理与国际干预。当边疆地区发生较大规模的突发事件时，中国政府出于维护社会稳定与边疆安全的需要，必定要通过"安全化"途径，动用资源、采取手段加强应急管理，以维护社会秩序稳定。国内外敌对势力则联手在国际社会大肆制造舆论，诬蔑中国政府侵犯人权，搞"区域霸权主义"等，对中国事务进行干预，制造"中国威胁论"等，损害中国政府国际形象。

二是中国针对周边国家和地区的和平外交政策极易被他国利用。长期以来，中国政府在处理跨国领土领海主权纠纷与冲突中，本着睦邻友好原则，奉行和平外交政策，对存在争议的领土领海多是单方面坚持"搁置争议，共同开发"立场，但是周边国家如越南、菲律宾等侵犯中国南海岛礁、开采南海海底石油；日本在与中国存在主权争议的东海区域开采油气、侵占钓鱼岛等。此外，美国等霸权国家也利用中国的和平外交政策，与日本、韩国以及南海周边国家乃至印度进行联合军演，严重威胁到中国的海疆安全。

三是中国与周边国家及国际霸权国家的合作共治存在难题。由于历史与现实的各种原因，中国一方面与印度、日本、越南、菲律宾等周边国家存在领土领海主权的纷争，另一方面与霸权国家美国存在意识形态的严重分歧，并与俄罗斯、中亚诸国存在一些地缘政治与利益博弈，这些因素都制约着中国与这些国家处理好国际关系。但是，在国内问题国际化、国际问题国内化的全球化时代，边疆安全治理必须通过跨国合作乃至更大范围的国际合作才能进行协力共治。因此，中国如何在与周边国家和国际霸权国家的不同利益诉求和各自主权维护的权衡中寻找平衡点，也是一个现实难题。

四是周边国家和一些西方国家对中国崛起的"围堵"。周边一些国家对于中国的"崛起"表示出某种程度的担忧，它们担心中国的崛起会导致其自身国际地位的相对下降，因此对中国大多抱有疑虑、防范与戒备心理。尤其是美国，冷战结束后不久就把中国看作对现有国际秩序和美国全球霸权地位的挑战者，炮制"中国威胁论"，在战略、规则权、经济等多方面遏制中国的崛起，从而在主观上把中美关系建构成霸权国和潜在挑战者的对立关系，不断在中国边疆地区制造事端，威胁中国边疆安全。

(二) 边疆安全治理的认同困境

1. 对边疆安全内涵的认知存在不足

一是对边疆安全的历史阶段性安全观的认知不足。一般认为，边疆安全就是和平，没有战争。但是，和平不等于安全，发展也不等于安全，对边疆安全的内涵需要进行更切实的理解。二是对边疆安全的关联结构缺少认知。边疆安全既是一种"关系"，也是一种"结构"，它既与战争、威慑相关联，又与主权、政权、人权相关联，还与风险、突发事件、危机相关联。三是对边疆安全的"主体间"维度认识不足。边疆安全除了"客观"与"主观"维度之外，还有"主体间"维度，即使没有客观的威胁与主观的恐惧，主体间的不当互动亦会直接建构出一种新的不安全状态。四是对边疆安全的新类型认识不够。例如，关涉边疆的重要行为体如国家行为体等的"话语安全"，其中蕴含的"言语—行为"对安全议题的形成与安全决策的制定有着支配性影响。五是对边疆安全的边界及其应对认知存有不足。在人类走向"深度全球化"的过程中，国内与国外、"低政治"与"高政治"、军事与非军事的安全界线正日趋消解，但是一些民众对此缺少充分认知。六是对边疆各种安全威胁多局限于局部、技术与离散的视野，而对边疆安全的复合性、整体性、非线性、动态性认识不够。

2. 对边疆安全维护方式的认知存在不足

一是对边疆安全的国内治理更多地注重物质技术手段，依赖于军事武力与强制力量等"硬治理"，而对以文化、信仰、价值、制度、规范、公平公正、权益、民生与认同等为主要内容的软实力建设或"软治理"关注不够；对单一化、单一式应对措施认识到位，而对多样化、综合式治理关注不够；关注化解危机，重视事后"救火式"应急管理，而对事前的"防火式"预警预防关注不足，对事后的评估、反思与改善不足。二是认为跨国间边疆安全维护更多是零和式的"安全对抗"，而对国家间和合共建的"共享安全"关注不足。三是认为边疆安全治理应该是国家承担主要任务，甚至包揽一切，而对发挥国际社会、次国家行为体、非政府组织等不同行为体应有的作用认识不足；关注国家与政府的安全管控，对国家与政府的服务性管理认知不足，对不同行为体的多元协同安全治理认识亦不足。四是对边疆安全的体系性应对认知不够。

3. 对边疆安全治理价值基点的认知难以统一

一种观点基于"国家中心主义"考量，认为边疆安全治理应该主要是维护国家安全，其核心和重点就是维护国家边疆的领土主权完整与国家统一，免受外部的军事武装侵略；国内人民的安全必须依靠国家进行保护，人的安全必须服从国家安全，为了维护国家安全，甚至可以牺牲人的安全。另一种观点则强调人的尊严、人的需求与人的权利，认为即使国力最强大的国家，也未必就是最安全的国家，国家不再是安全保障的主体，而是产生安全问题的根源，安全的最终指涉对象应该是"个体的人"。上述二元割裂的以单一"国家安全"或"人的安全"作为边疆安全治理的价值基点的认知难以统一，使得边疆安全治理在实践过程中往往顾此失彼。

第二节　边疆安全治理的变量与动力

一、认同：边疆安全治理的核心变量

（一）认同危机：边疆安全威胁的主要源起

所谓认同，一是指行为体"自者"与"他者"对彼此的或共有的文化、观念、规范与制度等的认可和赞同与否；二是指行为体"自者"与"他者"关系（朋友、敌人、竞争者与亲属等）的确定；三是指行为体"自者"对高一层次群体"他者"的归属关系的认同或识异。①

任何"认同"的缺失或冲突都可能带来新的安全问题。不同行为体间一旦产生认同冲突或认同危机，并采取相应的行动，势必会带来安全威胁。消极的认同建构对安全维护产生消极影响，并能使已经产生的危机继续恶化。冷战结束后，苏联解体、东欧剧变在某种程度上说正是由包括"国家认同危机"在内的各种认同危机所触发的。美国学者亨廷顿在《我们是谁?》一书中非常有预见性地指出"美国的最大威胁来自内部的认同危机"，其重要目的就是试图使美国政府充分认识到"认同问题"对维护国家安全的重要性。就政党和国家而言，民众的"认同"是执政党之所以能执政的最基本的社会基础，"国家认同"则是一个国家之所以能够生存与发展的基本前提，"民心向背"决定着政党的兴衰与国家的走向。无论是政党还是国家，一旦其认同发生危机，必然会危及自身的安全。

就行为体的层次而言，关涉边疆安全的行为体主要有三个层次：一是国家行为体；二是次国家行为体，包括族群群体、宗教群体、社会群体与非政府组织等；三是超国家行为体，包括国际组织与地区性组织，如联合国、东盟与上合组织等。边疆安全问题主要是这三个不同层次的行为体之间双边的、多边的乃至复合交织的认同关系问题。不同行为体无论是何种类型的身份认

---

① "认同"的概念有心理学、社会学、政治学与哲学等不同解释，这里是在借鉴国内外不同学者研究成果的基础上对这一概念进行界定，如〔英〕安东尼·吉登斯：《现代性与自我认同》，赵旭东等译，生活·读书·新知三联书店1998年版，第275页；〔英〕戴维·莫利、凯文·罗宾斯：《认同的空间》，司艳译，南京大学出版社2001年版，第61页；余潇枫、潘一禾、王江丽：《非传统安全概论》，浙江人民出版社2006年版，第346页。

同，都不仅有"认同"的一面，而且还有"识异"（不认可、不赞同、不认同）的一面。边疆安全威胁一方面是由相涉行为体如族群、国家与超国家组织等对彼此的利益、权力、文明与意识形态等的认知、认同或识异与"安全化"建构而成，另一方面是因不同行为体间单向、双向、多向或交织复合形成的认同冲突与认同危机而引发的不同安全问题。不同层次的行为体间的认同冲突与认同危机还可形成跨场域的政治边疆、经济边疆、文化边疆、信息边疆与战略边疆等领域的安全威胁。

（二）认同安全：边疆非传统安全治理的根本

认同安全是指具有不同文化、价值背景与利害关系的行为体在认可差异性与统一性的基础上相互尊重，和而不同，求同存异，在追求"自者"安全、利益与信仰等各种诉求的同时，也兼顾"他者"的安全、利益与信仰等各种诉求。认同安全作为文化软实力的重要组成部分，日益成为影响和制约一个民族、一个国家乃至国际社会安全与发展极其重要的变量。

认同是一个社会建构过程，安全则可以通过认同建构得以实现和维护。不同层次的"自者"与"他者"间的认同可以实现求同存异、和而不同、多元共存、和谐共生与共享安全。不同行为体间的"正向认同"有利于维护安全，并能够使已经发生的危机得以良性转化。即使是非人为的自然灾害威胁，也需要相涉行为体在认同的基础上协力应对。认同安全能在心理和精神层面形成无形的安全屏障，并有效地提高边疆整体安全度，从而促进与维护边疆安全。

由此可见，无论是边疆安全威胁的产生，还是边疆安全威胁的治理和边疆安全的维护，都与相涉行为体间的"认同"是否"安全"密切相关。因此，边疆安全治理的根本就是"认同安全"的建构与维护。

二、边疆安全治理的内在驱动力变量

当前影响边疆安全治理的内在驱动力变量，一是"生存感"，主要是指物质利益诉求，指行为体对生存所需要的物质资料基础如土地、资源及其生存环境、工作收入与就业等的维护、期望。行为体"生存感"是否能够得到改善与满足，是边疆安全与否的重要基础。二是"归属感"，主要是指文化心理诉求，指行为体对公平公正、民主自由与宗教信仰乃至人格尊严等的价值追求与向往。行为体"归属感"是否得到满足是影响边疆安全与否的关键变量乃至决定因素，决定着个人对"自者"群体与对"他者"个体及"他者"群体的价值取向与态度乃至相应的对外行动。三是"历史感",主要是指荣辱社会记忆,是行为体对自己所在群体如民族或国家等的历史经验的认识和感受。一个民族或一个国家历史中的光荣与梦想、痛苦与耻辱,都会以某种象征意义的符号"储藏"在个人、民族、国家的集体记忆中,成为影响实现对外行动的巨大内在力量。四是建立在"生存感""归属感"与"历史感"是否得到改善、满足与增强基础上的"主观上有无恐惧"的"安全感"的认知与判定。

边疆安全治理的四个内在驱动力变量之间的关系既非在实证上可简单地相互分离,也非在分类上相互排斥,它们之间在某些方面与一定程度上是相互交织、相互影响的复杂互动关系,它们之间的关系如图 14-2 所示:

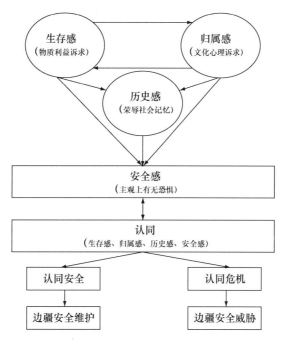

图 14-2　边疆安全治理内在驱动力关系图

上述四个内在驱动力变量中,"安全感"是关键变量,"归属感"是重要变量,"生存感"是基础变量,"历史感"是"生存感"与"归属感"单向或复合基础上的次生变量。四者之间的关系是:当人们的"生存感"得到改善或满足时,会增强他们的"归属感";而当人们的"归属感"得到满足时,会淡化他们的"生存感";"生存感"与"归属感"既可以因政治需要被建构成美好光荣社会记忆的"历史感",也可以被建构成悲惨屈辱社会记忆的"历史感"。"生存感""归属感"与"历史感"是"安全感"的重要前提,人们的"生存感"与"归属感"是否得到改善或满足,人们的社会记忆是美好光荣还是悲惨屈辱，都会影响到人们的"安全感"。而"安全感"是否获得则直接影响安全认同的获得，进而影响行为的取舍。不同行为体间的认同安全有利于维护边疆安全；反之，不同行为体间如果产生认同冲突或认同危机，则势必会制造边疆安全威胁。

第三节　边疆安全治理的认同建构

一、边疆安全治理的国内维度

边疆安全治理既要关注"高政治"领域的军事、政治、外交等安全维护，也要关注"低政治"领域的经济、文化、社会、生态、卫生、民族、宗教等安全维护；既要正确认识和处理好保卫边疆、开发边疆、发展边疆和稳定边疆的依存关系，也要加强边疆防御，更要打牢边疆安全的社会基础。因此，边疆安全治理要在认同维度的视角下，对治理理念、主体、层次等多方面内容进行系统建构。

（一）治理理念"现代化"

认同安全是一个社会建构过程，不同的安全理念将建构不同的边疆安全。第一，要树立"共享安全"理念。不同层次的"自者"与"他者"间的认同可以求同存异、和而不同、多元共存、和谐共生与共享安全。边疆地区共享安全的图景是：使经济建设欣欣向荣，人民群众安居乐业，各族人民团结友好，社会治安秩序良好，生态环境美丽优化，国家的凝聚力与政治认同感增强。第二，要树立"积极安全"理念。相比于"没有事故发生""威权下的和平"、被动应急等的"消极安全"，"积极安全"则是通过在主体间彼此信任、共同维护的"和合认同"与"互惠共建"，通过非战争、非暴力途径与非零和博弈取得双赢或多赢结果，不同行为体间在"积极安全"理念指导下形成的"正向认同"有利于边疆安全的维护，并能够使已经发生的恶性危机向良性转化。

（二）治理主体"多元化"

在新形势下，边疆安全关涉的行为体已经拓展到个体、团体、国家、国际、全球层次而呈现"多元化"。面对外来的军事威胁，国家是安全的主要提供者。但是，如今边疆面临的不仅仅是军事入侵的威胁，而是更分散、更无形和更难预测的各种非传统安全威胁，如恐怖主义、生态破坏、民族分裂与冲突、跨国犯罪与认同危机等，边疆安全治理必须转向政府、社会、市场等多元主体共同协商、协作的安全治理方式,"以政府为主导的单一性的'管制'转向由社会多元主体参与的双向性的'治理';治理主体从政府'主管'到全员'参与',安全体制从部门'分块'到职能'整合',安全维护实施从'垂直'控制到'平面'联动,安全行为结构从'一国'承担到'多国'共治"①,超越行政地理场域分隔、信息时空不对称、社会心理隔阂、民族利益冲突的困境,实现从自觉、自主到自为的共同应对。

(三)治理层次"多级化"

边疆治理层次可分为国际、国家、次国家、公民等不同等级。国际社会的协作互助、国家政府的政策权衡、社会组织的参与行动、个体民众的积极响应等,都能在边疆安全治理中发挥积极作用。关乎全球层面的边疆安全问题,如气候变暖、公共卫生危机、生态环境恶化、恐怖主义威胁等,需要国际社会秉持合作共赢的原则,进行多边共治;关涉跨国性、地区性的边疆安全问题,如跨国资源开发利用、跨国民族问题等,需要国家之间的多边或双边合作共治;关涉国内的边疆安全问题,如民族问题、宗教问题、贫困问题等,需要在国家主导下社会与公民参与共治。边疆安全治理层次"多级化"会改变传统的治理方式,形成积极的"共振效应"。

(四)治理方式"网络化"

边疆安全治理除了纵向层次的"多级化"外,还需要建构横向部门"网络化"治理的体制与机制。一是要建立区域性安全合作治理框架制度,如跨境合作模式、流域治理模式等,打破传统的区域分类标准和发展模式,形成一种多层次、网络化的安全治理模式,使边疆安全的区域治理更具有效性和针对性。二是要建立相涉主体(国家与非国家、受灾受害主体与援助主体)跨界、跨部门合作的安全治理"大联动"机制。边疆安全治理需要相涉主体之间的合作互助,不同部门(安全责任部门与非安全责任部门、安全决策部门与执行部门、政府与社会、军队与民防组织)的横向协同,形成政府主导、军队协助、社会多元主体参与和齐抓共管的"网络化"的安全维护机制,共同维护边疆安全。

(五)治理路径"多样化"

一是军事与非军事并重。尽可能运用非军事手段解决安全问题,既要重视军队在加强和提升应对传统安全威胁、继续增强或谋求打赢现代化战争的

---

① 余潇枫主编:《中国非传统安全研究报告(2012—2013)》,社会科学文献出版社2013年版,第7—8页。

优势与能力，还要运用非军事手段解决边疆的各类危机。二是军民协同联防。军民协同联防是边疆安全治理的重要路径，要重视建立和完善"民防"① 体制。从历史上的中俄雅克萨战役到现代的抗美援朝战争、中印边境自卫反击战、中苏珍宝岛自卫反击战、中越边境自卫反击战等，都足以表明军民共防体制是边疆安全的强有力保证。三是传统安全与非传统安全并重，既要关注"高政治"领域的军事、政治、外交等安全维护，也要关注"低政治"领域的经济、文化、社会、生态、卫生、民族、宗教等安全维护；特别要重视传统安全与非传统安全相交织的安全威胁，采取灵活有效的措施，通过传统安全手段达到非传统安全维护目的，或通过非传统安全手段达到传统安全维护目的。四是危机应急与危机预防并重。危机预防要优于危机应急，在危机爆发前要加强危机的预警预防，在危机爆发后要加强危机的应急管理与善后的评估和改善。

二、边疆安全治理的跨国维度

（一）建构"共有观念"

在国际体系中，国家是一种社会行为体，具有自己的身份、利益、动机、意图、行为偏好、行为能力，具有对利益的判断、对自我及他者身份的认知等。国家行为体在互动中能够通过学习、内化与建构认同，改变自己的身份，寻求更多的共同利益，从而推动共同合作。"国家之间可以产生共有观念，文明的差异是根深蒂固的，而共有观念却有一统天下的趋势。文明的差异是世界多元化的表现，不易改变也无须改变，共有观念却存在于发展的进程，其目标就是以友谊来整合国家间的关系。"② 中国与周边国家乃至其他相关国家既有多样性与差异性，也有共存性与共生性；既有矛盾冲突，也有共同利益。中国只有与相涉国家建立有高度信任感的责任共同体、利益共同体、安全共同体与命运共同体，才能求同存异，消弭分歧与冲突，从而推动边疆安全问题的跨国治理。

（二）建立"互信机制"

国家间关系是可以通过认同塑造的，既可以塑造成对手和敌人的关系，

---

① "民防"的基本任务可以简要概括为：保护公民的生命安全，保护国家的经济财富，战时维护社会稳定、支持国家的战争行动。"民防"的作用可以概括为：一是建立有效预警与民众防备心理；二是建立有效防护设施和平时训练教育机制；三是建立危机处理和灾难自救自卫机制；四是提高爱国主义精神和保家卫国意识。总之，为可能出现的战争和爆发局部灾难创造有效、及时的防御机制。参见吴楚克：《中国边疆政治学》，中央民族大学出版社2005年版，第287页。

② 许嘉等：《美国国际关系理论研究》，时事出版社2008年版，第546页。

也可以塑造成朋友和盟友之间的关系。不同的观念既可以使国家行为体间形成"安全困境",也可以建立安全共同体,进行跨国合作,共建与共享安全。事实上,国家间认同并非一成不变,国家间完全能够通过互动建构起良性的认同,从而促进合作的发展,而不是诉诸武力或以武力相威胁的方式加以解决。中国在与周边国家合作治理边疆安全的过程中,要重视良性的"互信机制"建设,如首脑会晤、首脑热线、反恐协同、军事交流、安全磋商、情报合作等,努力使国家间通过经常的对话与沟通,对彼此的战略意图有更清晰、准确的认识,增信释疑,减少敌意,寻求理解,求同存异,规避冲突,控制摩擦,减少误判,寻求共同利益的交汇点,争取双赢或多赢。

(三) 重视"文化融合"

认同并不必然导致积极的国际合作,只有积极的、正向的认同才有利于良好合作的开展。行为体间只有不断理性地调整各自对自身及对方的认知,对彼此的身份、价值观念、规范与共同利益及共同安全的认知,达成共识和理解,才能实现从消极认同向积极认同的转化,甚至能使原本敌对的角色认同发生转换。中国与周边国家及相关国家在处理边疆安全问题的实践互动中,要秉承几千年来处理对外关系的优良传统,站在时代发展和人类进步的高度,本着"民主平等、包容开放、文明对话、和睦互信、协调合作、公正互利、共同发展"的原则,与周边各国珍惜历史上形成的国家间友谊,尊重其基本价值尤其是宗教信仰,促进文化融合。

(四) 遵守"国际规范"

边疆安全关涉国际安全,需要通过建立国际组织,建立集体安全机制,以和平与正义的安全价值目标为边疆安全治理制订方略,通过国际制度、外交手段、国际合作、谈判与增进互信进行安全合作。此外,还需要充分发挥国际组织、跨国公司等非国家行为体参与边疆安全治理的积极作用。合作与互利只有通过国际制度才能得到实现,国际制度的融入不但有利于国家利益的共性增长和全球问题的共同解决,而且从总体上能够促进国际合作,通过强化对主权国家的契约性外部约束而减少国际冲突。中国应致力于参与国际机制、国际组织与多边公约等建设,加强国际协调与国际合作,推动地区安全的一体化发展,增加中国的国际认同,改善与提高外交地位,塑造具有高度责任感的国际形象。

(五) 提升"威慑能力"

国际社会还存在一些霸权主义国家在中国边疆地区制造摩擦,一些周边国家利用中国在边疆安全治理中奉行的睦邻友好的和平外交政策侵犯乃至侵占中国领土领海主权。习近平总书记特别指出:我们要坚持走和平发展道路,但决不能放弃我们的正当权益,决不能牺牲国家核心利益。能战方能止战,准备打才可能不必打,越不能打越可能挨打。没有军事实力的敢战是不足以维持和平的,国防和军队建设是国家安全的坚强后盾。没有一个巩固的国防,没有一支强大的军队,和平发展就没有保障。我们不希望打仗,但只有我们有准备、有强大军事力量、有打赢能力,才能从战略上实现"不战而屈人之兵",达到"以武止戈"的目的。①

思考题

1. 中国边疆非传统安全问题有哪些?
2. 边疆安全治理的"双重困境"是什么?
3. 如何理解边疆安全治理的根本是认同安全的维护?
4. 边疆安全治理的内在驱动力变量及其关系是什么?

讨论题

1. 如何理解"软边疆"及其内涵?
2. 如何加强中国边疆安全治理中的认同能力建设?

推荐阅读文献

1. 于沛、孙宏年、章永俊、董欣洁:《全球化境遇中的西方边疆理论研究》,中国社会科学出版社2008年版。
2. 周平等:《中国边疆治理研究》,经济科学出版社2011年版。
3. 余潇枫、徐黎丽、李正元等:《边疆安全学引论》,中国社会科学出版社2013年版。
4. 余潇枫、谢贵平:《"选择性"再建构:安全化理论的新拓展》,载《世界经济与政治》2015年第9期。
5. 〔英〕安东尼·吉登斯:《现代性与自我认同》,赵旭东等译,生活·读书·新知三联书店1998年版。
6. 〔美〕约瑟夫·拉彼德、〔德〕费里德里希·克拉托赫维尔主编:《文化和认同:国际关系回归理论》,金烨译,浙江人民出版社2003年版。

---

① 参见《习近平关于党在新形势下的强军目标重要论述摘编》,解放军出版社2014年版,第5—6、41页。

后 记

编写教材是一件累人的事,著述"学术性教材"则是一件累上加累的事。在《非传统安全概论(第三版)》上、下卷(上卷为"理论卷",下卷为"案例卷"并取名为《人类的下一个危机是什么》)付梓之际,我们又一次感受到了那种如释重负的欣慰与鉴赏成果的喜悦。捧着这部由34位作者共同参与撰写的"厚重"作品,我们的非传统安全理论研究与教学的终生使命感与责任感油然而生。

《非传统安全概论(第三版)》的作者队伍由来自北京大学、清华大学、浙江大学、南京大学、中山大学、四川大学、复旦大学、吉林大学、重庆大学、外交学院、北京外国语大学、中国人民公安大学、国际关系学院、厦门大学、云南大学、浙江财经大学、长沙理工大学、中国石油大学、西北大学、中国社会科学院、上海社会科学院、社会科学文献出版社等25所不同高校或单位的学者组成,其中大多数学者均是国际关系理论和非传统安全研究领域的知名专家,对非传统安全的研究、教学与政策咨询有着多年的实践与探索。同时,让我们倍受鼓舞的是其中不少年轻研究者的热情与潜力。

为了保证质量,2016年10月,本书的大多数作者聚集于浙江大学紫金港校区,在"浙江大学非传统安全与和平发展研究中心"会议室举行了集体统稿会议,在随后的几年中上下卷主编余潇枫和副主编魏志江、上卷副主编廖丹子、下卷副主编王卓又多次分头会面研究,并经与作者们反复沟通与修改,在第二版出版后的第5个年头,终于交出了这份新的答卷。

《非传统安全概论(第三版)》(上卷)的写作分工是:序,王逸舟;前言、第一章、第二章、第五章,余潇枫;第三章、第七章,余潇枫、廖丹子;第四章,周冉;第六章,李开盛;第八章,魏志江;第九章,张贵洪;第十章,卢静;第十一章,郑先武;第十二章,刘跃进;第十三章,李佳、蒋杰;第十四章,谢贵平。上卷由余潇枫、廖丹子统稿。

《非传统安全概论(第三版)》(下卷)的写作分工是:序,王逸舟;前言，余潇枫；第一章，余乃忠；第二章，魏志江、陈佳；第三章，李志斐；第四章，王晓丽；第五章，王卓；第六章，寿慧生；第七章，肖晞、郎帅；第八章，樊守政；第九章，陈锴；第十章，米红、马齐旖旎；第十一章，吴磊、曹峰毓；第十二章，李英桃；第十三章，孙吉胜、郑世高。下卷由余潇枫统稿。

在此要特别感谢担任"浙江大学非传统安全与和平发展研究中心"名誉主任的王逸舟教授的长期关心与支持，连续八年为非传统安全蓝皮书并特别为《非传统安全概论（第三版）》写序。感谢北京大学出版社对本书的大力支持，特别是编辑们为本书出版所付出的辛劳！要感谢本书作者们的一次次认真修改，还要感谢余潇枫教授的博士生王梦婷、潘临灵、章雅荻对书稿初稿的审读及提出的宝贵意见，感谢潘临灵对第三版的脚注校对工作，感谢廖丹子从第一版、第二版到第三版一以贯之的关心与投入。

余潇枫　魏志江　廖丹子　王　卓
2019 年 7 月 30 日